Franz Klühs

August Bebel
Der Mann und sein Werk

SEVERUS

Klühs, Franz: August Bebel. Der Mann und sein Werk
Hamburg, SEVERUS Verlag 2013
Nachdruck der Originalausgabe von 1923

ISBN: 978-3-86347-450-8
Druck: SEVERUS Verlag, Hamburg, 2013

Der SEVERUS Verlag ist ein Imprint der Diplomica Verlag GmbH.

Bibliografische Information der Deutschen Nationalbibliothek:
Die Deutsche Nationalbibliothek verzeichnet diese Publikation in der Deutschen Nationalbibliografie; detaillierte bibliografische Daten sind im Internet über http://dnb.d-nb.de abrufbar.

© **SEVERUS Verlag**
http://www.severus-verlag.de, Hamburg 2013
Printed in Germany
Alle Rechte vorbehalten.

Der SEVERUS Verlag übernimmt keine juristische Verantwortung oder irgendeine Haftung für evtl. fehlerhafte Angaben und deren Folgen.

SEVERUS

August
BEBEL
Der Mann und sein Werk

Von

FRANZ KLÜHS

Die Flamme nahm dich, draus dein Herz geboren,
Und Schmerz und Trauer zittern durch die Welt.
Die Fahne senkt sich und dein Leib zerfällt,
Dein Leben aber ist uns unverloren.
PRECZANG 1913

Inhalt.

	Seite
Zum Geleit	5
Bebels Weg und Worte	7
Der Mann und seine Umwelt	12
Wegbereiter der Demokratie	25
Staat und Staatsformen	51
Das Vaterland	66
Das Recht auf Revolution	82
Religion und Kirche	112
Bebel als Sozialreformer	126
Vom Recht der Frau	146
Bebel und die Gewerkschaften	171
Innere Parteiführung	196
Im Kampf gegen Ausnahmegesetze	231
Deutschland in der Weltpolitik	267
Der große Krieg	294
Bebel in der Internationale	315
Die sozialistische Gesellschaft	335

ZUM GELEIT!

Ein Jahrzehnt ist nunmehr ins Wellengrab der Geschichte gerauscht, seit August Bebel zur großen Armee abberufen wurde. Ein Jahrzehnt, das angefüllt war mit furchtbarsten Ereignissen, mit Blut und Brand, mit unerhörten Menschenopfern. Eine Katastrophe von ungeheuerlichen Ausmaßen hat das Gesicht Europas und der Welt verwandelt.

Diese Katastrophe mit allen ihren Folgen hat keiner so sicher v o r a u s g e s e h e n, vor ihr hat keiner durch mehr als vier Jahrzehnte so eindringlich und unermüdlich g e w a r n t wie August Bebel, der Führer der deutschen Sozialdemokratie. Wenn seine mahnende und warnende Stimme aber auch bei den herrschenden Gewalten des alten Systems verklang wie die des Predigers in der Wüste, so hat sie doch um so mehr Gehör gefunden in den Hütten der Armen, in den Herzen derer, die durch das kapitalistische System zu besitzlosen Proletariern gemacht waren.

Der naheliegende Plan, aus Anlaß seines Todestages alle Reden und Schriften Bebels gesammelt herauszugeben, mußte vorläufig vertagt werden. Allein seine Reichstagsreden, die sich über die Zeit von 1867 bis 1913 erstrecken, würden eine Bibliothek füllen. Aber aus diesen Reden und Schriften ein Gesamtbild seines Wirkens zu vermitteln, erschien nicht nur als eine Pflicht der Dankbarkeit gegen einen großen Toten, sondern auch als eine angenehme Pflicht gegenüber den Jüngeren.

Wir haben deshalb eine Auswahl aus den zahlreichen Schriften Bebels wie aus seinen Reden getroffen, die er in der Agitation, im Parlament oder auf Parteitagen gehalten. Wir haben sie nach ihrem sachlichen Inhalt gegliedert und unsere Zusätze nach Möglichkeit darauf beschränkt, historische Zusammenhänge erkennen zu lassen. Dies Buch soll in erster Linie Bebel selbst wieder zu den Ueberlebenden sprechen lassen. Möge der Klassiker der sozialistischen Propaganda bei recht vielen aufmerksames Gehör finden.

Berlin, 13. Juli 1923.   **Franz Klühs.**

BEBELS WEG UND WERK

Als Zwanzigjähriger sprang der junge Drechslergeselle Bebel in die kulturelle und politische Bewegung, die ihn bis an sein Lebensende in ihren Bann schlug. Mehr denn 73 Jahre lasteten auf seinem weißen Haupte, als er am 13. August 1913 im Sanatorium Passugg bei Graubünden in der Schweiz vom Allbezwinger überrascht wurde.

Ueber ein halbes Jahrhundert hinweg erstreckte sich seine politische, bildende, umwälzende und aufbauende Arbeit. Nur wenigen war wie ihm das gleiche Glück und die gleiche Last beschieden: Sowohl Zeuge als wirkende Kraft in einer der bedeutendsten Epochen der Weltgeschichte zu sein.

Will man das Lebenswerk August Bebels überschauen, so zeigt sich sofort der große Umwandlungsprozeß, dem in diesem Halbjahrhundert Deutschland und die Welt unterworfen war. Deutschland — Anfang der sechziger Jahre noch zerrissen in eine Ueberzahl kleiner und kleinerer Staaten, die ängstlich an ihrer Sonderexistenz und ihren Sonderrechten festhielten, deren Entwicklungsstufe noch durch Zollschranken, Schlagbäume und die selige Postkutsche gekennzeichnet wurde. Die Welt — damals noch grob geteilt in eine kleine Zahl wirtschaftlich und politisch vorherrschender Staaten und eine Unzahl halb- oder ganz absolutistischer Staatsgebilde, deren Völker lediglich den Markt für den Handel und die Industrie jener Großen abgeben mußten.

Nach 50 Jahren aber war Deutschland staatlich und wirtschaftlich mit in die erste Reihe gerückt, durch die kapitalistische Entwicklung seiner Industrie, seines

Handels, seiner Schiffahrt zu einer Weltmacht geworden, deren äußere Repräsentanz ein auf Prunk und hohle Deklamation gegründetes Kaisertum darstellte. Und die W e l t hat sich zu einer Sammlung rivalisierender Handelsmächte entwickelt, die — bis an die Zähne bewaffnet und in Bündnisse gegliedert — jede der anderen Schwäche zu erspähen suchte, um im geeignetsten Augenblick über den Nebenbuhler herzufallen.

Von ungeheurem Ausmaß war die Entwicklung der Technik im neunzehnten Jahrhundert. Was das Erfindergenie in dieser Zeitspanne der Menschheit an Kulturgütern geschenkt hat, steht einzig da in der Geschichte der Welt. Fabrikation, Verkehr, Warenaustausch —, alle gesellschaftlichen Funktionen nahmen in gleichem Maße teil an dem Fortschritt, den die Entwicklung der Technik mit sich brachte. Der Reichtum einzelner wuchs ins Nebelhafte. Aber die große Masse der Werktätigen empfand zunächst lediglich die gesteigerte Unsicherheit ihrer Existenzbedingungen. Wohlhabende Schichten wurden aus dem Gleise geworfen und verarmten, weil irgendeine Fabrikationsverbesserung, irgendeine Neugestaltung der Handelswege ihnen den Boden unter den Füßen fortzog. Die Zahl der Proletarier, der von ihren eigenen Arbeitsmitteln losgelösten Arbeiter wuchs zusehends. Und jede Volks- und Berufszählung bestätigte die Lehren dieses sozialen Umschichtungsprozesses.

Als Bebel in das öffentliche Leben eintrat, war die Zahl der als Großbetriebe arbeitenden Fabriken in Deutschland noch klein und die in ihnen beschäftigten Arbeiter bildeten nur einen geringen Bruchteil der Gesamtbevölkerung. Als er von uns ging, beherrschte aber die Industrie mit allen ihren Verbindungen das öffentliche Leben. In den sechziger Jahren gaben noch Kleinbürger und Handwerksgesellen den Städten ihr Gepräge, und das Schwergewicht der Wirtschaft lag in der landwirtschaftlichen Produktion. Zu Anfang dieses Jahrhunderts hatte sich jedoch das Bild vollkommen verschoben: Der kapitalistisch-industrielle Großbetrieb, die Aktiengesellschaften, Kartelle, Ringe und Truste gaben den Ton an, und das festgefügte Millionenheer ihrer Arbeiter und Angestellten war etwas ganz anderes als der lose Heerhaufen der Handwerksburschen von ehedem, die mit dem Wanderpaß in der Tasche von Ort zu Ort pilgerten.

Die Arbeiterschaft von damals, deren Anwalt und Fürsprech Bebel wurde, lebte in den denkbar elendesten Verhältnissen. Unendlich lange tägliche Arbeitszeit, keine regelmäßige Sonntagsruhe, dazu jammervolle Bezahlung und dauernde Unsicherheit des Broterwerbs —, das waren die Bedingungen, unter denen sie ihr Dasein fristete. In den Bildungsmöglichkeiten mehr als stiefmütterlich bedacht, von der honetten Gesellschaft als etwas Minderwertiges verachtet, durch die Gesetze an jeder gemeinsamen Wahrung ihrer Würde und Interessen gehindert —, so bot sie dem Unternehmertum ein willfähriges Ausbeutungsobjekt, lieferte sie ihm die statistisch errechenbaren „Hände" für den kapitalistischen Betrieb.

Vergleicht man diese soziale Stellung der Arbeiter von damals mit der stolzen und gefürchteten der in langjährigen Kämpfen sich ihres Wertes bewußt gewordenen Arbeitermassen von 1913, so hat man das **Ergebnis der Lebensarbeit Bebels** vor sich liegen. Es ist das geschichtliche Verdienst der großen sozialistischen Theoretiker, die Bedeutung der Arbeiterklasse für die Gesellschaft und ihre Kultur festgestellt zu haben. Es ist das Verdienst der Sozialdemokratie, daß sie den Arbeitern selbst diese ihre Bedeutung zum Bewußtsein und zu weiter Auswirkung brachte. Und wenn Bebel auch nicht zu den eigentlichen Theoretikern gehörte, wenn er auch persönlich niemals den Anspruch erhoben hat, den großen Zielsetzern des Sozialismus gleichgestellt zu werden —, so bleibt es doch sein besonderer Ruhm, daß er in intuitivem Erfassen der sozialistischen Theorie und in ihrer praktischen Auswirkung für die Arbeiterklasse Unvergängliches geleistet hat. Ohne die Theorie, die Marx, Engels und in gewissem Sinne auch Lassalle der Arbeiterklasse lieferten, ist die Lebensarbeit Bebels nicht zu denken. Aber umgekehrt wäre diese Theorie nur eins der Bücher mit sieben Siegeln geblieben, wenn nicht Männer von dem praktischen Blick und dem praktischen Handeln Bebels sie in die lebendige Wirklichkeit überführt hätten.

Welches ungeheure Maß an geistiger Arbeit vielfach in den beengtesten wirtschaftlichen Verhältnissen der Handwerker Bebel geleistet hat, um sich jenes umfassende Wissen anzueignen, das ihn zur Führung der großen sozialen Kämpfe befähigte, ist in Worten nicht auszudrücken. So wenig, wie das Maß an Opferwilligkeit, an wirtschaftlichen Leistungen und rein körperlicher Arbeit, die ihm die ununterbrochene Agitation für seine Sache auferlegte. Langjährige Gefängnishaft, immer wiederholte polizeiliche und gerichtliche Belästigungen haben ihn eher angespornt als gehindert, seine letzten Kräfte für die große Bewegung hinzugeben, in der er ein Kulturwerk von außergewöhnlicher Bedeutung erblickte. Hatte er sich vor allem der Befreiung der Arbeiterklasse aus den Fesseln des kapitalistischen Lohnsystems gewidmet, so galt sein Interesse doch gleichzeitig dem Schicksal aller Unterdrückten. Unvergessen bleibt seine scharfe Kritik an den Methoden der deutschen Kolonialpolitik, die sich im Auspeitschen und Hängenlassen der Schwarzen in Afrika zeitweilig selbst überbot. Unvergessen bleibt auch sein Eintreten für die Söhne des Volks, die als S o l d a t e n im alten Militärsystem oft die schauderhaftesten Mißhandlungen erdulden mußten. So oft man ihm auch „Uebertreibungen" und „Unrichtigkeiten" nachreden mochte, so unbedingt war das Vertrauen des Volkes in seine Rechtlichkeit. Dauernd und von allen Seiten wurde er mit neuem Material über die oft unsäglichen Zustände in deutschen Kasernen versehen. Sein Kampf gegen die Mißstände im deutschen Heerwesen war allerdings nur ein Teil seines grundsätzlichen Kampfes gegen das militaristische System überhaupt. In Wort und Schrift hat er die Kulturwidrigkeit dieses Systems nachgewiesen. Und sein Eintreten für eine demokratische Volkswehr an Stelle des stehenden Heeres entsprang der tiefinneren Ueberzeugung, daß in dem letzteren eines der Haupthindernisse für die freiheitliche Entwicklung der Völker zu finden sei.

Die deutsche Sozialdemokratie als Partei und als Kulturfaktor ist mit dem Namen Bebels unlöslich verknüpft. An ihrem organisatorischen Aufbau, an ihrer Gesunderhaltung in den schlimmsten Zeiten der Unterdrückung war er in so hohem Maße beteiligt, wie an der Ausfüllung der organisatorischen Form mit praktisch-sozialistischem Ideengehalt. Und wo immer in der Zukunft Sozialdemokraten wirken und werben für die Sache der Arbeit und der Arbeiter, für den Aufstieg der Entrechteten, für die Beseitigung der Ausbeutung von Menschen durch die Menschen, kurz: für die sozialistische Gesellschaft, da wird der Geist Bebels mitten unter ihnen sein. Seinen Körper hat die Flamme aufgelöst. Aber sein Geist und seine Seele wirken in den Reihen derer, die aus der Zeit der Not, des Zwanges und der Unfreiheit den Weg in eine lichtvollere Zukunft suchen.

DER MANN UND SEINE UMWELT

Noch liegt die Zeit nicht allzufern, da der Name August Bebels zu den meist gekannten und genannten in Deutschland gehörte. Von der Memel bis zu den Vogesen, von der Eider bis zum Bodensee — ja, weit hinaus über die Grenzen des deutschen Landes war er der Umstrittensten einer. Befehdet und gehaßt, staunend bewundert, geliebt und verehrt! Ein langes Menschenleben hindurch stand er im Brennpunkt politischen Geschehens. Kein Fürst hatte diesem Manne seine Bedeutung verliehen. Keine überkommene Herrlichkeit borgte ihm erlogenen Glanz. Was er war und wurde, dankte er allein, neben seiner eigenen unermüdlichen Arbeit, der Bedeutung der Klasse, für die und in der er wirkte und deren gewaltige Entwicklung er in fünf Jahrzehnten handelnd und vorwärtsdrängend miterleben durfte.

In den feuchten Kasematten der altpreußischen Festung Köln-Deutz begrüßte er am 22. Februar 1840 zum erstenmal das Licht der Welt. Schon an seinem Kinderbett war die Armut heimisch, und als wenige Jahre nach seiner Geburt der Vater, ein kümmerlich bezahlter preußischer Unteroffizier, starb, begann für ihn das bittere Los des Waisenkindes. Da auch die Mutter infolge der Entbehrungen früh erkrankte und jahrelangem Siechtum verfiel, mußte er als Kind schon von der Gnade der Mitmenschen leben. Den größten Teil seiner Jugendzeit verlebte er in Wetzlar, der Heimat seiner Mutter. Dort besuchte er die Armenschule und wurde schließlich zu langer harter Lehrzeit einem Drechsler übergeben.

Der Waisenknabe wurde ein Drechslergeselle und ging auf die Wanderschaft. Klein von Figur und schmächtig im Körperbau wurde er vielfach für einen Schneider gehalten. Oft hat er auf der Wanderschaft „Klinken putzen" müssen, wie die Handwerksburschen das Betteln um Nahrung nennen. Er durchstreifte Süddeutschland und das Salzkammergut, arbeitete in Freiburg, in Regensburg und Salzburg, um nach einigen Jahren vorübergehend nach Wetzlar zurückzukehren. Im Frühjahr 1860 aber wanderte er schon wieder davon, nach Leipzig zu. Diese Wanderung wurde für sein ganzes ferneres Leben bestimmend. Denn in Leipzig ergriffen ihn alsbald die hochgehenden Wogen einer geistigen und politischen Bewegung und warfen ihn in das öffentliche Leben. Er wurde Mitglied des eben begründeten „Gewerblichen Bildungsvereins" für Arbeiter und Handwerksgesellen. Damit hatte das Schicksal über ihn entschieden.

Nur der Zufall, daß einige seiner Schulfreunde den gleichen Weg einschlugen, führte ihn nach Leipzig; nur dem Zufall, daß er hier befriedigende Arbeit fand, war es zu verdanken, daß er in Leipzig blieb. In seinen Lebenserinnerungen sagt Bebel selbst über dies Zusammentreffen von Zufälligkeiten mit dem Menschengeschick:

„Der Mensch folgt stets nur den Umständen und den Verhältnissen, die ihn umgeben und die ihn zum Handeln nötigen. Es ist also auch mit der Freiheit des Handelns höchst windig bestellt. In den meisten Fällen kann der Mensch die Folgen seines augenblicklichen Handelns nicht übersehen; er erkennt erst später, zu was es ihn geführt hat. Ein Schritt nach rechts statt nach links, oder umgekehrt, würde ihn in ganz andere Verhältnisse gebracht haben, die wiederum bessere oder schlechtere sein könnten als jene, in die er auf dem eingeschlagenen Wege gekommen ist. Den klugen wie den falschen Schritt erkennt er in der Regel erst an den Folgen. Oftmals kommt ihm aber auch die richtige oder falsche Natur seines

13

Handelns nicht zum Bewußtsein, weil ihm die Möglichkeit des Vergleichs fehlt. Hundert andere, die weit ausgezeichnetere Eigenschaften haben als der eine, der obenauf gekommen ist, bleiben im verborgenen, leben und gehen zugrunde, weil ungünstige Umstände ihr Emporkommen, das heißt die richtige Anwendung und Ausnutzung ihrer persönlichen Eigenschaften, verhinderten. Die „glücklichen Umstände" geben erst dem einzelnen den richtigen Platz im Leben. Für unendlich viele, die diesen richtigen Platz nicht erhalten, ist des Lebens Tafel nicht gedeckt. Sind aber die Umstände günstig, so muß allerdings die nötige Anpassungsfähigkeit vorhanden sein, s i e a u s ‑ z u n u t z e n. D a s kann man als das p e r s ö n l i c h e Ver‑ dienst des einzelnen ansehen."

Ist das richtig, so hat allerdings August Bebel ein außergewöhnlich großes persönliches Verdienst sich erworben. Denn er zeigte eine bewundernswerte Anpassungsfähigkeit an die neue Lage, und mit wahrem Feuereifer widmete sich der eben Zwanzigjährige der Arbeit in dem Gewerblichen Bildungsverein. Von einer s o z i a l e n Tätigkeit im heutigen Sinne war damals freilich noch kaum die Rede. Die Handwerksgesellen, die gleich ihm die junge Garde in den Bildungsvereinen stellten, hatten eine überaus lange Arbeitszeit, vielfach von fünf Uhr morgens bis in den späten Abend. Mancher von ihnen ließ sich durch die körperliche Uebermüdung von der Möglichkeit geistiger Weiterbildung abhalten. Nicht so August Bebel. Ihn schreckte selbst die lange Arbeitszeit nicht ab, seine wenigen Freistunden noch dem Vereinsleben zu widmen, Unterrichtskurse zu besuchen und in den Vereinsversammlungen an Redekämpfen teilzunehmen. So legte er den Grund zu der besonderen Aufgabe, die ihm für das spätere Leben zielweisend werden sollte.

Aus der Keimzelle des Leipziger Bildungsvereins erwuchs die große deutsche sozialistische Arbeiterbewegung. Und der junge Drechslergeselle, der schon nach wenigen Jahren Vorsitzender und anerkannter Leiter jenes Bildungs‑

vereins war, wurde Mitschöpfer und ebenso anerkannter Führer der Sozialdemokratie, deren Entwicklungsstufen von einer kleinen Sekte bis zur machtheischenden Millionenpartei er kämpfend mit durchschritt. Die deutsche Arbeiterklasse hat ungezählte Intelligenzen hervorgebracht, die in der Organisation wie in der geistigen Weiterentwicklung ihrer Klassengenossen geradezu ungeheures geleistet haben. Was August Bebel aber die besondere Note gab, war nicht zuletzt die glückliche Verbindung eines erstaunlichen **praktischen Sinnes** mit **idealer Begeisterung** und selbstloser Aufopferungsfähigkeit, eine Verbindung, die ihm gerade auf **parlamentarischem** Gebiete seine hervorragende Begabung zu erweisen half. Auf dem Boden des Parlaments ist er führend und bahnbrechend geworden, nicht nur für die deutsche, sondern gleichzeitig für die internationale Arbeiterschaft. Als er im Jahre 1867, von einem sächsischen Weberkreise in den konstituierenden Reichstag des Norddeutschen Bundes gewählt, das Parlament betrat, stand er dort fast ganz für sich allein. Ohne große Partei, ohne parlamentarische Erfahrung, ohne ältere Freunde, die ihm hätten helfend und ratend zur Seite treten können, fand sich der Siebenundzwanzigjährige inmitten einer fremden und seinen Ideen feindlichen politischen Welt. Aber frischen Mutes griff er zu, wo es ihm angebracht erschien, und es gelang ihm, trotz seiner Isolierung, sich bald eine ganz eigenartige Stellung im Parlament zu erringen. Schon als er seine Jungfernrede in der Verfassungsdebatte gehalten hatte, schrieb ein Mitarbeiter der „Gartenlaube" in seinen Stimmungsbildern aus dem Reichstage, es „sei gewesen, **als rausche der Sturmvogel der Revolution durch das Haus**". Der damalige Verleger der „Gartenlaube", Ernst Keil, ließ zwar diese besondere Anerkennung noch während des Druckes wieder aus den Spalten der Zeitschrift entfernen, aber die Tatsache, daß jener Mitarbeiter in seinen Worten die Wahrheit gesagt hatte, konnte durch die nachträgliche Korrektur nicht aus der Welt geschafft werden.

Die natürliche Beredsamkeit Bebels, die durch ein klangvoll metallisches Organ hervorragend unterstützt wurde, verschaffte ihm im Reichstage wie in Volksversammlungen selbst bei entschiedensten Gegnern aufmerksames Gehör. Nimmt man hinzu, daß diese glückliche Veranlagung begleitet war von einem außerordentlichen Fleiß und von dem eisernen Willen, jede Frage, die sein Interesse fand, bis auf den Grund zu durchdenken, so wird es verständlich, daß Bebel schon in jungen Jahren eine außergewöhnliche Bedeutung im parlamentarischen Leben gewann. So scharf er auch oft mit seinen Gegnern zusammenstieß, niemals ließ er sich zu persönlichen Gehässigkeiten fortreißen. Und wenn auch seine Sprache den gelehrten und würdevollen Herren der ersten deutschen Parlamente zuweilen stark naturwüchsig anmuten mochte, so zwang sein Auftreten ihnen trotz alledem Achtung ab. Das finden wir schon im Jahre 1871 mehrfach bestätigt. Die „Augsburger Allgemeine Zeitung" z. B. veröffentlichte damals über die Verhandlungen des Reichstags Stimmungsberichte, in denen es unter anderem hieß:

„Bebel gab wieder Proben seines **glänzenden Rednertalents** und davon, daß er **ein ganzer Mann** ist. Schon weil es wenig bekannt ist, verdient hervorgehoben zu werden, daß der junge Drechslermeister von Leipzig sich, obgleich er **völlig allein** steht und seine weitgehenden Ansichten fast einstimmig verdammt und bedauert werden, **im Reichstag eine ganz exzeptionelle Stellung**, und bei der Mehrzahl, namentlich auch bei den Hochkonservativen, **achtungsvolle Anerkennung erworben** hat. Bebel bietet zugleich ein Beispiel der wunderbaren Fügungen der Vorsehung. Wäre er nicht als Knabe überaus schwächlich gewesen, so würde er als Sohn eines preußischen Unteroffiziers unzweifelhaft in einem preußischen Militärwaisenhaus erzogen worden und jetzt voraussichtlich wohldisziplinierter Wachtmeister sein. Nun aber erhielt er seine Erziehung durch die Wincklersche Stiftung in Wetzlar, und seine **angeborene Begabung** und eigener **Fleiß** machten ihn zum Führer einer, trotz ihrer beschränkten Zahl **nicht ungefährlichen Volkspartei** und zu einem **hervorragenden Redner** im deutschen Parlament."

Und einer der schärfsten Gegner der Sozialdemokratie, der Intimus Bismarcks und bekannte Führer der Konservativen, Mitbegründer und erster Redakteur der „Kreuzzeitung", Hermann W a g e n e r, schrieb in seinen Lebenserinnerungen:

„Bebel ist nicht allein ein hervorragender Naturredner, sondern er hat auch eine **staatsmännische Ader**, die seinen Reden ein gewisses **höheres Gepräge** verleiht, so daß sich auf dem parlamentarischen Gebiet **nur wenige mit ihm vergleichen und messen** können. Dabei hat er den großen Vorzug, daß er Arbeiter und Handwerker, und zwar ein sehr geschickter Kunstdrechsler, geblieben ist, so daß **die Arbeiter ihn als Fleisch und Blut von sich anerkennen** und seinen Worten doppeltes Gewicht beilegen."

Was hier der konservative Führer in seinen Memoiren niederschrieb, das fand, oft unausgesprochen, bei allen Bestätigung, die mit Bebel im parlamentarischen Leben zu tun hatten. So scharf man seine politischen Ansichten auch bekämpfte, so schroff man auch der ganzen Weltauffassung gegenüberstand, die er vertrat, so wenig hat man selbst in den härtesten politischen Parteikämpfen es gewagt, ihm die persönliche Achtung zu versagen. Selbst als die Sturmflut der politischen Entrüstung sich über ihn ergoß, weil er gemeinsam mit Wilhelm Liebknecht im Jahre 1870 sich gegenüber der Kreditforderung für den deutsch-französischen Krieg neutral verhalten, selbst als im Attentatsjahr 1878 und später die Verleumdung der Sozialdemokratie zum guten Ton gehörte, haben sich doch ernsthafte politische Gegner niemals dazu bringen lassen, an der Lauterkeit seines persönlichen und politischen Charakters zu zweifeln. Es war deshalb gewiß keine Ruhmredigkeit, als er im Jahre 1903 auf dem sozialdemokratischen Parteitage in Dresden, inmitten schärfster innerparteilicher Auseinandersetzungen, von sich selber sagte:

„Ich stehe über vier Jahrzehnte im politischen Kampf; ich war nicht immer Sozialist und habe eine Zeitlang den Sozialismus ebenso eifrig bekämpft, wie ich ihn dann propagiert habe. Aber **meine Ehre** ist bis zu dieser Stunde **niemals auch nur mit dem kleinsten Rostflecken beschmutzt** worden. Und nun will ich denen, die es angeht, ein Geheimnis verraten, wenn es ein Geheimnis ist. Da sagen die Gegner immer, der alte Bebel, da ist nichts zu machen, der hat die Massen hinter sich. Ja, **warum** hat er denn die Massen hinter sich? Weil alle sich sagen müssen, er hat manchen Schwupper hinter sich, manche Dummheit gemacht, manchmal **durch sein Temperament sich hinreißen lassen**, aber auch in seiner Dummheit war er **stets der ehrliche Mann**. Ja, auch mit seinen Fehlern hat er geglaubt, der Partei zu dienen, und antippen kann man ihn nicht. Und wenn ihr, die das angeht, denselben Einfluß haben wollt, dann macht es wie ich. Es steht deshalb so, weil ich **zu jeder Zeit ehrlich** den sozialdemokratischen **Klassenstandpunkt** vertreten habe, weil ich heute noch mit diesen Massen übereinstimme, aus denen ich hervorgegangen bin."

Nichts liegt näher, als daß die hervorragenden Fähigkeiten Bebels, seine nie ermüdende Opferfreudigkeit, sein unerschütterlicher Glaube an die welthistorische Aufgabe der Arbeiterklasse, seine bei aller Begeisterung doch immer wieder die politischen Möglichkeiten kühl abwägende Natur ihm auch innerhalb seiner eigenen Partei eine besondere Rolle zuwies. Die ungemeine Wertschätzung, die man ihm schon in frühen Jahren zuteil werden ließ, kam fast elementar zum Ausbruch, als Anfang der achtziger Jahre im Auslande die **falsche Nachricht von seinem Tode** verbreitet war. Damals schrieb **Friedrich Engels** in einem Briefe vom 23. September 1882, dieser Tod wäre „das **größte Unglück, das der deutschen Partei passieren konnte**". Engels erzählt in dem gleichen Briefe weiter: „**Marx gings gerade so** ... Er schrieb mir noch denselben Tag in höchster Bestürzung." In dem erwähnten Briefe von Marx heißt es über Bebels vermeintlichen Tod: „Es ist **entsetzlich, das größte Unglück** für unsere Partei! **Er war eine einzige Erscheinung** innerhalb der deutschen (man kann sagen, innerhalb der europäischen) Arbeiterklasse." Und in einem Briefe vom 10. Mai 1883 zitiert Engels eine Bemerkung des Reichstagsabgeordneten **Wilhelm Bracke**: „von uns allen ist es doch **nur Bebel, der wirklichen parlamentarischen Takt hat**" und Engels fügt hinzu, er habe das immer bestätigt gefunden.

Bebel hat sich niemals von einer durchaus realistischen Betrachtung der Dinge abbringen lassen. Wie er schon dem „Zufall" für seine eigene Entwicklung eine hervorragende Rolle zuschrieb, so beurteilte er auch die Entwicklung der Partei und der von ihr vertretenen Ideen in erster Linie als ein Produkt der von außen gegebenen Faktoren. In seinem 1885 erschienenen Buche „Die Frau in der Vergangenheit, Gegenwart und Zukunft" formuliert er diesen Gedanken folgendermaßen:

„Jeder Mensch ist das Produkt von Zeit und Umständen, in denen er lebt. Ein **Goethe**, unter gleich günstigen Entwicklungsbedingungen im vierten statt im achtzehnten Jahrhundert geboren, würde, statt ein berühmter Dichter und Naturforscher, ein großer **Kirchenvater** geworden sein, der vielleicht St. Augustin in den Schatten stellte. Goethe, im achtzehnten Jahrhundert statt als Sohn eines reichen Frankfurter Patriziers als Sohn eines armen Schusters in Frankfurt zur Welt gekommen, wäre nicht großherzoglich weimarischer Minister geworden, sondern höchst wahrscheinlich ein Schuster geblieben und wahrscheinlich als ehrsamer Schustermeister gestorben. Wäre Napoleon I. zehn Jahre später geboren, er wurde nie Kaiser von Frankreich. Setzt das gut veranlagte Kind intelligenter Eltern unter Wilde, und es wird ein Wilder, wenn auch ein intelligenter Wilder. Was also immerhin einer ist, das hat die Gesellschaft aus ihm gemacht. Die Ideen sind nicht ein Produkt, das aus nichts oder durch höhere Inspiration von oben in dem Kopfe eines einzelnen erzeugt wird.... Daher die Erscheinung, daß ... eine Idee, die fünfzig Jahre früher ausgesprochen, die Welt kalt ließ, fünfzig Jahre später in der entsprechenden Form wiederholt, die ganze Welt in Bewegung versetzt.... Die Ideen sind also das Produkt gesellschaftlichen Zusammenwirkens, gesellschaftlichen Lebens. Ohne die moderne Gesellschaft existieren keine modernen Ideen. Das ist klar und einleuchtend...."

So betrachtete er auch die politische und kulturelle Bewegung, der er diente und deren Führer er ward, als ein Produkt der Zeitumstände, der modernen kapitalistischen Gesellschaft, sich selbst aber als helfendes und ausführendes Glied in den Reihen derer, die die Tendenz der vorgezeichneten Entwicklung zur vollen Entfaltung treiben müssen. Unbedingte Hingabe an die für Recht erkannte Sache, Opfermut bis zum äußersten, aber auch strenge Selbstdisziplin forderte er deshalb nicht nur von anderen, sondern vor allem von sich selber. Gehörte er doch, wie er wiederholt öffentlich von sich selbst bekannte, auch zu den „impulsiven Naturen", die leicht geneigt sind, ihrem Gefühl zu folgen, statt dem wägenden Verstand. Er selbst legte sich um so straffer die Zügel an, wenn Zorn und Empörung über erlittenes Unrecht ihn in Gefahr brachten, der Leidenschaft freie Bahn zu geben. Diese straffe Selbstdisziplin bewährte sich mehr als einmal in gefahrdrohenden Situationen. Besonders die brutalen

Verfolgungen, die seine Parteigenossen und er selbst während des Sozialistengesetzes (1878—1890) erdulden mußten, erzeugten in ihm einen unauslöschlichen Haß gegen die behördliche Willkür und die Organe, die sie ausübten. Mancher seiner Kampfgenossen schlug sich damals ins anarchistische Lager und glaubte, daß man dem Zwange und der Gewalt nur mit Gewalt begegnen könne. Besonders die brutalen **Ausweisungen** auf Grund des Ausnahmegesetzes, die die Betroffenen brot- und heimatlos machten, die den Ernährer von der Familie rissen und die Angehörigen einem ungewissen Schicksal überließen, schufen auch in seinem Herzen ein **Uebermaß von Erbitterung**. In solcher Stimmung rief er bei der Verhandlung über die Erneuerung des kleinen Belagerungszustandes über Berlin schon 1880 den bürgerlichen Parteien im Reichstag zu:

„Meine Herren, was muß naturgemäß ein solcher Zustand in den Herzen und Gefühlen der Masse erregen, was muß er erzeugen? Nichts wie Haß, nichts wie **Erbitterung**, eine Erbitterung, die schließlich allgemein zu dem Glauben und zu der **Ueberzeugung** führen muß, daß nichts mehr übrig bleibt als der **gewaltsame Umsturz** alles Bestehenden. Das haben **Sie** mit Ihren Maßregeln herbeigeführt. Und nicht allein dieses, sondern auch das Verlangen — denn es sind Menschen, mit denen Sie es zu tun haben —, das **notwendig hervorgerufene Verlangen nach Rache und Vergeltung**, das in Hunderttausenden von Menschenherzen wachgerufen wird. **Das** sind die Früchte, die Sie erreicht haben, und wenn **Sie** mit diesen Früchten zufrieden sind — nun, wir auch!"

Noch in seinen Erinnerungen „Aus meinem Leben" schildert er 1913 die Stimmung aus jener Zeit:

„Ich befand mich damals in der denkbar schlimmsten Stimmung. Daß man uns **wie Vagabunden** oder Verbrecher ausgewiesen und ohne eine gerichtliche Prozedur von Weib und Kind gerissen hatte, empfand ich als eine **tödliche Beleidigung**, für die ich Vergeltung geübt, hätte ich die

Macht gehabt. Kein Prozeß, keine Verurteilung hat bei mir je ähnliche Gefühle des Hasses, der Er- und Verbitterung hervorgerufen, als jene sich von Jahr zu Jahr erneuernden Ausweisungen, bis endlich der Fall des unhaltbar gewordenen Gesetzes dem grausamen Spiel mit menschlichen Existenzen ein Ende machte."

Und auf dem Magdeburger Parteitage der Sozialdemokratie (1910) hat er noch 20 Jahre später den gleichen Empfindungen Ausdruck gegeben:

„Als man uns das Sozialistengesetz um den Hals warf, haben wir uns nicht „beleidigt" gefühlt, wir waren **empört**, wir waren **von Zorn und Haß** erfüllt gegen die Urheber und Gutheißer dieses Gesetzes, und hätten wir damals gekonnt, wie wir innerlich wollten, wir hätten losgeschlagen und hätten alles zertrümmert, was uns im Wege lag. Wir wären Verräter an unserer Sache gewesen, wenn wir das nicht getan hätten. Aber wir konnten es nicht, und da ließen wir es bleiben.... Wer im Besitze der Macht ist, sucht eben drin zu bleiben, und **unsere Aufgabe** ist, unsere Gegner aus der Macht **zu vertreiben....**"

Es zeichnet die Führerqualität, die ihm innewohnte, daß er **trotz** des Zorns und der leidenschaftlichen Empörung **niemals den sicheren Boden des Rechtes** preisgab, daß er auch in den gefahrdrohenden Lagen doch schließlich die kühle Ueberlegung bewahrte und so sich und der Partei die Ueberlegenheit über das Unrecht erkämpfte. Das war ein besonderes Verdienst gerade in den Zeiten der wildesten Verfolgung, die alle Organisationen vernichtet hatte, ja vielfach auch die losesten Fäden jeder Verbindung zerstört hatte. Da galt es nicht, Gewalt gegen Gewalt zu setzen. Aber noch weniger, den Mut zu verlieren und tatenlos die Dinge laufen zu lassen. Bebel war ganz und gar nicht der Mann dazu, die Hände in den Schoß zu legen. Der ihm aufgezwungene Kampf weckte bei seiner von Natur schon optimistischen Veranlagung lediglich neue Kräfte der Abwehr.

"Vor allem galt es zunächst", sagt er in seinen Erinnerungen, "wieder festen Boden unter den Füßen zu bekommen, die im ersten Sturm des Sozialistengesetzes in Deroute geratenen Massen wieder zu sammeln und ihnen das Rückgrat zu steifen":

„Es ist eine **falsche** Darstellung, als seien damals die **Führer die kopflosen** gewesen und als hätten die Massen die Partei retten müssen. **Massen und Führer sind aufeinander angewiesen**, die einen können ohne die anderen nicht wirken. Wohl gab es unter den Führern — das Wort ist im weitesten Sinne genommen — mehr Marodeure und Hasenfüße, als uns lieb war, doch die materielle Notlage der meisten entschuldigt vieles. Aber auch in den Massen, namentlich in den mittleren und kleinen Orten, herrschte vielfach Niedergeschlagenheit und Tatlosigkeit. Es bedurfte zahlreicher geheimer Zusammenkünfte und Versammlungen und energischer Agitation, um die **mutlos Gewordenen aufzurichten** und zu erneuter Tätigkeit **anzuspornen**. Und das gelang. Von dieser **mühsamen, absolut notwendigen Tätigkeit** konnte und durfte man aber außerhalb der Kreise der Beteiligten nichts sehen und hören lassen bei Strafe der Selbstdenunziation."

Diese unermüdliche Arbeit, dieses Nie-Versagen in den schwierigsten Situationen, das er durch mehr als fünf Jahrzehnte erwies, schuf ihm das **fast unbegrenzte Vertrauen** seiner Parteigenossen und ein hohes Maß von Achtung selbst bei seinen schärfsten politischen Gegnern. Bis in sein hohes Alter hinein war er bemüht, nach **den** Regeln zu handeln, die er selbst für die Beurteilung eines Parteiführers im zweiten Bande seiner Erinnerungen niederschrieb:

„Der Führer einer Partei wird wirklicher Führer nur durch das, was er nach seinen Kräften und Fähigkeiten der Partei als ehrlicher Mann leistet. Das Höchste zu leisten, was er vermag, ist die Pflicht und Schuldigkeit eines jeden, der in einer demokratischen Bewegung steht und zu ihr gehört. Durch seine Leistung erwirbt er sich das Vertrauen der Masse, und diese stellt ihn deshalb als Führer an ihre Spitze. Aber nur als ihren ersten Vertrauensmann, nicht als ihren Herrn, dem sie blindlings zu gehorchen habe. Er ist der erwählte Verfechter ihrer Forderungen, der Dolmetsch ihrer Sehnsucht, ihrer Hoffnungen und Wünsche. Solange der Führer dieser Aufgabe gerecht wird, ist er der Vertrauensmann einer Partei; sieht diese aber, daß sie getäuscht und betrogen und auf Irrwege geführt werden soll, dann ist es nicht nur ihr Recht, sondern ihre Pflicht, dem Führer die Führerschaft zu entreißen und ihm ihr Vertrauen zu nehmen. Eine Partei ist nicht der Führer wegen da, sondern die Führer der Partei wegen. Und da jede Machtstellung in sich die Gefahr des Mißbrauchs enthält, hat die Partei die Pflicht, die Handlungen ihrer Führer unter scharfe Kontrolle zu nehmen."

Es entsprach durchaus seinem Sinne, wenn auch er immer wieder aufs neue der Kontrolle durch seine Parteigenossen unterworfen war. So oft und leidenschaftlich auch seine eigene Tätigkeit in den Mittelpunkt der Parteierörterung gestellt war, so stark innerhalb der Partei auch oftmals seine Anschauungen umstritten wurden, so zweifellos war doch das persönliche Vertrauen zu ihm und so unbegrenzt die Trauer um den Verlust dieses großen Führers, als er — mehr als dreiundsiebzigjährig — am 13. August 1913 die Augen zum letzten Schlummer schloß. In der Schweiz, wo er zur Erholung von seinem Herzleiden weilte, erreichte ihn der große Schnitter. Und in Zürich, das seine zweite Heimat geworden, setzten viele Tausende aus allen Weltteilen seine Asche bei.

WEGBEREITER DER DEMOKRATIE

Es gehört zu den übelsten Weisheiten, der Sozialdemokratie und besonders ihrem ältesten Führer „Negation" vorzuwerfen, ihnen jede positive und aufbauende Tätigkeit abzusprechen. Zeugte solche Auffassung schon im allgemeinen von mangelnder Kenntnis der in der sozialistischen Bewegung sich emporringenden Kräfte, so war sie hinsichtlich Bebels geradezu das Gegenteil der Wahrheit.

Der praktische Grundzug seines Wesens zeigte sich schon in den Anfängen seiner parlamentarischen Tätigkeit, als er mit Liebknecht allein die Eisenacher Partei vertrat. Liebknecht stand damals noch auf dem Standpunkte, daß die arbeitende Klasse im Parlament sich nicht an irgendwelchen praktischen Arbeiten beteiligen dürfe, weil sie dadurch irgendeine nennenswerte Besserung ihrer Lage doch nicht erzielen könne. „Nur der Verrat oder die Kurzsichtigkeit", meinte er, könne es ihm zumuten „aus praktischen Gründen zu parlamenteln". Die Sozialisten sollten sich zwar nach wie vor energisch an den Wahlen beteiligen, sie aber doch nur als Agitationsmittel benutzen. Trotzdem Liebknecht, der ältere von beiden, schon von 1848 her als Revolutionär bekannt war und zudem in der deutschen Partei infolge seines persönlichen Verkehrs mit Marx und Engels begreiflicher Weise besonderes Ansehen genoß, ließ Bebel sich durch den älteren Freund nicht irre machen. Mit Recht sagt Heinrich B r a u n in den „Annalen für soziale Politik und Gesetzgebung":

„Um so erstaunlicher ist die Stärke des gesunden politischen Instinktes, der Bebel davor bewahrte, auch nur für einen vorübergehenden Moment zu jenen politisch impotenten Anschauungen sich zu bekennen, und an die Stelle kraftvoller, unmittelbar sich betätigender politischer Energie die Unfruchtbarkeit unsicherer Hoffnungen und eines wirkungslosen Appells an die Gewalt zu setzen. Um so erstaunlicher, als Bebel von dem enthusiastischen Glauben an den Sozialismus und die durch ihn herbeizuführende Weltwende viel tiefer durchglüht war, als der verstandesmäßiger geartete Liebknecht. Aber gerade die Vereinigung von idealistischem Schwung und realistischer Besonnenheit hat es bewirkt, daß kein anderer Führer der Sozialdemokratie in Deutschland eine solche Herrschaft über die Massen besaß und ähnliche Erfolge erzielte wie Bebel."

Ausgehend von der Bedeutung der Arbeiterklasse als eines treibenden Elements auf allen Gebieten des gesellschaftlichen Zusammenlebens erkannte Bebel das allgemeine Wahlrecht als das wichtigste und der Demokratie eigentümlichste Mittel im Kampfe zur Erringung der politischen Macht. Zwar hatte er noch 1862, also kaum zweiundzwanzigjährig, sich als Festredner im gewerblichen Bildungsverein zu Leipzig gegen das allgemeine Wahlrecht ausgesprochen, weil die Arbeiter angeblich noch nicht gebildet genug seien. Und in seinen Lebenserinnerungen berichtet er, daß diese Rede besonderen Anklang bei einem jungen Mädchen gefunden habe, die später seine Frau wurde. Aber er versichert selbst, daß dieser Beifall wahrscheinlich mehr dem Sprecher als dem Inhalt der Rede gegolten habe. Sprach aus dieser ersten Aeußerung über das Wahlrecht noch der Einfluß seiner liberalen Umgebung, so wirkten Auseinandersetzungen mit den Lassalleanern sehr schnell bekehrend auf ihn ein. Er wurde nicht nur einer der lebhaftesten Verfechter des allgemeinen Wahlrechts und seiner Handhabung durch die Arbeiterklasse, sondern auch der typische Verfechter des parlamentarischen Systems überhaupt.

Während Wilhelm Liebknecht die Beteiligung an Wahlen gewissermaßen nur als eine Protestaktion gegen die herrschende Gesellschaft, als eine Möglichkeit, Stimmen zu zählen, ansehen wollte, vertrat Bebel vielmehr die Meinung, auch die Gewählten müßten im Parlament nach Möglichkeit durch praktische Arbeit das Interesse der Wähler wahrnehmen, und so neuem Gewinn an Anhängern vorarbeiten. Die beiden einander gegenüberstehenden Ansichten wurden auf dem Kongreß der Sozialdemokratischen Arbeiterpartei (Eisenacher) 1870 durch folgende von Liebknecht und Bebel gemeinsam vorgeschlagene Resolution zusammengeschmiedet:

„Die sozialdemokratische Arbeiterpartei beteiligt sich an den Reichstags- und Zollparlamentswahlen lediglich aus agitatorischen Gründen. Die Vertreter der Partei im Reichstag und Zollparlament haben, soweit es möglich, im Interesse der arbeitenden Klassen zu wirken, im großen und ganzen aber sich negierend zu verhalten und jede Gelegenheit zu benützen, die Verhandlungen beider Körperschaften in ihrer ganzen Nichtigkeit zu zeigen und als Komödienspiel zu entlarven."

Aus dem Wortlaut sind die beiden verschiedenen Anschauungen ganz klar erkennbar. Bebel blieb mit seiner aufs Positive gerichteten Ansicht indessen der Sieger in diesem Wettstreit. Schon auf dem zweiten Kongreß der Eisenacher Partei, der im August 1871 zu Dresden abgehalten wurde, trat er für eine Erweiterung der parlamentarischen Tätigkeit durch Beteiligung an den Wahlen der Einzelstaaten und Kommunen ein. Er wandte sich vor allem gegen die Stellung der liberalen Bourgeoisie zu dem Grundsatz des gleichen Rechtes für alle und kennzeichnete diese durch eine Erläuterung der damaligen Wahlgesetze in Preußen, Bayern und Sachsen. Ueber das preußische Wahlrecht äußerte er sich in einer Weise, die auch heute noch ein erhebliches aktuelles Interesse hat:

„Sie wissen, daß die liberale Partei, d. h. die Bourgeoisie, den Staat, der an der Spitze Deutschlands steht, Preußen, häufig als Musterstaat hinstellt. Es ist charakteristisch, daß bei einer kritischen Beleuchtung der verschiedenen Wahlsysteme in Deutschland es sich herausstellt, daß das für die Landtags- wie für die Kommunalwahlen geltende Gesetz in Preußen das allerschlechteste in ganz Deutschland ist. Daß ich mit dieser Ansicht nicht allein stehe, dafür kann ich einen Gewährsmann anführen, der für die Sozialdemokratie zwar kein Gewährsmann ist, aber doch ganz gewiß für unsere Gegner. Das ist niemand anders wie Seine Durchlaucht Fürst Bismarck. Bismarck sagte 1867 im ersten konstituierenden Reichstage, als es sich um die Aufnahme des allgemeinen Wahlrechts in die Verfassung des Norddeutschen Bundes handelte und ihm Gegner von seiten seiner Partei entgegentraten — Sie können die Rede in dem offiziellen stenographischen Bericht lesen —, das Dreiklassenwahlsystem in Preußen sei das allerelendeste, miserabelste, was sich denken lasse. Wenn ein anderer in einer Volksversammlung gesagt hätte, das Dreiklassenwahlsystem sei das allerelendeste Wahlsystem in ganz Deutschland, so wäre er gewiß wegen dieser Aeußerung vom Staatsanwalt angeklagt worden, weil er Haß und Verachtung gegen bestehende Staatseinrichtungen predige. Bismarck hat dies gesagt und, obgleich vier Jahre verstrichen sind, noch keinen Finger gerührt, es abzuändern. Die Fortschrittspartei, obgleich sie in der Minorität ist und keine Gefahr vorhanden ist, daß ihre Anträge angenommen werden und sie dadurch sozusagen zwischen zwei Stühle käme, hat nicht gewagt, einen Antrag auf allgemeines Wahlrecht einzubringen, weder für den Landtag noch für die Kommunalwahlen. Sie sehen daraus, was es mit den Worten zu bedeuten hat."

In Sachsen war das aktive Wahlrecht für den Landtag an die Zahlung einer Steuer von einem Taler, das passive Wahlrecht an die Zahlung von zehn Talern gebunden. Darüber sagt Bebel:

„Es ist eine Schmeichelei für den Steuerzahler, sich sagen lassen zu müssen, ihr seid nicht reif, gewählt zu werden; ihr müßt einem Zehntalermann unter euch eure Stimme geben. Dies war auch der Grund, der die Sozialdemokratie bestimmte, von jeder Beteiligung an der Landtagswahl bisher abzusehen, selbst da, wo die Möglichkeit eines Durchdringens ihres Kandidaten in Aussicht stand. Meines Erachtens ist nach Lage der Dinge unsere Aufgabe jetzt die: wir müssen jedes Mittel, das uns zu Gebote steht, benützen, um für unsere Prinzipien Propaganda zu machen. Wenn wir auf den Reichstag, auf die Landtage Vertreter schicken können, wenn wir sie in den Gemeindevertretungen haben, dann können wir, wenn wir auch vorläufig noch nicht in der Lage sind, einen maßgebenden Einfluß auf die Gesetzgebung auszuüben, doch wenigstens dort von öffentlicher Stelle, von der Tribüne aus, deren Bedeutung und Wirkung wir nicht verkennen dürfen, unsere Prinzipien vertreten und wenigstens den Gegnern ins Angesicht die Ungerechtigkeiten schleudern, die sie Tag für Tag an der arbeitenden Klasse begehen; wir können auf diese Weise die Tribüne der Landesvertretungen, die Tribüne der Gemeindevertretungen benutzen, um für unsere Prinzipien, unsere Ideen Propaganda zu machen; wir haben damit ein ausgezeichnetes neues Agitationsmittel gewonnen. Es ist nicht zu verkennen, daß, wenn wir erst Gelegenheit haben, in dieser Weise unsere Stimmen geltend zu machen, wir auch so mancher ungerechten Einrichtung, unter der die Arbeiterklasse seufzt, ein Ende machen können."

Diese Doppelansicht von der parlamentarischen Arbeit — einmal als Propagandamittel, zum anderen als Mittel zur Durchsetzung praktisch greifbarer Erfolge — kennzeichnet das Verhalten Bebels während seiner langen parlamentarischen Betätigung. Die Gefahr, daß zuweilen um der Stimmenwerbung willen zurückgebliebenen Wählerschichten Konzessionen auf Kosten der grundsätzlichen Forderungen des Parteiprogramms gemacht werden konnten, blieb selbstverständlich auch Bebel nicht verborgen. Gegen solche möglichen Entgleisungen hat er sich aber immer auf das Entschiedenste gewandt. So erklärte er auf dem Sozialistenkongreß zu Gotha 1877 (nach Seite 70 des Protokolls) „daß bei den vorigen Wahlen viele Redner auf den Stimmenfang ausgegangen seien, indem sie die Taktik angewendet, unsere Forderungen als äußerst gemäßigt darzustellen oder wohl gar zu verschweigen. Wir wollen auf **diese Weise keine Stimme werben**, wodurch der Kandidat sowohl wie die ganze Partei in bedenkliche Verlegenheiten gebracht werden könne."

Die Bedeutung des allgemeinen und gleichen Wahlrechts kann selbstverständlich erst dann voll in die Erscheinung treten, wenn jeder Staatsbürger zu jeder Zeit, nicht nur bei Gelegenheit einer Wahl, sich um die öffentlichen Dinge kümmert, sie kritisch und anregend zu beeinflussen sucht. Die Aufgabe, die den Staatsbürger in einem **demokratischen** Staatswesen gestellt ist, umriß Bebel in einer Reichstagsrede 1907 drastisch aber klar mit diesen Sätzen:

„Immer hinter dem Ofen hocken, bei der Pfeife und dem Glas Bier, das ist ein elendes Gewerbe für einen aufrechten und intelligenten Mann. Für ihn gehört es sich, **selbst einzugreifen** und zu arbeiten und zu kämpfen für die **höchsten Ziele der Menschheit**, die zugleich die höchsten Ziele für ihn und seine Familie sind."

Das gilt in erster Linie für Angehörige der **Arbeiterklasse**, das heißt derjenigen Gesellschaftsschicht, die nach dem System des alten Obrigkeitsstaates als etwas minderwertiges galt und deshalb in Staat und Gemeinde von ernsthafter Mitbestimmung ausgeschlossen blieb. Die Erringung der Demokratie im Staatsleben mußte deshalb für die erwachende Arbeiterschaft das erste Ziel auf dem Wege zur sozialistischen Gesellschaft sein. Die Erkenntnis von der Notwendigkeit demokratischer Staatsformen beherrschten auch die politische Tätigkeit Bebels in hervorragendem Maße. Selbst aus den Reihen der bürgerlichen Demokraten hervorgegangen und mit ihnen noch lange in Fühlung stehend, erkennt er jedoch schon früh, im Gegensatz zu den kleinbürgerlichen Demokraten jener Zeit, die Bedeutung der Arbeiterklasse. In seiner „Streitschrift gegen die Demokratische Korre-

spondenz" werden unter dem Titel „Unsere Ziele"
eine Reihe von Artikeln zusammengefaßt, die Bebel Anfang 1870 im „Volksstaat" erscheinen ließ. Darin weist
er auf den Klassencharakter des bürgerlichen
Staates hin und sagt, die herrschenden Klassen würden
allerdings gegen ihr eigenes Interesse handeln,
wenn sie die Bestrebungen auf Herbeiführung des Sozialismus unterstützten:

„Täte das die Bourgeoisie, täten das die herrschenden Klassen, sie handelten gegen ihr eigenes Interesse, sie würden in der Arbeiterklasse nicht nur einen Konkurrenten, sondern auch einen Faktor erziehen, der sie schließlich überhaupt unmöglich machte, ihre Herrlichkeit als Klasse hörte auf. Das wäre natürlich Selbstmord, den sie auf keinen Fall freiwillig vollziehen wird. Daraus geht also hervor, daß die Arbeiterklasse sich die Macht erobern muß, was sie sicher kann, weil die Arbeiterklasse die große Mehrheit ist und weil ihre Losung nicht nur Freiheit, sondern auch Gleichberechtigung heißt, also die Gerechtigkeit in sich schließt. Ich will hierbei nochmals ausdrücklich bemerken, daß ich ... nicht allein unter dieser Arbeiterklasse die Lohnarbeiter im engsten Sinne verstehe, sondern auch die Handwerker und Kleinbauern, die geistigen Arbeiter, Schriftsteller, Volksschullehrer und niederen Beamten, die alle, unter den heutigen Verhältnissen leidend, eine wenig oder gar nicht bessere Stellung haben als die Lohnarbeiter und, soweit sie sich vielleicht etwas besser stehen, wie z. B. der Handwerker- und selbständige Bauernstand, unwiderstehlich und ohne Gnade der modernen Entwicklung zum Opfer fallen. Diese verschiedenen Klassen bilden also die ungeheuere Mehrheit im Volk, und da es sich nicht um Unterdrückung der Minorität durch die Majorität handelt, sondern um Gleichberechtigung und Gleichstellung aller, so kann also nicht von einer Klassen- oder Standesherrschaft, welche die Arbeiterklasse wolle, die Rede sein. Es ist im Gegenteil eine so vernünftige demokratische Gesellschaft, die sie erstrebt, wie sie die Welt noch nie gesehen hat."

Was die sozialistische Auffassung über die Notwendigkeit demokratischer Gesellschaftsformen von der Ansicht bürgerlicher Nur-Demokraten unterscheidet, das setzt Bebel in der gleichen Schrift deutlich auseinander, indem er schreibt:

„Die bürgerliche Demokratie geht von der Ansicht aus, daß die politische Freiheit eigentlich alles sei, was der Mensch verlangen könne, höchstens habe der Staat für eine ausreichende Bildung aller Staatsbürger zu sorgen und die Steuern so einzurichten, daß keiner ungerecht betroffen werde. Das sind drei Dinge, die wir akzeptieren, die aber nicht ausreichen. Der Staat soll allerdings — so meinen auch die Sozialdemokraten — die Freiheit garantieren, aber auch darauf sehen, daß die Freiheit des einen der Freiheit des anderen keinen Schaden bringe. Die politische Freiheit aber kann keine gleiche sein, wenn ökonomische Ungleichheit existiert. Der ökonomisch besser Gestellte wird stets einen moralischen Druck auf den schlechter Gestellten ausüben. Ist nun gar ein Abhängigkeitsverhältnis vorhanden, wie in der jetzigen Gesellschaft, ist der Arbeiter einem Brotherrn unterworfen, von dem seine Existenz abhängt, dann liegt auch auf der Hand, daß dieser Brotherr die Gewalt in den Händen hat, das politische Recht des Arbeiters zu verkümmern, es in der ihm, dem Unternehmer, gut dünkenden Weise auszubeuten. Aber ganz abgesehen davon: an einem Staat, in dem die politische Freiheit bloß der Zweck ist, hat der Arbeiter wenig Interesse. Was ihn drängt und treibt, die politische Freiheit und Gleichberechtigung zu erobern, ist die Aussicht, mit ihrer Hilfe auch die ökonomische Unabhängigkeit zu gewinnen. . . ."

Daß dem Arbeiter die bloße politische Freiheit wenig nützt, wenn er dabei hungern muß, wenn seine Lage sich nicht verbessert, wenn er nach wie vor der von Kapitalisten ausgebeutete Mensch ist, dafür sind, sagt er weiter, die Schweiz und Amerika schlagende Beispiele. Genügte die bloße politische Freiheit, dann dürfte die Lage der Arbeiter in jenen Ländern nichts zu wünschen übrig lassen. Wer das aber glaube, irre sehr. „Der einzige, aber, wie wir nicht verkennen dürfen, immerhin bedeutende Unterschied ist, daß in einem F r e i s t a a t die Bewegung sich r a s c h e r Einfluß und Geltung verschaffen kann, als in einem halbfreien oder despotisch regierten Staat."

Die B e d e u t u n g d e r A r b e i t e r k l a s s e für die Fortentwicklung der Demokratie haben die b ü r g e r l i c h e n Gesellschaftsschichten entweder nicht erkennen können oder doch die Augen geflissentlich davor verschlossen. Für den S o z i a l i s t e n hingegen, der die moderne Arbeiterklasse als ein naturgemäßes Produkt der ökonomischen Auswirkung der kapitalistischen Wirtschaftsform erkannte, war es ein selbstverständliches Gebot, in seiner Beweisführung auf diese überragende und stetig wachsende Bedeutung immer wieder hinzuweisen. Bei den zahlreichen Auseinandersetzungen, die Bebel im Laufe der Jahrzehnte seiner politischen Tätigkeit zu bestehen hatte, hat er denn auch immer wieder sowohl die wachsende Z a h l wie den wachsenden E i n f l u ß der Arbeiterschaft in dieser, von Klassengegensätzen zerrissenen Gesellschaft hervorgehoben. In den „Zukunftsstaatsdebatten" (Februar 1893) sprach er von der Halbheit, die das allgemeine Wahlrecht innerhalb der kapitalistischen Gesellschaftsordnung darstelle:

„Das allgemeine Stimmrecht, d. h. die demokratische Anerkennung der Gleichheit aller Staatsbürger ohne Unterschied des Standes, des Besitzes, der religiösen Auffassung und der Geburt steht allerdings im direkten G e g e n s a t z z u u n s e r e n u n g l e i c h e n B e s i t z v e r h ä l t n i s s e n. Eine Gesellschaft, die auf der K l a s s e n h e r r s c h a f t beruht, die nur durch K l a s s e n g e g e n s ä t z e existiert, die bemüht sein muß, diese Klassengegensätze aufrechtzuerhalten bei Strafe ihres eigenen Untergangs, diese kann die allgemeine Rechtsgleichheit nicht mit gutem Willen gewähren: denn damit ist ein Moment gegeben, das auf ihre e i g e n e Z e r s t ö r u n g und ihren U n t e r g a n g hinwirkt."

Indessen gewinnt die Arbeiterklasse auch ohne die

freiwillige Mitwirkung der in der Herrschaft befindlichen Schichten aus sich selbst heraus eine Macht, die sich jedem Sehenden immer deutlicher vor die Augen stellt. **Was ist die Arbeiterklasse?** Diese Frage beantwortet Bebel in seiner Reichstagsrede vom 11. Dezember 1897 folgendermaßen:

„... Angesichts der Rolle, welche die Arbeiterklasse wider Willen in Staat und Gesellschaft zu spielen gezwungen ist, sollte man doch einigermaßen Rücksichten auf diese Arbeiterklasse und ihre Interessen nehmen. **Was ist denn die Arbeiterklasse?** Sie bildet die **Grundlage der gesellschaftlichen Pyramide**, auf der Sie mit die oberste Spitze sind. **Ein Ruck von dieser Grundlage, und die Pyramide wankt,** und Sie liegen allesamt zu Boden! **Ohne diese Grundlage können Sie keine drei Tage existieren...** Sie vergessen, daß ohne die deutschen Arbeiter es nie und nimmer möglich wäre, daß der deutsche Handel konkurrenzfähig auf dem Weltmarkt wäre..."

Dieser rein wirtschaftliche, aber unwiderstehlich wachsende Einfluß der Arbeiterklasse bildet das Fundament, auf dem die Sozialdemokratie baut. Er konnte auch durch die rigorosesten Abwehrmittel nicht gebrochen werden. Denn, sagt Bebel in der gleichen Rede weiter:

„Die Zahl der Proletarier, die Zahl der **Menschen,** die **von der Hand in den Mund lebt,** die gezwungen ist, von ihrer Hände Arbeit leben zu müssen, die also an dem Tage, an dem sie keine Arbeit hat, auch kaum die nötigen Existenzmittel besitzt, — die Zahl dieser Menschen und der von ihnen abhängigen Frauen und Kinder **wächst mit jedem Tage,** und zwar in demselben Maße, wie diese bürgerliche Gesellschaft dem **Kulminationspunkte ihrer Entwicklung** entgegengeht. Das Proletariat wird immer massenhafter. Damit entsteht aber auch die Notwendigkeit, daß die Staats- und Reichsgesetzgebung sich dieser immer mehr zunehmenden Masse von Menschen zuwendet und für sie sorgt, soweit für sie innerhalb der heutigen Gesellschaft Erleichterungen ihrer Lage geschaffen werden können. **Sie sind außerstande,** meine Herren, das wissen wir, **das** zu gewähren, was die klassenbewußten Arbeiter fordern; das können Sie nicht. Aber Sie können ihnen ihre Lebenslage in bedeutender Weise und nach den verschiedensten Richtungen hin erleichtern, annehmlicher machen, und das zu tun ist Ihre Pflicht, ist doppelt — das sage ich wiederholt — Ihre Pflicht gegenüber den Leistungen, die diese Arbeiterklasse Ihnen, den herrschenden Klassen, gegenüber zu gewähren hat. Und, meine Herren, was hören wir statt dessen? Nicht allein die direkte Abneigung gegen jede ernste sozialreformatorische Maßregeln, nein, überall und immer wieder, in der Presse und den Versammlungen der Gegner Redewendungen, wie die von dem inneren Feind, gegen den in erster Linie die Armee gebraucht werden solle. Wenn man doch endlich einmal aufhören wollte, solche Reden zu gebrauchen, wenn man doch endlich begreifen wollte, daß man das gerade Gegenteil damit erreicht, was man erreichen will! Glaubt man denn, uns damit zu imponieren, uns damit einzuschüchtern? Sie sollten nur einmal hören, wenn wir uns über solche Redensarten unterhalten, was da aus unserem Munde klingt (Heiterkeit), wir lachen und zucken die Achseln darüber. Der innere Feind, oder was man als den inneren bezeichnet, wird mit jedem Tage zahlreicher. Sie könnten diesen inneren Feind allerdings los werden auf sehr einfachem Wege; aber es wäre Ihr eigener Tod: Sie brauchten nur diese großkapitalistische Entwicklung auf die wirtschaftlichen Zustände des Mittelalters zurückzuführen oder auch die Zustände, wie sie vor hundert Jahren existierten, als das Kleinbürgertum noch der Stand war, dessen Interessen die maßgebenden Interessen im Staate waren. Haben Sie Zustände, unter denen der Handwerker, der Bauer eine solche Menge von Interessen repräsentiert, daß die Staatsgewalt auf sie in erster Linie Rücksicht nehmen muß, dann brauchen Sie keinen Kampf mehr gegen den Umsturz, dann brauchen Sie keine Ausnahmegesetze, keine verschärften Strafgesetze. Dann ist der Umsturz und die Partei, die diesen Umsturz wollen soll, einfach unmöglich. Die Sozialdemokratie, die klassenbewußte Arbeiterschaft, sie ist das Produkt, das notwendige, naturgemäße Produkt der modernen kapitalistischen Entwicklung; und in dem Maße, wie Sie dieser Entwicklung immer freiere Bahnen schaffen und sie immer mehr zu ihrer höchsten Blüte treiben, in demselben

Maße werden die **Sozialdemokraten wie die Zähne des Kadmos** aus dem Boden wachsen, immer mehr und mehr unsere Reihen ausfüllen, und in demselben Maße werden sie in die **Armee** dringen. . . ."

Zu einer programmatischen Darlegung seiner Auffassung über das selbsttätige Wachsen des Proletarierheeres benutzte Bebel auch die große Debatte über die von Zentrumsabgeordneten (Hitze und Gen.) eingebrachte **Arbeitskammer-Interpellation** im Reichstage. Die Notwendigkeit von Arbeitskammern wurde von den Antragstellern auch damit begründet, daß eine derartige gesetzliche Organisation der Arbeiter den Einfluß der Sozialdemokratie wenn nicht beseitigen, so doch ihn zurückdrängen würde. In diesem Zusammenhang erklärte Bebel am 4. Mai 1899:

„Der Staat, Ihr Staat, ist seiner Natur nach ein **Klassenstaat**. Der Kampf, den die Sozialdemokratie gegen diesen Staat richtet, richtet sich gegen die **Klassennatur** dieses Staates, die wir zu beseitigen bestrebt sind. Und Sie werden mit allen Ihren Mitteln auf die Dauer nicht verhindern können, daß wir das erreichen, weil hinter den Bestrebungen, die **wir** vertreten, am Ende die **große Mehrheit** der Bevölkerung steht, und Sie nur eine kleine Minorität derselben vertreten. Sie gebrauchen Schule und Kirche nur als Mittel zur Aufrechterhaltung Ihrer Klassenherrschaft, zu nichts weiter.... Wir sind **keine Dogmenleute**, wir kritisieren fortgesetzt die Grundlagen und Grundanschauungen, auf denen wir stehen; kommen wir zu der Ueberzeugung, daß im Laufe der Entwicklung Ereignisse und Vorgänge sich herausgestellt haben, die mit früheren Anschauungen, die wir vertraten, nicht mehr in Einklang zu bringen sind, dann **lassen wir diese Anschauungen fallen**, wie wir das bereits bei einer ganzen Reihe von Punkten im Laufe unserer jahrzehntelangen Entwicklung getan haben. Damit ist aber der **Marxismus nicht aus der Welt** geschafft, und noch viel weniger die Sozialdemokratie. Sie vergessen, daß die **Sozialdemokratie** in Deutschland auf die Welt kam, **ehe der Marxismus** die entscheidende geistige Macht in der Sozialdemokratie war. Und so wird die Sozialdemokratie bestehen, wenn selbst eine ganze Reihe sogenannter marxistischer Auffassungen von der Sozialdemokratie als durch die geschichtliche Entwicklung überwunden angesehen werden sollte. Die Sozialdemokratie erstrebt die **Beseitigung der Klassenherrschaft**, die Beseitigung der Klassen selbst; die Sozialdemokratie ist das notwendige Produkt der wirtschaftlichen und politischen Entwicklung; sie wird in diesem Maße an Macht und Bedeutung zunehmen, wie diese Entwicklung selbst immer mehr ihrem Höhepunkt entgegentreibt. In demselben Maße, wie die Großindustrie, überhaupt die kapitalistische Entwicklung um sich greift und mehr und mehr die Oberhand gewinnt, in dem Maße wird auch die Sozialdemokratie an Boden gewinnen. **Dagegen** werden Ihre **Reformen ebensowenig** wie Ihre **Zwangsmaßregeln** das geringste ausrichten können."

In der gleichen Rede betonte Bebel den notwendigen Zusammenhang zwischen Betriebsdisziplin und Arbeiterintelligenz und hob dabei hervor, wie stark gerade die Sozialdemokratie die Entwicklung dieser Intelligenz befördere:

„Wenn ferner gestern der Abgeordnete Freiherr von Stumm glaubte darauf hinweisen zu können, daß die Macht und die Bedeutung, die die deutsche Industrie sich auf dem Weltmarkte erobert habe, nach Ansicht des Auslandes und ausländischer Industrieller wesentlich darin beruhe, daß in den deutschen Großbetrieben, überhaupt in der deutschen Industrie, eine großartige **Disziplin** der Arbeitermassen vorhanden sei, dann täuscht er sich gewaltig. **Disziplin ist in jedem Gemeinwesen**, in jeder Organisation **notwendig**, wo es gilt, durch eine große Kopfzahl einen gemeinsamen Zweck zu erreichen. Disziplin ist notwendig in der Armee, in der Fabrik, im Verkehr und auch in der Partei. Die **Notwendigkeit der Disziplin leugnen wir nicht**; aber Hand in Hand mit der Disziplin muß die **Intelligenz** gehen, und niemals würde die deutsche Industrie, der deutsche Handel und der deutsche Verkehr die Bedeutung in der Welt errungen haben, die er hat, wenn nicht die **Intelligenz der deutschen Arbeiter** dahinter stände. Es ist charakteristisch, daß selbst in dem letzten württembergischen Fabrikinspektorenbericht der Fabrikinspektor die Erklärung abgibt, daß eine

Reihe von Unternehmern ihm offen zugestanden hätten, daß die intelligentesten ihrer Arbeiter Sozialdemokraten seien. Und das ist natürlich. Leute, die ein Ideal, ein höheres Streben haben, sich um öffentliche Angelegenheiten kümmern, Staat und Gesellschaft in ihrem innersten Wesen zu erkennen trachten, sind intelligente Leute. Es sind Leute, die auch auf anderen Gebieten, auf dem Gebiete der geistigen und körperlichen Arbeit, leistungsfähiger sind als diejenigen, die gleichgültig und indifferent den Dingen gegenüberstehen. Sie haben also den Fortschritt, den die deutsche Industrie, der deutsche Handel und Verkehr in den letzten Jahrzehnten erlangt haben, in erster Linie mit der deutschen Sozialdemokratie zu verdanken, die in hohem Maße durch ihre Bestrebungen die Intelligenz der deutschen Arbeiter hebt. Für uns ist die Hauptsache, daß Sie endlich zu Ansichten gekommen sind, die wir schon vor Jahrzehnten für notwendig erkannt haben...."

Die innige Verbindung revolutionären Vorwärtsdrängens mit dem aufs Praktische gestellten Grundzug seines Wesens bewahrte Bebel ebensosehr vor der Versandung im rein parlamentarischen Kleinkram, wie vor dem Zerflattern in einer revolutionären Phraseologie. Diese Mittelstraße innezuhalten, war nicht immer leicht. Um so weniger, als auf der einen Seite das besondere deutsche Regierungssystem ein freies und opferwilliges Mitarbeiten der Arbeiterklasse gewaltsam verhinderte, auf der anderen Seite hingegen dieser behördliche Druck und diese Mißachtung in der Partei selbst oft eine Stimmung erzeugte, die einer solchen positiven Betätigung alles andere eher als zugeneigt war. Auch die großen sozialistischen Theoretiker Marx und Engels, die in London lebten, aber sich der deutschen Partei besonders nahe fühlten, wandten sich zuweilen warnend an Bebel als den bekanntesten Vertrauensmann der Partei, um die Abgeordneten gewissermaßen vor einem Ausgleiten auf dem parlamentarischen Boden zu bewahren. In seinem Erinnerungswerke „Aus meinem Leben" führt Bebel mehrfach Briefe von Friedrich Engels an, in denen dieser nicht immer angenehm empfundene Winke und Ratschläge gibt. So hatte er sich in einem Schreiben vom 14. November 1879 darüber beschwert, daß die Haltung der Abgeordneten in der Schutzzollfrage schwankend und unsicher wäre, insbesondere daß Max Kayser für den höheren Eisenzoll gestimmt hatte. In dem Rechenschaftsbericht der Fraktion, der im Züricher „Sozialdemokrat" abgedruckt war, hatte vor allem eine ablehnende Wendung gegen den „Bürgerkrieg" das Mißfallen Engels hervorgerufen. Auf dieses Schreiben Engels' antwortet Bebel in einem Brief vom 18. November 1879 unter anderem:

„...Kayser hat ... **nicht** in der ersten (richtiger zweiten) Lesung — denn in der ersten gibt es, weil sie Generaldebatte ist, keine Abstimmung — **für das Gesetz** gestimmt, er hat dies nur für den **höheren Eisenzoll** getan und einige andere Positionen. Für den hohen Eisenzoll hat er auch in der **dritten** Lesung gestimmt, aber schließlich **gegen das ganze** Gesetz.

Ich bin überzeugt, daß, wenn die Partei 1879 ebenfalls hätte einen Kongreß halten können, ihr Beschluß genau so ausfiel wie vor zwei Jahren, und zwar aus dem einfachen Grunde, weil in dieser rein praktischen Frage verschiedene Strömungen vorhanden sind und **die bloße Negation in den Wählerkreisen schwerlich Anklang gefunden** hätte. Wir werden, **solange wir parlamentarisch mittun, uns in der reinen Negation nicht halten können**, die Masse verlangt, daß auch für das Heute gesorgt werde, unbeschadet dessen, was morgen kommt.

Ich gebe zu, daß man da **leicht zu weit gehen kann** und daß es fortgesetzter sorgfältiger Beratung von Fall zu Fall bedarf, wie weit man gehen darf. In allen diesen Fällen sind Meinungsverschiedenheiten sehr leicht, namentlich wenn man wie Ihr, außerhalb der Fühlung mit den Massen steht, auf die man zunächst Rücksicht zu nehmen hat....

Und nun zu unserem **Rechenschaftsbericht**. Ich gebe Ihnen von vornherein zu, daß derselbe ungleich schärfer hätte ausfallen können, als er ausgefallen ist; aber Sie dürfen eines nicht vergessen: die Umstände und Zustände, unter denen er geschrieben wurde. Auf Grund unseres Preßgesetzes konnte man uns alsdann in Deutschland fassen, und daß uns daran nichts lag im gegenwärtigen Moment, ist wohl selbstverständlich.

Nun hätten wir den ganzen Passus mit der **Revolution** überhaupt weglassen können, allein den fortgesetzten Anklagen und Verdächtigungen Mosts gegenüber, dem, weil er allein das Wort führte, es gelungen war, eine Menge Köpfe zu verdrehen, war eine solche **Erklärung notwendig**. Ich glaube auch nicht, daß man aus dem bezüglichen Passus eine Konzession an den Bierphilister lesen kann, so naiv sind wir nicht. Wir haben wohl deutlich genug gesagt, was wir unter der „**öffentlichen Meinung**" verstehen. Wir meinten dabei allerdings auch den **Kleinbürger** und **Bauern**, die in den letzten Jahren sich in größerer Zahl uns angeschlossen und bei der letzten Wahl in manchem Bezirk die **Ehre der Partei gerettet** haben, weil die Lohnarbeiter unter dem Druck und der Hetze der Fabrikanten auf der einen, der Krise auf der andern Seite vielfach von der Stimmenurne fernblieben, ja hier und da, wenn auch mit Wut im Herzen, sich **zum Stimmen gegen uns** herbeiließen.

Ich bin kein Freund vom Ducken und andere neben mir auch nicht; glaubte ich, daß auch nur einer unserer Gegner aus unserm Rechenschaftsbericht so etwas wie Sentimentalität oder Nachgiebigkeit herauslesen könnte, ich hätte ihn nicht unterschrieben. Ihr könnt euch eben dort von der Situation hier keine rechte Vorstellung machen, und da legt ihr eben einen ganz anderen Maßstab an und kritisiert, wie innerhalb Deutschlands keinem zu kritisieren einfällt. **Unsere Gegner täuschen sich nicht über uns und wir uns nicht über sie.** Daß wir leben und uns nicht totmachen ließen, bringt sie zur Verzweiflung, sie können es gar nicht begreifen, daß man ohne hohe obrigkeitliche Bewilligung am Leben bleiben kann. Da wir aber eben zum Maulhalten in der Oeffentlichkeit verurteilt sind, wohingegen unsere Gegner uneingeschränkt das Wort besitzen, so haben wir da, wo wir das Wort ergreifen, uns möglichst vorsichtig zu benehmen, um ihnen möglichst die Gelegenheit zum wirksamen Angriff zu verleiden.

Das ist eine **Taktik**, womit wir uns meines Erachtens

absolut nichts vergeben, aber sehr viel nützen.
Ich wiederhole, unsere Gegner täuschen sich über unsere Taktik
nicht, das zeigt das ruhige Geschehenlassen der größten
Willkürlichkeiten gegen uns, aber wir setzen sie außerstande, weiterzuhetzen, und das ist, wie die Dinge liegen, notwendig und ein Erfolg . . ."

So wenig Bebel also der dauernden Negation huldigte, so wenig gab er sich einer Ueberschätzung des parlamentarischen Gedankens hin. Auf dem unter dem Sozialistengesetz in St. Gallen abgehaltenen Parteitag von 1887 erklärte er bei der Berichterstattung über die parlamentarische Tätigkeit der Reichstagsfraktion aus dem gleichen Gedankengang heraus:

„Noch niemals habe unter den Parteigenossen ein Zweifel bestanden darüber, daß die Macht der sozialdemokratischen Partei wesentlich mit auf ihrer parlamentarischen Tätigkeit und der Teilnahme an den Wahlen beruhe. Nicht die Teilnahme an den Wahlen sei es also, was der Partei zum Schaden gereiche, sondern nur die Ueberschätzung des Parlamentarismus könne gefährlich werden. Wer freilich glaube, daß auf dem heutigen, parlamentarisch-konstitutionellen Wege die letzten Ziele des Sozialismus erreicht werden können, kenne die Ziele entweder nicht, oder sei ein Betrüger."

Und auf dem ersten Parteitag, der nach dem Fall des Sozialistengesetzes wieder auf deutschem Boden stattfinden konnte (Halle 1890), äußerte er sich bei einem Rückblick auf die Tätigkeit der Partei unter dem Ausnahmegesetz:

„Wir werden im Laufe unserer Verhandlungen noch hinlänglich Gelegenheit haben, über den Wert der Wahlen und der parlamentarischen Tätigkeit überhaupt zu sprechen. Ich erkläre indes schon jetzt, daß die Agitation bei den allgemeinen Wahlen und die Tätigkeit der gewählten Abgeordneten im Reichstage nach meiner Ueberzeugung das allerwesentlichste und wirksamste Agitationsmittel für die großartige Entwickelung der Partei unter dem Sozialistengesetz gewesen sind. Wäre uns unter dem Gesetz auch die Reichstagstribüne verschlossen und die Ausübung des Stimmrechts unmöglich gemacht gewesen, wir hätten **kein Mittel** besessen, auch nur annähernd festzustellen, in welcher Art und Gestalt die Partei sich entwickelt hatte und fortgeschritten war, wir hätten nicht entfernt unsere Agitation so ausgiebig, wie geschehen, entfalten können."

Wie die Sozialdemokratie sich bei dieser klugen Ausnutzung parlamentarischer Möglichkeiten und außerparlamentarischer Wirksamkeit aller starker Gegenwirkung durch Behörden und die hinter ihnen stehenden gesellschaftlichen Kräfte eine immer stärker in Erscheinung tretende Machtposition errang, so hat ganz unleugbar auch der Reichstag selbst im Laufe der Jahre seinen Einfluß wesentlich gesteigert. Nicht zuletzt die sozialdemokratische Kritik innerhalb des Parlaments, verbunden mit einer auf praktische Erfolge gerichteten Kleinarbeit hat zu dieser Steigerung der parlamentarischen Machtstellung beigetragen. Wenn er auch auf das entschiedenste warnte, vom Reichstag selbst und von der sozialdemokratischen Fraktion Wunderdinge zu erwarten, — in seiner Rede auf dem Dresdener Parteitag 1903 kam das besonders klar zum Ausdruck — so empfand Bebel jedoch die Vorstellung, als wenn der Reichstag zu dauernder Ohnmacht verurteilt sei, als ein Zeichen mangelnder Einsicht und übergroßer Schwäche. Als auf dem Jenaer Parteitag von 1905 Eduard Bernstein ähnliche Gedanken zum Ausdruck brachte, da antwortete Bebel in seinem Referat über den politischen Massenstreik:

„Nun ist gestern von Bernstein geklagt worden über die steigende **Ohnmacht des Reichstages**. Das ist grundfalsch, das Gegenteil ist wahr. Ich habe die Dinge vom Anfang sich im Reichstag entwickeln sehen und da erkläre ich, daß die Macht des Reichstags in seiner Gesamtheit, wenn er einmal seine Stimme erhebt, **heute viel mehr Beachtung, viel mehr Entscheidung** hat wie einmal in einer früheren Periode. Wenn man unter der Herrschaft des Fürsten Bismarck von einer vollständigen Ohnmacht des Reichstags gesprochen hat, so hatte man vollkommen recht. Ja, selbst noch unter dem Grafen Caprivi und noch unter Fürst Hohenlohe könnte man das mit einer gewissen Einschränkung sagen, aber seitdem hat der Reichstag sich allmählich der Regierung gegenüber eine Position erobert. Er hat in einer Reihe von Fragen tatsächlich die Leitung an sich gerissen, er entscheidet, und nach seiner Entscheidung richtet sich öfter die Regierung. Bedauerlich ist nur, daß diejenigen, die das Regiment haben, nicht unsere Freunde, sondern unsere Gegner sind. Ich erinnere nur an die Fragen der Steuerpolitik, der Marinepolitik, der Flottenpolitik — was das Reich vom bürgerlichen Standpunkt, vom Standpunkt der kapitalistischen Wirtschaftsordnung aus betrachtet, haben muß, das bekommt es, er vertritt hier seine eigenen Klasseninteressen. Wer jedoch glaubt, daß wir, die stärkste Partei im Lande, die zweitstärkste im Reichstage, einen entsprechenden Einfluß auf die Regierung ausübten, der urteilt vollkommen falsch. Eine Oppositionspartei kann, solange sie nicht die Regierung in die Hand bekommt, überhaupt keinen maßgebenden Einfluß haben."

In der parlamentarischen Vertretung erblickte Bebel das notwendige Attribut demokratischer Einflußnahme auf die Staatsleitung. Diese Anschauung verschaffte ihm nicht nur gegenüber der Regierung eine feste Position, sondern gab auch seiner Wirksamkeit innerhalb des Parlaments selbst einen starken Rückhalt. So revolutionär er fühlte und dachte, so stark respektierte er die Rechte und die Gepflogenheiten des Reichstages. Kaum einer unter den vielen Abgeordneten, die das deutsche Parlament im Laufe der Jahrzehnte sah, war ein so eifriger Arbeiter im besten parlamentarischen Sinne wie gerade Bebel. Als im Jahre 1912 die Sozialdemokratie die vierte Million an Stimmenzahlen überschritt und mit 110 Mandaten auch im Reichstag die unbestritten stärkste Partei geworden war, wirkte gerade Bebel mit am eifrigsten dafür, um diese parlamentarische Machtstellung auch nach außen durch Teilnahme am Präsidium zum Ausdruck zu bringen. Die

Tragikomödie, die sich damals abspielte, wird allerdings ein trüber Fleck in der Geschichte des deutschen Parlaments bleiben. Bei der Wahl des Präsidenten erhielt Bebel als Kandidat der Sozialdemokratie nur die 110 Stimmen seiner Fraktion und in der Stichwahl 175 Stimmen, während sein Gegenkandidat, der Zentrumsabgeordnete Peter Spahn, mit 196 gewählt wurde. Zum ersten Vizepräsidenten wurde dann der sozialdemokratische Abgeordnete Scheidemann mit 188 Stimmen gewählt, als zweiter der nationalliberale Abgeordnete Dr. Paasche. In der Folge legten sowohl Spahn als Paasche ihre Aemter nieder, weil sie nicht mit einem Sozialdemokraten gemeinsam im Präsidium sitzen wollten. So stark war damals noch die Sozialistenfurcht, daß es innerhalb der bürgerlichen Parteien zu den heftigsten Auseinandersetzungen darüber kam, ob man als gutbürgerlich empfindender Abgeordneter für einen Sozialdemokraten überhaupt seine Stimme abgeben dürfe, der sich weigere „zu Hofe zu gehen", also als Volksvertreter dem Kaiser seine Reverenz zu erweisen. Bebel hatte sich — abweichend von seiner Haltung im Jahre 1903 — dafür eingesetzt, daß ein sozialdemokratischer Präsident oder Vizepräsident jede Vorschrift der Geschäftsordnung des Reichstages erfülle. Aber dieses selbstverständliche Zugeständnis genügte den bürgerlichen Parteien nicht, ihnen war das Selbstgefühl der vom Volk mit der Wahrnehmung seiner Interessen beauftragten Vertretung fremder als die Sehnsucht, sich im Glanz der kaiserlichen Welt zu sonnen.

HAUSSMANN UND BEBEL

Die Frage, welche Stellung die Sozialdemokratie innerhalb der Gesamtdemokratie einnehmen könne und müsse, inwieweit sie besonders ihren Einfluß zugunsten demokratischer Reformen in die Wagschale werfen könne, rollte der Reichstagsabgeordnete Conrad Haußmann von der Süddeutschen Volkspartei in einem „Offenen Brief an August Bebel" Anfang Oktober 1909 auf.¹)

In diesem Briefe sucht Haußmann Bebel klarzumachen, daß die Sozialdemokratie die Pflicht habe, parlamentarische Mehrheiten bilden zu helfen, da sie selbst allein so wenig eine Mehrheit habe, wie die auf parlamentarisch-konstitutionellem Boden stehenden liberalen Parteien:

„Nicht an heute, auch nicht an die nächste Zeit, sondern an die Kämpfe, welche die Reichstagsabgeordneten nach uns zu schlagen haben, denke ich, wenn ich einiges von dem offen und rückhaltlos ausspreche, was ich als Gegner auf dem Herzen habe."

Nach Haußmanns Ansicht leide die Sozialdemokratie unter einer großen Anzahl innerer Widersprüche. Sie sammle Wähler durch den Appell an das Klassenbewußtsein, verschärfe die Klassengegensätze und zerreiße das Volk in Klassenlager. Gleichzeitig aber versichere sie mit ihrem Programm, daß sie für die Abschaffung der Klassenherrschaft und der Klassen selbst kämpfe. Sie predige Toleranz und übe selbst Intoleranz. Sie verlange Bildung der Massen und vernachlässige die Herzensbildung, indem sie den Haß predige. So kommt Haußmann zu dem Schluß:

„Die Dreimillionenpartei vermag bei ihrer heutigen Methode nicht Kraft in Wärme umzusetzen. Sie vermag das politische Leben zu zerreißen und zu zerfetzen, noch mehr, als dies schon durch die Existenz einer katholischen Kirchenpartei der Fall ist.

Große Lager, die das politische Interesse des deutschen Volkes wecken und für das staatliche Leben dauernd warm halten könnten, vermögen sich nicht zu bilden.... Alle Ver-

---

¹) Zeitschrift „März", München. Wiederabgedruckt in „Aus Conrad Haußmanns politischer Arbeit", Frankfurt a. M., Societätsdruckerei. 1923.

antwortlichkeiten werden verwischt. Ueber Schuld und Verdienst an den Gesetzgebungsakten findet eine ärmliche Katzbalgerei statt. . . . Die Sozialdemokratie hat seit Jahrzehnten gehofft, daß diese Unklarheiten ihr zu einem „zermalmenden" Aufschwung verhelfen werden. Aber heute muß sie einsehen, daß die von ihr gesteigerte Zerrissenheit ein Feind jeder gesunden Entwicklung ist. . . . Auch in der Frage des parlamentarisch-konstitutionellen Systems kreuzt und hemmt die sozialdemokratische Methode die geradlinige Entwicklung. Die Parteien rechts verwerfen grundsätzlich und aus Parteiinteresse das Mehrheitsprinzip als politisches Gesetz. Das müßte doch nun für die äußerste Linke Grund und Anlaß sein, klare Stellung für das konstitutionelle Mehrheitsprinzip zu nehmen und seine Anwendung zu ermöglichen. Das tut die Sozialdemokratie nur mit Worten, aber nicht mit Taten. Sie isoliert sich durch ihre Klassenkampftaktik von der „Bourgeoismasse", das heißt von allen anderen. Sie ist wie die Konservativen nur bereit, eine Regierung durch das Mehrheitsprinzip zu stürzen, nicht aber zu stützen. Daran leidet wie an einer geheimen Wunde unser parlamentarisches und politisches Leben neben manchen anderen Schwächen. Das ist nicht bloß eine Inkonsequenz, das ist eine Verleugnung des demokratischen Grundprinzips durch eine demokratische Partei. . . . Die Sozialdemokratie ist keine Mehrheit, sie muß also folgerichtig, so lange sie es nicht ist, zur Bildung einer Mehrheit mit anderen Parteien zusammenwirken. Das verweigert aber die deutsche Sozialdemokratie aus Klassenkampflust. Sie will das konstitutionelle System erst, wenn sie selbst einmal in der Mehrheit sein wird; bis dahin entzieht sie ihm ihre Mitwirkung. Diese Sünde ist auch eine heimliche Unehrlichkeit. Denn sie greift die Regierung wegen mangelnden Konstitutionalismus an und versagt selbst für die Gegenwart ihre Mithilfe als parlamentarische Partei. Weil die sozialdemokratische Partei mit keiner bürgerlichen Partei im Parlament eine gemeinsame Politik machen oder stützen will, schafft sie seit Jahren eine unklare Zwangslage und nötigt die übrigen Parteien der Linken, die für sich auch gleichfalls weit entfernt von einer eigenen Mehrheit sind, mit anderen Parteien zusammenzuwirken. Die Sozialdemokratie ist wütend, daß die anderen Parteien nicht mit ihr gehen, und verweigert grundsätzlich das Zusammengehen mit anderen! Auch hier beißt sich die doppelzüngige Taktik in den eigenen doppelten Schwanz."

Haußmann erblickte allerdings schon damals im sozialdemokratischen Lager zwei sich die Wage haltende Strömungen, von denen die eine den wortfreudigen Radikalismus, die andere mehr die positive Staatskunst pflege:

„Die Strömungen und die Stimmungen sind fast gleich stark, und eben das ist der Grund, weshalb g e r a d e j e t z t e i n e i n zelner, der das Vertrauen auch der Unentwegten besitzt und der sich dieses Vertrauen durch Arbeit, Begeisterung, Kraft und Martyrium verdient hat, viel erreichen könnte, wenn er das Fazit der Erfahrungen offen zieht und einen Teil der Widersprüche ausscheiden hilft. Wenn einer den Entwicklungsprozeß, der in den Reihen Ihrer Partei eingesetzt hat, fördern kann, so sind Sie es, geehrter Kollege!"

Dieser Brief war geschrieben zur Zeit, als der B ü l o w - B l o c k eben zusammengebrochen war, jene seltsame Verbindung zwischen Konservativen und Liberal-Freisinnigen, die ein engerer Parteifreund Haußmanns, der langjährige Abgeordnete Albert T r ä g e r, als die „Paarung zwischen Kaninchen und Karpfen" verspottet hatte.

Am 7. Oktober 1909 veröffentlichte der „Vorwärts" die A n t w o r t Bebels:

„Geehrter Herr Kollege! Das Vertrauen, das Sie in mich setzen, ist sehr schmeichelhaft für mich, aber ich kann ihm nicht gerecht werden.

Aus Ihrem Offenen Briefe ersehe ich wieder erneut, daß die Differenzen in der Auffassung von der Natur des Staates und der Gesellschaft und der Stellung, die unsere beiderseitigen Parteien in den politischen und sozialen Kämpfen einnehmen, unüberbrückbare sind.

Ich kann nicht anerkennen, daß auch nur einer der Anwürfe, die Sie in Ihrem Offenen Brief gegen mich, beziehentlich die sozialdemokratische Partei richten, Berechtigung hat, aber um die Angriffe zu widerlegen, bedürfte es langer historischer und parteipolitischer Auseinandersetzungen, die schließlich eine Broschüre füllten und uns, dafür sind die beiderseitigen Auffassungen zu grundverschieden, doch nicht näher brächten. Gegenüber Ihren vielen Rekriminationen möchte ich eine kleine Reminiszenz auffrischen, die zeigt, daß der **Wandlungsprozeß**, den die **deutsche Demokratie** und der **Liberalismus** seit fast fünf Jahrzehnten vollzogen hat, uns **immer mehr auseinander** brachte.

Als ich im Februar 1867 in den konstituierenden Norddeutschen Reichstag eintrat, waren auch Mitglieder desselben die Demokraten Dr. Schaffrath und Professor Wigard, beides alte 48er. Als ich sie frug, wie sie die Situation beurteilten — ich war erst in der engeren Wahl gewählt und trat daher einige Wochen später als sie in den Reichstag —, antworteten beide einmütig: **mit den preußischen Fortschrittlern ist wenig anzufangen**, die verstehen uns nicht, denn sie sind **vor allem Preußen**. Dieselbe Antwort gaben mir ein Jahr später die **Freunde Ihres Vaters**, die damals ins erste Zollparlament eintraten, die Tafel, Ammermüller, Deffner, Kolb und so weiter. Ja, selbst Männer wie ein Schäffle und Oesterlen, die bekanntlich mehr rechts standen, waren erstaunt über den **mangelnden demokratischen** und **konstitutionellen Geist**, den sie bei der Fortschrittspartei fanden. Und doch waren die Führer der Partei, im Vergleich zu ihren Epigonen, Riesen. Seitdem sind mehr als vier Jahrzehnte verflossen, die Epigonen der Waldeck, Ziegler, Hoverbeck usw. sind immer mehr nach rechts marschiert, aber auch die Epigonen der Tafel, Ammermüller, Haußmann sen. usw. haben sich **den Liberalen angeschlossen** und den Gipfelpunkt ihrer politischen Betätigung im **Block**, d. h. in der Verbindung mit den schärfsten Gegnern jeder freien bürgerlichen und konstitutionellen Entwicklung, den preußischen **Junkern**, gefunden.

Eine Untersuchung der Gründe für diesen tiefen Sturz, der einzig im politischen Leben aller Nationen ist, würde zu weit führen. Ist es da nicht natürlich, daß wir, die wir, was immer Sie uns vorwerfen mögen, **unentwegt die Forderungen der Demokratie verteidigten**, und zu verwirklichen bestrebt sind, keinen gemeinsamen Weg mehr fanden?

Die Wahlparole Eugen Richters aus dem Jahre 1877: „Lieber Lucius als Kapell!" d. h. lieber ein Konservativer als ein Sozialdemokrat!, ist seitdem **immer mehr** die Parole des liberalen Bürgertums geworden. Heute mehr als je! Sie werden antworten: das habt ihr mit euren sozialdemokratischen Forderungen verschuldet. Wir verschulden genau soviel an der bürgerlichen Gesellschaft, als wie das Bürgertum in seinem Klassenkampf gegen die feudale Gesellschaft verschuldete, als es dem Wort des Abbé Sieyès zujubelte: „Was ist der dritte Stand? Nichts! Was sollte er sein? Alles!" Mit der bürgerlichen Ordnung hat aber der menschliche Fortschritt nicht der Weisheit letzten Schluß erreicht. Hinter dem Bürgertum erschien als neue, von ihm selbst geschaffene, aber von ihm niedergehaltene Klasse, die immer gewaltiger wächst und ihre Forderungen an die Gesellschaft stellt, die moderne Arbeiterklasse, deren politischer Repräsentant die Sozialdemokratie ist.

Die Arbeiterklasse kann auf ihre Klassenforderungen ebensowenig verzichten, wie das Bürgertum der feudalen Gesellschaft gegenüber verzichtet hat. Aber ein Unterschied besteht. Indem die moderne Arbeiterklasse die Ausbeutung und Unterdrückung des Menschen durch den Menschen beseitigen will, um eine Gesellschaft von Freien und Gleichen zu schaffen, fällt auch jene Klassenherrschaft, die nunmehr keine Existenzberechtigung mehr hat.

Das ist der Stand der Dinge zwischen Ihnen drüben und uns hüben.

Aber was wir erstreben, ist nicht von heute auf morgen durchsetzbar. Wir marschieren in Etappen. Jeder Fortschritt auf irgendeinem Gebiete führt uns näher ans Ziel. Darum müssen wir den Fortschritt auf allen Gebieten erstreben wollen. Deshalb werden wir auch jede ehrlich-liberale Forderung, die die Vertreter des Bürgertums an den Staat stellen, kräftigst unterstützen. Das haben wir bisher getan und werden wir auch ferner tun, und es wird mir und sicher auch allen meinen Parteigenossen nur angenehm sein, wenn wir recht oft in die Lage kommen, die Forderungen der bürgerlichen Parteien unterstützen zu können. Auf unsere weitergehenden Forderungen verzichten wir damit nicht, wir hörten sonst auf zu sein, was wir sind.

Wir bleiben also im übrigen Gegner, was nicht ausschließt, daß ich auch heute noch an Ihrer Seite an den Ufern des Bodensees wandelte, wie wir das vor Jahren in Gesellschaft Ihres leider so früh verstorbenen Bruders taten."

Mit dem Briefwechsel war das Problem der sozialdemokratischen Mitarbeit am demokratischen Aufbau Deutschlands natürlich nicht gelöst. Die sozialistische und die bürgerliche Demokratie, soweit von der letzteren noch Reste vorhanden waren, blieben Gegner, wie Bebel angekündigt hatte. Nur gelegentlich fanden sie sich zu gemeinsamer Arbeit im Parlamente zusammen. Der Wahlkampf von 1912 mit seinem „Dämpfungsabkommen" bei den Stichwahlen schuf dafür einen günstigeren Boden. Aber es bedurfte erst des W e l t k r i e g e s, um bei den bürgerlichen Parteien die Erkenntnis Platz greifen zu lassen, daß die Sozialdemokratie mit ihrem Anhang wirklich einen Machtfaktor darstelle, den man nicht beiseite schieben kann. Und erst die S t a a t s u m w ä l z u n g mit ihren Folgen und ihren ganz anders gearteten Aufgaben in der neuen Staatsform haben auch die Sozialdemokratie vor die Notwendigkeit der p o s i t i v e n Z u s a m m e n a r b e i t mit bürgerlichen Parteien zum Zwecke der parlamentarischen Mehrheitsbildung gestellt. August B e b e l hat das nicht mehr, Conrad H a u ß m a n n nur zum Teil erlebt.

STAAT UND STAATSFORMEN

Seine politische Laufbahn begann Bebel im Lager der Großdeutschen. Die nationale Welle, die Ende der fünfziger und Anfang der sechziger Jahre über Deutschland flutete und ungestüm den Einheitsgedanken vorwärts trieb, hatte auch ihn ergriffen. Schon auf der Wanderschaft in Salzburg packte ihn der Eifer, im deutschen Interesse gegen Napoleon ins Feld zu ziehen. Er meldete sich 1859 als Freiwilliger zur österreichischen Armee. Nur dem Umstand, daß er als zu schwach befunden wurde, verdankte er es, daß er später auf anderem Gebiete erfolgreichere Kämpfe führen konnte.

Die deutschen Einigungsbestrebungen fanden ihn auf der Seite der Süddeutschen, die ein deutsches Reich unter preußischer Führung ablehnten, dafür aber eine festere Zusammenfassung des ganzen Deutschland unter demokratischeren Staatsformen erstrebten. Seine rheinische Abstammung und seine Erziehung in der alten Reichsstadt Wetzlar hatte wahrscheinlich nicht wenig dazu beigetragen, diese politische Abneigung gegen das besondere preußische Herrschaftssystem zu vertiefen. Während seines Aufenthalts in Leipzig erlebte er sowohl den deutsch-dänischen wie den preußisch-österreichischen Krieg, in den auch seine neue Heimat Sachsen an der Seite Oesterreichs verwickelt war. Von starken antipreußischen Impulsen war auch die demokratische „Sächsische Volkspartei" getrieben, als deren Mitglied Bebel im Jahre 1867 in den konstituierenden Norddeutschen Reichstag gewählt wurde. Schon in der Verfassungsberatung, bei der man ihn allerdings nur in der Einzelbesprechung zu Worte ließ, ergriff er frischweg die Gelegenheit, seine Abneigung gegen die preußische Führung zum Ausdruck zu bringen. Zum § 14 des Verfassungsentwurfes, der das Verhältnis der süddeutschen Staaten zum Norddeutschen Bund behandelte, führte Bebel aus, er sei überzeugt, daß es Preußen bei der Gründung des Norddeutschen Bundes k e i n e s w e g s u m e i n e E i n i g u n g D e u t s c h l a n d s zu tun gewesen sei, man habe im Gegenteil ein spezifisch p r e u ß i s c h e s Interesse, die S t ä r k u n g d e r H o h e n z o l l e r n h a u s m a c h t im Auge gehabt. Betrachte man den Bund näher, so ergebe sich ein ganz abnormes Verhältnis der übrigen Staaten zu Preußen. Der B u n d s e i n u r e i n G r o ß - P r e u ß e n, umgeben von V a s a l l e n s t a a t e n, deren Regierungen nichts weiter als Generalgouverneure der Krone Preußen seien.

Weiterhin vertrat er, zumeist unter stürmischem Widerspruch der rechten Seite des Hauses, die Ansicht: Wenn Preußen die s ü d d e u t s c h e n Staaten in das Bundesbündnis hätte mit aufnehmen wollen, hätte es das gekonnt. Die Behauptung, daß Frankreich dem entgegengetreten sein würde, lasse er nicht gelten, denn durch die Militärkonventionen mit den süddeutschen Staaten sei die m i l i t ä r i s c h e M a c h t Deutschlands im Falle eines Krieges i n d e r H a n d P r e u ß e n s vereinigt. Frankreich würde sich also gehütet haben, sich gegen die Aufnahme Süddeutschlands in den Norddeutschen Bund zu erklären. Eine Einmischung von seiner Seite in die inneren Angelegenheiten Deutschlands würde zur Folge gehabt haben, daß g a n z D e u t s c h l a n d s i c h w i e e i n M a n n g e g e n F r a n k r e i c h e r h o b e n hätte.

Wenn der P r a g e r F r i e d e n s v e r t r a g nur eine international geregelte Einigung zwischen Nord- und Süddeutschland zulasse, dann sei damit bewiesen, wie P r e u ß e n in der Frage denke, denn Preußen habe den Prager Friedensvertrag diktiert, und würde die preußische Regierung finden, daß dieser Vertrag ihr schädlich sei, so werde sie nicht anstehen, ihn zu zerreißen. Er sei auch überzeugt, daß Oesterreich dasselbe tun werde, sobald es die Niederlage und Blamage von 1866 auswetzen könne. Die preußische Regierung wolle die süddeutschen Staaten nicht in den Nordbund aufnehmen, weil es eine Majorisierung fürchte. Bebel protestierte dagegen, daß man eine solche Politik eine deutsche nenne, und gegen einen Bund, der nicht die Einheit, sondern die Zerreißung Deutschlands proklamiere, Deutschland zu einer großen Kaserne mache und den letzten Rest von Freiheit und Volksrecht vernichte.

Auch in dem ordentlichen Reichstag des Norddeutschen Bundes, der dem konstituierenden folgte, benutzte Bebel alsbald die Gelegenheit der Debatte über die an den Bundespräsidenten zu richtende Adresse, um den großdeutschen Gedanken gegenüber dem kleindeutsch-preußischen zum Ausdruck zu bringen. Am 24. September 1867 kam er zu Worte. Er legte, wie er in seinen Erinnerungen sagt, Verwahrung dagegen ein, daß in der Adresse an das Bundesoberhaupt — den König von Preußen — sich der Reichstag als die Vertretung der deutschen Nation bezeichne. Der Reichstag vertrete nur einen Teil der Nation. Man habe 18 Millionen Deutsche preisgegeben — 10 Millionen Deutschösterreicher, 8 Millionen Süddeutscher und Luxemburg, das ebenfalls aus dem Bunde geschieden sei. Außerdem bestehe auf Grund des Artikels 4 des Prager Friedensvertrages die Gefahr, daß wir eines Tages die nordschleswigschen

Distrikte an Dänemark abtreten müßten. Das sei keine nationale Politik.

Von außerordentlichem Interesse ist — nach dieser Auffassung des Norddeutschen Bundes — die Stellung Bebels zu dem neugegründeten **Deutschen Reich**, in der nun alle deutschen Staaten mit alleiniger Ausnahme Luxemburgs und Deutschösterreichs aufgenommen waren. Indessen war die „Verfassung" des neuen Reichsgebiets von vornherein so gestaltet, daß von demokratischen Einflüssen keine Rede sein konnte. Das Reich erschien als ein Bündnis von Fürsten und Freien Städten, nicht als eine Einheit, sondern als eine Vielheit unter gemeinsamer Umrahmung. Die Verfassung, die dem Reichstage zur Beschlußfassung vorgelegt wurde, konnte nur als Ganzes geschluckt oder abgelehnt werden. Trotzdem entspann sich im Reichstag eine theoretische Erörterung über die Notwendigkeit, in der neuen Verfassung auch von den „Grundrechten" zu reden, die sonst wohl den Kern jedes Verfassungswerkes zu bilden pflegen. Der nationalliberale Geschichtsprofessor **von Treitschke** brachte es fertig, so davon zu sprechen: es gehöre in die **Zeit der politischen Kinderjahre**, daß man Grundrechte und derartige Dinge in einer Verfassung festlegen möchte.

Hier knüpfte **Bebel** an, als er, unter dem Eindruck der heldenhaften Kämpfe der Pariser Kommune gegen eine erdrückende Uebermacht, auch das ganze deutsche Verfassungswerk von 1871 ablehnte. Es sind Lassallesche Gedankengänge, die er gegen Treitschke ins Feld führt:

„Treitschke hat vollständig recht, von politischer Kindheit zu reden, wenn er die Zeit von 1848 erwähnt. Denn politische Kinder können es allerdings nur gewesen sein, die in einer **Reichsverfassung**, an deren Spitze der **König von Preußen** als deutscher Kaiser stehen soll, absolute Preßfreiheit, absolutes Vereins- und Versammlungsrecht, Trennung der Schule von der Kirche, der Kirche vom Staat, die Gewährleistung der persönlichen Freiheit, und noch eine Menge anderer Dinge verlangten. Das von dem **König von Preußen**, überhaupt von einem Fürsten zu verlangen, ist allerdings **kindisch**. Denn wir dürfen nie vergessen, daß die Interessen des Volkes und die Interessen der Fürsten entgegengesetzt sind, daß der Fürst das Interesse hat, **möglichst absolut zu regieren**, und daß er dieses Interesse nur insoweit wird fahren lassen, als er durch die öffentliche Meinung und nötigenfalls **durch die physische Gewalt des Volkes dazu gezwungen wird**. Aber in einer Zeit, wo die gesamte deutsche Macht dem König von Preußen als Kaiser von Deutschland zur Verfügung steht, wo **er über eine Million Bajonette** zu verfügen hat, im Parlament darüber zu debattieren, ob man absolute Vereinsfreiheit usw. vom Könige von Preußen verlangen könne, ja, meine Herren, das können allerdings **ernsthafte politische Männer** nicht tun, die da wissen, daß alle politischen Fragen, **alle Rechtsfragen zugleich Machtfragen** sind. Wenn Sie ein Recht fordern, meine Herren, dann haben Sie zwar die **theoretische** Begründung, das theoretische Recht jedenfalls auf Ihrer Seite, aber die **Gewalt**, das Recht in der Praxis durchzuführen, die haben Sie nicht. Und eine Regierung, und namentlich eine starke Regierung, — und um so mehr, je stärker sie ist — wird an ihrem Rechte, **am Rechte der Krone festhalten**, sie hat gar keine Lust, theoretische Gelüste, die ihre Machtvollkommenheit beschränken, ohne weiteres in die Verfassung aufzunehmen. Und ich bin deshalb auch der Meinung, daß es hier allerdings im großen und ganzen nach Lage der Dinge überflüssig ist, über die Grundrechte zu diskutieren, solange man nicht entschlossen ist, nötigenfalls die Grundrechte **um jeden Preis**, auch mit **Gewalt durchzuführen**. . . ."

In dieser Zeit, unter der Einwirkung der Meldungen von dem Kommuneaufstand glaubte Bebel noch an die Möglichkeit einer wenn auch entfernten **revolutionären Epoche alten Stils** in Deutschland.

„Wir werden," so fährt er fort, „in den heutigen Verhältnissen bei der Stellung, die unsere **liberale** Partei seit Jahren eingenommen hat, wo sie ein Freiheitsrecht nach dem anderen preisgegeben in schmählichster Weise, in Deutschland darauf ganz verzichten müssen, die Freiheit des Volks auf p a r l a m e n t a r i s c h e m Wege zu erreichen, und insofern werde ich und wird meine Partei sich allerdings keine große Mühe geben, einen so v e r g e b l i c h e n K a m p f zu führen. Wir hoffen, daß, e h e d a s 19. J a h r h u n d e r t z u E n d e gegangen ist, die Zeit herbeigekommen sein wird, wo wir auf die eine oder die andere Weise n i c h t n u r d i e G r u n d r e c h t e, sondern a l l e u n s e r e F o r d e r u n g e n werden verwirklichen können."

Mit solchen Gefühlen der Ablehnung und inneren Abneigung stand Bebel an der Wiege des Deutschen Reiches. Der r e v o l u t i o n ä r e G e d a n k e in ihm stand gegen das im Preußentum besonders verkörperte r e a k t i o n ä r e P r i n z i p, gegen die Reinkultur bismarckischer Gewaltpolitik.

Das kam auch scharf und klar zum Ausdruck in seiner Rede zur A n n e x i o n E l s a ß - L o t h r i n g e n s, die im gleichen Jahre beraten und vom Reichstag genehmigt wurde. Bebel wandte sich gegen den Plan einer mehrjährigen D i k t a t u r in dem eroberten Gebiete und betonte, daß diese Diktatur nichts weiter als die Anwendung „preußischer Verwaltungsmaximen" bedeute:

„Jeder weiß, was das für Elsaß und Lothringen zu bedeuten haben wird, wenn, wie es nach dem Gesetz der Fall ist, d e r K a i s e r a b s o l u t über Elsaß und Lothringen 17 Monate lang disponieren kann. Meine Herren, was die Diktaturperiode zu bedeuten hat, und wie man es von preußischer Seite versteht, die Diktaturperiode im reaktionären Interesse, im spezifisch h o h e n z o l l e r n s c h e n H a u s i n t e r e s s e auszubeuten, das hat die Diktatur, die Sie seinerzeit für die a n n e k t i e r t e n P r o v i n z e n H a n n o v e r, H e s s e n usw. ebenfalls haben gelten lassen, hinlänglich bewiesen. In einem Erlaß vom 6. Dezember 1866, der vom König von Preußen und dem Reichskanzler, dem damaligen preußischen Minister der auswärtigen Angelegenheiten, unterzeichnet ist, wird eben bestimmt, daß jeder mittelbare oder unmittelbare Beamte, auf dessen Zuverlässigkeit nicht unbedingt zu rechnen sei, sofort aus dem Dienst entlassen werde, daß jeder, der gegen die Anordnungen dieser Diktatur direkt oder indirekt sich auflehne, sofort nach der Festung Minden geschleppt werden müßte (Stimmen rechts: Sehr gut!) — „sehr gut", schön! — und diesem Erlaß war es unter anderem zu verdanken, daß eine Waschfrau, die ihrem partikularen Patriotismus durch Streuen von gelbem Sande Luft gemacht hatte, auf Monate lang nach Minden geschleppt wurde. Wenn Sie ähnliche Maßregeln in Elsaß und Lothringen einführen wollen, nun gut, Sie werden ja sehen, wie weit Sie damit fahren."

Gegenüber dem Wunsche Treitschkes und seiner Freunde, in Elsaß-Lothringen die Monarchie einzuführen, brachte Bebel offen die Ueberzeugung zum Ausdruck, daß die Annexion die revolutionären und republikanischen Tendenzen in Deutschland stärken werde.

Treitschke könnte unmöglich glauben, daß bei einer Bevölkerung mit solch revolutionären und republikanischen Traditionen, wie sie die elsässische Bevölkerung seit 80 bis 90 Jahren in Verbindung mit Frankreich durchgemacht hat, es möglich sei, das monarchische Gefühl in Elsaß-Lothringen wiederherzustellen:

„Täuschen Sie sich nicht, wenn einmal die Annexion unabänderlich ist — und wir wenigen können sie ja beim besten Willen nicht rückgängig machen gegen die Macht, die uns gegenübersteht —, dann ist der einzige Vorteil, den ich in der Annexion von Elsaß-Lothringen erblicke, der, daß gerade diese revolutionären und republikanischen Tendenzen, die meiner Ueberzeugung nach in einem großen Teile der Bevölkerung von Elsaß-Lothringen leben, jetzt nach Deutschland mit hinübergenommen werden, und daß Elsaß-Lothringen so den Keil bildet, der es uns mit möglich machen wird, nach einiger Zeit das gesamte monarchistische Deutschland aus den Fugen zu treiben. Ich von meinem Standpunkte aus protestiere entschieden gegen die Annexion, weil ich sie für ein Verbrechen gegen das Völkerrecht halte, weil ich sie für einen **Schandfleck in der deutschen Geschichte** halte. Ich hoffe, daß die elsässische Bevölkerung, ihrer freiheitlichen Mission bewußt, den freiheitlichen Kampf geeint mit uns in Deutschland aufnehmen werde, damit endlich die Zeit komme, wo die europäischen Bevölkerungen ihr **volles Selbstbestimmungsrecht** erlangen, was sie aber nur bekommen können, wenn die Völker Europas in der **republikanischen Staatsform** das Ziel ihrer Bestrebungen erblicken."

Der Gewaltpolitik des Halbabsolutismus stand Bebel in aller Schärfe gegenüber bis ins hohe Alter hinein. Mehr als einmal noch wurde er zum leidenschaftlichen Ankläger gegen ein System, das auf Blut und Eisen gegründet war und deshalb sich auch nur durch Blut und Eisen aufrechtzuerhalten suchte. Aber seine innere Ablehnung des neugegründeten Staatenbundes unter preußischer Führung ließ doch den **Praktiker** Bebel nicht verkennen, welchen Fortschritt die Zusammenfassung der Kräfte im Reich für die politische Entwicklung des deutschen Volkes darstellen könnte. Deshalb überraschte die Großzügigkeit, mit der er, als ehemaliges Mitglied der ursprünglich doch stark partikularistisch eingestellten „Sächsischen Volkspartei", im Reichstage der **Vereinheitlichung** das Wort redete. Als am 8. November 1871 ein Antrag zur Verhandlung stand, der besonders mit Rücksicht auf das noch ganz absolutistische **Mecklenburg** in die Reichsverfassung eine Bestimmung einfügen wollte, daß „in jedem Bundesstaate eine aus **Wahlen der Bevölkerung** hervorgehende **Vertretung** bestehen" müsse, da sprach sich Bebel **gegen** diese allgemeine Fassung aus. Zur Begründung seines ablehnenden Standpunktes sagte er:

„Es sind von der rechten Seite und vom Zentrum wesentliche **Bedenken wegen der Kompetenzerweiterung** der Reichsgewalt aufgetreten, welche die Herren veranlaßt

haben, gegen den gestellten Antrag zu sprechen. Es gab eine
Zeit, wo auch w i r uns sehr energisch gegen die Kompetenzerweiterung im Norddeutschen Bunde rührten, und zwar n i c h t
deshalb, weil wir etwa so s o n d e r l i c h f ü r d i e E x i s t e n z
d e r K l e i n s t a a t e n e i n g e n o m m e n waren, sondern aus
dem einfachen Grunde, weil wir uns sagten, daß gegenüber den
absolutistisch-militaristischen Gelüsten Preußens in den Kleinstaaten das k o n s t i t u t i o n e l l e L e b e n doch weiter aus-
gebildet sei und im allgemeinen wenigstens eine etwas f r e i e r e
B e w e g u n g einer Oppositionspartei gestatte. Indessen dieser
Zustand hat sich im Laufe der letzten Jahre sehr bedeutend
verändert.

Mit Gründung des N o r d d e u t s c h e n B u n d e s bereits
war jedes selbständige Handeln und jedes selbständige Wirken
der Kleinstaaten vernichtet, und mit der Gründung des Deutschen Reiches der „Gottesfurcht und frommen Sitte" wurden
auch die süddeutschen Staaten in dieses Nichtkönnen hinein-
gezogen, und mit ihrem selbständigem Wirken war es zu Ende.
H e u t e t u n, — wir, die Sozialdemokraten, haben das in den
letzten Jahren ja genugsam erfahren —, die K l e i n s t a a t e n
n i c h t s w e i t e r, als daß sie die P o l i z e i b ü t t e l f ü r
P r e u ß e n spielen. Die Verfolgungen, denen unsere Partei in
Sachsen ausgesetzt worden ist, wo man die schon
ohnedies reaktionären Gesetze in willkürlichster reaktio-
närster Weise in bezug auf das Versammlungsrecht,
Vereinsrecht und die Preßfreiheit gegen uns ausbeutet, die haben uns gezeigt, daß aus den Kleinstaaten die
früheren l i b e r a l e n Anwandlungen vollständig v e r -
s c h w u n d e n sind, und daß sie nicht mehr in der Lage sind,
dem Drücker, der von Berlin aus auf sie wirkt, irgendwie zu
widerstehen. Daher ist es uns heute v o l l s t ä n d i g g l e i c h -
g ü l t i g, ob die Existenz der k l e i n e r e n S t a a t e n auch
nur noch einen Tag aufrechterhalten wird oder nicht. Wenn
es dem Fürsten B i s m a r c k e i n f a l l e n sollte, morgen s i e
s a m t u n d s o n d e r s i n d i e T a s c h e z u s t e c k e n,
werden wir zwar nichts dafür tun, wir werden aber auch
n i c h t d a g e g e n sein. Und zwar nicht, weil wir glaubten,
daß wir unter der preußischen Fuchtel uns in besseren Zuständen befänden — bewahre, sondern aus dem einfachen
Grunde, weil sich die W i d e r s t a n d s k r a f t, welche sich
jetzt gegen einige Dutzend Regierungen z e r s p l i t t e r t, als-

dann auf den einen Hauptgegner konzentriert, weil all der Haß und Zorn, der bei unseren faulen politischen und sozialen Zuständen von Tag zu Tag im Volke mehr anwächst, gegen einen sich konzentriert und damit die Möglichkeit geschaffen wird, eines Tages mit dem einen ebenfalls tabula rasa zu machen. Meine Herren, Sie sehen, ich bin ganz offen. . . ."

Diese Offenheit war ein hervorstechendes Charaktermerkmal Bebels. Als er 1872 vor den Leipziger Geschworenen wegen „Hochverrates" angeklagt war, hatte er mehrfach Gelegenheit, das offene Bekenntnis zur republikanischen Staatsform zu wiederholen. In dem damaligen Programm der „Sozialdemokratischen Arbeiterpartei" (Eisenacher) war als Ziel der politischen Betätigung die „Errichtung des freien Volksstaates" bezeichnet. Diese etwas verschwommene Ausdrucksform, die kleinbürgerlich-demokratischen Ueberlieferungen entsprang, erläuterte Bebel als Angeklagter in Leipzig dahin, daß er unter „freiem Volksstaat" die Republik verstehe. Aber die Annahme der Anklage, daß die Partei sich darüber einig gewesen sei, die Republik mit Gewalt herbeizuführen, lehnte er ab:

„Ueber die Art der Einführung der Republik ist aber nie, weder vom Ausschusse noch unter uns oder in Parteiversammlungen, verhandelt worden. Das haben wir der Zukunft überlassen; wir wollen abwarten, wie die Dinge gehen, und ob allmählich die öffentliche Meinung, die Majorität, sich dafür erklären wird. Ich will aber gar nicht verschweigen, daß nach meiner Ansicht in dem Falle, wenn die Majorität der Bevölkerung sich für die Republik ausspricht, die Majorität auch das Recht erlangt, der Regierung, wenn diese die Republik durch Gewalt verhindern will, Gewalt entgegenzusetzen. Der Staat ist das Volk und wohl ohne Fürst, nicht aber ohne Volk denkbar; die Regierung ist die Dienerin des Volkes. Friedrich II. von Preußen hat sich selbst als den „ersten Diener des Staates" bezeichnet. Die Staatsdiener sind aber abzusetzen, wenn sie sich in Konflikt mit den Gewalten befinden, welche die öffentliche

Meinung und die Gesetzgebung bestimmen. Wenn daher einem Parlamente mit Gewalt entgegengetreten wird, so ist es Pflicht eines jeden Staatsbürgers, **Gewalt mit Gewalt** zu vertreiben.

„Revolutionär" ist unser Programm allerdings, aber **nicht im Sinne der rohen Gewalt**, sondern nur insofern, als wir eine **gründliche Umgestaltung** der öffentlichen Zustände und Verhältnisse anstreben."

Dieser Gedanke, der von Bebel vor den Leipziger Geschworenen sehr richtig und glücklich formuliert wurde, hat ihn und die Sozialdemokratie tatsächlich durch Jahrzehnte geleitet. Das besondere deutsche Staatensystem, mit seiner Vielheit an größeren und kleineren Monarchien und einigen Patrizierrepubliken bot allerdings schon vom rein **demokratischen** Standpunkte aus so vielerlei Angriffspunkte, daß selbst die Vorherrschaft militärischen Glanzes seine Schwächen nicht verhüllen konnte. Es ist selbstverständlich, daß auch Bebel wie jeder Sozialdemokrat in erster Linie die **soziale** Seite der gesellschaftlichen Mängel sah und daß er aus diesem Grunde in der herrschenden Staatsform hauptsächlich den **Ausdruck der bestehenden Klassenzustände** erblickte. Dies vorausgesetzt, überrascht es nicht, wenn er auf dem Dresdener Parteitage 1903 das berühmt gewordene Wort aussprach: „Ich will der **Todfeind dieser bürgerlichen Gesellschaft und dieser** Staatsordnung bleiben, um sie in ihren Existenzbedingungen zu untergraben und sie, wenn ich kann, zu beseitigen. Solange ich atmen und schreiben und sprechen kann, soll es nicht anders werden."

Und es war nur der gleiche allgemein sozialistische Gedankengang, wenn er wiederholt im Reichstage die Regierenden als den „Ausschuß der herrschenden Klassen" bezeichnete, oder, wie er in der bekannten **Zukunftsstaatsdebatte** 1893 es formulierte: „daß die jeweilige Staatsgewalt nichts anderes ist als der Ausdruck der Interessengemeinschaft der herrschenden Klassen in einem bestimmten Staat". In diesem Zusammenhang erinnerte er daran, daß der damalige Staatssekretär v. Boetticher, der Stellvertreter des Reichskanzlers, gelegentlich ähnlicher Ausführungen auf die Frage: „Wer sind denn eigentlich die Herren im Bundesrat und in den Regierungen? Sie sind in Wahrheit nichts weiter als der Verwaltungsausschuß der besitzenden Klassen" ihm ein deutliches „Sehr richtig!" zugerufen und damit „in Würdigung seiner eigenen Stellung als Mitglied dieses Verwaltungsausschusses" gehandelt habe. An dieses „Sehr richtig!" anknüpfend, fuhr Bebel fort:

„Nun, meine Herren, ist das aber der Fall, ist die S t a a t s g e w a l t nichts anderes, als daß sie die G e s e l l s c h a f t s i n t e r e s s e n der herrschenden Klassen repräsentiert, daß sie dafür zu sorgen hat, daß diese n i c h t a n g e t a s t e t werden, daß sie ein bestimmtes R e c h t s s y s t e m schafft, durch das die aus den ökonomischen Verhältnissen sich ergebende Rechtsordnung möglichst fest und gesichert aufrechterhalten wird, dann ist es auch klar, daß, wenn einmal ein Zeitpunkt kommt, wo die K l a s s e n g e g e n s ä t z e a u s d e r W e l t g e s c h a f f t werden können und werden, auch die S t a a t s g e w a l t a u f h ö r t zu existieren, weil sie keine Aufgaben mehr vor sich hat. . . ."

Es lag also ganz in der Gedankenrichtung, die er vor dem Leipziger Gericht gezeichnet hatte, daß er in seinem praktischen Verhalten die Frage der Staatsform mehr theoretisch behandelte und die Entscheidung über M o n a r c h i e o d e r R e p u b l i k d e r Z u k u n f t überließ. Um so eifriger aber war er in seinem Wirken bestrebt, die Unterlagen für eine spätere Umgestaltung auch der Staatsform zu schaffen. Das äußerte sich vor allen Dingen in dem konsequenten Bemühen, die Rechte des Reichstages gegenüber dem Bundesrat auszugestalten. Nach der Bismarckischen Verfassung von 1871 lag die tatsächliche Regierungsgewalt in den Händen der „Verbündeten Regierungen", während der Reichstag als die Vertretung des deutschen Volkes nur eine Art Kontrolleinrichtung darstellte. Eine Möglichkeit, bestimmte Regierungsakte zu erzwingen, hatte er so wenig wie die Befugnis, eine Regierung zu beseitigen, die seinen Absichten zuwiderhandelte. Zwar stand dem Reichstag das Recht zu, Einnahmen und Ausgaben des Reiches im Etatsgesetz festzulegen, zwar hatte er auch die Möglichkeit, ihm vorgelegte Gesetzentwürfe abzuändern oder seine Wünsche in besonderen Entschließungen niederzulegen, aber Gesetzeskraft erhielten alle seine positiven Beschlüsse erst, wenn die von ihm unabhängigen „Verbündeten Regierungen" ihnen zustimmten.

Dieser Zustand entsprach nur z e i t weilig den Interessen der wirklich im Deutschen Reiche herrschenden kapitalistischen Gesellschaftsklassen. Je mehr aber die durch die industrielle Entwicklung verursachte und geförderte U m s c h i c h t u n g d e r K l a s s e n einsetzte, desto unerträglicher wurde das Mißverhältnis zwischen den Rechten des Reichstags und denen der „Verbündeten Regierungen". Als Wortführerin der immer stärker werdenden A r b e i t e r k l a s s e forderte deshalb die Sozialdemokratie folgerichtig den Ausbau der Parlamentsrechte und die Beseitigung der überragenden Macht jener von dem Volkswillen unabhängigen Regierungen. Bebel besonders war in dieser Hinsicht von eiserner Ausdauer. Er benutzte jede Gelegenheit, dem Reichstage selbst die Notwendigkeit einer tiefgreifenden Machterweiterung begreiflich zu machen. Mehr als einmal wandte er sich vor allem gegen das Recht des Bundesrates, einen unbequemen Reichstag aufzulösen und die Abgeordneten wie Schulbuben heimzuschicken. Ganz offen erklärte er zum Beispiel am 10. Dezember 1885:

„Unser Antrag (die Auflösung des Reichstags unmöglich zu machen) ist die einfache Konsequenz von der **Macht stellung**, die wir für die **Volksvertreter** verlangen. Wir bekennen allerdings — ich spreche das verpönte Wort hier aus —, daß **wir die Parlamentsherrschaft erstreben** und hinter der Parlamentsherrschaft sogar die **Volksherrschaft**. Wir wollen, daß der **Reichstag nicht bloß ein gleichberechtigter** Faktor mit dem Bundesrat sei, wir wollen ihn zum **maßgebenden** Faktor im Deutschen Reiche gemacht sehen. . . ."

Diese Auffassung spiegelte ganz die in der Sozialdemokratie herrschende große Wertschätzung des **allgemeinen Wahlrechts** als eines politischen Faktors von geradezu revolutionärer Bedeutung wider. Es war sicher ein tiefernstes Bekenntnis, als Bebel in der gleichen Rede in anderem Zusammenhange ausführte:

„Wenn hier ausgesprochen worden ist, daß das allgemeine Stimmrecht in hohem Grade dazu beigetragen habe, die **partikularistischen** Gelüste und die partikularistischen Neigungen nicht nur zurückzuhalten, sondern auch im Deutschen Reich mehr und mehr zu **beseitigen**, so ist kein Gedanke richtiger als dieser; das allgemeine gleiche, direkte und geheime Wahlrecht ist tatsächlich dasjenige Mittel, welches **am meisten den Reichsgedanken gestärkt** und wachsen gemacht hat; und ich stehe nicht an, zu erklären, daß selbst in meiner Partei, wo noch bis in die siebziger Jahre hinein neben dem ausgeprägtesten demokratisch-sozialistischen Gedanken immer noch ein gewisser Partikularismus vorhanden war, welcher glaubte, in den Einzelstaaten ein größeres Maß von Freiheit und Rechten erobern zu können als im Deutschen Reich, dieser partikularistische Gedanke, soweit er vorhanden war, **bis auf den letzten Rest getilgt** ist, und daß dies wesentlich der Geltung des allgemeinen Stimmrechts für den Reichstag zu danken ist."

Bei solcher Wertung des allgemeinen Wahlrechts war es nicht mehr als selbstverständlich, wenn die Sozialdemokratie jeden Versuch, es zu beseitigen, mit allen Mitteln bekämpfte. Und es entsprach ganz der Auffassung der Arbeiter wie der geschichtlichen Notwendigkeit, wenn Bebel im Anschluß an die letzten Ausführungen bemerkte: „Wenn Sie das allgemeine Wahlrecht im Deutschen Reiche beseitigen, so heißt das nicht mehr und nicht weniger, als im Deutschen Reich die **Notwendigkeit der Revolution** zu proklamieren."

Es ist bekannt, daß die Versuche, das Wahlrecht zu schmälern, immer aufs neue wiederholt wurden. Und wenn sich die Regierungen nicht entschließen konnten den Minierarbeiten der Wahlrechtsfeinde Folge zu leisten, so lag das sicher weniger an ihrer eigenen Begeisterung für das allgemeine Wahlrecht, als an der Tatsache, daß in den meisten Bundesstaaten, vor allem in Preußen, noch rückständige Wahlsysteme bestanden, die ein reichliches Gegengewicht gegen die demokratischen Tendenzen des Reichstagswahlrechtes zu gewährleisten schienen. Die in Preußen herrschende Junkerklasse hat sich ja noch bis zum Ausbruch der Revolution von 1918 mit Händen und Füßen dagegen gewehrt, daß etwa das Reichstagswahlrecht an die Stelle des preußischen Dreiklassenwahlrechts gesetzt würde. Diese Haltung der Junker entsprang ganz der Stimmung, die der bekannte agrarische Führer Elard v. Oldenburg-Januschau, der persönliche Freund Wilhelms II., in die Worte kleidete: „Einem Reichstag, der aus dem allgemeinen Stimmrecht hervorgegangen ist, vertrauen wir unser Portemonnaie nicht an!" Angesichts solcher nackten Portemonnaiepolitik war es begreiflich, wenn Bebel in voller Entrüstung den Vertretern dieser Richtung im Reichstage zurief: „Die Partei, die auf der einen Seite an den **Patriotismus** der Massen appelliert und auf der anderen Seite es fertig bringt, diesen Massen das allgemeine gleiche direkte Wahlrecht zu verweigern, **sollte den Mund halten, wenn es sich um Patriotismus handelt; die sollte hier nicht mitreden.**"

DAS VATERLAND

Seit seiner Stellungnahme zum deutsch-französischen Krieg von 1870/71 hat Bebel den Vorwurf erdulden müssen, er erkenne kein Vaterland an, er wolle es wehrlos machen und ehrlos irgendeinem Feinde überliefern. Nur hämischer Unverstand allerdings konnte aus seinem Kampf gegen den militaristischen Geist im alten Deutschland eine Verleugnung der Liebe zum eigenen Lande machen. Und nur böser Wille konnte die Ablehnung des Militärsystems, wie es seit den sechziger Jahren des vorigen Jahrhunderts gewissermaßen als Staat im Staate gestaltet wurde, umdichten in die Absicht, fremden Eroberern freies Spiel in deutschem Lande zu gewähren.

Aus allen seinen Reden, aus allen seinen Handlungen leuchtet vielmehr immer wieder eine heiße Liebe zur Heimat hervor. Einer Heimat allerdings, die es den Sozialdemokraten außerordentlich schwer machte, sie als die eigene anzuerkennen, die es geradezu darauf anlegte, deren dauernde Feindschaft gegen sich großzuziehen. Aber wie scharf Bebel mit seinen Parteigenossen auch die Unfreiheit und das Unrecht in Deutschland bekämpfte, wie folgerichtig er gegen den Militarismus als das alles beherrschende System zu Felde zog, wie begeistert er der internationalen Verständigung der Völker das Wort redete, so vollkommen gleichbleibend war er doch in der Bekundung seiner Treue zum deutschen Vaterlande und der Ablehnung jeder fremden imperialistischen Gelüste. Schon kurze Zeit, nachdem er die ihm im bekannten

Leipziger „Hochverrats"prozeß zuerkannte mehrjährige Festungshaft verbüßt hatte, sprach er in seiner Heimatstadt Köln in einer öffentlichen Versammlung am 19. November 1876. In dieser Rede, die im Druck verbreitet wurde, heißt es über die Vorwürfe, die ihm und seinen Genossen gemacht wurden:

„Die liberale Partei behauptet, wir wollen **das Vaterland wehrlos machen**, um dasselbe dem äußeren Feinde zu überantworten. Es fällt der Sozialdemokratischen Partei im Traume nicht ein, die **Franzosen oder Russen nach Deutschland einzuladen**. Ebensosehr wie wir unsere Regierung in ihren **Annektionsgelüsten** bekämpfen, würden wir **auch gegen jede andere Regierung** in dieser Richtung Front machen. Aber wo hat denn die Sozialdemokratische Partei je derartige Forderungen gestellt? Wir verurteilen eben das **gegenwärtige System**, und zwar nicht allein in bezug auf seine Lasten, sondern auch auf die Grundlage, worauf es aufgebaut ist. Wir halten es für die **heiligste Pflicht des Staatsbürgers, wenn ein fremder Eindringling unser Land verwüsten wollte, demselben mit aller Macht entgegenzutreten**, aber wir verlangen auch, daß diese Forderung an **jeden** waffenfähigen Staatsbürger in **gleicher Weise** zum Ausdruck gelangt. Wir stellen die Forderung der wirklichen Durchführung der allgemeinen Wehrpflicht, unter Zugrundelegung einer militärischen Ausbildung, die es ermöglicht, mit einer ganz kurzen Präsenzzeit, welcher **alle waffenfähigen Männer eingereiht** werden, einen Verteidiger des Vaterlandes, nicht einen Gamaschensoldaten heranzubilden, und die es ferner ermöglicht, statt der gegenwärtigen Ziffer von 1 300 000 Mann jeden Augenblick mit Leichtigkeit drei Millionen ins Feld stellen zu können...."

Vier Jahre später — nachdem ein Uebermaß von Angriffen und Verfolgungen sich über die Partei ergossen, nachdem das Ausnahmegesetz alle Organisationen und Kassen beseitigt hatte und die Ausweisungspraxis der Polizei ein Uebriges getan, um Zorn und Erbitterung in den Herzen der Sozialdemokraten wachzurufen — kam

Bebel im Reichstag am 2. März 1880 bei Besprechung der Militärvorlagen auf die gleiche Frage zurück. In dieser vielbesprochenen Rede führte er aus, indem er an eine Rede des alten Moltke anknüpfte:

„Der Abgeordnete Graf von Moltke hat . . . am Schlusse seiner Rede einige Exkursionen auf das Gebiet der Politik gemacht und einen Appell an die patriotischen Leidenschaften des Volkes gerichtet mit einem Hinweis auf vergangene Zeiten, daß wir uns dessen erinnern sollten, wie einst Deutsche gegen Deutsche gekämpft haben. In dieser Beziehung glaube ich mich hier dahin aussprechen zu dürfen, daß d i e s e Zeiten n i e m e h r in Deutschland wiederkommen können und daß, wenn es sich darum handelte, daß i r g e n d e i n e f r e m d e M a c h t, sei es F r a n k r e i c h oder Rußland, w i r k l i c h d e u t s c h e s G e b i e t a n t a s t e t e, d i e S o z i a l d e m o ‑ k r a t i e g e g e n d i e s e n F e i n d g e r a d e s o g u t F r o n t m a c h e n w ü r d e, w i e j e d e a n d e r e P a r t e i. Ich will hier zugleich konstatieren, daß, wenn man uns etwa mit dem Einwande u n s e r e r H a l t u n g im J a h r e 1 8 7 0 käme, wir damals ausdrücklich auf das Verhältnis der Regierungen von Deutschland und Frankreich hingewiesen und erklärt haben, daß dieser Krieg die n o t w e n d i g e F o l g e d e r P o l i t i k von 1866 gewesen und daß es sich damals für uns weniger um die Frage, wer den Krieg formell erklärt habe, als um die Frage, wer ihn e i n g e f ä d e l t habe, gehandelt hat. Wir haben uns damals auch insofern nicht feindselig benommen, als wir die M i t t e l n i c h t v e r w e i g e r t e n, sondern erklärten, daß wir von dem dargelegten Standpunkte aus uns n e u t r a l verhalten, d. h. der Abstimmung enthalten müßten. . . ."

An anderer Stelle der gleichen Rede setzt er auseinander, warum die Sozialdemokratie die V o l k s w e h r an Stelle der stehenden Heere fordert:

„Meiner festen Ueberzeugung nach bleibt kein anderer Weg mehr übrig, als von Grund aus mit dem gegenwärtigen System zu brechen. Wir Sozialisten wollen die allgemeine Wehrpflicht nicht nur beibehalten . . ., meine Parteigenossen speziell wollen im Gegenteil die allgemeine Wehrpflicht v e r a l l g e ‑ m e i n e r n, wir wollen, daß die a l l g e m e i n e W e h r ‑ p f l i c h t, die heute nur auf dem Papier steht, eine W a h r ‑

heit werde. Wir verlangen deshalb, daß durch eine möglichst beschränkte Dienstzeit es möglich gemacht wird, immer neue Mannschaften zum Militärdienst auszubilden, bis in Wahrheit das ganze Volk Soldat ist, wenigstens soweit es imstande ist, Waffen zu tragen. Und es soll damit weiter erreicht werden, daß es nicht im Frieden die Lasten zu tragen hat, die es heute tragen muß und kaum noch ertragen kann, dafür aber in dem Falle, wenn das Vaterland wirklich in Gefahr ist, imstande ist, Armeen ins Feld zu stellen, wie kein anderes Land der Welt imstande ist sie aufzustellen. . . .

Wir von unserem Standpunkt, wenn ich als spezifischer Parteimann, als Sozialist sprechen soll, wir hätten gar keinen Grund, gar keine Ursache, gegen das bisherige System Opposition zu machen, in dem Sinn, daß wir Sie ersuchten, den bisherigen Weg zu verlassen und einen anderen einzuschlagen. Wenn wir die Pessimisten wären, für die man uns ausgibt, würden wir einfach sagen: Ei, nur zu, je toller, je besser, schließlich kommt ihr doch auf den Standpunkt an, wo ihr nicht mehr fortkönnt, und das Ende ist die allgemeine Katastrophe! Gerade aber, weil wir das nicht wünschen, weil wir versuchen möchten, daß in Ruhe und Frieden die Entwicklung unserer Zustände sich vollziehe, darum treten wir auf und sprechen zu Ihnen, wie es heute von meiner Seite geschehen ist, und zeigen Ihnen unsererseits die Mittel und Wege, wie nach unserer Ueberzeugung der Weltfriede erhalten, aber zugleich auch das Wohlsein der Nation im höchsten Maße gefördert werden kann."

In der Atmosphäre des Ausnahmegesetzes, die jeden Sozialdemokraten als einen Menschen minderen Rechtes und als einen Schädling am gemeinen Wohl erscheinen ließ, rief das offene Bekenntnis Bebels zur Integrität des deutschen Bodens und zur Verteidigung des Landes begreiflicherweise in der eigenen Partei Aufsehen und teilweise ernsten Widerspruch hervor. In seinem Erinnerungswerk „Aus meinem Leben" (Band III, S. 141) schildert er die Auseinandersetzung, die jener Rede folgte:

„Bei der Debatte über die neue Militärvorlage (Septennat von 1881 bis 1888) hatte ich auf einen Angriff gegen uns geantwortet: „Sollte es dahin kommen, daß irgendeine Macht deutsches Gebiet erobern wollte, werde die Sozialdemokratie gegen diesen Feind gerade so gut Front machen wie jede andere Partei." Darauf wurde ich im „Sozialdemokrat" von einem ungenannten süddeutschen Genossen angegriffen. Ich antwortete (in Nummer 16 des „Sozialdemokrat"), daß ich **kein Wort von dem Gesagten zurücknähme**, und schloß: „Es mag der Sozialdemokratie sehr hart ankommen, eventuell in einem Kampf für die Integrität des deutschen Bodens gewissermaßen das famose heimische Regierungssystem und **ihre Todfeinde mit verteidigen zu müssen, aber diese wird sie nicht durch fremde Eroberer los**, sondern allein durch **eigene Hilfe**, durch die Uebertreibung des Systems, das herrscht und schließlich die Massen gegen sich empört. Wir geben uns, **indem wir unser Land und uns selbst** — nicht unsere Feinde und deren Institutionen, die vorübergehende sind, — **gegebenenfalls vor Zerstückelung und Unterjochung schützen**, nicht zum Bollwerk her, „um unseren wackeren Polizisten und Richtern Schutz vor dem Feinde zu bieten", wie der verehrliche Genosse aus Süddeutschland höhnt, sondern **um selbst freie Hand zu haben, uns mit unseren Feinden zu Hause ins reine setzen zu können**. Es könnte eine Zeit kommen, wo ein russischer Kaiser mit seiner Armee in Berlin den Feinden der Sozialdemokratie sehr genehm, ihr selbst aber sehr unbequem wäre. In meiner Rede vom 2. März ist nicht ein Wort, das unserem Standpunkt etwas vergäbe, denn wir **verteidigen in einem Verteidigungskrieg nicht unsere Feinde und deren Institutionen, wir verteidigen uns selbst und das Land, dessen Institutionen wir in unserem Sinne umgestalten wollen, das allein den Boden für unsere Tätigkeit bildet."**

Dieser Grundauffassung des Problems entsprang auch seine taktische Stellung zu den Einzelfragen des militärischen Budgets. Aus allgemein politischen Erwägungen lehnte er das Militärwesen des Klassenstaates ab. War das stehende Heer doch nicht nur gedacht als eine Verteidigungswaffe nach außen, sondern auch und nicht in letzter Linie als ein Herrschaftsinstrument nach innen. Aber die prinzipielle Ablehnung des Ganzen hinderte doch die Partei und vor allem ihren praktisch denkenden Führer nicht, im einzelnen Verbesserungen nicht nur zu bewilligen, sondern sie geradezu anzuregen. Als ihm aus den Kreisen der damaligen „Opposition", die auch als „die Jungen" in der Parteigeschichte bekannt sind, über seine Haltung zu der Frage der Uniformierung der deutschen Soldaten Vorwürfe gemacht wurden, setzte er sich auf dem sozialdemokratischen **Parteitag in Halle 1890** — dem ersten nach dem Falle des Sozialistengesetzes — öffentlich mit diesen Vorwürfen auseinander:

„Ich soll mich dann, entgegen unserer sonstigen Auffassung, gegen die Abrüstung erklärt haben. . . . Wenn ihr aber einmal diese stehenden Heere für notwendig haltet — so führte ich den **Freisinnigen** gegenüber, speziell gegen die sich so breit machende Richtersche **Scheinopposition** aus —, dann trefft wenigstens Einrichtungen, daß der aus den ungeheuren Verbesserungen in der Technik der Kriegführung entspringenden **Massenhinschlachtung** nach Möglichkeit gesteuert wird! Ich habe darauf hingewiesen, daß bei der Anwendung des rauchlosen Pulvers und der gegen früher ungeheueren, gesteigerten Treffsicherheit der Gewehre die **jetzigen Uniformen** mit ihren **blitzenden Metallknöpfen** und **grellen Farben** ein geradezu **verderbenbringendes Zielobjekt** für die Feinde seien. Müßten sich unsere Brüder, Söhne und Väter schon einmal auf das Schlachtfeld schleppen lassen, **dann kleide man sie wenigstens so, daß sie nicht geradezu das Auge des feindlichen Schützen herausfordern.** Und nun frage ich euch alle, die ihr verpflichtet seid, gegen den auswärtigen Feind die Waffen zu tragen als Liniensoldaten, Reservisten, Landwehrmänner oder Landsturm, wenn ich verhindern will, daß ihr durch äußere Kennzeichen eine bequeme Zielscheibe für die Feinde werdet, habe ich damit irgend etwas getan, was vom Parteistandpunkt aus verwerflich wäre? Wenn ich aber weiter erklärte, **ich bin bereit, die Mittel für weniger sichtbare Uniformstücke zu bewilligen,** dann habe ich damit nichts weiter getan, als meine Bereitwilligkeit ausgedrückt, dafür zu sorgen, daß **im nächsten Kriege** nicht Zehntausende unserer eigenen Genossen durch die Ungeschicklichkeit unserer Militärverwaltung **zwecklos auf die Schlachtbank** geführt werden. Ich habe die Genugtuung gehabt, daß jetzt **nach den Manövern** in allen Zeitungen und Militärblättern diese Frage erörtert wird. Es wird da ausgeführt, daß es mit der bisherigen farbenschillernden Montierung nicht mehr geht, wenn unsere Soldaten vor der massenhaften Hinschlachtung bewahrt bleiben sollen. Nie in meinem Leben habe ich in einer Frage ein besseres Gewissen gehabt wie in dieser. . . ."

Vierundzwanzig Jahre später zogen die Millionen deutscher „Feldgrauen" in den Weltkrieg. Aber nur wenige von den vielen hatten noch eine Erinnerung daran, daß sie gerade August Bebel, der ihnen doch schon auf der Schulbank als „Vaterlandsverräter" geschildert war, in erster Linie die Beseitigung der Paradeuniform und die Einführung unsichtbarer Kleidungsstücke zu verdanken hätten. Er selbst erlebte das furchtbare Geschehen nicht mehr, das er so lange vorhergeahnt und das zu verhüten er mit allen seinen Kräften Jahrzehnte hindurch gekämpft hatte. Er konnte deshalb auch nicht im August 1914 persönlich seine Meinung sagen, als sich das Geschick Deutschlands zu erfüllen begann. Aber unter den Millionen, die in „feldgrau" zur Verteidigung des Landes hinauszogen, waren ganze Armeekorps von Sozialdemokraten, von „Reichsfeinden", wie sie noch kurz zuvor der deutsche Kaiser genannt hatte. Diese Sozialdemokraten erfüllten ihre Pflicht wie irgendeiner und gaben damit noch nachträglich ihrem Bebel recht, der im Reichstag 1890 gegenüber den Schwätzereien vom „inneren Feind" erklärt hatte:

„Sie wollen nicht vergessen, daß in dem Maße, wie die Sozialdemokratie die Massen des Volkes erobert, die **Sozialdemokratie auch in die Armee** kommt; Sie werden deshalb **keinem Sozialdemokraten** in der Armee vorwerfen können, daß er **nicht seine Schuldigkeit getan** habe; daß er seine Stellung zum **Bruch des Fahnen-**

e i d e s verwendet habe; das überlassen wir den ersten Christen, die bekanntlich einstmals in die römischen Heere den Landesverrat getragen haben. Die S o z i a l d e m o k r a t e n werden in der Armee, wenn sie zur Verpflichtung des Militärdienstes herangezogen werden, so gut wie jeder andere ihre Schuldigkeit tun. Aber nun zu glauben, daß Sie unter a l l e n Umständen und f ü r a l l e E w i g k e i t in dieser Armee ein gefügiges Werkzeug besitzen werden, das blindlings gegen diejenigen geht, gegen die zu gehen Sie es für notwendig halten, das ist doch eine Frage, die ich nicht für alle Zukunft beantworten möchte. . . ."

Dem gleichen Gedanken gab Bebel wiederholt im Reichstag Ausdruck, besonders eindringlich in seiner Rede vom 11. Dezember 1897, in der er den Verantwortlichen der damaligen Regierung also ins Gewissen redete:

„Wir sind so weit gekommen, daß infolge der B i l d u n g , die der Soldat für die Kriegführung notwendig hat, die Intelligenz des Bauernsohnes in den meisten Fällen nicht ausreicht, sondern daß vorzugsweise auf die Bevölkerung der Städte und Industriebezirke, in denen hauptsächlich die bitterbösen Sozialdemokraten wohnen, zurückgegriffen werden muß. Sie sind also fortgesetzt wider Ihren Willen genötigt, Scharen von S o z i a l d e m o k r a t e n i n d i e A r m e e aufzunehmen, die ja nach dem Zeugnis des Grafen Caprivi d i e b e s t e n S o l d a t e n sind. Also auch der Soldat braucht heute eine höhere Bildung als früher, und doch werden die notwendigen Mittel den Volksschulen verweigert. . . . Angesichts seiner Leistungen und seiner Opfer verlangen wir, daß der deutsche A r b e i t e r a u c h d i e g e b ü h r e n d e B e r ü c k s i c h t i g u n g im Reich und im Staatswesen findet, und die findet er bis jetzt nicht. . . . W o k ö n n e n S i e h e u t e n o c h e i n e n K r i e g f ü h r e n — gegen Rußland und Frankreich — o h n e d i e H i l f e d i e s e r S o z i a l d e m o k r a t e n ? Das wäre einfach unmöglich! S i e s i n d a u f u n s a n g e w i e s e n ; S i e k ö n n e n o h n e d i e M i t h i l f e u n s e r e r M a n n s c h a f t e n k e i n e e i n z i g e S c h l a c h t m e h r schlagen. Behalten Sie das im Auge und sorgen Sie dafür, daß der Arbeiterklasse ihr Recht wird!"

Im Jahre 1891 hatte Bebel in einem Artikel über die russische Anleihe auf die G e f a h r aufmerksam gemacht, die im **Zarismus** für ganz Europa und besonders für Deutschland liege. Auf diesen Artikel, der damals vielfach besprochen wurde, kam Bebel auf dem Parteitag zu Erfurt 1891 zurück, indem er ausführte:

„Ich habe für den Fall eines **Angriffskrieges gegen Deutschland** und dessen Folgen in einem Artikel über die russische Anleihe gesagt: „Wir sind Deutsche so gut wie die Herren von der Regierung. . . . Der **deutsche Boden, das deutsche Vaterland gehört uns,** den Massen, ebensogut und mehr als jenen. Greift Rußland, der Hort der Grausamkeit und Barbarei, der Feind aller menschlichen Kultur, Deutschland an, um es **zu zerstückeln und zu vernichten,** und das kann nur der Zweck eines solchen Krieges sein, **so sind wir so gut und mehr interessiert** wie diejenigen, die an der Spitze Deutschlands stehen, und werden dem entgegentreten. Ich habe dann hinzugefügt, daß, wenn wir alsdann **Seite an Seite mit jenen, die heute unsere Gegner sind, kämpften,** wir es tun, **nicht um sie und ihre Staats- und Gesellschaftsordnung zu retten, sondern um Deutschland, d. h. uns selbst zu retten und unseren Boden von einem Barbaren zu befreien,** welcher der größte Feind unserer Bestrebungen ist und dessen Sieg unsere Niederlage als Sozialdemokraten bedeute."

In dem von Bebel verfaßten Bericht über die „Tätigkeit des Deutschen Reichstages während der Legislaturperiode 1890/1893" heißt es zu dem gleichen Thema:

„**An der Erhaltung der Unabhängigkeit Deutschlands** sind die arbeitenden Klassen mindestens ebenso interessiert wie diejenigen, die sich als die berufenen Herrscher der Völker betrachten, und **das arbeitende Volk ist nicht gewillt, seinen Nacken unter irgendeine Fremdherrschaft zu beugen.** Gälte es einmal, sich seiner Haut zu wehren, die **arbeitenden Klassen Deutschlands würden ihren Mann stellen bis zum letzten Mann,** und selbst die Aeltesten."

In der Reichstagssitzung vom 19. November 1900 kam Bebel auf den Eingriff der europäischen Mächte und

Amerikas in die Selbständigkeit Chinas zu sprechen. Er schilderte die ständigen Eingriffe der Fremden in die Souveränität Chinas und erklärte dann:

„So ist nach allen Richtungen hin an diesem Volke seit Jahrzehnten gesündigt worden. Bei jedem anderen Volke der Welt, außer bei diesem außerordentlich geduldigen, füg- und schweigsamen chinesischen Volk, würden solche Mißhandlungen schon längst den **Ausbruch des Zorns und der Rache** hervorgerufen haben, deren Zeugen wir in den letzten Monaten gewesen sind. . . . Glauben Sie wirklich, daß irgendein Volk in der Welt sich etwas Aehnliches hätte bieten lassen, wie die Chinesen viele Jahre lang es sich haben gefallen lassen? **Was würde Deutschland tun**, wenn ein auswärtiger Feind ihm auch **nur einen Fuß breit** Landes nähme? Die **ganze Nation würde aufstehen wie ein Mann** und das zurückweisen!"

Bebel schilderte weiter, wie deutsche Posten in eine Ansammlung von mehreren hundert Menschen, die friedlich in der Nähe der deutschen Gesandtschaft zu einer Art religiösen Feier sich zusammengefunden hatten, hineinschossen. Im Anschluß an diese Schilderung fuhr er fort:

„Meine Herren, denken Sie sich einmal den undenkbaren Fall, in **Berlin** hätte die chinesische Gesandtschaft Truppen, Unter den Linden oder irgendwo würde eine Volksversammlung in friedlicher Weise abgehalten; plötzlich schössen chinesische Truppen darunter, streckten sechs bis acht Mann nieder und verwundeten eine Anzahl. Wissen Sie, was die Antwort der Berliner Bevölkerung sein würde? Es würden keine zwei Stunden vergehen und die **Empörung der ganzen Stadt** wäre erfolgt. Das Haus der chinesischen Gesandtschaft würde **erstürmt und zerstört** werden, daß kein Stein auf dem anderen bliebe, und alles, was man darin lebend fände, würde niedergemetzelt werden. **Das** wäre die Antwort des Berliner Volkes auf eine derartig unerhörte Tat, auf einen solchen Mord ohnegleichen, begangen von fremden Soldaten in der fremden Stadt."

Einige Jahre später, am 7. März 1904, erklärte Bebel im Reichstage:

„... Ich sage noch mehr: wir haben sogar das allergrößte Interesse, wenn wir in einen Krieg gezerrt werden sollten, ... einen Krieg, in dem es sich um **die Existenz Deutschlands** handelt, dann — ich gebe Ihnen mein Wort — **wir sind bis zum letzten Mann, und selbst die Aeltesten unter uns, bereit, die Flinte auf den Buckel zu nehmen und unseren deutschen Boden zu verteidigen,** nicht Ihnen, sondern uns zuliebe, selbst meinetwegen Ihnen zum Trotz.... Wir leben und kämpfen auf diesem Boden, **unser Heimatland,** das so gut unser Vaterland, vielleicht noch mehr, als Ihr Vaterland ist, so zu gestalten, daß es **eine Freude ist, in demselben zu leben,** auch für den letzten unter uns. Das ist unser Bestreben, das suchen wir zu erreichen, und deshalb **werden wir jeden Versuch, von diesem Vaterland ein Stück Boden wegzureißen, mit allen uns zu Gebote stehenden Kräften bis zum letzten Atemzug zurückweisen!"**

Diese Ausführungen hatten in der Partei hier und da Anstoß erregt, um so mehr, da die bürgerliche Presse, in deren Schema von der „vaterlandsfeindlichen" Sozialdemokratie sie sich wenig fügen wollten, sie als etwas ganz Außergewöhnliches, als eine vollständige Umstellung Bebels auszudeuten suchte. Deshalb kam Bebel im Herbst 1904 auf dem Bremer Parteitag auf sie zurück und erklärte:

„... Noch ein Wort über meine Erklärung, daß wir im Falle eines Angriffskrieges **unter keinen Umständen dulden würden, daß deutsches Land verloren** gehe. Ich habe mich gewundert, daß dieses Wort innerhalb und außerhalb der Partei solches Aufsehen erregt hat. Das kommt daher, weil die meisten Menschen ein so kurzes Gedächtnis haben und weil es in der Partei eine Menge junger Leute gibt, die die Parteigeschichte nicht kennen. Die **gleiche Erklärung habe ich vor 24 Jahren zum erstenmal im Reichstag** abgegeben, und im Jahre 1880 hat es darüber sogar zwischen Vollmar und mir zu einer Auseinandersetzung im „Sozialdemokraten" geführt. Vollmar war damals anderer Ansicht, hat sich aber später bekehrt. In den

achtziger und neunziger Jahren haben wir bei den Etats-
beratungen dasselbe erklärt."

Am 10. Dezember 1904 erörterte Bebel im Reichstage
erneut das Thema der allgemeinen Volksbewaffnung und sagte ganz im Geiste seiner Rede vom März
des gleichen Jahres:

„Verlangen wir die allgemeine Volkswehr, die allgemeine
Volksbewaffnung etwa zum Spaß? Nein, weil wir meinen, daß
gegenüber einer äußeren Gefahr die Notwendigkeit besteht,
daß auch der letzte waffenfähige Mann die Möglichkeit haben muß, für die Freiheit und Unabhängigkeit seines Vaterlandes einzutreten, gerade deshalb!
Sie haben sich freilich riesig gaudiert, als ich in diesem Frühjahr erklärte, daß ich selbst, trotz meines Alters, in einem
solchen Kampfe für die Unabhängigkeit des Landes noch die
Flinte auf den Rücken nehmen würde. Da hat man gehöhnt
und gespottet. Ja, es war mir blutiger Ernst! Ich
und meine Freunde, die treten kein Stück deutschen
Bodens an das Ausland ab: denn wir wissen genau,
daß in dem Augenblick, wo Deutschland zerstückelt würde,
mit Notwendigkeit das ganze geistige und soziale Leben der
Nation, solange ein solches Stück Fremdherrschaft dauert, vernichtet würde, daß alle Aspirationen des Volkes darauf
hinausgingen, den Fremden aus dem Lande hinaus-
zutreiben. Also das würde eine Entwicklung herbeiführen,
die wir gerade von unserem Standpunkte aus aufs entschiedenste bedauern und zu bekämpfen hätten. . . ."

Und als im Jahre 1907 der Abg. Noske im Reichstage als Fraktionsredner eine ganz ähnliche Erklärung
abgegeben hatte und dafür auf dem Parteitage zu
Essen angegriffen wurde, trat Bebel ihm zur Seite,
indem er hervorhob, daß die Fraktion die Rede von Noske
durchaus gebilligt habe. Bebel kam dabei auf seine eigene
Rede zum Militäretat zu sprechen und legte dar:

„Nun ist das Wort von der Verteidigung des Vaterlandes gefallen. Ich habe hierzu damals gesagt: Wenn wir
wirklich einmal das Vaterland verteidigen müssen, so verteidigen wir es, weil es unser Vaterland ist, als den Boden,
auf dem wir leben, dessen Sprache wir sprechen,

dessen **Sitten** wir besitzen, weil wir dieses **unser Vaterland** zu einem Lande machen wollen, wie es nirgends in der Welt in ähnlicher Vollkommenheit und Schönheit besteht. Wir verteidigen also dieses Vaterland nicht für, sondern gegen euch. Und deshalb müssen wir gegebenenfalls das Vaterland verteidigen, wenn ein Angriff kommt. . . . Vor etwa sieben Jahren führte ich aus, daß, wenn es zu einem Kriege mit Rußland käme, das ich als Feind aller Kultur und aller Unterdrückten nicht nur im eigenen Lande, sondern auch als den allergefährlichsten Feind von Europa und speziell für uns Deutsche ansehe, auf den sich in erster Linie die deutsche Reaktion stützt, dann **sei ich alter Knabe noch bereit, die Flinte auf den Buckel zu nehmen** und in den Krieg gegen Rußland zu ziehen. Man mag darüber **lachen**, aber mir war es mit dem Wort **bitter ernst**. Wir haben in den nächsten Jahren das hundertjährige Jubiläum des **Aufstandes der Tiroler** gegen die napoleonische Fremdherrschaft. Damals zogen viele Alte mit in den Kampf, und ich weiß nicht, ob ich nicht einmal in einem ähnlichen Falle auch zur Flinte greifen würde. Ich glaube, ich habe noch die Kraft, die Flinte zu tragen."

Im Jahre 1911 war die Gefahr eines Kriegsausbruches wieder greifbar nahe gerückt. Der „Panther"-Sprung nach Agadir hatte den Marokkokonflikt wieder in voller Schärfe aufleben lassen und diesseits wie jenseits der Vogesen bliesen die Chauvinisten ins Kriegshorn. Aber auch die sozialistischen Arbeiterparteien in Frankreich wie in England und Deutschland demonstrierten gegen die Kriegshetze, wie sie in den nationalistischen Kreisen sich austobte. In der politisch erregten Zeit hatte der damalige Redakteur des „Vorwärts", Däumig, in einer Berliner Parteiversammlung einen Vortrag gehalten, in dem von der Möglichkeit eines **Massenstreiks im Kriegsfalle** die Rede war. Diese Auslassung gab der ganzen bürgerlichen Presse und allen bürgerlichen Parteien willkommenen Anlaß, eine neue allgemeine Hetze gegen die Sozialdemokratie einzuleiten, der man vorwarf, sie wolle durch den Massenstreik das eigene Land im Kriegsfalle wehrlos machen. Das gab der Partei Veranlassung, auf ihrem Parteitag in Jena 1911 über das Problem erneut zu verhandeln. Als aber trotzdem im Reichstag bei der Beratung des deutsch-französischen Marokko-Abkommens die Vorwürfe gegen die Partei wiederholt wurden, nahm Bebel am 11. November 1911 die Gelegenheit wahr, gewissermaßen autoritativ die Stellung der Partei dem Reichstag und der Welt klarzulegen. Er wies auf die Verhandlungen des Parteitages hin und führte daran anschließend aus:

„Ich habe, wenn der Ausdruck erlaubt ist, den Ochsen bei den Hörnern gepackt. Ich habe ausgeführt: Man hat die Rede eines Genossen von uns, der sich für den Massenstreik im Kriegsfall ausgesprochen haben soll, in der Presse benutzt, um gegen die Partei zu hetzen und die Dinge so darzustellen, als wenn die Partei entschlossen und darüber einig ist, im Falle eines Krieges zum Massenstreik zu greifen. Ich habe weiter erklärt: wir hielten es nicht für notwendig, uns hier in Jena auf die Erörterung dieser Frage einzulassen, da die Stellung der Partei zur Massenstreikfrage im Kriegsfalle bereits längst festliege; aber nachdem die Sache zur öffentlichen Erörterung gekommen ist, wollen wir aussprechen, was wir seinerzeit getan und festgelegt haben. Das ist auf dem Internationalen Sozialistenkongreß in Stuttgart im August 1907 zum soundsovielten Male geschehen. Ich will bemerken: die Frage des Massenstreiks, des Militärstreiks im Kriege ist seit 1892 auf den verschiedenen internationalen Kongressen behandelt worden. Bei den ersten Gelegenheiten waren es namentlich holländische Vertreter, die den Militär- und Massenstreik bei Kriegsausbruch verlangten. Nun, vom Jahre 1892 an bis zum Jahre 1907 war es die deutsche Sozialdemokratie, die durch ihre Vertreter in der bestimmtesten Weise erklärt hat: auf solche Vorschläge lassen wir uns nicht ein! Wir haben regelmäßig einstimmig gegen solche Resolutionen gestimmt. Die Frage kam wieder auf dem Internationalen Kongreß in Stuttgart zur Sprache. Die Franzosen, die Engländer, die meisten Nationen, die dort Vertreter hatten, waren dafür, daß in der Resolution, die zur Militär- und Kriegsfrage beschlossen werden sollte, auch ein Satz aufgenommen werde, der aussprach, daß im Falle des Kriegs die Arbeiter mit dem Massenstreik antworten müßten. Darauf habe ich im Namen meiner Parteifreunde, und zwar im **einstimmigen** Auftrag derselben, erklärt: die Resolution nehmen wir nicht an, wollt ihr sie annehmen, dann gut, wir werden aber dagegen protestieren. Darauf sagte man: wenn ihr Deutschen als eine der stärksten Nationen gegen eine solche Resolution protestiert, können wir sie natürlich nicht vorschlagen.

Damit war gesagt: **wenn ihr Deutsche im Kriegsfall den Massenstreik nicht mitmachen könnt oder wollt, seid ihr dazu nicht verpflichtet!**

Das war der Weg, der betreten worden ist, und dieser Weg bedeutet, daß **die Partei in einem Kriegsfall an einen Massenstreik nicht denkt, nichts damit zu tun hat.** Ich habe für notwendig erachtet, dieses hier klarzustellen. Also, nachdem das in der Weise wiederholt worden ist, und nachdem zu befürchten ist, daß diese **lügenhaften Behauptungen** — anders kann ich sie nicht bezeichnen — im Wahlkampfe gegen unsere Partei ausgespielt werden, habe ich mich veranlaßt gesehen, die Sache richtigzustellen. Wer aber nunmehr, nachdem ich die Sache hier vor dem Reichstage und vor der Nation richtiggestellt habe, diese Behauptungen wiederum gegen uns benutzt, der ist ein **Verleumder**, der handelt **wider besseres Wissen**, und den werden meine Parteigenossen, hoffe ich, in der rechten Weise für seine Verleumdung zu züchtigen wissen."

Noch wenige Wochen vor seinem Tode, im Sommer 1913, legte Bebel in der Budgetkommission des Reichstages bei der Beratung der großen Wehrvorlage seine eigene Meinung und die seiner Partei in folgenden Sätzen nieder:

„Es gibt in Deutschland überhaupt **keinen Menschen, der sein Vaterland fremden Mächten wehrlos preisgeben** möchte. Das gilt namentlich auch von der Sozialdemokratie, der ihre Gegner, die zum Teil unverständig, zum Teil aber auch gehässig sind, oftmals den Vorwurf der „Vaterlandslosigkeit" gemacht haben. Die Sozialdemokratie hat, im Gegensatz zu dieser Behauptung, niemals verkannt, daß die geographische und politische Lage des Reiches die Vorbereitungen einer starken Schutzwehr notwendig machen. Wir müssen in Deutschland mit der **Möglichkeit eines Angriffskrieges** von außen leider einstweilen noch rechnen, namentlich vom Osten her. Wenn auch das russische Volk in seinen grossen Massen bestimmt friedliebend ist und andere Sorgen hat als die Betreibung eines Ueberfalls auf Deutschland, so ist das gleiche nicht mit der gleichen Sicherheit von denjenigen Kreisen zu sagen, die die zaristische Willkürherrschaft zu ihren Zwecken mißbrauchen. **Wenn einmal ein solcher Krieg ausbrechen sollte**, den wir alle zu vermeiden wünschen und dem auszuweichen wohl auch die deutsche Reichsregierung bemüht gewesen ist, dann **müßte er bei dem heutigen Stande der Waffentechnik**, bei der Organisation des Heerwesens und bei der Gestaltung der Staatenbündnisse in Westeuropa **ungeheuren Umfang** annehmen; er würde zum **Weltkrieg** werden und unser Vaterland vielleicht **vor die Frage von Sein oder Nichtsein** stellen. Infolgedessen rechtfertigt sich nicht nur die Wehrbarmachung des letzten Mannes bei uns, sondern sie ist eine notwendige Folgerung. Die Sozialdemokratie war die **erste große Partei**, die das **klar erkannt** und daher in ihr Programm den Satz aufgenommen hat, der die Erziehung des Volkes zur **allgemeinen Wehrhaftigkeit** ausspricht."

Diese Worte Bebels sind auch übergegangen in ein Flugblatt der Parteileitung, das in großen Massen aus Anlaß der Wehrvorlage von 1913 verbreitet wurde. Sie galten als die offiziellste Kundgebung der Sozialdemokratie. Bald nachdem er sie gesprochen, ist er aus ihrer Mitte für immer abberufen worden. Er hinterließ das **Bekenntnis zum Vaterland** und zu seiner Verteidigung gewissermaßen als politisches Testament. Was bei anderen als Selbstverständlichkeit gilt, wirkte bei dem greisen Führer der Sozialdemokratie lediglich deshalb als einer besonderen Unterstreichung wert, weil Unkenntnis und Niedertracht in trautem Verein ihm jahrzehntelang das Odium der Vaterlandslosigkeit angeheftet hatten.

DAS RECHT AUF REVOLUTION

Nachdem erst vor kurzem Deutschland eine vollkommene Staatsumwälzung erlebt hat, nachdem unter der Wucht des militärischen Zusammenbruchs und der Empörung der enttäuschten Volksmassen die alten Gewalten widerstandslos von der politischen Bühne abgetreten sind, hat die Frage des Rechts auf Revolution einstweilen nur historische Bedeutung. Die Praxis hat die Theorie bestätigt und jenen Recht gegeben, die, wie die Sozialdemokraten, von je erklärten, daß eine R e v o l u t i o n n i c h t g e m a c h t werde, sondern selbsttätig aus der Unzulänglichkeit einer vorhandenen Gesellschaft h e r - a u s w a c h s e.

Dem war nicht immer so. Die Jahrzehnte gesellschaftlicher Verfemung, politischer Aechtung und Verfolgung, die die Sozialdemokratie zu ertragen hatte, wurden in erster Linie damit begründet, daß sie sich als „revolutionäre Partei" bezeichnete und angeblich den gewaltsamen Umsturz h e r b e i f ü h r e n wollte. Daraus resultierte der Hochverratsprozeß, der im Jahre 1872 gegen Bebel, Liebknecht und Hepner in Leipzig geführt wurde[1]). Daraus wurde auch hergeleitet das zwölfjährige Sozialistengesetz mit all seinen Gewalttaten, daraus entstanden auch die gerichtlichen Verfolgungen aller Art, die in ihrer Bösartigkeit und in ihrem politischen Unverstand einen dauernden Flecken in der Geschichte der deutschen Justiz darstellen.

---

[1]) „Der Leipziger Hochverratsprozeß". Mit einer Einleitung von W. Liebknecht. Berlin, Vorwärts 1894.

Auch die Stellung Bebels zum Recht eines Volkes auf Revolution gewinnt unter dem Gesichtswinkel einer vor unserer aller Augen v o l l z o g e n e n Tatsache eine andere Gestalt, als unter dem, der zur Zeit des kaiserlichen Deutschlands vorherrschend war. Es ist richtig, daß unter den ersten Sozialdemokraten noch die Erinnerung an die Erhebung von 1848 stark nachwirkte. Und der Aufstand der Pariser Kommune von 1870/71 verfehlte auch seinen Eindruck in der deutschen Arbeiterschaft nicht, soweit sie schon mit dem damals unerhört Neuen der sozialistischen Lehre sich vertraut gemacht hatte. Es zündete in manchen Herzen, als Bebel und Liebknecht sich im Reichstage für die Kommunekämpfer erklärten und deren Wahlspruch „Friede den Hütten, Krieg den Palästen" als ihren eigenen aufstellten. Aber selten hat wohl in der Weltgeschichte eine im Grund ihres Wesens revolutionäre Partei so klar und eindeutig sich auf den Boden der gesetzmäßigen Entwicklung gestellt wie gerade die deutsche Sozialdemokratie. So wenig sie indessen auf einen gewaltsamen Zusammenstoß des Bestehenden mit dem Kommenden hinarbeitete, so sehr herrschte doch Klarheit darüber, daß eine gewaltsame Unterbindung der natürlichen Entwicklung unter Umständen auch den gewaltsamen Durchbruch der neuen in der Gesellschaft wirksamen Kräfte rechtfertige. In seinem ersten schriftstellerischen Versuch von größerem Ausmaß, in „Unsere Ziele", sagt Bebel:

„Wollen wir den Volksstaat, dann muß die Herrschaft der privilegierten Klassen und Personen gebrochen werden. Da meinen die einen, das ginge auf sogenannte gesetzliche Weise, durch Redenhalten und Beschlüssefassen, die anderen meinen, das müsse durch eine andere eben auch gesetzliche Weise — sie betrachten den W i l l e n d e s V o l k e s auch als Gesetz, als a l l e i n i g e s und h ö c h s t e s G e s e t z — geschehen, die man im gewöhnlichen Leben R e v o l u t i o n nennt. Ueber den letzteren Weg sich weiter auszulassen, ist überflüssig, da **Revolutionen künstlich nicht gemacht** werden können und der Wächter für die am heutigen Staat Interessierten, der Staatsanwalt, gar zu sehr geneigt ist, hineinzureden und Hochverratsprozesse zu veranstalten. Merkwürdig ist aber — und ich kann nicht umhin, das hier anzuführen, weil es **geschichtliche Tatsachen** sind, gegen die auch ein Staatsanwalt nicht aufkommen kann —, daß die verschiedenen Staats- und Gesellschaftsformationen nicht durch schöne Reden und Beschlüsse, sondern **in der Regel durch sehr ernste eiserne Gewalt** sich ihre Existenz verschafft haben. . . ."

In der Rede, die er im Mai 1871 im Reichstage über die Kommune hielt und in der er diese gegen die in der deutschen bürgerlichen Presse verbreiteten übertreibenden Berichte verteidigte, erklärte er unter anderem:

„Ich bin durchaus nicht in der Lage, alle Maßregeln, die die Kommune ergriffen hat, zu billigen, und zwar aus Zweckmäßigkeitsgründen; aber ich behaupte doch, daß im allgemeinen die Pariser Kommune gerade in bezug auf diejenigen Kreise, welche vorzugsweise daran schuld sind, daß Frankreich in diese gefährliche und verderbliche Lage gekommen ist, z. B. die Kreise der hohen Finanz, **mit einer Mäßigung verfahren** ist (Widerspruch), die **wir vielleicht** in einem ähnlichen Falle in Deutschland **schwerlich anwenden** würden. (Hört! hört! Heiterkeit.)"

47 Jahre später haben allerdings, wie noch in frischer Erinnerung, die deutschen Sozialdemokraten gleiche oder noch größere Mäßigung angewandt, wie er sie damals den Kommunekämpfern nachrühmte. Maßlosigkeit im Fordern und Handeln lag durchaus nicht in seinem Wesen. Es kennzeichnet vielmehr die ganze Tiefe seiner Ueberzeugung, wenn er vor dem Schwurgericht im Hochverratsprozeß den Satz prägte, der ehrliche seines Zieles bewußte Revolutionär werde stets mäßig sein im Ausdruck und in seinen nächsten Forderungen; Maßlosigkeit des Ausdrucks und der Forderungen sei das Resultat der Unreife oder der Unehrlichkeit.

In jener Zeit durchlebte Deutschland auch eine revolutionäre Epoche, die sich in den innerdeutschen Kriegen und in dem deutsch-französischen Kriege widerspiegelte. Die Beseitigung einer Anzahl von Bundesfürsten durch den preußischen Sieger, die Einverleibung ihrer Länder in den Hohenzollernstaat, die Einigung Deutschlands nach dem Siege über Napoleon waren trotz allem umwälzende Ereignisse, die der Entwicklung des deutschen Kapitalismus die Bahn ebneten. Aber so gewaltsam und in gewissem Sinne „revolutionär" auch diese deutsche Einigung zustande gebracht war, so eifersüchtig wachten die neuen Machthaber darüber, daß keine neue revolutionäre Strömung aufkomme. Schon die Kritik des indirekten Steuersystems und die Forderung nach einer progressiven direkten Einkommensteuer wurde ernsthaft als eine auf den „Umsturz der bestehenden Staats- und Gesellschaftsordnung" gerichtete Bestrebung angesehen und die Regierung aufgerufen, dagegen mit allen Mitteln der Staatsgewalt einzuschreiten. Ja, man ging sogar soweit, die sozialistischen Forderungen nach **Arbeiterschutz**, nach Errichtung von **Arbeitsämtern** als staatsgefährliche revolutionäre Umtriebe zu bezeichnen. Wie klar Bebel über die Frage urteilte, geht aus seiner Rede hervor, die er am 18. April 1877 zur Verteidigung des von ihm gemeinsam mit Fritzsche eingebrachten Arbeiterschutzgesetzes hielt. Damals war auch von konservativen Abgeordneten der Einwand erhoben worden, daß die beantragten Maßnahmen einen revolutionären Eingriff in die Rechte der Unternehmer darstellten. Darauf erwiderte Bebel:

„Die Herren wollen, daß das **historische Recht** unter allen Umständen respektiert werde. Wir stellen diesem historischen Recht das **natürliche Recht**, das allgemeine Menschenrecht gegenüber und sind der Ansicht, daß, wenn in einer bestimmten Epoche in der Entwicklung der Menschheit es notwendig wird, einen Zustand zu schaffen, der besser als der bisherige das Interesse aller wahrt, es **öffentliche Pflicht** wird, diesen Zustand, diese neue Ordnung der Dinge durchzusetzen, ohne Rücksicht darauf, ob das Interesse des einzelnen dadurch, wenn auch noch so schwer, geschädigt wird. Wir gehen von der Ansicht aus, daß nur dann von einer Rechtsverletzung mit Recht die Rede sein kann, wenn derjenige, der sich in seinem Recht verletzt fühlt, nachzuweisen vermag, daß dieses zugunsten anderer in der Art geschehen sei, daß dadurch **die Gleichheit verletzt** und er **unter** die anderen gestellt wurde. Wenn es sich also im gegebenen Falle **darum** handelte, daß die bis dato besitzenden und herrschenden Klassen durch eine Reihe öffentlicher Akte **der arbeitenden Klasse untertänig** gemacht werden sollten, **dann** hätten sie ein Recht, sich zu beschweren, es geschähe ihnen Unrecht. Aber eine solche Auffassung und Absicht **teilt kein Mensch in der Sozialdemokratie.** Es handelt sich im Gegenteil bei allen den künftig durchzusetzenden Maßregeln nicht um Unterdrückung der einen durch die anderen, sondern um die Herstellung einer **allgemeinen Gleichberechtigung** aller Staats- und Gesellschaftsangehörigen in sozialer, politischer und sonstiger Beziehung. Ich muß hierbei hervorheben, daß diese Frage nach etwaigen Rechtsverletzungen, aufgeworfen von einem Vertreter der äußersten Rechten (Abgeordneten v. Kleist-Retzow), einem Verehrer des Mittelalters und des Feudalstaats, mir insofern eigentümlich erscheint, als jedenfalls, wenn wir unsererseits einmal **die Rechtstitel untersuchen** wollten, auf denen ein großer Teil des **Adels** und der **Fürstenhäuser** zu seinem heutigen Besitztum gekommen ist, deren „Rechtstitel" sich schwerlich mit den Anforderungen und Bestimmungen der modernen Gesetzbücher decken dürften. Es scheint mir vielmehr, daß, wenn man den modernen Strafkodex auf jene Zeit zurück anwenden könnte, die hohen Eigentümer in einen sehr **bedenklichen Konflikt** mit demselben kommen würden und, nach gewissen Paragraphen des Strafgesetzbuches zu urteilen, schwere **Zuchthausstrafen** und schlimmeres ihnen nicht erspart bleiben würde."

Bei der ersten Wahl unter dem Sozialistengesetz im Jahre 1881 hatten die Konservativen und Christlich-Sozialen unter Führung des Professors Adolf Wagner und des Hofpredigers Stöcker mit Berliner Sozialdemokraten Verhandlungen angeknüpft und ihnen Stichwahlunterstützung in den Berliner Wahlkreisen IV und VI gegen die Fortschrittspartei zugesagt, wenn die sozialdemokratischen Führer Bebel, Liebknecht und Hasenclever eine Erklärung unterschreiben sollten, wonach sie 1. die „arbeiterfreundliche Absicht der deutschen Reichsregierung anerkennen", 2. daß sie ernstlich gewillt seien, gemeinsam mit den sozialreformerischen Parteien zu arbeiten, und endlich 3., daß sie hofften, „durch energische soziale Reformen die Revolution zu überwinden".

Auf dieses Angebot antworteten Bebel und Liebknecht sofort, daß sie jeden Schacher und Stimmenkauf von sich wiesen. Und zu dem letzten Punkte der Forderung: „Daß, wenn mit Punkt 3 die Annahme ausgesprochen sein sollte, als wollten wir eine gewaltsame Revolution, dies eine ganz willkürliche Annahme sei. Wir hatten stets erklärt, daß planmäßige, gründliche und ganze Reformen der gewaltsamen sozialen Revolution, die andernfalls eine notwendige Folge unserer politischen und ökonomischen Entwicklung sei, vorbeugen könnten, und wir nicht verantwortlich seien für Dinge, die nicht in unserem Willen und in unserer Macht liegen, sondern von dem Willen und der Macht unserer bisherigen Gegner abhängen."

Diese Erklärung, vom 16. November 1881 datiert, wurde mit einer Schilderung der ganzen Verhandlungen in der „Berliner Volkszeitung" abgedruckt.

Zu einer größeren Auseinandersetzung über die verschiedenen Arten von Umwälzungen und über das natürliche Recht eines Volkes auf Revolution benutzte Bebel den Anlaß seiner Rede gegen das Sozialistengesetz vom Februar 1888. Dabei führte er aus, die Absicht, eine neue Staats- und Gesellschaftsordnung, einerlei wie immer sie gestaltet ist, herbeizuführen, sei eine r e v o l u t i o n ä r e Bestrebung. Aber er bestreite, daß solche revolutionären Bestrebungen notwendig m i t G e w a l t verwirklicht werden müßten. Er berief sich dabei auf die liberalen Staatsrechtslehrer Bluntschli und Welcker und fuhr dann fort:

„Nun gibt es d r e i v e r s c h i e d e n e A r t e n v o n ˙R e ‑ v o l u t i o n e n : Es gibt Revolutionen von o b e n , es gibt solche von u n t e n und es gibt solche, wo b e i d e Faktoren von oben und von unten zusammenwirken, sich verständigen und damit Reformen herbeiführen, wo also die R e v o l u t i o n i n d e r R e f o r m ihren Ausdruck findet.

R e v o l u t i o n v o n o b e n ist es zum Beispiel, wenn Ver‑ fassungen gewaltsam umgestürzt, F ü r s t e n v e r j a g t , i h r e L ä n d e r a n n e k t i e r t werden; wenn ferner das P r i v a t ‑ v e r m ö g e n dieser Fürsten k o n f i s z i e r t wird unter der Anschuldigung, daß sie dasselbe gegen das allgemeine Volks‑ und Staatswohl verwenden könnten.[1]) Eine solche Revolution haben wir i m J a h r e 1 8 6 6 in D e u t s c h l a n d erlebt, als der Deutsche Bund gesprengt und verschiedene deutsche Fürsten vom Throne gestürzt wurden. Und wer dabei der eigentliche H a u p t r e v o l u t i o n ä r war, das brauche ich nicht erst zu sagen. Eine ähnliche Revolution haben wir in I t a l i e n erlebt in den Jahren 1859 bis 1870, wo ja bekannt‑ lich in verschiedenen Etappen Italien allmählich die einzelnen italienischen Staaten annektierte. Eine dritte gewaltsame Re‑ volution, die allerdings einen etwas anderen Charakter hatte, war der S k l a v e n b e f r e i u n g s k r i e g in den Vereinigten Staaten von Amerika, wo bekanntlich eine zahlreiche Klasse von Eigentümern ihr E i g e n t u m nach dem Ausgange des Krieges verlor: Sie verlor ihre S k l a v e n , das heißt ihr V e r ‑ m ö g e n , ohne irgendeine Entschädigung und eine soziale Ordnung wurde ihnen aufgenötigt.

Was unter den R e v o l u t i o n e n v o n u n t e n zu ver‑ stehen ist, darüber brauche ich hier nicht weiter zu sprechen. Es genügt die Anführung der Jahre 1789, 1830 und 1848.

---

[1]) Gemeint ist der „Welfenfonds", der auf Bismarcks Be‑ treiben aus dem Vermögen des Hannoverschen Königshauses gebildet wurde.

Unter der dritten Art der Revolutionen, die in der Hauptsache von oben, aber gleichzeitig auch mit dem Willen der Bevölkerung vorgenommen werden, will ich ebenfalls einige anführen. Ich betrachte zum Beispiel als eine solche Revolution in Deutschland die Einführung der Steinschen Gesetzgebung in den Jahren 1807 bis 1813; ich betrachte ferner als eine solche Revolution die Aufhebung der Leibeigenschaft in Rußland durch den Ukas Alexanders II.

Wie immer wir aber diese verschiedenen Arten der Revolutionen ins Auge fassen, das eine steht für alle unzweifelhaft fest: Die R e v o l u t i o n i s t u n m ö g l i c h, sowohl in der einen als in der anderen Gestalt, wenn nicht g r o ß e K l a s s e n, weite Schichten der Bevölkerung für die Ideen, die sie verwirklichen soll und die sie bis zu einem mehr oder weniger fortgeschrittenen Grade verwirklichen m u ß, gewonnen sind. Also, es muß ein B e d ü r f n i s g r o ß e r oder e i n f l u ß r e i c h e r S c h i c h t e n der Bevölkerung nach einer solchen Umgestaltung vorhanden sein. Zu glauben, daß einzelne Leute, Agitatoren, wie geschickt sie auch immer sein mögen, imstande sind, die großen Volksmassen beliebig aufzuregen, daß sie vermöchten, diesen Klassen klarzulegen, selbst g e g e n ihr, der betreffenden Schichten, e i g e n e s I n t e r e s s e einen gewaltsamen Weg zu betreten, das halte ich für ein Ding der U n m ö g l i c h k e i t; dem widerspricht die Geschichte auf jedem ihrer Blätter.

Wohl mag es einzelne geben, aber nur vereinzelte Personen, und die möchte ich als G e i s t e s k r a n k e bezeichnen, die in herostratischem Uebermut glauben, daß sie auf g e w a l t s a m e m W e g e und mit g e w a l t s a m e n M i t t e l n was immer für ein Ziel erreichen können; aber ganz entschieden werden sich n i m m e r d i e M a s s e n zu einer solchen Politik hinreißen lassen. In keiner Periode der Geschichte ist dies geschehen. Wir können im Gegenteil sagen, ehe die Revolution von unten im Volk ausgebrochen ist, muß das Volk u n e n d l i c h v i e l B e d r ü c k u n g, harte Ausbeutung und s c h w e r e V e r f o l g u n g e n erlitten haben, bis es endlich, von der äußersten Not getrieben, sich zur Gewalt entschließt."

Als im Oktober 1890 endlich das Sozialistengesetz außer Kraft getreten war, kam Bebel in der nächsten Etatsberatung (am 9. Dezember) auf die noch immer nachwirkende Vorstellung vom „gewaltsamen Umsturz" zurück, den die Sozialdemokratie vermeintlich erstrebe. Er begrüßte „mit einiger Genugtuung" die Tatsache, „daß endlich einmal ein Maß von staatsmännischer Einsicht in die maßgebenden Kreise gekommen" sei, „für das vor einem Jahr noch wenig Aussicht vorhanden war". Weiter brachte er als seine Meinung zum Ausdruck:

„Wenn heute die Sozialdemokratie es versuchen wollte, mit Gewalt ihre Ziele zu verwirklichen, würde der Staat nicht allein heute, sondern stets in der Lage sein, mit seinen ihm zur Verfügung stehenden Gewaltmitteln die Sozialdemokratie niederzuschlagen. Ich selbst habe einmal vor einigen Jahren bei Gelegenheit der Budgetdebatte hervorgehoben, daß die Zeiten vorüber seien, in denen man glauben konnte, mit den alten Gewaltmitteln die bestehende Staats- und Gesellschaftsordnung zu stürzen, daß wir heute in Verhältnissen lebten, für welche ganz andere Faktoren in Frage kommen, daß aber, wenn eine Umgestaltung der bestehenden Staats- und Gesellschaftsordnung notwendig werden sollte, diese auch auf anderem Wege herbeizuführen möglich wäre. . . .

Angesichts aller der ungeheuren Machtmittel, die Ihnen zur Bekämpfung der Sozialdemokratie zur Verfügung stehen, werden sie uns sicher besiegen, wenn unsere Lehren falsch, die Theorien, die wir vertreten, unrichtig sind. Es kann dann kein Zweifel bestehen, daß wir in diesem Kampfe unterliegen, daß die Sozialdemokratie zugrunde gehen wird. Gesetzt aber den Fall, daß unsere Prinzipien richtig, die Lehren und die Ziele, die wir verfolgen, naturnotwendige sind und dem allgemeinen Bedürfnis entsprechen — dann werden Ihre Anstrengungen und Bestrebungen, die Sie gegen uns in Bewegung setzen, Ihnen nichts helfen, dann wird die Sozialdemokratie wachsen, sie wird sich ausbreiten und schließlich den ganzen Staats- und Gesellschaftskörper in ihre Hände bekommen. . . ."

Infolge der Angriffe aus den bürgerlichen Reihen kam er wenige Tage später, am 11. Dezember 1890, noch einmal auf diese Frage zurück. Die bürgerliche Gesellschaft, so führte er aus, lieferte selbst tagtäglich, wenn auch wider Willen, die Waffen, mit denen die Sozialisten sie bekämpfen könnten. In demselben Maße, wie die Mißstände in der Gesellschaft wachsen, müsse auch die Empörung dagegen immer weitere Kreise ergreifen:

„In demselben Maße wird aber auch die ungeheure Volksmehrheit **von den sozialistischen Ideen durchdrungen**, wird sie von der absoluten Notwendigkeit einer anderen Ordnung der Dinge überzeugt, wird sie eines Tages **ohne Anwendung von Gewaltmitteln** die Herrschaft in die Hände bekommen. Ich kann mich ja darin irren, aber bei der rapiden Entwicklung der Dinge und der Geister, wie sie gegenwärtig vorhanden ist, kann man das wohl voraussetzen. **Die Gewalt, die angewendet wird, ist dieselbe Gewalt, die Sie anwenden,** die Gewalt der **Gesetzgebung**, die Macht der ungeheuren Majorität, indem diese eines Tages ihre Dekrete erläßt, kraft deren die bestehende Gesellschaftsordnung, wie sie eben existiert, aus dem Sein gestrichen wird. Wir lassen es ruhig auf diese Entwicklung ankommen. Es wäre eine Torheit, wollten wir die Gefahren, die eine **Gewaltpolitik** unter allen Umständen für uns und die Gesamtheit haben würde, **heraufbeschwören**. Lassen wir die Dinge gehen wie sie gehen, in dieser Hinsicht sind wir die vollendetsten Manchesterleute, wir haben jedenfalls aus diesem Gange der Dinge am allermeisten zu profitieren. . . ."

Auch in der mehrfach erwähnten Zukunftsstaatsdebatte wurde die Frage der Revolution und des Rechts auf sie von den verschiedensten Rednern herangezogen. Bebel ging in seinen Reden mehrfach darauf ein. Aus seinen grundsätzlichen Darlegungen seien diese Abschnitte wiedergegeben:

REVOLUTIONÄRE ENTWICKLUNGEN

„Wir haben in allen Reden, die wir hielten, und zwar sowohl da, wo wir Verbesserungsvorschläge, sei es zu bestimmten Gesetzentwürfen oder solche durch Einbringen neuer Gesetze machten, stets betont und betonen es immer wieder, daß das, was wir vorschlagen und was wir Ihnen zumuten, **auf dem Boden der heutigen Gesellschaft** durchzuführen, allerdings alles **nur Palliativmittel** seien; sie würden bis zu einem gewissen Grade helfen, aber dauernd und gründlich zu helfen vermöchten sie nicht. Und zwar weil eine gründliche Hilfe bedingte, daß die heutige Gesellschaft ihrem ganzen Wesen nach umgestaltet werde, eine Zumutung, die wir an Sie, die Vertreter der herrschenden Klassen, nicht stellen werden. Sie sind mit allen Ihren Interessen auf das Innigste mit den bestehenden Zuständen in Staat und Gesellschaft verwachsen, und so wäre es, von Ihrem Standpunkt aus betrachtet, wenn wir Ihnen eine solche Umgestaltung zumuten wollten, nicht mehr und nicht weniger als daß wir verlangen, einen moralischen und materiellen Selbstmord zu begehen. Daß aber eine herrschende Klasse, auch wenn sie die gänzliche Unhaltbarkeit eines bestehenden Zustandes einsieht, auf dem aber ihre ganze Klassenexistenz gegründet ist, diesen Zustand aus eigenen Kräften zu untergraben und umzugestalten suchen soll und damit die Macht, die sie bisher besessen hat, aus der Hand gibt, das ist, solange die Welt bestanden hat, nicht dagewesen, und das wird, so lange die Welt besteht, nicht vorkommen. (Zustimmung bei den Sozialdemokraten.) Im Laufe der Entwicklung treten eben Faktoren auf aus den unzufriedenen Schichten — bisher sind sie stes erschienen —, die zum Konflikt mit den bestehenden Zuständen treiben. Die Erkenntnis von der Unhaltbarkeit dieser Zustände nimmt an Macht zu und greift so mächtig um sich, daß eines Tages ihre Anhänger, sei es in dieser, sei es in jener Weise, sei es auf sogenanntem gesetzlichen, sei es auf sogenanntem revolutionären Wege, die Dinge von Grund auf umgestalten, und zwar im Interesse der notleidenden Mehrheit. Und das wird auch wieder so kommen."

NICHT KÜNSTLICH BESCHLEUNIGEN

„Die bürgerliche Gesellschaft war erst möglich nach der feudalen Gesellschaft, und die sozialistische Gesellschaft ist erst möglich nach der bürgerlichen Gesellschaft. Wir sind Ihre Erben! Ist das aber der Fall, dann begreifen Sie aber auch wohl, hoffe ich, daß wir diesen ganzen Entwicklungsprozeß nicht künstlich beschleunigen können und nicht künstlich beschleunigen wollen. Es hängt nicht von uns ab, wie die bürgerliche Gesellschaft sich weiter entwickelt, wir können Ihnen nicht vorschreiben, wie Sie, die herrschenden Klassen, arbeiten sollen, damit wir zur Macht und zum Siege kommen. In dem Maße, wie das Kapital sich konzentriert, in dem Maße, wie die Großproduktion immer mehr überhand nimmt, in dem Maße, wie die kapitalistische Gesellschaft immer mehr und mehr das Prototyp der heutigen gesamten Gesellschaft wird, in dem Maße, wie die Verarmung der mittleren Schichten um sich greift und die Proletarisierung der Massen vor sich geht, werden die Klassengegensätze schärfer, werden mit der Proletarisierung der Massen auch neue Gedanken und neue Ideen in ihren Köpfen erzeugt. . . ."

ERGREIFUNG DER POLITISCHEN MACHT

„. . . Und weiter haben wir uns auch gesagt: zu diesem äußersten Schritt kommt ihr nicht über Nacht, ihr wißt nicht, wann dieser Moment eintritt, ja, ihr wißt nicht einmal den Moment, wo ihr vielleicht teilweise, partiell an die Macht kommt und die Möglichkeit habt, wenigstens teilweise euer Programm durchzuführen. In letzter Instanz kann es zehn, zwanzig, dreißig Wege geben, die wir betreten müssen, es sind vielleicht auch eine Reihe von Etappen zurückzulegen, ehe wir unser Ziel erreichen. Aber das steht für mich fest: nichts leichter, als wenn erst einmal die Sozialdemokratie die Staatsgewalt hat, die Großbetriebe, wie z. B. diejenigen der Herren von Stumm, Krupp usw. zu expropriieren und in Gesellschaftseigentum zu verwandeln. Und sehen Sie, meine Herren, je mehr die großen Betriebe in die Hände von Aktionären übergehen, in die Hände der Nichtarbeiter, desto leichter wird das Expropriationsgeschäft und deshalb sind wir in gewissem Sinne auch für die Expropriation durch den Staat; daß der Staat z. B. die Eisenbahnen übernahm, hat uns nicht geärgert, daß er die Bergwerke übernimmt, auch nicht, und zwar aus dem einfachen Grunde, weil wir diese Staatsbetriebe in sozialistische mit Leichtigkeit umwandeln können, sogar mit Herrn v. Boetticher als Staatssekretär des Innern an der Spitze. Diese Staatsbetriebe brauchen wir nicht zu expropriieren, weil kein Eigentümer da ist, denn der Staat sind wir, das Volk! Und je mehr wir die großen Unternehmungen in die Hände der Aktiengesellschaften übergehen sehen, je mehr man das Volk darauf hinweisen kann, wie die Nichtstuer ungeheure Profite einheimsen, nur Kupons abschneiden brauchen, desto leichter wird es uns werden, alle diese Aktiengesellschaften zu expropriieren und in Gesellschaftseigentum zu verwandeln. Das wird das reine Kinderspiel sein. Je mehr also die bürgerliche Gesellschaft sich in dieser Richtung entwickelt, je mehr der Kleinbesitz verschwindet, um so leichter ist eines Tages die Expropriation vorzunehmen. Und ihre **Ingenieure, Techniker, Betriebsleiter, die können wir sehr gut gebrauchen**, die werden eines schönen Tages sehr froh sein, wenn sie in dem sozialistischen „Staat" ihr Wissen ausüben können und **freie Menschen werden**. Wir sind wirklich nicht in Verlegenheit, wie wir die Sache anfangen müssen, wenn wir nur erst einmal soweit wären. Hierbei will ich noch eins bemerken: Um dazu zu gelangen, diesen letzten Schritt durchführen zu können, die gesellschaftliche Produktion zu organisieren, muß die **politische Macht erobert** werden. Wir werden also auch eine ganze Reihe von **politischen Rechten** und **Freiheiten** haben müssen, die die Staatsbürger in die Lage setzen, die ihnen zugefallenen Gewalten in entsprechender Weise zu benutzen..."

BLUTBAD ODER NICHT?

„Wir wissen allerdings nicht, **wie** die Entwicklung im einzelnen sich vollzieht. Wir haben die Entwicklung nicht in der Hand; umgekehrt, **die Entwicklung hat uns in der Gewalt**. Die Verhältnisse zwingen uns, uns nach ihnen zu richten, nicht umgekehrt. Das Ziel der Menschheit in ihrem Entwicklungsgange steht allerdings dahin, eines Tages soweit zu kommen, daß die Verhältnisse, die heute die menschliche Gesellschaft bestimmen und beherrschen, von der Gesellschaft bestimmt und geleitet werden. Das ist die Lösung des Rätsels, auf die wir hinsteuern. **Wir haben nicht den Glauben, daß es absolut zu einem Blutbade kommen muß.** Und noch eins, meine Herren: Sie erwarten nur in der **Zukunft**, was **Ihre eigenen Väter** in der Vergangenheit getan — ich will nicht sagen, Ihre direkten Väter, aber Ihre Vorgänger — und imputieren uns das gleiche. Ihre Vorgänger z. B. vom Jahre 1789 ab und den folgenden Jahren in Frankreich, die sollten, wie es heißt, 30 000 Aristokraten und Pfaffen — wie man damals sagte — die Köpfe abgeschlagen haben — ich weiß nicht, ob es so viele gewesen sind; es ist auch gleichgültig. Das konnte aber nur geschehen, weil seiner Bildungsstufe entsprechend damals das Bürgertum glaubte, daß, wenn es den Personen die Köpfe abschlüge, sich auch die Dinge ändern müßten. Hätte die französische Revolution nicht zugleich, indem sie den Gegnern die Köpfe abschlug, die D i n g e s o a u s d e m G r u n d e g e ä n d e r t, durch Gesetz und insbesondere durch s o z i a l e U m w a n d l u n g e n, wie z. B. die K o n f i s k a t i o n d e s G r u n d u n d B o d e n s, welchen die Geistlichkeit, die Kirche und der Adel besaß, eine war, und indem man die Verteilung dieses Grund und Bodens an die bisherigen Hörigen und leibeigenen Bauern vornahm, — hätte man solche und ähnliche Maßnahmen nicht ergriffen, die R e v o l u t i o n w ä r e n i c h t z u m S i e g e g e k o m m e n, und wenn sie 300 000 Köpfe statt 30 000 abgeschlagen hätten. Umgekehrt wären die Dinge, glaube ich, ebenso gekommen, wie sie gekommen sind, wenn sie keinen einzigen Kopf abgeschlagen hätten, auch den Ludwig XVI. nicht. . . ."

DIE UMSTURZVORLAGE

So eindeutig und klar nach all diesen Ausführungen auch die Stellung der Sozialdemokratie zur Frage eines gewaltsamen Umsturzes sein mochte, so wenig sicher schienen sich die herrschenden Kreise angesichts des unaufhaltsamen Wachstums der Sozialdemokratie zu fühlen. Wilhelm II., der einst gegen Bismarck mit den Worten spielte: „Die Sozialdemokratie überlassen Sie mir!", rief wenige Jahre später feierlich zum „Kampf gegen den Umsturz" auf. Und die Folge jenes festrednerischen Aufrufs war die U m s t u r z v o r l a g e, die eine Verschärfung der sogenannten politischen Paragraphen des Strafgesetzbuches und dadurch eine Unterbindung revolutionärer Bewegungen erzielen wollte. Bei der Beratung dieser Vorlage fand B e b e l Gelegenheit, am 9. Mai 1895 den W i d e r s p r u c h zwischen gegenwärtigen R e d e n und den früheren T a t e n der bürgerlichen Parteien selbst aufzudecken:

„Sehen wir uns doch einmal die Geschichte des Bürgertums

etwas näher an. Sie klagen uns fortgesetzt an, wir wollten die Revolution. Nun, das eine steht fest, bis auf den heutigen Tag können Sie der Sozialdemokratie gewaltsame, revolutionäre Bestrebungen, den geringsten Versuch, auf gewaltsamem, revolutionärem Wege ihre Ziele verwirklichen zu wollen, nicht nachweisen. Umgekehrt aber können wir diese gewalttätigen revolutionären Bestrebungen und ihre geschichtliche, schriftstellerische und poetische Verherrlichung bis in die Gegenwart durch die ganze Entwicklung des Bürgertums verfolgen. Wie das Bürgertum seine Revolutionen begangen hat, so hat es auch dieselben durch Lied und Wort verherrlicht und gerechtfertigt. Die Auffassung, daß unter gewissen Verhältnissen revolutionäre Handlungen berechtigt seien, findet sich sogar in unserer Wissenschaft, die mit dem Bürgertum emporwuchs. Wie die deutsche Philosophie es vorzugsweise ist, die von Anfang an den Kampf mit der größten Geistesschärfe gegen die Religion und die religiösen Ueberlieferungen geführt hat, so ist es auch insbesondere die deutsche Philosophie gewesen, die den Standpunkt vertreten hat, daß, wenn die Staatseinrichtungen mit dem allgemeinen Willen, das heißt den Bedürfnissen der Bevölkerung, in Widerspruch ständen, gegebenenfalls es als ein erlaubtes und berechtigtes Mittel der Selbsthilfe anzusehen sei, die herrschende Staatsleitung mit Gewalt zu entfernen. Lesen Sie doch einmal das „System der Sittenlehre nach den Prinzipien der Wissenschaftslehre" von Johann Gottlieb Fichte. Da heißt es im 5. Abschnitt, Seite 308, also:

Wenn nach diesen Grundsätzen eine Zeitlang gehandelt ist — nämlich, daß die Regierung den Staat lenkt im Widerspruch mit den Bedürfnissen und dem Willen der Staatsangehörigen — so kann es wohl geschehen, daß der gemeinsame Wille ganz gegen die Verfassung des Staates ist; dann ist die Fortdauer desselben rechtswidrige Tyrannei und Unterdrückung, dann fällt der Notstaat von selbst um, und es tritt eine vernünftigere Verfassung an dessen Stelle. Jeder Biedermann, wenn er sich nur von dem gemeinsamen Willen überzeugt, kann es dann ruhig auf sein Gewissen nehmen, ihn vollends umzustürzen."

„Das ist die Proklamation der Revolution in optima forma durch einen der ersten deutschen Philosophen!"

— so führte Bebel in der gleichen Rede weiter aus. „Entsprechend dieser philosophischen Auffassung hat das **Bürgertum in allen** europäischen Ländern gehandelt. Wollen Sie bestreiten, daß ohne diese revolutionären Ereignisse, von der großen französischen Revolution an bis zum Jahre 1848/49, es überhaupt undenkbar wäre, daß hier der Deutsche Reichstag säße? Hat nicht der deutsche Kaiser selbst einmal vor ein paar Jahren in einer Rede den Ausspruch getan: „Die ganze moderne Entwicklung beruht auf der französischen Revolution"? Daß die große französische Revolution diesen Charakter gehabt hat für die Entwicklung der bürgerlichen Gesellschaft, das erkennen alle unsere bürgerlichen Geschichtsschreiber an. Lesen Sie nur einmal Herrn von Sybel! Herr von Sybel ist gewiß ein grimmiger Gegner der Schreckensherrschaft; aber die ganze vorhergehende Entwicklung in Frankreich: der Bastillesturm, der Kampf gegen das Königtum, gegen den Adel, gegen die Geistlichkeit, ich glaube sogar die Expropriation der geistlichen und kirchlichen Güter wird von Sybel als eine **absolute Notwendigkeit** in der Entwicklung Frankreichs zu verteidigen und zu rechtfertigen gesucht. Daß der **Mord Marats** durch **Charlotte Corday** von allen bürgerlichen Geschichtsschreibern entweder als eine verdienstliche Tat gepriesen oder doch beschönigt und entschuldigt wird, ist eine Tatsache; dennoch ist sie ein Verbrechen im Sinne des § 111 (der Umsturzvorlage), und wer sich herausnähme, irgendein Geschichtswerk zu zitieren, das Worte zur Rechtfertigung der Ermordung Marats durch Charlotte Corday gebrauchte, würde künftig mit den Bestimmungen des § 111 der Vorlage Bekanntschaft machen können. Weiter, die Erschießung eines **Robert Blum**, eines **Max Dorty**, ferner eines **Trützschler** in Mannheim, — ja, sehen Sie alle bürgerlichen Geschichtsbücher ohne Ausnahme durch: Sie werden finden, daß auf das entschiedenste diese Erschießungen verurteilt und die revolutionäre Handlungsweise dieser Männer gerechtfertigt, zum mindesten beschönigt wird. Das ist künftig nach den Bestimmungen des § 111 eine Unmöglichkeit...."

BÜRGERLICH-REVOLUTIONÄRE LYRIK

„...Ich habe ausgeführt, daß die Verherrlichung einer geschichtlichen Tatsache wie des 18. März, und sei es auch durch die Erklärung, daß das Ereignis aus den Verhältnissen heraus eintreten mußte, auf Grund der Bestimmungen des § 111 strafbar ist. Wie man aber zu jener Zeit das Ereignis des 18. März in weiten Kreisen Deutschlands als für die gesamte Wohlfahrt und den politischen Fortschritt der Nation segensreiches Ereignis aufgefaßt hat, das mögen Sie aus folgendem ersehen. Hier vor mir liegt eine kleine Broschüre, die betitelt ist: „Trauerrede zum Gedächtnis der in Berlin Gefallenen, gehalten bei der Totenfeier am 5. April in der Münsterkirche zu Neuß von W. Tangermann, Pfarr-Kaplan, Köln und Neuß." Also von einem katholischen Kaplan eine Trauerrede zu Ehren der Märzgefallenen, in der folgende Stelle vorkommt:

> Gnade und Friede euch allen in Christo Jesu!
> Nicht bloß als freie Bürger einer großen Nation sind wir hier hergekommen, um die beklagenswerten Opfer jenes furchtbaren Kampfes zu betrauern, sondern auch als Christen sind wir erschienen in heiliger Gemeinschaft, um das Andenken der heldenmütigen Söhne des Vaterlandes feierlich zu begehen und während des geheimnisvollen Opfers zum Könige der Unsterblichkeit für sie zu beten, auf daß der Herr sie mit seinen Erbarmungen kröne, und sie um der unendlichen Verdienste Jesu Christi willen dort im Lande des Friedens die ewige Siegespalme erlangen.

Ja, kann es denn eine großartigere Verherrlichung der Märztage geben, als sie hier durch diese zitierte Stelle aus der Predigt des katholischen Priesters gegeben wird? Und wir, die wir niemals zu ähnlichen D i t h y r a m b e n auf die R e v o l u t i o n uns verstiegen haben, sollen künftig mit schweren Strafen nach § 111 bedacht werden?

Die ganze L i t e r a t u r des Bürgertums jener Zeit w i m m e l t von V e r h e r r l i c h u n g und Anpreisung von „Verbrechen", die künftig strafbar sein sollen. Hören Sie einmal ein Gedicht über Hamburg:

Werft des letzten Königs Büste
Nur getrost hinein in die Flammen;
Und des Thrones Brettergerüste
Brecht mit hohlem Klang zusammen!
Gutes Holz, um die Hütten zu heizen,
Wo die bleiche Armut erfriert!
Länger wird hier sich kein Herrscher spreizen,
Der mit feilen Verrätern regiert.
Und mit dem Fluch des Volkes beladen,
Flieht hinweg die Majestät.
Seht, wie hoch von den Barrikaden
Nieder die rote Fahne weht!

Reißt von dem Throne die roten Bezüge,
Die von gleißendem Golde blitzen!
Dieses Rot ist dort eine Lüge,
Macht daraus ehrliche Freiheitsmützen!
Schwenket sie hoch zu des Tages Feier,
Grüßet der Freiheit Genius!
Schmücket den alten Sklavenbefreier,
Schmücket das Bild des Spartakus!
Nur das Volk ist von Gottes Gnaden,
Heilig nur, was ihm gefällt!
Die Pariser Barrikaden
Lehren es der erschrock'nen Welt.

Tanzt bacchantisch der Freiheit entgegen,
Laßt das Schwert in der Scheide nicht rosten.
Bittet um ihren heiligen Segen,
All' ihr Völker im Westen und Osten!

> Die Propheten der Menschenrechte
> Ziehen siegend aus in die Welt,
> Während das Reich der Herren und Knechte
> Ueber Nacht in Trümmer zerfällt!
> All' ihr Völker seid eingeladen!
> Feiert der Freiheit Siegeslauf!
> An den Pariser Barrikaden
> Flammt ihr blutiger Morgen auf.

Meine Herren, wer hat dieses Gedicht verbrochen? Der Geheime·Hofrat R u d o l f v o n G o t t s c h a l l! Herr von Gottschall ist heute N a t i o n a l l i b e r a l e r. Hören Sie weiter folgenden Vers:

> Als drüben überm Rheine
> Ein Volk die Fesseln brach,
> Bei Frankfurt klang am Maine
> Gar laut das Echo nach;
> Hinauf an die Laterne
> Die Bundestagskaserne,
> Das haben wir gesollt!

Wer ist der Dichter? Es ist der A e s t h e t i k e r Professor Robert Z i m m e r m a n n, der eine berühmte Geschichte über die Aesthetik geschrieben hat. Hören Sie weiter:

> Ihr glaubt, sie reiten nur ihr Steckenpferd,
> Die Fürsten, wenn sie Dome, Klöster bauen?
> Ihr irrt! Schon faßt sie vor dem Flammenschwert
> Des freien Denkens ein gewaltig Grauen!
> Dies soll des Glaubens schlimmen Rost zerfressen,
> Sie wissen's wohl, die Frömmigkeit macht dumm,
> Ein Pfaffenknecht, von Himmelsfurcht besessen,
> Hält auch vor ihnen seinen Rücken krumm.
> Wie heiß vom Knechtschaftshaß die Herzen glühn,
> Es wird ihr Streben nicht gekrönt vom Ruhme:
> „Nur auf der Gruft des Christentums zu blühn,
> Vermag die wundervolle Freiheitsblume."
> Man läßt den Fuß sich auf den Nacken setzen,
> Bis daß man merkt, daß man uns alles raubt.
> Wie soll das Volk zum Kampf die Schwerter wetzen,
> So lang es an ein künftig Leben glaubt?
> Doch weiß es erst, daß wir nur einmal sind,

So wird es sich nicht dumpf darein ergeben,
Daß lauter Schmach dies eine Sein umspinnt;
Dann wird es kämpfen für dies eine Leben,
Bis jegliche Tyrannenburg zerfallen,
Bis daß verschwunden Purpur und Talar,
Bis alle gleich zum Tisch des Lebens wallen,
Bis niemand kniet vor Thron und vor Altar.

Wer ist der Dichter dieses poetisch gewiß sehr schönen Gedichtes? Das ist niemand anders als der sehr bekannte Wilhelm Jordan, der 1849 im Reichsministerium Marinesekretär war und später ein Nationalliberaler wurde.

Sie sehen: wenn es überhaupt eine Partei in Deutschland gibt, die heute noch in ihrer Mitte Repräsentanten jener nahezu 50 Jahre hinter uns liegenden Zeit zählt, so ist es die Nationalliberale Partei. ... Ja, und selbst noch zu jener Zeit, als der Konfliktskampf in Preußen mit dem Fürsten Bismarck bestand, wie war damals das deutsche Bürgertum revolutionär gesinnt, revolutionär bis zur grausamsten Gewalttat, bis zum Attentat auf einzelne Personen! Wie ist in der deutschen Presse — in Preußen konnte man es nicht wagen, aber in der übrigen deutschen Presse — das Attentat des Cohen Blind auf den damaligen Herrn von Bismarck verherrlicht worden! Ich erinnere mich noch sehr lebhaft eines Bildes eines süddeutschen Witzblattes; da stand auf der einen Seite Herr von Bismarck, auf der anderen Seite Cohen Blind mit der Pistole in der Hand, der eben anlegte, dazwischen der Teufel, der hinzuspringt und ruft: „Halt, der gehört mir!"

Nach allen Richtungen hin, in Poesie und Prosa, sind damals die Verbrechen verherrlicht worden, deren Verherrlichung jetzt unter der Zustimmung der Nationalliberalen schwer bestraft werden sollen. Einer der dythirambischsten Dichter des neuen Deutschland ist der bekannte Herr Rittershaus in Barmen; aber in den Konfliktsjahren dachte der Herr ganz anders, als er sieben Jahre später gedacht hat. Als im Jahre 1863 das bekannte Abgeordnetenfest stattfinden sollte und Herr von Bismarck das unterdrückte und dann die Abgeordneten nach Niederlahnstein sich flüchteten, also ins Ausland, um dort das Fest zu begehen, deklamierte dort Herr Emil R i t t e r s h a u s folgendes Gedicht:

> Der Geist der Freiheit lebt und siegt!
> Nur Torheit wähnt, daß sie ihn bannt!
> Das freie Wort, ein Bote, fliegt
> Von Gau zu Gau, von Land zu Land;
> Mit festem Mute klopft es an
> Um Einlaß an des Fürsten Brust
> Und raunt ins Ohr dem ärmsten Mann:
> „Sei deines Menschenwerts bewußt."
> Der Jugend singts ein hohes Lied,
> Daß sie die Stirne mutig hebt,
> Daß e i n G e s c h l e c h t d e r T e l l e wächst
> Für jeden G e ß l e r, der noch lebt!

Der l e b e n d e G e ß l e r, das war damals Herr von B i s m a r c k! . . ."

NATIONALLIBERALE HOCHVERRÄTER

„Einer der loyalsten Untertanen des heutigen preußisch-deutschen Reiches ist ein sehr bekannter Professor der Geschichte an der Universität in Berlin. Als im Jahre 1866 der deutsche Bruderkrieg zu Ende ging und die Frage entstand, ob Sachsen annektiert werden sollte, machte sich insbesondere in Preußen eine sehr starke Strömung für die Annexion Sachsens geltend. Notorisch war auch innerhalb Sachsens selbst ein großer Teil der damaligen liberalen Partei, der später bis auf den letzten Mann in die n a t i o n a l l i b e r a l e Partei eingetreten ist, für die Annexion. Man hatte sich zum Teil zu Schritten hinreißen lassen während der Okkupation Sachsens durch Preußen, daß, wenn nicht im Friedensvertrag zwischen Sachsen und Preußen eine besondere Klausel aufgenommen worden wäre, ein sehr großer Teil der nationalliberalen Wortführer von damals — und einige derselben leben noch heute, ich erinnere an den bekannten Professor Karl Biedermann und Dr. Hans Blum —, ich sage: daß diese mitsamt einer großen Zahl ihrer Parteigenossen wegen Landesverrat zu schweren Zuchthausstrafen verurteilt worden wären. Die betreffende Klausel im Friedensvertrag bedingte die Amnestie von seiten des Königs von Sachsen, und so entgingen die Herren der Gefahr, entweder außer Landes flüchten zu müssen oder auf Grund des einheimischen Landesgesetzes mit der schwersten Zuchthausstrafe, eventuell mit dem Tode, wegen Hoch- und Landesverrats bestraft zu werden. Nun, mitten in den Agitationen, die sich für diese Bestrebungen bemerkbar machten, hat der betreffende deutsche Professor folgende Aeußerung getan:

Die dankbarste Aufgabe fällt der liberalen Presse Sachsens zu. Wohlmeinende gebildete Blätter, wie „Die Grenzboten", die „Deutsche Allgemeine", die „Dresdener Konstitutionelle Zeitung", sollten sich endlich entschließen, ihren Lesern reinen Wein einzuschenken. Es ist nicht mehr an der Zeit, der „Königlichen Leipziger Zeitung" kleine Bosheiten zu sagen: es genügt nicht mehr, leise abzuwinken und annexionistische Kundgebungen anderer mit sanftem Wohlgefallen zu besprechen. In Tagen wie diesen soll man das Herz haben, die Paragraphen des Albertinischen Strafgesetzbuches zu mißachten...

Also die direkte Aufforderung: Laßt euch nicht mehr durch das Strafgesetzbuch und die schweren Strafen, die auf Hoch- und Landesverrat stehen, verhindern, tretet in Aktion ein! Und der das lehrte und predigte, ist der bekannte Professor von Treitschke, ebenfalls ein Nationalliberaler! Meine Herren, alle diese großen Revolutionäre von damals sind ohne Ausnahme heute Nationalliberale...."

DIE SOZIALDEMOKRATIE EIN PRODUKT DER ZEIT

„Man betrachtet uns Sozialdemokraten heute als die schlimmsten Menschen, die jemals existierten, die auf nichts weiter als auf **gewalttätigen Umsturz** des Bestehenden hinarbeiteten und alles mögliche täten, um die bestehende Staats- und Gesellschaftsordnung zu untergraben, obgleich auch wir **nichts als das Produkt unserer Zeit** sind. Was die Sozialdemokratie hervorgerufen hat, ist ja wieder nur die Entwicklung der Gesellschaft. Vor 50 Jahren war sie in Deutschland unmöglich, weil die ökonomische Entwicklung der Gesellschaft noch nicht jene Schichten zur vollen Klarheit ihrer Stellung gebracht hatte, aus denen sich heute vorzugsweise die Sozialdemokratie rekrutiert, das moderne Proletariat.

Die **kapitalistische Wirtschaftsordnung** ist der Boden, auf dem die Sozialdemokratie naturgemäß erwachsen mußte, sowie auf einer gewissen Höhe der Entwicklung der **feudalen** Gesellschaft die **bürgerliche** Gesellschaft erwuchs, die teils auf ruhigem, gesetzlichem Wege, teils auf gewalttätigem Wege die alte feudale Gesellschaftsordnung untergrub und zerschlug und die heutige bürgerliche Gesellschaftsordnung in allen ihren einzelnen Erscheinungen ins Leben rief. So gut also die heutige bürgerliche Gesellschaft erst das **Produkt** eines Entwicklungsganges ist, der innerhalb der alten feudalen Gesellschaft begann und sich zu immer höherer Vollendung entwickelte, so kommt aus dem weiteren Entwicklungsgang der bürgerlichen Gesellschaft das **Proletariat zum Klassenbewußtsein** und strebt ebenfalls nach höherer Entwicklung und menschenwürdiger Stellung in der Gesellschaft, nach einer neuen **Form** der Gesellschaft, die begründet wird, weil sie in der **naturgesetzlichen Entwicklung** der Gesellschaft unausrottbar liegt.

So wenig die Feudalmacht imstande war, die bürgerliche Gesellschaft aufzuhalten, so wenig ist diese imstande, die sozialistische Gesellschaft aufzuhalten. Ist auch die bürgerliche Gesellschaftsordnung die beste und vollkommenste aller **bisherigen** Gesellschaftsordnungen, so ist sie doch **nicht die denkbar beste und nicht die letzte** Entwicklungsstufe der Menschheit. Hinter der bürgerlichen Gesellschaftsordnung steht eine **neue, werdende** Gesellschaftsordnung, eine sozialistische. Und nun kommen Sie, meine Herren, genau so wie Sie selbst einstmals, als Sie Ihre Kämpfe gegen Ihre eigenen Unterdrücker gehabt, gelehrt und gepredigt haben, daß gegen Sie, die Vertreter der b ü r g e r l i c h e n Gesellschaft, keine Mittel der Macht, der Gewalt und Unterdrückung von Erfolg sein könnten, weil das, was S i e wollten, den naturgemäßen F o r t s c h r i t t der Menschheit bedeute — und nun kommen Sie, die Sie einstmals solche Grundsätze Ihren Gegnern gegenüber vertreten haben, und glauben, gegen uns, die wir die Vertreter der aus dem Schoß der bürgerlichen Gesellschaft a u f k e i m e n d e n n e u e n Gesellschaft sind, uns mit denselben Mitteln bekämpfen zu müssen, die Sie einst an Ihren Feinden auf das heftigste verurteilten! . . ."

Die Umsturzvorlage wurde schließlich abgewehrt, da sich Zentrum—Konservative auf der einen und die Nationalliberalen auf der anderen Seite nicht einigen konnten über die Frage, w e s s e n Umsturzbestrebungen die g e f ä h r l i c h e r e n seien. Aber wenige Jahre nachher kam die Z u c h t h a u s v o r l a g e , die auf anderem Wege dem gleichen Zweck dienen sollte, die sozialistische Arbeiterbewegung zu unterdrücken. Im Kampfe gegen sie stand wiederum Bebel in vorderster Front, jetzt aber schon gestützt von einer starken in sich selbst gefestigten gewerkschaftlichen Organisation, die die ganze Oeffentlichkeit zum Protest entflammte.

DER ACHTZEHNTE MÄRZ

Das Jahr der revolutionären Erhebung von 1848, das die bürgerlichen Dichter so begeistert besungen, die bürgerlichen Parteien aber dann so lieblos vergessen hatten, hat allerdings in der deutschen Arbeiterschaft ein ehrenvolles Gedenken gefunden. Am 50. Jahrestag jenes 18. März nahm Bebel die Gelegenheit wahr, im Reichstage während der Beratung über die Militärstrafprozeßordnung den Märzgefallenen ehrenvolle Worte zu widmen. Die Folge war, daß die Konservativen und die Regierungsvertreter aus dem Häuschen gerieten. Der preußische Junker v. Puttkamer-Plauth sprach in dem Zusammenhang von dem „Gesindel", das auf den Strafzen Berlins gefallen sei.

Diese Beschimpfung der Vorkämpfer der deutschen Freiheit gab Bebel Veranlassung noch einmal in leidenschaftlicher Weise **für die Manen der Revolutionäre** von 1848 Zeugnis abzulegen:

„Die Debatte hat einen Umfang angenommen, der weit über die Bedeutung des vorliegenden Paragraphen hinausgeht. Ich bin selbstverständlich weit entfernt, das zu bedauern, ich habe das ja in gewissem Grade veranlafzt. Aber ich habe auch die Ueberzeugung, auch wenn diese Beratung zu Ende ist: das, was heute hier bei dieser Gelegenheit gesagt worden ist, **wird im deutschen Volke nachzittern**, und es wird noch mancher jener Herren da drüben etwas zu hören bekommen, was ihm **noch lange in den Ohren gellt**. Da wir aber einmal in diese historischen Reminiszenzen hineingeraten sind, so kann ich selbstverständlich die Gelegenheit nicht vorbeigehen lassen, auf das, was man mir gegenüber gesagt hat, auch entsprechend zu antworten. . . .

Der Herr Kriegsminister hat erklärt, die Erinnerung an den **18. März** gehöre zu den traurigsten Blättern der deutschen Geschichte. Ganz mit Recht hat ihn bereits der Abgeordnete Munckel daran erinnert: **ohne den 18. März kein Deutsches Reich**, ohne das Deutsche Reich kein Deutscher Reichstag, und ich füge hinzu, ohne den Deutschen Reichstag kein Kriegsminister an dieser Stelle. Ohne den 18. März stände er nicht als einer der vornehmsten Männer im Deutschen Reiche auf seinem Platze. Meine Herren, wenn etwas wahr ist, dann das, dafz ein heute erschienenes Blatt, kein sozialdemokratisches, als **bestes Denkmal der Märzrevolution** das Gebäude des **Deutschen Reichstags** darstellt. Das steht hier als die Verwirklichung der Gedanken und Ideen, für die 1848, vor genau 50 Jahren, in diesen Stunden das sogenannte „Gesindel" auf den Barrikaden Berlins gekämpft hat. **Das „Gesindel" soll Ihnen noch eingeträkt werden**, das werden wir Ihnen **nicht vergessen!** Es ist eine **Infamie sondergleichen**, die Männer, die damals ihr Leben in die Schanze schlugen und für ihre Ideale kämpften, in solcher Weise zu beschimpfen. Ich wiederhole, es ist eine **Infamie**, diese Männer „Gesindel" zu nennen.

(Lebhafter Beifall links; großer Lärm rechts.) Schreien Sie nur, so viel Sie wollen. Sie sagen, es sei „Gesindel" gewesen. Haben Sie die Liste der Männer gelesen, die damals in der Nacht vom 17. auf den 18. März von der Soldateska niedergemetzelt wurden? Haben Sie die Namen dieser Männer gelesen? Hier stehen sie, hier ist die Liste in meinen Händen, kein einziger fremder Name unter den Namen der 185 Leichen, deren Blut mit dem vieler Hunderter Verwundeter das Straßenpflaster Berlins in jener Nacht rötete, kein einziger Ausländer, kein Franzose, kein sogenannter Pole! Pfui Teufel, meine Herren da drüben, daß Sie angesichts dieser historischen Tatsache die Dreistigkeit haben, von „Gesindel" zu sprechen! Die Männer haben im Jahre 1848 getan, was Sie 1870 getan zu haben vorgeben und sich dessen heute rühmen. Wäre 1848 geworden, was die damaligen Kämpfer des Volkes aus ihm machen wollten, dann war 1870 unnötig, dann wäre das Deutsche Reich in ganz anderer Macht und Herrlichkeit als heute schon damals gegründet worden, dann wäre es niemals möglich gewesen, daß ein Bonaparte einen Krieg mit Deutschland anzufangen hätte Gelegenheit gehabt. (Große Unruhe rechts; lebhaftes Sehr richtig! links.) Ich nehme kein Wort zurück von dem, was ich gesagt habe. Ich nehme es um so weniger zurück, da die Herren sich auf sogenannte historische Quellen berufen, die keine Quellen sind. Und da sich höchstwahrscheinlich unter diesen sogenannten historischen Quellen auch gewisse Briefe Friedrich Wilhelms IV. befinden, die heute wieder in der Presse abgedruckt werden, so will ich bemerken, daß diese deutlich beweisen, daß der Mann schon damals geisteskrank war und von Rechts wegen unfähig, auf einem Thron als Herrscher zu sitzen. Sehen Sie sich doch einmal die Liste an all der Männer, die mit zu diesem „Gesindel" des Jahres 1848 gehörten. Sind nicht Namen darunter von heute noch lebenden Männern, die Sie da drüben gegenwärtig zu Ihren Besten zählen? Wer ist denn der rote Kommunist, Republikaner und Atheist, der Organisator von Bauernaufständen in jener Zeit, als Ihr heute angebeteter Minister Johannes von Miquel? Es ist eine große Zahl von Männern darunter, die wir im Laufe der Jahre als Mitglieder dieses Reichstages kennengelernt haben, die zum Teil eine führende Rolle in diesem Reichstag spielten, denen ein großer Teil der besten Gesetze dieses Reichstags zu danken ist, und einzelne sitzen noch heute in unseren Reihen, unter anderem dort auf den Bänken der Nationalliberalen. Die gehörten doch auch wohl zu den Leuten, die dort drüben heute als „Gesindel" bezeichnet worden sind!

Ich muß ferner einige historische Bemerkungen der Gegner richtigzustellen suchen. Die J u n k e r seien nicht s c h u l d g e w e s e n , d a ß d i e R e v o l u t i o n g e k o m m e n sei! Ja, meine Herren, hätte der damalige König, hätte das damalige Königtum nicht a n d e n J u n k e r n s e i n e n R ü c k h a l t gehabt, — niemals wäre das Königtum im Stande gewesen, einer Bewegung, die bereits in den Jahren vor 48 während der Regierungszeit Friedrich Wilhelms IV. sich bemerkbar machte, den Widerstand zu leisten, den die Krone damals geleistet hat. Ich erinnere Sie an das bekannte Wort, mit dem im Jahre 1847 der Vereinigte Landtag einberufen wurde, an jene Eröffnungsrede, worin der damalige König Friedrich Wilhelm IV. sagte:

Zwischen mich und unseren Gott im Himmel soll sich kein Stück Papier, V e r f a s s u n g genannt, drängen.

Das war im Frühjahr, im April des Jahres 1847. Das war damals eine nette, klare, e n t s c h i e d e n e A b s a g e a n j e d e V e r f a s s u n g , und da kommen die Herren heute, und stellen die kühne Behauptung auf, es sei die f r e i w i l l i g e Entschließung des damaligen Throninhabers gewesen, eine Verfassung zu geben! Wissen Sie denn nicht, was bereits dem 18. März vorausging? Wissen Sie nicht, daß bereits am 16. März große Straßengefechte waren, daß a m 1 6 . M ä r z 8 0 V e r w u n d e t e in den Hospitälern lagen, 20 Tote auf dem Straßenpflaster? Wissen Sie nicht, daß zwischen Bürgertum und Militär der Kampf bereits entbrannt war?, daß ferner am 17. März die aus dem Berliner Bürgertum organisierten Schutzwachen beschlossen hatten, am 18. März vor das königliche Schloß zu ziehen und dort ihre Petition einzureichen? Nun, und was hat auf jene Petition der König Friedrich Wilhelm IV. erklärt? Er läßt, stehend an der Seite des Bürgermeisters Naunyn, von dem Balkon des Schlosses erklären:

Der König w i l l , daß P r e ß f r e i h e i t herrsche; der König w i l l , daß der L a n d t a g sofort berufen werde; der König w i l l , daß eine Konstitution auf der freisinnigsten

Grundlage alle deutschen Länder umfasse; der König will, daß Preußen sich an die Spitze der Bewegung stelle; der König will, daß eine deutsche Nationalflagge wehe.

Das war die Folge der Revolutionsbewegung vor dem 18. März, — und drei Tage später nach dem 18. März, am 21. März, zieht er durch die Straßen Berlins und läßt eine schwarzrotgoldene Fahne vor sich hertragen und erklärt, — merken Sie sich das, meine Herren, und schreiben Sie sichs auf, was ich Ihnen sage, denn es ist für die Nachwelt:

Ich will nichts usurpieren, will nichts als deutsche Freiheit und Einheit. Ich trete an die Spitze von Deutschland; in dessen Einheit und Freiheit besteht fortan Preußen, nicht anders.

Hätte damals der König von Preußen sein Wort gehalten, dann wären die späteren Kämpfe nicht notwendig gewesen, dann brauchten wir keinen Bismarck, um die deutsche Einheit herzustellen. Aber weil der König von Preußen zum Verräter an seinen Worten wurde, sein Versprechen nicht hielt — (Ordnungsruf des Präsidenten.). Daß das Junkertum 1806 und 1807 die Niederlage Preußens verschuldete, ist unzweifelhaft. Das Junkertum war und ist seit mehr als einem Jahrhundert die herrschende Klasse in Preußen. Alles, was die Kronenträger Preußens im Laufe der Zeit getan haben, konnten sie, soweit es Gutes war, nur gegen den heftigsten Widerstand des Junkertums durchsetzen. Aber die meisten preußischen Fürsten hatten nicht die Kraft, nicht die Energie und nicht den Mut, es mit dem Junkertum ernsthaft aufzunehmen; und so ist das Junkertum verantwortlich sowohl für das verrottete Staatssystem wie das verrottete Militärsystem, das die Niederlage von 1806/7 herbeigeführt hat. Ich habe, was ich hier über die Bedeutung des 18. März und seinen Zusammenhang mit den folgenden geschichtlichen Ereignissen zu sagen hatte, genügend gesagt. Eine Verständigung mit den Herren da drüben ist selbstverständlich vollkommen ausgeschlossen. Interessiert bei der ganzen Sache hat mich nur, daß die Sozialdemokratie, die keinen besonderen Grund hat, den Verherrlicher einer bürgerlichen Revolution zu spielen, der einzige Verteidiger dieser bürgerlichen Revolution ist, ausgenommen den Abgeordneten Munckel. Daß dagegen die Parteien, die jahrzehntelang auf dem Boden der Errungenschaften dieser Revolution standen, die Männer des Nationalvereins, die als ihr Hauptziel in den sechziger Jahren betrachteten, die Reichsverfassung von 1849 in das deutsche Reich zu übertragen, vollständig schweigen zu all den Beschimpfungen, die heute gegen das Bürgertum von 1848 und die Revolutionäre jener Zeit geschleudert wurden und sie nicht in Schutz zu nehmen wagen.

Wahr ist, das preußische Junkertum hat, nachdem es sich nach den Märztagen von seinem ersten Schrecken erholt hatte, alsbald wieder Rückgrat bekommen, mehr Rückgrat als das deutsche Bürgertum, und so ist diese schöne Revolution so schmählich zugrunde gegangen. Das ist das Wahre; das will ich konstatieren. Die Junker haben allerdings viel mehr Mut bewiesen und sind energischer für ihre Ueberzeugungen und Interessen eingetreten, als das leider das deutsche Bürgertum bis heute fertig gebracht hat. Denn hätte das deutsche Bürgertum den Mut gehabt, den Sie da drüben bewiesen haben, dann wären Sie heute als herrschende Klasse nicht mehr auf der Bildfläche.

Herr von Puttkamer hat auch wieder die Verpflichtung des Herrn von Gottes Gnaden angerufen. Meine Herren, schweigen Sie darüber! Wer hat denn die Fürsten von Gottes Gnaden im Jahre 1866 zum Teufel gejagt? Das Volk? Nein! Das war ein Fürst von Gottes Gnaden, der damalige König von Preußen! Und wenn man mit seinen eigenen Herren Vettern von Gottes Gnaden so aufräumt wie er, dann hat auch das Volk das Recht, eines Tages ebenso mit den übrigen aufzuräumen, wenn es das für nützlich hielt. Was dem einen recht ist, ist dem andern billig! Und reden Sie nur nicht gar zu laut von Ihrem Mut im Jahre 1848! Oder haben Sie vergessen, daß damals der Prinz von Preußen so eilig wie möglich aus Berlin abdampfte, als Postillon verkleidet? Rufen Sie nur nicht jene Erinnerungen wach! Sie sind gerade kein schönes erhebendes Bild für Ihre Rolle in der damaligen Zeit..."

Diese leidenschaftliche Anklage gegen diejenigen, die die Revolution verrieten oder beschimpften, wirkte erfrischend und reinigend in der Luft des vom Streit um kleine Vorteile verstaubten Parlaments. Und außerhalb des Reichstages rief sie begeisterte Kundgebungen der Arbeiterschaft hervor. Aber diese Arbeiterschaft war doch durch den Sozialismus so gut geschult, daß keinerlei Provokationen von reaktionärer Seite sie veranlassen konnte, etwa eines Tages „Revolution zu spielen". Selbst die gelegentlichen Attentate, die außerhalb Deutschlands gegen Staatshäupter und führende Politiker verübt wurden, fanden in Deutschland nur in den Kreisen der Regierung und der Reaktion ein Echo. Die Sozialdemokratie, die auf dem Boden der Entwicklungslehre fußt, lehnte damals wie heute Attentate und Gewaltakte einzelner ab. In seinem am 2. November 1898 in Berlin gehaltenen Vortrag: „Attentate und Sozialdemokratie" wies Bebel darauf hin, daß jeder Attentäter eine isolierte Person sei, hinter der höchstens ein kleiner Kreis Eingeweihter stehe, die sich nicht bemerkbar machen dürfen. Um ein verrottetes Staatssystem zu stürzen, sei ein M a s s e n d r u c k erforderlich, den Attentate niemals erzielen könnten, oder erschütternde Ereignisse von außen.

Deutschland hat inzwischen beides erlebt: das erschütternde Ereignis von außen, den Weltkrieg, und in seinem Gefolge den Massendruck von innen, der das alte Regime glatt hinwegfegte. Eine neue Attentatsperiode ist über Deutschland hereingebrochen. Die Namen Eisner, Erzberger, Rathenau, Gareis bezeichnen ihren Weg. Aber die Attentäter sind nicht Revolutionäre, sondern Reaktionäre. Sie arbeiten blutig, aber doch vergeblich, um das Zeitenrad zurückzudrehen.

RELIGION UND KIRCHE

So klar Bebel für seine Person das Christentum wie jede andere Religion ablehnte, so entschieden hat er sich immer dagegen verwahrt, die von ihm vertretene Partei selber auf das kulturkämpferische Gebiet führen zu lassen. Schon seine soziale Grundeinstellung hinderte ihn daran, die notwendigen politischen Auseinandersetzungen zu einem Streit um religiöse Dogmen und Glaubensformen ausarten zu lassen. In der an anderer Stelle erwähnten Rede zu Köln am 19. November 1876 wandte er sich entschieden gegen den Vorwurf der Religionsfeindschaft, die angeblich von der Sozialdemokratie betrieben werde:

„Man wirft uns vor, wir wollten die Religion vernichten, die Religion aufheben! Ich erkläre diese Beschuldigung für eine Verleumdung; es wäre eine Torheit, wenn wir das, was wir dem Liberalismus vorwerfen, im umgekehrten Falle selbst versuchen wollten, die Ueberzeugung der Masse anzutasten; das würde ein aussichtsloser Kampf sein. Wir sagen aber, die Religion ist jedes Menschen Privatsache, und kein Staat, keine Kommune hat das Recht, irgendeine religiöse Ueberzeugung im Gegensatze zu der anderen zu begünstigen. In diesem Sinne wollen wir allerdings den Staat religionslos machen. Wir sagen: „Wie ihr eurem religiösen Bedürfnisse Geltung zu verschaffen sucht, das kommt für mich, Staat, gar nicht in Betracht, solange ihr damit nicht meine eigene Existenz in Frage stellt", und von diesem Standpunkte aus haben wir in logischer Konsequenz jegliche Unterstützung der kirchlichen Gesetze abgelehnt. Die Ausübung der religiösen Ueberzeugung soll allen Staatsbürgern im vollsten Maße gestattet sein. Wir verlangen die vollständigste Freiheit in der Entfaltung der religiösen Anschauungen; indem wir aber im Gegensatze zu dem Liberalismus der Ansicht sind, daß der Staat sich in keine religiöse Ueberzeugung einzumischen hat, halten wir es für des Staates heiligste Pflicht, für die **höchstmögliche Bildung** des Volkes zu sorgen, in durchdringenderer Weise dafür zu sorgen, als es heute der Fall ist. Wir sagen: Der Staat ist die Institution, die **ausschließlich mit irdischen** Dingen zu tun hat; ihn geht das Jenseits nichts an, er hat für das Fortkommen aller seiner Staatsbürger zu sorgen, durch Bildung es jedem einzelnen Staatsbürger zu ermöglichen, den Bedingungen des irdischen, nicht des jenseitigen Lebens zu genügen, die Pflichten des Mitgliedes der bürgerlichen Gesellschaft befriedigen zu können, und daß demgemäß auch der Einfluß der Kirche auf die Schule total abgeschnitten wird. Mit diesem Teile unseres Programms, daß der **Staat ausschließlich die Bildung** der Masse in die Hand zu nehmen habe und sie demgemäß jeglicher Privateinwirkung entzogen werde, ist die ultramontane Partei und selbstverständlich auch der Liberalismus nicht einverstanden; wir glauben aber, wenn die Schule in der Weise konstituiert ist, daß dann jeder Staatsbürger die nötige Bildung erlangt, um seine Pflichten als Mitglied der bürgerlichen Gesellschaft und des Staates Genüge leisten zu können. Hat das Kind, nachdem es der Schule entwachsen, irgendwelche religiösen Bedürfnisse, so steht es ihm frei, sich über seine Anschauungen unterrichten zu lassen. **Das** betrachten wir als den **einzig richtigen** Kulturkampf; wenn wir es dem Staate zur Pflicht machen, die höchstmögliche Bildung der Masse durch seine Institutionen zu fördern, dann wird sich alles andere von selbst ergeben. Ich habe die Ueberzeugung, daß dann nach wenigen Jahrzehnten es dahin gekommen sein wird, daß die Gesamtbevölkerung einen Standpunkt einnimmt, wo sie es verlernt hat, sich religiöser Ueberzeugungen wegen zu streiten, über Dinge, deren Existenz oder Nichtexistenz niemand beweisen kann."

In ganz ähnlicher Weise äußerte sich Bebel in seiner schon zitierten **Rede zum Sozialistengesetz** am 16. September 1878 im Reichstage:

„Sie greifen ferner, meine Herren, unsere Anschauungen in Bezug auf die **Religion** an, die atheistische und materialistische seien. Ich erkenne dies für richtig an, obgleich ich hier ausdrücklich erklären muß, daß die Sozialdemokratie nicht verlangt, daß ihre Anhänger in religiösen Dingen eine bestimmte Meinung haben müssen, wie dies alle diejenigen bestätigen werden, die sich einigermaßen mit der Sozialdemokratie beschäftigt haben. So ist z. B., um nur eins zu erwähnen, vor einiger Zeit in der „Zukunft", unserm wissenschaftlichen Zentralorgan in Deutschland, ein Artikel erschienen, der sich in sehr entschiedener Weise g e g e n die Agitation meines Freundes Most für Austritt aus der Kirche ausgesprochen hat, eine Agitation, die er bekanntlich im verflossenen Winter hier in Berlin sehr lebhaft betrieb. Es gibt in der Partei verschiedene, mehr oder weniger große Kreise, welche die gleiche Meinung in bezug auf die Stellung der Partei zur Religion teilen, die der Verfasser jenes Zukunfts-Artikels ausgesprochen hat. In dieser Beziehung zu sagen, die s o z i a l i s t i s c h e P a r t e i ist a t h e i s t i s c h, ist verkehrt und unrichtig, obgleich i c h fest glaube, daß der Sozialismus s c h l i e ß l i c h z u m A t h e i s m u s f ü h r e n wird. Wer hat denn aber diese atheistischen Lehren, die Ihnen so viel Sorge und Verdruß machen, wissenschaftlich und philosophisch begründet? Waren das vielleicht Sozialdemokraten? Waren die Edgar und Bruno B a u e r, die F e u e r b a c h, die David S t r a u ß, die Ernst R e n a n, — waren das Sozialdemokraten? Das sind Männer der Wissenschaft, die mit ihren sonstigen Anschauungen im b ü r g e r l i c h e n Leben, und meist in der l i b e r a l e n P a r t e i gestanden haben. Nun, wir haben diese atheistischen Ansichten aufgrund unserer wissenschaftlichen Ueberzeugung adoptiert, und halten uns für verpflichtet, sie weiter zu verbreiten und in die Massen zu tragen. Warum soll nun das, was auf der einen Seite erlaubt ist, auf der andern verboten sein? Bei uns macht man diese Anschauungen und ihre Verbreitung zu staatsgefährlichen Bestrebungen und sucht uns durch ein Ausnahmegesetz, wie das vorliegende, politisch tot zu machen..."

Wenige Jahre später suchte der Zentrumsabgeordnete Reichensperger den Umfall eines Teiles seiner Freunde in ihrer Haltung zum Sozialistengesetz mit der „Religionsfeindschaft" der Sozialdemokratie zu begründen. Ihm antwortete Bebel (1884):

„Der Abgeordnete Reichensperger hat dann insbesondere

seine und seiner Freunde Abstimmung begründet mit unserem religionsfeindlichen Standpunkte. Er hat besonders einen früheren Ausspruch von mir, daß die Partei des **Zentrums** ein **Todfeind des Sozialismus** sei, hervorgehoben; er hat aber weiter gesagt, ich hätte geäußert, die **Kirche** und die **Religion** seien **unsere ärgsten Todfeinde**. (Sehr richtig! rechts.) Nein, meine Herren das ist **durchaus falsch**, da irren Sie sich sehr, wenn Sie das glauben. Unser ärgster Feind, das ist die **Klassenherrschaft** der Bourgeoisie ... Wir sehen unseren schlimmsten Feind in der auf Grund unserer materiellen Existenzbedingungen, unserer ganzen heutigen Produktionsweise emporgekommenen Herrschaft der Bourgeoisie, des **Kapitals**; diese bekämpfen wir in erster Linie. Wir gehen von der Ansicht aus, daß, wenn erst diese Macht gestürzt ist, alles andere ganz von selber nachfällt, daß wir dann gar nicht nötig haben, besondere Anstrengungen zu machen, die Kirche zu untergraben ... Wenn wir in der großen Mehrzahl unserer Partei Atheisten sind, und wenn ich zweimal in diesem Hause ausgesprochen habe, daß der **Atheismus**, das Umsichgreifen, das allgemeine Vorherrschen desselben in der Gesellschaft eine **notwendige Folge** der Verwirklichung des Sozialismus sei, dann habe ich das nicht in dem Sinne gemeint, **nie meinen können** — und ich habe mich auch schon früher dagegen verwahrt —, als wenn wir von unserer Seite in unserer Partei irgendwem bestimmte religiöse Ueberzeugungen vorschrieben. In unserem Programm steht in bezug auf die Religion: die **Religion ist Privatsache**; und wenn Sie unsere ganze Literatur durchblättern, unsere Kongreßbeschlüsse sich ansehen usw., so werden Sie finden, daß alle Bestrebungen und **alle Anträge**, die auf etwas Gegenteiliges abzielten, stets mit sehr großer Mehrheit von den Parteigenossen **zurückgewiesen** wurden. Wir verlangen von unseren Parteigenossen die Zustimmung zu ganz bestimmten Prinzipien und Auffassungen in bezug auf den **ökonomischen** Zustand der Gesellschaft, wir verlangen von unseren Parteigenossen die Zustimmung zu bestimmten Prinzipien in bezug auf den **politischen** Zustand der Gesellschaft, den Staat; aber Sie werden weder in unserem Programm, noch in irgendeiner unserer Schriften eine Bestimmung in bezug auf die Bindung einzelner Parteimitglieder bezüglich ihres religiösen Standpunktes finden.

Derjenige Teil unserer Literatur, der sich überhaupt mit der religiösen Frage beschäftigt, ist gegenüber der Gesamtheit unserer Literatur ein äußerst verschwindender und in der Hauptsache meist nur durch die Polemik unserer Parteigenossen, die sich auf einen religiösen Standpunkt stellten, hervorgerufen worden . . ."

Trotz aller dieser Verwahrungen kehrte jedoch der Vorwurf in der Parteipolemik immer wieder, die Sozialdemokratie verfolge religionsfeindliche Bestrebungen. Er ist ja bis in die Gegenwart ein beliebtes Agitationsmittel geblieben, besonders in denjenigen Teilen Deutschlands, die in der wirtschaftlichen und daher auch in der politischen und kulturellen Entwicklung einigermaßen zurückgeblieben sind. Deswegen wird es nicht ohne Nutzen sein, weitere Aeußerungen Bebels zu derselben Frage hier festzuhalten. Nach dem Fall des Sozialistengesetzes sagte er in seiner Etatsrede am 11. Dezember 1890:

„Die Heuchelei ist heute nirgends größer als auf dem Gebiete der Moral und R e l i g i o n, und es ist ungeheuer billig für Sie, zu sagen, an dem existierenden und beklagenswerten Zustande auf dem Gebiete der Moral trüge insbesondere die Sozialdemokratie Schuld. Ich habe mich auch n i c h t, wie Herr von F r e g e mir imputiert, g e r ü h m t, A t h e i s t z u s e i n. Ich habe nur o f f e n a u s g e s p r o c h e n, was ich bin, wie alle meine Parteigenossen ausgesprochen haben, was sie glauben und wovon sie überzeugt sind, während viele tausend Angehörige oder Anhänger der Parteien, die hier im Reichstage vertreten sind, und insbesondere auch der Partei des Herrn von Frege Atheisten und Materialisten sind, aber n i c h t d e n M u t h a b e n, e s o f f e n h e r a u s zu sagen.

Der Atheismus ist k e i n e s o z i a l i s t i s c h e S p e z i a l i t ä t; dem Atheismus huldigte im vorigen Jahrhundert ganz besonders die Aristokratie. Und wenn Sie es nicht wissen, so will ich es Ihnen sagen, daß, als Robespierre seine berühmte Rede für Wiedereinsetzung des höchsten Wesens im Konvent hielt, er seinen Antrag damit begründete, daß er, der Ihnen so verhaßte Robespierre, losdonnerte, der A t h e i s m u s sei eine a r i s t o k r a t i s c h e E r f i n d u n g, und der Glaube an die Existenz eines höchsten Wesens entspreche dem innersten

Herzen und Wesen des Volkes, und deswegen müsse das höchste Wesen, das kurz zuvor wunderbarerweise der Konvent abgesetzt hatte, nunmehr wieder eingesetzt werden..."

Der erwähnte konservativ-agrarische Abgeordnete von Frege-Weltzien hatte unter anderem die Anklage erhoben, die Sozialdemokraten zerstörten die Religion und die Sittlichkeit. Darauf gab ihm Bebel die Antwort: „Für ihn, einen Mann des Agrariertums, und mit ihm für manchen anderen, ist ja Religion und Sittlichkeit gleichbedeutend. Nun, ich kann sehr sittlich sein und brauche gar keine Religion zu haben und ich glaube es mit Herrn von Frege in der Sittlichkeit in jeder Beziehung aufnehmen zu können, obgleich ich Atheist bin. Ich will aber auch erklären, daß ich es, wenn ich meinerseits Agrarier und Großgrundbesitzer wäre, mit meiner Moral nicht vereinbar gefunden hätte, für die Getreide- und Viehzölle, für die Branntweinsteuer, für die Zuckerprämien usw. einzutreten."

Auch in den großen Debatten, die im Februar 1893 im Reichstage über den „Zukunftsstaat" geführt wurden, fehlte selbstverständlich nicht die Frage der Religion. Der christlich-soziale frühere Hofprediger Stöcker glaubte Bebel mattsetzen zu können, wenn er die Entstehung des Christentums und seine weite Verbreitung in Gegensatz stellte zu der materialistischen Geschichtsauffassung, die von der Sozialdemokratie vertreten wird. Bebel aber erwiderte ihm:

„Und wenn Herr Stöcker weiter fragt, ob das Christentum materialistischen Zeiterscheinungen seine Ursache zu verdanken habe, so sage ich ja, und nochmals ja. Ohne die Zustände im römischen und judäischen Reich zur Zeit Christi, wo die Juden unter der Herrschaft der Römer seufzten, ohne den furchtbaren Druck und die Sklaverei des die damalige Welt beherrschenden römischen Reichs und ohne die tiefe Mißstimmung und das Unbehagen, das die von Rom unterjochten Völker beseelte, war nicht denkbar, daß die religiösen und sozialen Ideen jenen Anklang gefunden hätten, den sie fanden. Sie haben den Anklang gefunden, weil die Unterdrückten jener Zeit glaubten, es handele sich für sie nicht allein um ein himmlisches Reich, sondern in erster Linie um ein **neues irdisches Reich**, um Befreiung aus der Sklaverei und Knechtschaft. Und zahlreiche Stellen der Bibel bringen allerdings den weniger denkenden Menschen den Glauben bei, es handele sich in erster Linie nicht um ein himmlisches, sondern um ein irdisches Reich. Besonders waren es die **Frauen**, die bei dem Verfall des römischen Reiches in der sozialen Stellung, die sie einnahmen, sich in der traurigsten Lage befanden und nach Befreiung lechzten, und zwar waren dies vorzugsweise die römischen **Frauen aus höheren Klassen**, die sich in froher Hoffnung dem Christentum anschlossen. Auf der einen Seite also die Frauen, auf der anderen die **Proletarier**, sie beide waren es, die den Grundstock des Christentums bildeten; sie waren die Hauptvertreter sowie **Hauptagitatoren**, — genau wie **heute** die Proletarier auf der einen und die Frauen auf der andern Seite es sind, die den **Sozialismus** in die weitesten Kreise des Volkes tragen und ihm zum Siege verhelfen werden. (Sehr gut! bei den Sozialdemokraten.) Und wie steht es mit der **Reformation**? Die Reformation wäre nicht möglich gewesen ohne die vollständige **Zersetzung der feudalen Gesellschaft**, wie sie am Ende des 15. und am Anfang des 16. Jahrhunderts sich vollzog. Betrachten Sie nur die Zeiterscheinungen, die im 15. Jahrhundert zutage traten: der vollständige Zerfall der alten Gesellschaftsordnung, namentlich die Verarmung des Adels, die Bedrückung der Bauern, das aufstrebende Fürstentum, der Verfall der alten Produktionsverhältnisse, der alten Weltmarktbeziehungen, — alle diese Erscheinungen zusammen trugen dazu bei, tiefe Gärung und das Bestreben nach großen Veränderungen im sozialen und politischen Leben in die weitesten Schichten der Bevölkerung hineinzutragen. Und daß die Bauern, als sie im großen Bauernkriege die 12 Artikel aufstellten, verlangten, als Luther sich gegen sie erklärte: er solle ihnen aus der heiligen Schrift nachweisen, daß die 12 Artikel mit derselben in Widerspruch standen, — beweist das alles nicht aufs allerdeutlichste die **materielle Grundlage** der damaligen religiösen Bewegung? Und wie war es mit den Fürsten? Haben sie etwa aus Begeisterung für Luther die Fahne ergriffen? Nein, aus **Haß gegen die Kaisermacht**, die ihnen unbequem war, aus Haß gegen die Geistlichkeit, aus dem **Verlangen nach den Gütern** der Geistlichkeit, welche die Fürsten einsacken wollten und eingesackt haben. Das waren die Motive, weshalb sie der Reformation ihre Unterstützung schenkten und Millionen ihrer Untertanen zwangen, zur neuen Lehre überzugehen..."

Zu einer großen prinzipiellen Auseinandersetzung mit der Verquickung von Religion und Politik, wie sie hauptsächlich vom Zentrum geübt wird, benutzte Bebel eine Versammlung in **Bamberg**, die am 24. September 1902 von der örtlichen Parteiorganisation einberufen worden war, um einen **öffentlichen Disput** zwischen **Bebel** und dem dortigen Zentrumsabgeordneten, Domkapitular Dr. **Schädler**, stattfinden zu lassen. Schädler hatte in vorhergehenden Versammlungen sich besonders eingehend mit der Sozialdemokratie und ihren Zielen und, wie nicht anders zu erwarten, auch mit ihrer Stellung zur **Religion** beschäftigt. Der besonderen Einladung zur Bebel-Versammlung hatte er jedoch nicht Folge geleistet. In seiner Rede, die nach einer stenographischen Aufnahme später unter dem Titel „Sozialdemokratie und Zentrum" im Druck erschienen ist, legte Bebel ausführlich seine Anschauungen über die Religion im Staatsleben dar. Wir geben aus ihr die hierauf bezüglichen Partien im Auszuge wieder:

„... Die Erde ist **kein Jammertal**, sie brauchte es wenigstens für keinen unter uns zu sein. Es fällt uns nicht ein, jemandem seinen „Gott" aus dem Herzen reißen zu wollen. **Was jemand glaubt, ist seine Privatsache;** wir wollen aber auch andererseits nicht die Religion in Staatsangelegenheiten gemischt und als Machtmittel benützt sehen zur Aufrechterhaltung der heutigen Gesellschaftsordnung, die das Resultat jahrhundertelanger Entwicklung, nicht das Werk einzelner ist.

„... In seiner Mannheimer Rede behauptete Herr Dr. Schädler, die Kirche habe die Ketten der Sklaverei gebrochen und den Arbeiter zu einem freien, gleichberechtigten Menschen gemacht. So viel Worte, so viel historische Unwahrheiten! Die Kirche hat die Sklaverei nicht gebrochen, sie hat es vielmehr stets meisterlich verstanden, sich den herrschenden ökonomischen und staatlichen Zuständen anzubequemen, und sie hat allezeit auf seiten der Herrschenden gestanden. Hat sich doch die Sklaverei bis in die jüngste Zeit hinein in christlichen Ländern erhalten; in Nordamerika spielte sich erst vor 40 Jahren der große Sklavenbefreiungskrieg ab und dabei stand die Kirche beider Konfessionen nicht auf seiten der Befreier, sondern auf seiten der Sklavenhalter! Im katholischen Brasilien wurde die Sklaverei erst vor 14 Jahren abgeschafft, nicht durch die Kirche, sondern gegen die Kirche. Wo die Sklaverei beseitigt wurde, geschah es nicht aus religiösen, sondern aus wirtschaftlichen Gründen. Wer hat die Leibeigenschaft in Deutschland bekämpft? Die Kirche? Wer das behauptet, der lügt in seinen Hals hinein. Wer ist den hörigen und leibeigenen Bauern, als sie sich Ende des fünfzehnten und zu Anfang des sechzehnten Jahrhunderts und dann wieder im großen Bauernkrieg 1525 gegen geistliche und weltliche Herren erhoben — speziell auch hier in Franken —, um das Joch der Leibeigenschaft und Hörigkeit abzuschütteln, entgegengetreten? Die ganze Klerisei einschließlich Luthers und seines Anhanges stand auf seiten der Herren wider die Bauern und half die Bewegung furchtbar blutig unterdrücken. Ganz speziell waren es die Bischöfe von Bamberg und Würzburg, die wider die Bauern waren und ihre Burgen dem Adel gegen die Bauern zur Verfügung stellten. Und wie einst die Kirche für die Sklaverei, die Leibeigenschaft und die Hörigkeit eintrat, so tritt sie heute für die Aufrechterhaltung des Lohnsystems und der kapitalistischen Wirtschaftsweise ein. Sie betrachtet es als ihre Aufgabe, die Arbeiter zu einem willigen Werkzeug des Staats und des Unternehmers zu machen. Das ist die wirkliche Stellung, welche die Vertreter der Kirche in dieser Periode unserer historischen Entwicklung eingenommen haben. Und da redet man von den „Großtaten" der Kirche!

„... Wir seien Feinde des christlichen Staates," wirft man uns weiter vor. Aber unser Staat ist kein christlicher, sondern ein paritätischer Staat, in dem jeder glauben kann was er will, und der deshalb die Freiheit der religiösen Ueberzeugung als Staatsgrundgesetz proklamiert hat. Wäre der Staat ein christlicher Staat, so müßte er ganz anders regiert werden als er regiert wird. **Dieser** Staat erkennt nicht an, daß alle Menschen Brüder sind, auch zwingt er den, der zwei Röcke hat, nicht, dem einen zu geben, der keinen hat. Das Zoll- und Steuersystem z. B. im deutschen Staat ist alles andere als christlich. Der Staat hat **mit dem Christentum nichts zu tun**, er ist die **politische** Organisation für die Interessen der herrschenden Klassen und hat sich also ausschließlich mit **weltlichen** Dingen zu befassen. Die **Schule** soll allerdings nichts mit der Kirche und Religion zu tun haben, denn sie ist eine **weltliche Einrichtung**, die vom Staat eingerichtet ist, damit seine Bürger das nötige Wissen bekommen, um im Kampf um das Dasein besser gewappnet zu sein. Der **Schulzwang** ist die eine Seite der Staatspflichten, der **Militärzwang** die andere. Beide ergänzen sich gewissermaßen und beide sind rein staatliche bzw. gesellschaftliche Einrichtungen, die zu Religion und Kirche keine Beziehungen haben. Ginge es nach der Kirche, sie höbe den **Schulzwang** auf, der ihr verhaßt ist. Als in Belgien das katholische Ministerium das liberale verdrängte, war sein erster Schritt, daß es den Schulzwang aufhob und über 4000 Lehrer aufs Pflaster setzte. Die Kirche will die Schulbildung nicht, damit die Massen nicht zum Bewußtsein ihrer Menschenwürde und ihrer Klassenlage kommen. Der Sohn des armen Mannes soll dazu verurteilt sein, dem Reichen zu dienen und ewig ein armer Teufel zu bleiben. Wir stehen auf dem Standpunkt, daß Schule und Kirche, Kirche und Staat nichts miteinander zu tun haben. Die Religion soll Privatsache eines jeden einzelnen und die **Erhaltung der Kirche** und ihrer Diener **Sache der Gläubigen** sein. Der Staat aber soll die **vollkommenste Religionsfreiheit** gewähren. Daß dieser Grundsatz für uns nicht nur in der Phrase existiert, haben wir bewiesen dadurch, daß wir stets für die Aufhebung des Ausnahmegesetzes gegen die **Jesuiten** stimmten, obgleich sie unsere Todfeinde sind...."

Es handelt sich nicht nur um polemische Abwehr gegnerischer Vorwürfe, wenn Bebel, der Atheist, den Grundsatz betonte, daß Religion Privatsache jedes einzelnen sein soll. Auch innerhalb der Sozialdemokratie sind wiederholt Bestrebungen aufgetaucht, diesen bekannten Satz des Parteiprogramms zu ändern und neben dem politischen Kampfe einen geistigen Streit gegen die Lehren der Kirche zu führen. Aber gerade Bebel, der infolge seiner ersten Schriften von den Gegnern als besonderer Feind der Kirche und der Religion bezeichnet wurde, hat sich g e g e n diese Anregungen innerhalb der Partei auf das entschiedenste zur Wehr gesetzt. In demselben Jahr, als er seine Bamberger Rede hielt, fand in M ü n c h e n der Sozialdemokratische Parteitag statt. Dort forderte der Delegierte Welcker, ein freireligiöser Prediger, man müsse durch Flugblätter den Kirchenglauben zu erschüttern suchen. Der Redner befürwortete eine Resolution, die empfiehlt, die religiöse Aufklärungsarbeit besonders in den Zentrumsbezirken zu betreiben. Hiergegen sagte Bebel:

„Welcker hat sich auf einige Sätze meiner Broschüre „C h r i s t e n t u m u n d S o z i a l i s m u s" bezogen. Ich habe mir nie eingebildet, daß diese nach meiner Auffassung sehr klaren Schlußsätze eine solche Auslegung finden könnten. Dagegen muß ich auf das allerentschiedenste Verwahrung einlegen. Wenn nicht schon die übrigen Worte Welckers mich dazu veranlaßten, so die Worte, mit denen er seine Rede schloß: „Ecrasez l'infâme!" Das ist das bekannte Wort, mit dem Voltaire zur Vernichtung der Kirche aufforderte. Na, das sollte eine schöne Sache werden, wenn ein solcher Wahlspruch der Wahlspruch der sozialdemokratischen Partei würde. Welcker hat im Eingang seiner ersten Rede ausdrücklich erklärt, es sei notwendig, die Widersprüche innerhalb der kirchlichen und religiösen Anschauungen darzulegen, d. h. mit anderen Worten — das hat auch Vollmar ganz richtig hervorgehoben —, Welcker verlangt, wir sollten uns in eine A r t K u l t u r k a m p f einlassen. Unsere Partei würde dabei vollständig ihren Charakter abstreifen und wir würden eine Art kirchliches Konzil werden. Daß das gegen den Wortlaut unseres Programms verstößt, das kann doch niemand zweifelhaft sein. „Religion i s t Privatsache" — das steht nicht in unserem Programm, weil es selbstverständlich ist, und zwar deshalb selbstverständlich, weil nirgends im Programm gesagt wird, daß wir nach der religiösen Ueberzeugung eines Parteigenossen fragen. Jeder mag glauben, was er will; er kann als Sozialdemokrat katholischer Christ, er kann Materialist und Atheist sein, das geht keinen Menschen innerhalb der Partei etwas an. Nur wenn er für seine religiöse Ueberzeugung a l s S o z i a l d e m o k r a t Propaganda machen will, treten wir ihm energisch entgegen, denn dann verletzt er den für uns selbstverständlichen Grundsatz: „Religion ist Privatsache." Außerdem erläutert unser Programm klar und deutlich, wie wir uns die Forderung der „Erklärung der Religion zur Privatsache" denken. Wir treten der Vermengung der kirchlichen und staatlichen Gewalt entgegen und verlangen die absolute Trennung dieser Gewalten. Wir vertreten die Anschauung, daß der Staat ein rein weltlicher Staat ist und daß die Religionsgemeinschaften Privatgesellschaften sind. Wir erklären uns auf das entschiedenste dagegen, daß der Staat kraft der Gesetzgebung und seiner Zwangsmittel irgendeinen Menschen nötigt, zu einer Gemeinschaft zu gehören oder Mittel zur Unterhaltung dieser Kirchengemeinschaft herzugeben, oder daß der Staat selbst seine eigenen, aus dem allgemeinen Steuersäckel genommenen Mittel für kirchliche Gemeinschaften hergibt. . . .

Es soll mit diesem Programmpunkt in keiner Weise den religiösen Anschauungen einzelner zu nahe getreten werden, wir stehen im Gegenteil — und das ist unsere h e i l i g s t e U e b e r z e u g u n g — auf dem Standpunkt, daß wir in religiösen Glaubensfragen a b s o l u t e N e u t r a l i t ä t und nichts als Neutralität zu beobachten haben. Ich erkläre mich auf das entschiedenste dagegen, daß Welcker irgendwelchen Grund hatte, meine von ihm angezogenen Sätze in seinem Sinne auszulegen, und ich bitte ihn dringend, daß er die heute von mir gehörten Worte b e h e r z i g e und nicht etwa draußen in der Agitation in denselben Fehler verfalle, in den er heute hier verfallen ist. . . . Das, was Welcker von seinem Standpunkt aus als einen F e h l e r der Partei bezeichnete, ist gerade ihr größter Vorzug."

Am Abend seines Lebens nahm Bebel an dem Internationalen Sozialistenkongreß zu Basel (24. und 25. November 1912) teil, der schon unter der drohenden Nähe des Weltkrieges tagte und einer gemeinsamen Willenserklärung aller sozialistischen Parteien für den Frieden dienen sollte. Aus Anlaß dieses Kongresses fand eine große **Kundgebung im Basler Münster** statt, der von der Kirchenbehörde für diese Friedensdemonstration zur Verfügung gestellt war. Das Protokoll über den Kongreß schildert diese denkwürdige Weihestunde in beredten Worten:

„Tausende von Lichtern flackerten am hohen Kranzgesimse und erhellten spärlich den gewaltigen, dämmernden Raum, in dem eine ungezählte Menschenmenge des Demonstrationszuges harrte. Magisch glühten die ehrwürdigen Glasgemälde in ihrem Farbenschmelz hernieder. Durch Tafeln waren die Plätze des Großen Rates, des Bürgerrates, der Synode, des Kirchenrates, der Delegierten, der auswärtigen Redner und der Presse gekennzeichnet. Es dauerte geraume Zeit, bis sich ferner Trommelschlag vernehmbar machte. Alles erhob sich in gespannter Erwartung. Da **begannen die Glocken zu läuten**, klingend und hallend, wie zum feierlichen Gottesdienst. Nach viertelstündigem Geläute setzte brausend die Orgel ein, und unter ihren Klängen zogen die roten Fahnen der Internationale langsam in das dunkle Kirchenschiff ein — ein ergreifender Augenblick, der sich den Sterblichen, denen es vergönnt war, ihn zu schauen, in schweigender Erhabenheit bot. Der Fahnenwald nahm auf der hinteren kleinen Empore Aufstellung unter dem Lichterkranz und den Glasgemälden, und während auf dem Münsterplatz sich Zehntausende sammelten und mancher brausende Hochruf in die Kirche drang, redeten von der Kanzel eine Anzahl großer sozialistischer Geister der Gegenwart, redeten nicht nur zu Tausenden, die dicht gedrängt die Kirche erfüllten, sie redeten zum Proletariat der ganzen Welt in hinreißenden, unvergessenen Worten vom Willen zum Weltfrieden."

Unter denen, die von der Kanzel des Münsters zur ganzen Welt sprachen, konnte Bebel nicht sein, weil sein Gesundheitszustand schon damals ihn an größeren körperlichen Anstrengungen hinderte. Aber als der Kongreß zu Ende ging, nahm er die Gelegenheit wahr, als einer der Aeltesten unter den Delegierten gerade der Kirche zu danken, die jene historische Kundgebung ermöglicht hatte. „Ich freue mich," so führte er aus, „daß **g e r a d e i c h a l s A t h e i s t** den kirchlichen Behörden Dank aussprechen kann, daß sie uns gestern das prachtvolle Münster zur Verfügung gestellt und uns mit Glockenläuten empfangen haben, als käme ein Großer der Erde, ein Bischof oder ein Papst. Dieses **Z e i c h e n w i r k l i c h c h r i s t l i c h e r T o l e r a n z** ist leider in der Christenheit nur **g a r z u s e l t e n**. Das Gegenteil ist heute die allgemeine Anschauung in der Christenheit, und besonders uns gegenüber, die wir als „Feinde der Religion, der Ehe und der Familie" dargestellt werden, als die Umstürzler, die alles durcheinanderwerfen wollen. Ich bin freilich der Ueberzeugung, daß, wenn heute der **c h r i s t l i c h e H e i l a n d w i e d e r k ä m e** und diese vielen christlichen Gemeinden, diese Hunderte von Millionen sähe, die sich heute Christen nennen, es aber nur dem Namen nach sind, daß er dann nicht in ihren Reihen, sondern **i n u n s e r e m H e e r s t e h e n** würde. Friede auf Erden und den Menschen ein Wohlgefallen, davon werden in den nächsten Wochen wieder hunderttausende Kanzeln in den christlichen Kirchen widerhallen, und doch ist es in Wahrheit die größte Heuchelei. Denn dieselben Männer, die so predigen, würden vielleicht mit noch größerer Wollust auf die Kanzel steigen und das Volk zu dem männermordenden, menschenvernichtenden, alles zerstörenden Kriege zu begeistern trachten. Wir hoffen, daß der Same, der hier ausgestreut worden ist, tausend- und millionenfältige Frucht tragen wird."

BEBEL ALS SOZIALREFORMER

Himmelstürmender Idealismus und nüchterne Erdenschwere miteinander innig vereint — das waren die besonderen Eigenschaften Bebels, die ihn wie wenige auszeichneten. Als Revolutionär wegen Hochverrats angeklagt und verurteilt, als Feind des Staats und aller gesellschaftlichen Ueberlieferung bekämpft und geächtet, war er doch im Grunde einer der fleißigsten Reformer, der mit Bewußtsein und voller Ueberzeugung gerade auf dem Felde der Sozialpolitik anregend und fördernd tätig war, lange bevor die Arbeiterfürsorge in bürgerlichen Kreisen gewissermaßen Modesache wurde.

Schon bei Beratung der Gewerbeordnung im Reichstage des Norddeutschen Bundes (1869) beteiligte sich Bebel mit einer Reihe von Anregungen und Anträgen, die dem Zwecke dienen sollten, die Rechte der Arbeiter zu verstärken. Wenn auch diese Anträge zumeist abgelehnt oder doch nur in verwässerter Form akzeptiert wurden, so hatte er doch wenigstens einen weithin sichtbaren und in die Zukunft wirkenden Erfolg. Sein Antrag auf Abschaffung der bis dahin geltenden Arbeitsbücher, die jeden Handwerker und ungelernten Arbeiter gewissermaßen unter polizeiliche Kontrolle stellten, wurde angenommen. Das bedeutete, daß die Ausnahmestellung der Arbeiterschaft auf diesem Gebiete beseitigt wurde. Ein Vorgang, den jeder Arbeiter an seiner eigenen Person miterleben durfte. Erst ein Jahrzehnt später gelang es den reaktionären Kräften, die Arbeitsbücher für jugendliche Arbeiter wieder einzuführen. Für die

Erwachsenen aber blieb das gehässige Mittel zur Kontrolle und Abhängigmachung des Arbeiters vom Unternehmer endgültig beseitigt. Das Selbstgefühl der Arbeiter war schon durch die junge Arbeiterbewegung geweckt worden und erhielt durch die Abschaffung dieses polizeilichen Ausweiszwanges eine sehr lebhafte Stärkung.

Jahrelang blieb Bebel in der kleinen sozialdemokratischen Fraktion der Spezialist für sozialpolitische Fragen, bis mit dem Anwachsen der Gewerkschaften und des daraus sich ergebenden Zuwachses an Fachmännern auch innerhalb der Fraktion eine Art Arbeitsteilung eintrat. Unlöslich verknüpft mit seinem Namen bleiben die großen Arbeiterschutzgesetzentwürfe, deren erster im Jahre 1877 unter dem Namen Fritzsche-Bebel und deren zweiter im Jahre 1884 und in den folgenden Sessionen dem Reichstage vorgelegt wurden. Der erstere wurde am 11. April 1877 — ein Jahr vor der Attentatshetze — eingereicht und außer von Fritzsche und Bebel von den sozialdemokratischen Vertretern Auer, Blos, Bracke, Demmler, Hasenclever, Kapell, Liebknecht, Most, Motteler und Rittinghausen unterzeichnet, sowie durch vier bürgerliche Abgeordnete geschäftsordnungsmäßig unterstützt.

Dieser umfassende Arbeiterschutzgesetzentwurf war der erste, der im Deutschen Reichstage auf die Tagesordnung kam und der bereits alle wesentlichen Schutzforderungen und damit alle Keime der späteren Entwicklung in sich schloß. Er verlangte Vorgehen gegen das Truckunwesen, gegen die Lohneinbehaltungen, gegen die Gefängnisarbeit für Privatunternehmer und gegen Mißstände im Lehrlingswesen. Ferner forderte er einen Maximalarbeitstag (für Männer 10 Stunden, Arbeiterinnen und Jugendliche 8 Stunden), Verbot der Nacht- und der Sonntagsarbeit, Verbot bestimmter Arbeiten für Frauen (unter der Erde, bei Hochbauten u. a.), Schonzeit für Schwangere und Wöchnerinnen, Verbot der Arbeit von Kindern unter 14 Jahren, obligatorische Fach- und Fortbildungsschulen sowie Gewerbegerichte und Gewerbekammern, die paritätisch zusammengesetzt sein sollten, um die Gewerbs- und Arbeitsinteressen zu vertreten. Außerdem wurde schon die Einführung von R e i c h s a r b e i t s i n s p e k t o r e n (der späteren Fabrikinspektoren und Gewerbeaufsichtsbeamten) gefordert.

Der bahnbrechende Antrag wurde in erster Beratung am 16. April 1877 von Fritzsche ausführlich begründet und am 18. April von B e b e l nachdrücklich verteidigt. Bei dieser Gelegenheit sagte Bebel unter anderem:

„Wenn die Förderung allgemein nützlicher Einrichtungen auch 15 bis 20 Millionen jährlich kostete, so würden diese Millionen von w e i t s e g e n s r e i c h e r e n F o l g e n begleitet sein, als alles, was bisher das Reich geleistet hat. Ueberhaupt sollten besonders diejenigen, die an dem Bestand und an der Erhaltung des gegenwärtigen Gesellschaftszustandes so lebhaft interessiert sind, in besonderem Grade sich für die Verwirklichung unserer Anträge interessieren. Denn unsere Anträge gehen darauf hinaus, daß eine große Zahl von S t r e i t i g k e i t e n und D i f f e r e n z e n zwischen Arbeitern und Arbeitgebern, die nach dem dermaligen Stande der Dinge eben nur in einer — ich möchte sagen — gewaltsamen Weise explodieren können, und in einen stets heftiger werdenden Kampf zwischen Arbeitgebern und Arbeitnehmern ausarten, in friedlicher, r u h i g e r und g e s e t z m ä ß i g e r W e i s e entschieden werden können. Das gilt auch ganz besonders von der hier so sehr angefochtenen Forderung des N o r m a l a r b e i t s t a g e s. . . . Ich glaube also, daß ich bei den verschiedenen Punkten, die hauptsächlich angezweifelt wurden, nachgewiesen habe, wie wir w e i t e n t f e r n t sind, in unserem Antrage Forderungen zu stellen, die u n a u s f ü h r b a r sind, die nach dem Stande unserer Industrie oder nach dem Stande der gesetzlichen Einrichtungen anderer Länder als etwas Außerordentliches, noch nie Dagewesenes betrachtet werden dürften. Ich kann hier nur nochmals betonen, daß gerade die allgemeine Durchführung derjenigen

Bestimmungen, die wir in unserem Antrage befürworten, ganz wesentlich dazu beitragen wird, eine Masse von Zänkereien und Streitigkeiten zwischen Arbeitgebern und Arbeitnehmern vollständig zu beseitigen. . . . Statt daß Sie unsere Anträge bekämpften, müßten wir vielmehr **erwarten, daß Sie mit beiden Händen zugriffen**, sie in Fleisch und Blut der Gesetzgebung überzuführen. Es würde zum Beispiel, wenn einmal erst die von uns beantragten Institutionen allgemein eingeführt werden, sehr bald dahin kommen, daß nicht in jeder Fabrik und jeder einzelnen Werkstatt eine **andere Arbeitsordnung** existierte, sondern daß eine **allgemeine Normalarbeitsordnung** sich entwickelte, die für fast alle Gewerbe, wo nicht die besondere Natur des Gewerbes eine Ausnahme bedingt, sich wird einführen lassen. Ganz besonders wird auch dieser Antrag in bezug auf den Normalarbeitstag eine wesentliche **Verminderung der Kämpfe** um die Arbeitszeit herbeiführen, indem, wenn der gesetzliche Normalarbeitstag erst feststeht, die Streitigkeiten über die Arbeitszeit so gut wie beseitigt sind. Sollten im Laufe der weiteren Entwicklung die Arbeiter glauben, daß eine weitere Verkürzung der Arbeitszeit notwendig sei, so werden sie diese nicht im Kampfe mit den Arbeitgebern zu erreichen suchen, sondern dadurch, daß sie einen größeren Einfluß auf die Gesetzgebung zu erlangen suchen werden. . . . Andererseits will ich zum Schluß noch ausdrücklich betonen, daß wir uns über die **Tragweite** unserer Anträge **keiner Täuschung** hingeben und nicht glauben, daß mit ihrer Annahme und Durchführung eine größere Stabilität in dem dermaligen Gesellschaftszustand herbeigeführt wird, oder gar eine volle Ausgleichung der entgegenstehenden Interessen stattfindet. Er soll einfach bezwecken, den **Kampf, der tatsächlich vorhanden ist**, innerhalb bestimmter Grenzen einzudämmen, damit **beiden Parteien** eine größere Muße und **mehr Objektivität** gegeben werde, den natürlichen und organischen Entwicklungsprozeß unseres Gesellschaftslebens besser zu verfolgen. . . ."

Selbstverständlich blieb der Antrag nach der ersten Beratung im Reichstage unerledigt liegen. Wesentlich **Bebels** Werk war der noch ausführlicher gestaltete Gesetzentwurf, den die sozialdemokratische Fraktion 1884/5 dem Reichstage vorlegte. Im Anschluß an diesen Gesetzentwurf wurde zugleich eine Resolution beantragt, die den Reichskanzler aufforderte, internationale Vereinbarungen über den Arbeiterschutz anzustreben. Das Schicksal dieser Gesetzentwürfe ist bekannt. Soweit sie überhaupt beraten wurden, gelangten sie infolge der eigenartigen parlamentarischen Gepflogenheiten des alten Reichstages nie zur Erledigung. Wohl aber tauchten in der späteren sozialpolitischen Gesetzgebung hier und da Bruchstücke und einzelne Gedanken aus ihnen in Form von Regierungsvorlagen oder Abänderungsanträgen auf, während gleichzeitig der Vorwurf der Negation gegen die Sozialdemokratie wiederholt wurde.

Die innere Unwahrhaftigkeit dieser Methode zeigte Bebel des öfteren auf, vor allem aber in einer großen Auseinandersetzung während der sogenannten Zukunftsstaatsdebatten und später bei der Beratung eines Initiativantrages von Zentrumsabgeordneten über die Schaffung von Arbeitskammern. Bei der letzteren Beratung legte er am 4. Mai 1899 seine eigene und die Stellung der Sozialdemokratie zu den sozialpolitischen Problemen dar:

„Das Reichsarbeitsamt, die Arbeitskammern, die Arbeitsämter sind Organisationsvorschläge, die in dem großen Arbeiterschutzgesetzentwurf des Jahres 1884/85, den damals die sozialdemokratische Fraktion zum ersten Male einbrachte, enthalten waren, und die wir dann im Jahre 1890 mit geringen Abänderungen gelegentlich der Gewerbeordnungsnovelle abermals dem Hause unterbreiteten. Aber weder haben wir 1885 noch 1890 die geringste Gegenliebe von seiten des Hauses für unsere Vorschläge gefunden. Im Gegenteil, wir standen damals mit unseren Forderungen vollständig isoliert; und wenn heute die Vertreter der Mehrheitsparteien auf den Boden getreten sind, den wir damals bereits betreten hatten, so ist das unzweifelhaft eine erfreuliche Erscheinung. . . .

Die Aufgabe, welche der Herr Abgeordnete Hitze den Arbeitskammern zuschreibt, deckt sich fast wörtlich mit dem, was wir in unserem damaligen Gesetzentwurf als Aufgabe für die Arbeitskammern vorgeschrieben hatten. Freilich macht diese Tatsache einen um so merkwürdigeren Eindruck, wenn die Herren meinen, daß, wenn diese jetzt von ihnen vorgebrachten Vorschläge durch die Gesetzgebung Aktualität erlangen würden, dies ein Mittel sei, die Arbeiterklasse der Sozialdemokratie zu entfremden. Wenn wir das geglaubt hätten, dann würden wir selbstverständlich seinerzeit unsere Anträge nicht eingebracht haben.... Aber daß wir diese Anträge einbrachten, beweist, daß wir die feste Ueberzeugung haben, daß Sie sich in Ihrer Auffassung irren. Sie irren überhaupt immer, wenn Sie glauben, durch Bewilligung von Arbeiterforderungen und Arbeiterschutzmaßregeln der Sozialdemokratie Abbruch zu tun. Wir werden auf diesem Gebiete Ihnen immer in bezug auf solche Forderungen um drei Nasenlängen voraus sein. Sie werden immer hinter uns drein hinken und erst nachträglich bewilligen, was wir von vornherein gefordert haben. Außerdem irren Sie sich auch, wenn Sie glauben, daß es überhaupt auf dem Gebiet des Arbeiterschutzes eine Grenze gäbe. Diese gibt es nicht, ebensowenig wie es eine Grenze in der gesellschaftlichen Entwicklung gibt. Hier heißt es auch, der Appetit kommt mit dem Essen, je mehr die Arbeiter erlangen, desto mehr werden sie fordern, sie werden immer neue Forderungen aufstellen, und der Reichstag wird genötigt sein, diesen entgegenzukommen. Eine Abwendigmachung unseres Anhangs wird Ihnen also in keiner Weise gelingen. Das ist nicht denkbar. . . ."

DIE SOZIALDEMOKRATIE ALS ANTREIBER

„Die Sozialdemokratie ist für die Sozialreform der beständige Anpeitscher und Antreiber gewesen; ohne die Sozialdemokratie und ihre Agitation würde auch nicht entfernt im Deutschen Reiche das geleistet worden sein, was bisher geleistet worden ist. . . . Gehen wir etwas weiter zurück in die sechziger Jahre, so kann doch niemand, der die Verhältnisse und Zustände dieser Zeit kennt, leugnen, daß unsere gesamten offiziellen Volkswirtschaftslehrer und ihnen folgend die Parlamente auf dem Standpunkt standen, daß der Staat keinerlei Recht und Aufgabe habe, in die sozialen und wirtschaftlichen Verhältnisse der einzelnen Klassen und speziell auch der Arbeiterklasse einzugreifen. Es wurde das „laissez faire und laissez aller" von allen Kathedern gepredigt. Erst gegen Ende der sechziger Jahre hat sich in dieser Beziehung ein Umschwung vollzogen, der zu Anfang der siebziger Jahre in dem Auftreten der sogenannten Kathedersozialisten sich dokumentierte. Diese Richtung war es, die in Deutschland bürgerlicherseits zum ersten Male den Standpunkt vertrat, daß es allerdings die Aufgabe und die Pflicht des Staates sei, für die Unterdrückten und namentlich die arbeitende Klasse helfend einzugreifen. . . ."

DIE „NEGATION" DER SOZIALDEMOKRATIE

„Und da man heute noch fortgesetzt behauptet, daß wir Sozialdemokraten in diesen sozialen Reformfragen uns bisher negierend verhalten hätten, so muß ich doch der Wahrheit die Ehre zu geben suchen und die Tatsachen richtigstellen.

Vom Jahre 1867 an, nachdem der konstituierende Reichstag geschlossen war und die Wahlen zur ersten legislativen Versammlung des Norddeutschen Reichstages stattgefunden hatten, hat das kleine Häuflein Sozialdemokraten, das damals im Norddeutschen Reichstag sich befand, jede Gelegenheit ergriffen, um Verbesserungsanträge im Sinne des Arbeiterschutzes einzubringen. So ist unter anderem — um das zu erwähnen — auf meinen Antrag von der Mehrheit des Reichstags beschlossen worden, daß die Arbeitsbücher abgeschafft würden. Ich habe das für einen wesentlichen Fortschritt angesehen. Zehn Jahre später war es der Majorität aus Konservativen und Zentrumsleuten vorbehalten, diese Einrichtung nach der Richtung hin abzuändern, daß die Arbeitsbücher für Personen, die sich in unmündigem Alter befinden, wieder eingeführt wurden.

Wir haben damals, 1869, bei Beratung der Gewerbeordnung Anträge gestellt auf Beseitigung der Kinderarbeit, auf Schutz für die Frauenarbeit, auf Einführung eines Normalarbeitstages, auf Einführung der Fabrikinspektion, auf Einführung der Gewerbegerichte — letzterer ein Antrag, der erst einige zwanzig Jahre später im Reichstag verwirklicht worden ist. Kurz, wir haben bei jeder Gelegenheit, die sich bot, unsererseits Anträge gestellt, um den Arbeiterschutz in weitestem Umfang zu verwirklichen. Wenn das uns nicht möglich war, lag es nicht an uns; es lag an der Majorität des Hauses."

DER VATER DER BÄCKEREIVERORDNUNG

Ganz besondere Verdienste erwarb sich Bebel um die unterdrückten und im wahrsten Sinne des Wortes ausgebeuteten Bäckereiarbeiter. Diese Berufsschicht war noch bis zur Wende des Jahrhunderts ohne jeden gesetzlichen Schutz, bei siebentägiger Arbeitswoche fast ohne Pausen Tag und Nacht im Dienste der Meister tätig, zumeist in mangelhaften und unsauberen Schlafstätten untergebracht, ansteckenden Krankheiten und körperlicher Verelendung ausgesetzt. Da veranstaltete Bebel 1889 mit Hilfe der Verwaltung des Verbandes der Bäcker und Berufsgenossen Deutschlands, einer damals noch sehr kleinen gewerkschaftlichen Organisation, selbständig eine Erhebung über die Arbeitsbedingungen und die soziale Lage der Bäckergesellen. Von 5000 Fragebogen, die verteilt worden waren, kamen rund 745 beantwortet zurück. Was die Antworten erbrachten, hat Bebel in einer aufsehenerregenden Schrift „Zur Lage der Arbeiter in den Bäckereien" niedergelegt. Diese private Enquête mit ihren furchtbaren Resultaten hatte eine aufrüttelnde Wirkung. Schon 1891, ein Jahr, nachdem die Schrift erschienen, wurde die Reichsgewerbeordnung abgeändert und in einem besonderen Paragraphen dem Bundesrat die Befugnis erteilt, „für solche Gewerbe, in welchen durch übermäßige Dauer der Arbeitszeit die Gesundheit der Arbeiter gefährdet wird, Dauer, Beginn und Ende der zulässigen täglichen Arbeitszeit und der zu gewährenden Pausen" vorzuschreiben. Auf Grund dieser Befugnis hat der Bundesrat dann im März 1896 endlich die „Verordnung über den Betrieb von Bäckereien und Konditoreien" erlassen, die als höchste Arbeitsschicht jedes Gehilfen zwölf Stunden festsetzte. Nicht ohne daß die bürgerlichen Fraktionen des Reichstages durch Interpellationen die Regierung zu veranlassen suchten, die ganze **Verordnung wieder außer Kraft** zu setzen.

Der stenographische Bericht über diese Verhandlungen, in denen Bebel nicht mehr zu Worte kam, ist unter dem Titel: „Die Arbeiterschutzheuchelei der bürgerlichen Parteien im Reichstag" als Sonderdruck erschienen und von Bebel mit einem Nachwort versehen worden. Er verweist darin auf die Tatsache, daß bei der Beratung jener Bestimmung der Gewerbeordnung von den Sozialdemokraten mit Nachdruck hervorgehoben wurde, daß sie in erster Linie auf die Beschäftigung der Arbeiter in der Bäckerei und Müllerei, dem kaufmännischen und Gastwirtsgewerbe Anwendung finden müsse. Trotzdem diese Auffassung damals von keiner Seite bestritten wurde, und die betreffende Bestimmung der Gewerbeordnung einstimmig Annahme fand, veranstalteten sämtliche bürgerlichen Parteien — nur das Zentrum verhielt sich reserviert — eine große Entrüstungsaktion, als der Bundesrat wirklich die Bäckereiverordnung erließ, eine Verordnung — sagt Bebel —, „die, bei Lichte besehen, die schauderhaftesten Zustände in der weitaus großen Mehrzahl der Bäckereibetriebe beim alten beließ und es den Unternehmern ermöglichte, nach wie vor die Ausbeutung der Arbeiter aufs maßloseste zu betreiben".

Selbst der Staatsminister v. Berlepsch setzte den opponierenden Parteien auseinander, wie ungemein dehnbar die Verordnung sei, so daß sie nach wie vor ein tägliches **Maß der Ausnutzung bis zu 15 und 16 Stunden** ermöglichte. Bebel untersucht die Frage, **warum** die bürgerlichen Parteien sich allesamt zum Fürsprech der schlimmsten Ausbeutungsfreiheit für die Bäckereiunternehmer machen konnten. Er sagt, daß man innerhalb der verschiedenen bürgerlichen Parteien den G l a u b e n v e r l o r e n habe, den A r b e i t e r auf die Dauer noch an sich fesseln zu können:

„Man sieht in jedem A r b e i t e r nur einen K a n d i d a t e n d e r S o z i a l d e m o k r a t i e, der früher oder später dieser zufällt. Warum also für diese unsicheren Kantonisten sich erwärmen und gar für sie opfern, um andere zuverlässigere Elemente vor den Kopf zu stoßen? B a u e r n und K l e i n - b ü r g e r sind sicherere Gefolgschaften, werfen wir uns also für diese ins Zeug! Das ist die Logik, der die Mehrzahl der bürgerlichen Parteien in dieser Frage folgt und künftig in ähnlichen Fragen folgen wird. Die Verhandlungen über die Bäckereiverordnung haben klar gezeigt, wohin wir steuern. Fortan tritt für die Mehrzahl der bürgerlichen Parteien der bisher schon sehr platonisch vertretene A r b e i t e r s c h u t z i n d e n H i n t e r g r u n d und das Wettrennen um die Gunst von Handwerkern und Bauern rückt noch mehr in den Vordergrund, als es bisher bereits darin stand. Es ist der letzte Schritt, den die altgewordenen bürgerlichen Parteien machen, um sich noch zu halten."

So fragmentarisch die Bäckereiverordnung zunächst auch schien, so war sie doch der A n f a n g eines gesetzlichen Schutzes der Arbeiter in den Bäckereien. Und wenn schon die Bäckereiunternehmer in völliger Verkennung ihrer eigenen Interessen Jahr für Jahr gegen das Mindestmaß von Schutzbestimmungen Sturm liefen, so hatte doch Bebel gerade in bezug hierauf ein Gefühl der stolzen Befriedigung. Er brachte das auch einmal im Reichstag zum Ausdruck, als, wenige Jahre vor seinem Tode, ein antisemitisch-mittelständlerischer Abgeordneter, selbst ein Bäckereiunternehmer, gegen ihn sich in heftigsten Vorwürfen erging. Der Mittelständler behauptete, Bebel hätte unmotivierte A n g r i f f e gegen das B ä c k e r e i g e w e r b e veröffentlicht, er hätte es diskreditiert, nach jeder Richtung herabgesetzt und nachher sich nicht veranlaßt gesehen, auf Aufforderung den Beweis dafür anzutreten.

Darauf antwortete Bebel am 4. Mai 1911:

„Unter dieser Anklage kann der Herr Abgeordnete in der Hauptsache nur die Broschüre verstehen, die ich im Jahre 1890 veröffentlicht habe unter dem Titel „Z ur Lage der Arbeiter in den Bäckereien". Ich habe damals, soweit meine Kräfte und Mittel reichten, eine Enquête über die Bäckereien Deutschlands veranstaltet, nachdem ich wiederholt gehört hatte, welche traurigen und entsetzlichen Zustände in einem großen Teil der Bäckereien herrschten. Die Enquête bezog sich auf eine ganze Anzahl Städte und Orte; ich habe in meiner Broschüre keinen Personennamen genannt, ich habe nur bezeichnet die Geschäfte „mit so und so viel Arbeitern, so und so viel Gesellen, Lehrlingen" usw. oder als „Geschäfte der und der Art". Die Zustände, die ich schildern mußte, waren einfach grauenhaft. Nicht allein stellte sich heraus, daß in einem sehr großen Teil der Bäckereien eine ganz unmenschlich lange Arbeitszeit existierte, sondern auch, daß die Räume der Bäckereien für die Arbeiter so entsetzlich waren, daß notwendigerweise die Gesundheit der Arbeiter in der schwersten Weise darunter leiden mußte. Ich habe festgestellt, daß die weitaus größte Mehrzahl der Bäckereien, auf die sich meine Enquête bezog, 13, 15, 16 bis 20 Stunden tägliche Arbeitszeit hatte an den 365 Tagen des Jahres — und Nachtarbeit, selbstverständlich! —, daß kein einziger freier Tag den Bäckereiarbeitern gewährt wurde, daß diese an Sonn- und Feiertagen arbeiten mußten, daß die Arbeitsräume die scheußlichsten waren, die man sich nur denken konnte, ohne Luft und Licht, daß häufig die Abortanlagen durch dieselben gingen usw., ferner daß die Schlafräume die erbärmlichsten waren, die man sich überhaupt vorstellen kann —, die Bettwäsche wurde oft nur alle halbe Jahr einmal gewechselt! In einer ganzen Anzahl Bäckereien war es so, daß, wenn die Bäckerarbeiter am Abend aufstanden, sich die Dienstmädchen in die Betten legen mußten, weil die Meister keine anderen Betten und keine anderen Schlafräume zur Verfügung hatten. Meine Broschüre hat damals ungeheures Aufsehen erregt, sie wurde der Kritik in der Presse und im Reichstag unterzogen. Man sagte: Es ist unmöglich, daß derartige Zustände existieren können. Es war der Abgeordnete Osann, der im Jahre 1891 die Gelegenheit nahm, in bezug hierauf zu erklären, man habe allerdings geglaubt, daß das, was Bebel über die Zustände in den Darmstädter Bäckereien sage, unmöglich wäre; darauf habe die Darmstädter Polizei eine Untersuchung vorgenommen, und diese habe leider ergeben, daß die Zustände in den Bäckereien noch schlimmer waren, als sie in der Broschüre geschildert wurden. Das ist nicht in einer Stadt, sondern in einer Reihe von Städten geschehen. Man hat fast überall Untersuchungen vorgenommen an den Orten, die ich in der Broschüre bezeichnet hatte, um mir womöglich Unrichtigkeiten nachzuweisen; man hat es nirgends gekonnt.

Was war die Folge? Die Dinge kamen im Reichstage zur Sprache, und als im Jahre 1892 auf Antrag des damaligen nationalliberalen Abgeordneten Siegle die Kommission für Arbeiterstatistik niedergesetzt wurde, war die erste Arbeit dieser Kommission, daß sie eine Untersuchung in den Bäckereien vornahm. Auf Grund der grauenhaften Zustände, die damals in den Bäckereien festgestellt wurden, ist die erste Verordnung von dem Herrn Minister von Berlepsch veröffentlicht worden. Ich kann mir das Verdienst zuschreiben, und ich rechne es mir als ein großes Verdienst an, daß ich durch meine Broschüre die Anregung gab, daß die erste Verordnung für die Bäckereien erlassen wurde, die einigermaßen den traurigen Zuständen entgegenzuwirken suchte. Diese Verordnung ist dann wiederholt Jahr für Jahr Gegenstand der heftigsten Angriffe hier im Hause gewesen. Wir haben mit aller Macht diese Angriffe zurückgeschlagen. Die Regierung hat sich — das muß ich anerkennen — nicht irremachen lassen. Sie hat weitere Untersuchungen angestellt und gefunden, daß die erste Verordnung nicht genügte, und hat im Jahre 1906 die Verordnung erlassen, die gegenwärtig Gegenstand der heftigsten Angriffe und unserer Diskussion ist. . . ."

Die gewaltige Umwälzung, die der Weltkrieg in mehr als einem Gewerbe hervorgerufen, hat auch für die Bäckereien das Nachtbackverbot gebracht, auf das die Meister früher nicht verzichten zu können glaubten. Die Revolution hat dieses zunächst als Kriegsmaßnahme gedachte Verbot ausdrücklich bestätigt. Und heute kann man wohl sagen, daſz auch die Mehrzahl der Bäckermeister, wenigstens der Kleinbetriebe, dankbar sind, daſz durch dieses Verbot auch ihnen und ihren Angehörigen die Möglichkeit gegeben wurde, als Mensch zu leben und der nächtlichen Ruhe zu pflegen. In gesundheitlicher Beziehung hat also der vielangefeindete Vorstoſz Bebels gegen die Miſzstände in Bäckereien nicht nur den Arbeitern und nicht nur den Käufern, sondern auch den Bäckermeistern selbst die besten Dienste erwiesen.

Den gedrücktesten und verelendetsten Schichten galt Bebels Interesse von jeher. Schon 1879 hatte er eine ähnliche private Enquête über die Lage der Weberbevölkerung in Sachsen veranstaltet und unter dem Titel „Wie unsere Weber leben" im Selbstverlag herausgegeben. Die Schrift enthält so erschütternde Einzeldarstellungen über das Weberelend, daſz sie selbst in jenen Tagen, da das Sozialistengesetz jede selbständige Regung der Arbeiterklasse unmöglich machte, mit Recht das gröſzte Aufsehen hervorrief, allerdings ohne einen unmittelbaren gesetzgeberischen Erfolg zu erzielen.

GEGEN DIE SONNTAGSARBEIT

Mit besonderem Eifer kämpfte Bebel jahrelang für die Beschränkung der Arbeitszeit, insonderheit der Sonntagsarbeit. Heute klingt es fast wie eine unverständliche Mär, daſz noch vor wenigen Jahrzehnten im Handel wie auch vielfach in den Fabriken die Sonntagsarbeit gang und gäbe und an Stundenzahl so unbeschränkt war wie die Arbeit an Wochentagen. Immer wieder, mehr als ein Jahrzehnt hindurch, hat Bebel im Reichstage mit seinen Fraktionsgenossen für die gesetzliche Beschränkung und die Beseitigung der Sonntagsarbeit gewirkt, sowohl in kritischen Reden, als in positiven Gesetzesvorschlägen. Bismarck war indes ein grundsätzlicher Gegner jedes Eingriffs in das Verhältnis zwischen dem Unternehmer und dem Arbeiter. Selbst als der Reichstag durch eine Kommission auf Grund eines sozialdemokratischen Antrags mit positiven Vorschlägen kam, wandte sich Bismarck dagegen, indem er mehrfach ausführte, das Verbot der Sonntagsarbeit bedeute für die beteiligten Arbeiter wie für die beteiligte Industrie „ein Siebentel Verlust des Lohnes" und ein Siebentel Verlust der Produktion, das könne weder der Arbeiter noch die Industrie aushalten. Tatsächlich mußte die Beratung am 9. Mai 1885 resultatlos abgebrochen werden, weil die Session des Reichstags geschlossen wurde. Wegen seiner „manchesterlichen Haltung" in der Presse stark angegriffen, entschloß Bismarck sich, durch ein Rundschreiben bei den einzelstaatlichen Regierungen eine Enquête darüber anzuregen, in welchem Umfang die gewerbliche Sonn- und Festtagsarbeit stattfinde und ob und inwieweit ihre Beschränkung „ohne Schädigung berechtigter Interessen" möglich sei. Das Ergebnis dieser Rundfrage wurde vom Reichsamt des Innern in drei Foliobänden zu einer Gesamtdarstellung verarbeitet. Einen Auszug aus den rund 30 000 Schriftstücken hat Bebel in einer vielbeachteten Schrift „Die Sonntagsarbeit" mit kritischen Bemerkungen herausgegeben. Sie zeigt ebenfalls den Bienenfleiß, den er zu jeder Zeit auf das Studium der Lage des Proletariats verwandte.

SEIN EINFLUSS AUF DIE SOZIALGESETZE

Wie stark gerade Bebel und die Sozialdemokratie die deutsche sozialpolitische Gesetzgebung beeinflußt hat, das erhellt am deutlichsten aus dem Urteil ihrer Gegner. Das Wort Bismarcks, das am 26. November 1884 im Reichstage fiel: „Wenn es keine Sozialdemokratie gäbe, und wenn nicht eine Menge Leute sich vor ihr fürchteten, würden die mäßigen Fortschritte, die wir überhaupt in der Sozialreform bisher gemacht haben, auch noch nicht existieren," wurde deshalb von Bebel des öfteren als Beleg für diese Tatsache angezogen. Ebenso deutlich aber hatte den gleichen Gedanken schon einige Jahre früher der liberale Abgeordnete Bamberger, einer der unentwegtesten Anhänger der Manchesterlehre, bei Beratung des Unfallversicherungsgesetzes im Februar 1881 ausgesprochen. Der vorliegende Unfallversicherungsgesetzentwurf, so betonte er, stehe „auf dem Boden des Sozialismus". Sogar die Motive drückten das Bekenntnis dazu aus. Dann fuhr Bamberger fort:

„Wie sehr die gegenwärtige Theorie der Gesetzgebung bereits dem Inhalt des Sozialismus nahegerückt ist, wird Ihnen nach mir wahrscheinlich ein anderer Redner sehr deutlich illustrieren, nämlich der Abgeordnete Bebel. Herr Bebel hat im Jahre 1879 bei Gelegenheit gerade des Vorschlages, die Unfallversicherungsgesetzgebung zu verbessern, eine Rede gehalten, und er hat in derselben genau die Grundzüge des Gesetzes entworfen, das Ihnen heute vorliegt. Ich will Herrn Bebel nicht des Vergnügens berauben, die Stelle wörtlich vorzulesen, in der die ganze Oekonomie des Gesetzes auch seiner Ausführung nach enthalten ist; aber das kann ich sagen, nachdem ich die Rede heute morgen nachgelesen habe, ist mir der Gedanke gekommen: Ich weiß nicht, warum Herr Bebel nicht vortragender Rat der volkswirtschaftlichen Abteilung in der Reichsregierung ist."

Der liberale Bamberger schob also dem Abgeordneten Bebel direkt die intellektuelle Urheberschaft an den Grundgedanken des Unfallversicherungsgesetzes zu. So stark war der geistige Einfluß, den Bebel schon damals ausüben konnte, trotzdem das Sozialistengesetz sehr wesentliche Kräfte seiner Partei lahmlegte und die Fraktion selbst zu jener Zeit nur neun Personen umfaßte. Er ließ sich denn auch durchaus nicht beirren, weder durch die sozialistische Verbrämung, die Bismarck dem Unfallversicherungsgesetz zu geben suchte, noch durch die Auffassung, die aus den Worten Bambergers sprach. Er erklärte vielmehr:

„Ich kann nur sagen, daß, wenn wir auch im allgemeinen das **Prinzip** billigen, auf dem der Unfallversicherungsgesetzentwurf beruht, wir die **Ausführungsbestimmungen sehr, sehr wenig genügend** finden, und wenn wir uns auch einmal der Hoffnung hingeben wollten — obgleich wir diese Hoffnung nicht haben —, daß der Entwurf hier im Reichstag in einer Weise amendiert würde, die vollständig unseren Wünschen, also den Wünschen der Arbeiterklasse, entspräche, so muß ich doch sagen, daß damit auch noch sehr wenig geschaffen ist. Es wäre ein **anerkennenswerter Schritt** damit geschehen, aber es wäre mindestens ebenso wichtig, daß nicht allein dafür gesorgt wird — und dies ist **Ihre** Aufgabe, denn **wir** sind nur die **Geduldeten** in diesem Hause, man sähe uns am liebsten draußen —, daß **nicht nur diejenigen** Unterkunft und Brot haben, die in der Industrie durch irgendeinen **Unfall** geschädigt werden, sondern daß **unsere Arbeiter überhaupt ausreichend Brot und Verdienst** haben und beschäftigt werden können."

Sowohl das Unfallversicherungsgesetz als die ihm folgenden Gesetze über Kranken- und Invalidenversicherung wurden in der Endabstimmung von Bebel und seinen Freunden bekanntlich abgelehnt. Diese Ablehnung hat in späteren Jahren immer wieder den bürgerlichen Parteien zu mehr oder weniger ernsthaften Vorwürfen gegen die Sozialdemokratie Anlaß gegeben. Gegen den Verdacht indessen, als ob die Ablehnung aus prinzipieller Abneigung gegen die Art staatlichen Eingreifens zugunsten der Arbeiterklasse erfolgt sei, haben die Partei und Bebel als ihr Sprecher sich mit Recht verwahrt. Als zum Beispiel der Reichskanzler Fürst Bülow den landläufigen Vorwurf gegen die Partei wieder erhob, erklärte Bebel am 22. Januar 1903 im Reichstage:

„Wir fragen schließlich nicht nach den M o t i v e n , die ein Gesetz veranlaßten, wenn uns etwas Gutes gebracht wird, wir sehen uns die S a c h e an. Nun haben wir aber, wie der Herr Reichskanzler gestern richtig betonte, g e g e n alle diese Versicherungsgesetze gestimmt. Herr Reichskanzler, d a s h a b e n w i r g e t a n , und wenn h e u t e die Situation wieder eine ä h n l i c h e wäre, und wenn uns genau solche Entwürfe vorgelegt würden, wie sie damals vorgelegen haben, gebe ich Ihnen Brief und Siegel, w ü r d e n w i r g e n a u s o s t i m m e n , wie wir damals gestimmt haben. Das ergab sich aus den damaligen Verhältnissen und aus den Forderungen heraus, die wir stellten. P r i n z i p i e l l s i n d w i r k e i n e G e g n e r d i e s e r G e s e t z g e b u n g gewesen. . . . Wir haben uns bei der Unfallversicherung, bei der Krankenversicherung und bei der Invaliditäts- und Altersversicherung die undenklichste Mühe gegeben, durch M i t a r b e i t in den Kommissionen, durch Stellung von A n t r ä g e n in der Kommission und im Plenum, durch Debattieren usw., durch G r ü n d e alles aufzubieten, um wenigstens einen Teil unserer Anträge zur Annahme zu bringen. A l l e s w u r d e a b g e l e h n t , und als unsere primitivsten Forderungen abgelehnt wurden und die Vorlage nicht entfernt das bot, was wir glaubten im Interesse der Arbeiter verlangen zu müssen, haben wir sie abgelehnt."

Und als im gleichen Jahre auf dem Dresdener Parteitage der Sozialdemokratie über die Frage „Posivite Arbeit oder Negation?" gesprochen wurde, und als Bebel in dieser Debatte besonders als einer der Negierenden bezeichnet wurde, da brach trotz der radikalen Grundstimmung, die ihn in diesen Tagen beherrschte, der S t o l z d e s p r a k t i s c h e n S o z i a l p o l i t i k e r s durch. Er erinnerte gegenüber solchen Vorwürfen wieder an den großen Arbeiterschutzgesetzentwurf von 1884 und erklärte:

„Ich will Ihnen da ein Bekenntnis machen. Ich gehöre ja in den Augen der Gegner und selbst eines großen Teiles unserer Parteigenossen zu den Leuten, die keine praktische Betätigung wollen (Widerspruch); erst in den letzten Wochen bin ich als P r i n z i p i e n r e i t e r bezeichnet worden, der immer nur mit seinen Phrasen kommt und s t e t s n e g i e r t . Nun, ich gehöre mit einer kurzen Unterbrechung 36 Jahre dem Reichstage an, und es gibt **keinen einzigen** unter uns, der **mehr Initiativanträge** eingebracht und **mehr Gesetzentwürfe** ausgearbeitet hat als ich, der „Mann der Negation". Unserem Arbeiterschutzgesetzentwurf wird in dem Buch von Herkner über die Arbeiterfrage ein großes Lob erteilt. Als wir den Entwurf später von neuem einbrachten, da war namentlich die Presse der Herren **Naumann** und **Gerlach** so des Lobes voll, daß sie verlangte, der Reichstag solle ihn en bloc annehmen. Ja, verehrte Herren (der Redner wendete sich an die am Tisch der Presse sitzenden Herren Naumann und v. Gerlach), wissen Sie denn, **wer den ersten Entwurf ausgearbeitet hat?** Das war **ich**, der Mann der Negation!"

IM HOHLSPIEGEL DER GEGNER

Wenn angesichts seiner unermüdlichen Tätigkeit für Arbeiterschutz von gegnerischer Seite ihm oft nicht nur die Motive seines Handelns, sondern selbst die eigenen Worte umgedreht wurden, so ist es begreiflich, daß er dagegen sich mit leidenschaftlicher Entrüstung zur Wehr setzte. Als eines Tages — es war aus Anlaß von örtlichen Wahlen — in einem Kölner Zentrumsflugblatt behauptet wurde, Bebel hätte auf dem Internationalen Sozialistenkongreß in Brüssel erklärt: „Die **Wunden am sozialen Körper** müssen **offen** gehalten werden, deswegen ist in den **staatlichen Maßnahmen** zum Wohle der arbeitenden Klassen **eine Gefahr** zu erblicken" — da schrieb er unter dem 8. November 1909 an die Redaktion der „Rheinischen Zeitung", die ihn um Auskunft gefragt hatte:

„Es liegt auf der Hand, daß ich, der ich 1889 diese Arbeiterschutzforderungen mit formuliert und beantragt hatte, 1891 nicht den blödsinnigen Satz aufstellen konnte, den mir das Zentrumsflugblatt unterschiebt."

Und nachdem er die sozialpolitischen Erörterungen des Brüsseler Sozialistenkongresses kurz rekapituliert, fährt er in dem Briefe fort:

„In der Rede, die ich zu diesem Punkte der Tagesordnung hielt, habe ich mich selbstverständlich mit den gestellten Forderungen einverstanden erklärt, zumal ich doch wiederum bei ihrer Abfassung in der Kommission beteiligt gewesen war. Am Schlusse der Rede wandte ich mich dann gegen einen Vorschlag, der dahin ging, nur **solche** Kandidaten bei den Wahlen zu unterstützen, die sich auf diese Arbeiterschutzforderungen verpflichteten. Ich wandte mich gegen den Vorschlag als **nicht weit genug** gehend, und führte dabei aus: Wie die Verhältnisse in Deutschland lägen, werde von unserer Partei **kein Kandidat** aufgestellt, der nicht das **sozialdemokratische Programm** bis in seine äußersten Konsequenzen anerkenne; nach der vorliegenden Forderung genüge aber schon die Zustimmung zu den Pariser Beschlüssen. Diese könne **jede bürgerliche** Partei anerkennen, denn mit ihrer Anerkennung sei man **noch lange nicht Sozialist**. Die Sozialdemokratie müsse für Klarheit eintreten und den **Finger in die Wunden der Gesellschaft legen**, damit diese Wunden **für alle fühlbar** und **unleugbar** würden.

Und nun sehe man, was das Zentrumsblatt aus diesem Satz gemacht hat! Es ist die unverschämteste Verdrehung, die jemals vorgenommen worden ist. . . . Ich möchte schließlich noch daran erinnern, daß unsere Genossen und ich im Reichstag schon in dem Jahre vor dem Brüsseler Kongreß die **allererdenklichste Mühe** daran gewandt haben, sowohl in **monatelangen** Kommissionssitzungen wie in **wochenlangen Beratungen** im Plenum die von Herrn von Berlepsch eingebrachte Gewerbeordnungsnovelle im Sinne der Pariser Beschlüsse umzugestalten, und daß am Zentrum in erster Linie die Schuld lag, wenn unsere Mühe so wenig Erfolg hatte. **Wo gibt es überhaupt im Reichstag eine andere Partei, die seit dessen Beginn unausgesetzt bemüht war wie wir, im Sinne des Arbeiterschutzes zu wirken?** Das darf ich **speziell auch von mir** sagen. Und gegenüber solchen durch Jahrzehnte hindurch zu erweisenden Tatsachen hat man die Unverfrorenheit, mir Ausführungen zu unterstellen, die **mit all meinen Worten und Taten im schärfsten Widerspruche** stehen! . . . ."

Wenn heute die Gedanken, die in den großen Arbeiterschutzgesetzentwürfen und in den zahllosen sozialdemokratischen Anregungen und Anträgen sozialpolitischer Art zum Ausdruck kamen, zu einem nicht unerheblichen Teile sich durchgesetzt haben, so ist das nicht zuletzt der rastlosen Arbeit zu danken, die gerade Bebel auch auf diesem Gebiete entfaltet hat. Zwar sind noch nicht alle Blütenträume gereift, die einst bürgerliche Sozialpolitiker im Hinblick auf die Arbeiterschutzgesetzgebung umgaukelten. Aber wenn heute der **Achtstundentag** gesetzlich eingeführt ist, wenn die Notwendigkeit solidarischer Fürsorge der Gesamtheit für die Schwachen Gemeingut geworden und die **Arbeitskraft**, wie in der Reichsverfassung verankert ist, dem besonderen Schutz des Reiches untersteht, so sind das sehr beachtliche Etappen auf dem weiten Wege, an dessen Anfang einstmals Bebel mit wenigen Gleichgesinnten als Pfadbereiter stand.

VOM RECHT DER FRAU

Wo immer man in Gegenwart oder Zukunft vom Rechte der Frau in Wirtschaft und Staatsleben sprechen wird, da darf der Name August Bebels nicht vergessen sein. Wohl gab es auch vor ihm schon Männer, die aus wirtschaftlichen und wissenschaftlichen Erwägungen einer Neuordnung des Verhältnisses von Mann und Frau im bürgerlichen Recht, im Produktionsprozeß oder innerhalb des staatlichen Gemeinschaftslebens das Wort redeten. Aber kaum ein anderer hat dem Gedanken der Frauenemanzipation einen so starken Impuls gegeben, ihm durch seine Propaganda eine so weite Verbreitung verschafft, wie gerade Bebel. Heute ist in Deutschland das Frauenwahlrecht zu allen Parlamenten eingeführt, Frauen wirken als Abgeordnete, als Richter, als Anwälte, als Regierungsräte am gemeinen Wohl mit, sie raten und taten gleich den Männern. Dieser Fortschritt ist zwar in erster Linie eine Folge der völligen wirtschaftlichen Umgestaltung, die der kapitalistische Industrialismus herbeigeführt hat; aber die gedankliche Vorbereitung auf den neuen Zustand hat doch jahrzehntelanger Werbearbeit bedurft.

Es ist ein Verdienst Bebels, und nicht sein geringstes, diese Werbearbeit für die Gleichberechtigung der Frau schon in der Frühzeit seines Wirkens begonnen und während seines langen Lebens mit nie vermindertem Eifer fortgesetzt zu haben. Als einer der ersten auch innerhalb der Arbeiterbewegung erkannte er die Notwendigkeit, die beruflich arbeitende Frau dem Streben der Männer nach einer besseren sozialen Ordnung anzugliedern, sie in

Reih und Glied zu stellen, statt sie als mißachtete Konkurrentin und Lohndrückerin weiter beiseite stehen zu lassen. Und wohl keine Schrift über die Frauenfrage, als soziales Problem gesehen, hat eine so weite Verbreitung erlebt und eine so tiefgehende Wirkung ausgelöst, wie Bebels Buch „Die Frau und der Sozialismus". Es kam zuerst im Jahre 1879 heraus, nachdem ein Jahr vorher (als Anhang zu seinen „Glossen" zu der Schrift von Yves Guyot und Sigismond Lacroix über „Die wahre Gestalt des Christentums") eine erste kürzere Abhandlung über „Die gegenwärtige und zukünftige Stellung der Frau" erschienen war. „Die Frau und der Sozialismus" mußte während des Sozialistengesetzes, da alle sozialistische Literatur in Deutschland unterdrückt wurde, in die Schweiz flüchten und wurde in Zürich unter dem weniger verfänglichen Titel „Die Frau in Vergangenheit, Gegenwart und Zukunft" herausgegeben und nach Deutschland geschmuggelt. Erst nach dem Fall des Ausnahmegesetzes konnte das Buch wieder unter seiner ursprünglichen Bezeichnung in Deutschland aufgelegt werden und erlebte eine alle bisherigen Begriffe übersteigende Verbreitung. Nicht nur, daß es in alle Kultursprachen übersetzt worden ist, in Deutschland selbst erschien bisher — im Jahre 1923 — die 185. Auflage! Ueber die revolutionierende Wirkung dieser Abhandlung konnte Bebel bereits in der sogenannten Zukunftsstaatsdebatte 1893, als im Reichstage von bürgerlichen Rednern gerade das Buch über die Frau immer wieder zum Gegenstand von Angriffen gemacht wurde, ohne jede Ruhmredigkeit feststellen:

„Was wir verbreiten und was wir verkaufen, das wird gelesen. Ich habe Beispiele, daß z. B. ein Exemplar meines Buches „Die Frau" von 40 bis 50 und mehr Männern gelesen worden ist. . . . Ich kann wohl sagen, mein Buch „Die Frau" hat eine Revolutionierung der Geister gerade unter den deutschen Frauen hervorgerufen, wie noch nie ein Buch zuvor. Wenn ich die Zuschriften, die ich aus angesehenen Frauenkreisen in den letzten Jahren bekommen habe, veröffentlichen wollte, könnte ich Bände füllen. Und das beweist mir, daß die Ideen, die auf diesem Gebiete von der Sozialdemokratie gehegt und vertreten werden, in den Frauenkreisen, in welchen man die Ungerechtigkeit der heutigen Zustände und die untergeordnete Stellung, die heute die Frau als Geschlechtswesen wie als soziales Wesen einnimmt, empfindet, besonders geteilt werden. Sie erkennen, daß nur allein durch die Sozialdemokratie sie zu ihrer vollen Gleichberechtigung und Freiheit in der Gesellschaft gelangen können. Wir sehen also, wie die Frauen mehr und mehr zu der Sozialdemokratie übergehen, — und auf welcher Seite in der großen Bewegung der Gegenwart die Frau steht, da ist der Sieg!"

Schon in seiner ersten größeren Programmschrift — der 1869 erschienenen „Unsere Ziele", die einer Auseinandersetzung mit der süddeutschen „Demokratischen Korrespondenz" ihre Entstehung verdankt — entwirft Bebel ein Bild von dem Verhältnis der arbeitenden Frau zu dem arbeitenden Manne innerhalb der sozialistischen Gesellschaft, wie es — damals noch in nebelhafter Ferne — ihm und seinen Gesinnungsgenossen vorschwebte:

DIE KONKURRENZ DER FRAUENARBEIT

„Diese Frage (wie die Konkurrenz der Frauenarbeit beseitigt werden könne) wird mit der in der sozialistischen Gesellschaft durchgeführten veränderten Produktionsweise ganz von selbst entschieden. Die Frau hört dann auf, die Konkurrentin des Mannes zu sein, damit aber auch ihr Abhängigkeitsverhältnis zum Manne. Die Geschlechter gelten als vollständig gleichberechtigt, jedes derselben erlangt naturgemäß denjenigen Wirkungskreis, der seinen natürlichen Fähigkeiten und Neigungen am meisten entspricht und das möglichst höchste Wohlbefinden der Gesamtheit am besten fördert. Die sozialistische Gesellschaft wird so wenig, wie den Mann zum

Fabriksklaven, die Frau zur Haussklavin degradieren wollen. Die gesellschaftlich notwendige Arbeit, durch die zweckmäßigste Organisation und die stetige Einführung verbesserter Produktionswerkzeuge und Methoden, auf ein Minimum im Verhältnis zu heute reduziert, wird nicht eine Plage, sondern eine Erholung sein, keins der in seiner Art beschäftigten Geschlechter überanstrengen. Häusliche Einrichtungen und Vorrichtungen werden den neuen Verhältnissen entsprechend einen von dem heutigen weit verschiedenen, aber veredelten und verbesserten Charakter annehmen. Für die Kindererziehung werden ohne übergroße Inanspruchnahme des einzelnen Zeit und Mittel reichlich vorhanden sein, und in dem frühzeitigen gesellschaftlichen Verkehr der Kinder untereinander unter zweckmäßiger gemeinschaftlicher Beaufsichtigung und Erziehung ... auch nach dieser Seite der Frau eine menschenwürdige Stellung geben. Im sozialistischen Staat wird die Frau die Gefährtin des Mannes im edelsten Sinne des Wortes sein, nicht unter ihm, sondern ihm gleich stehen. Sie wird weder — wie die Frau des Arbeiters von heute — Arbeitssklavin und Hauslasttier spielen und solange sie jung und hübsch ist, Gefahr laufen, von übermütigen Bourgeois und ihren Helfershelfern verführt und entehrt zu werden; noch wird sie — was meist die Frau des Bourgeois ist — ein Schaustück für die Putzstube, ein Gegenstand der Geschäftsspekulation oder eine Kindergebärmaschine sein, die dazu benutzt wird, ihrem Eheherrn zu legitimen Erben seiner aufgespeicherten Schätze zu verhelfen...."

Zwischen der Theorie der Idealgesellschaft und der harten Notwendigkeit des Tages pflegt freilich oft ein weiter Abstand zu sein. Aber Bebel war keineswegs nur ein Schwärmer. Er war in erster Linie ein Mann der täglichen Praxis. Es lag daher ganz in der Linie seines Wesens, wenn er auch für den nächsten Tag aus der Theorie die praktische Anwendung zu ziehen wußte. In jener Zeit der Reichsgründung war es vor allem die Textilindustrie in Deutschland, die billige weibliche Arbeitskräfte in Massen anzog und durch diese die ohnehin schon mehr als kümmerliche Existenz der Weber und

Spinner unaufhörlich herabdrückte. So war es denn wohl begreiflich, daß auf dem ersten allgemeinen Weberkongreß, der im Mai 1871 zu Glauchau tagte, auch der Antrag gestellt wurde, man solle ein allgemeines Verbot der Frauenarbeit fordern. Aber Bebel, der diesem Kongreß einen Vortrag über die Ursachen der Webernot gehalten hatte, wandte sich in Erkenntnis der rückschrittlichen Tendenz dieses Antrags sofort gegen ihn mit durchschlagender Beweiskraft. Er sei zwar auch der Meinung — so führte er aus —, daß es sehr gut sein würde, wenn namentlich die **verheirateten** Frauen nicht mehr in den Fabriken arbeiteten, da dies für das moralische Wohlverhalten auch mancher Fabrikanten sehr nützlich sein würde. Man möge aber doch **nur** beschließen, was **wirklich ausgeführt** werden könne. Was solle aus den Tausenden von **unverheirateten** Frauen werden, die man durch voreiligen Beschluß aus den Fabriken verbannen würde, die nicht mehr mit dem elterlichen Hause in Verbindung stehen und sich ihre selbständige Existenz schaffen müssen? Sie würden dadurch genötigt, sich einer anderen Branche zuzuwenden. Nun seien aber fast alle weiblichen Arbeitsfächer dermaßen überfüllt, daß es ihnen kaum gelingen würde, unterzukommen. Die mißlichen Lohnverhältnisse der weiblichen Arbeitskräfte und außerdem der Mangel an Arbeit bewirkten, daß so viele Mädchen sich der **Prostitution** in die Arme werfen. Er sei daher der Ansicht, daß man, anstatt die Frauen von sich abzustoßen und sie als Parias zu behandeln, weil sie, um ihre ärmliche Existenz zu fristen, den Männern Konkurrenz machten, sie vielmehr heranzuziehen und ihnen zu erklären suchen müsse, daß **gleiches Interesse** sie mit den männlichen Arbeitern verbinde, daß sie ebenfalls verpflichtet und berechtigt seien, Fachgenossenschaften (Gewerkschaften) beizutreten. Man müsse ferner dafür zu wirken suchen, daß den Frauen d e r s e l b e L o h n wie den Männern ausgezahlt werde, da die Frauen im Grunde genommen doch dieselben Arbeiten verrichten müßten wie die Männer; denn dann werde sich sicher der Fabrikant lieber männliche als weibliche Arbeitskräfte engagieren. Der Kongreß folgte diesen Darlegungen Bebels und erklärte es als Pflicht der Fachgenossen, dahin zu wirken, daß die Frauen in den Fabriken und Werkstätten mit in die G e w e r k s - und F a c h o r g a n i s a t i o n e n als g l e i c h b e r e c h t i g t eintreten, um es dahin zu bringen, daß die Löhne der Frauen und Männer gleichgestellt werden.

DAS WAHLRECHT FÜR DIE FRAU!

Wie die wirtschaftliche war auch die p o l i t i s c h e G l e i c h b e r e c h t i g u n g der Frau selbst in der Arbeiterbewegung ursprünglich stark umstritten. Es gab nicht wenige Sozialisten, die von dem Eintritt der Frauen ins politische Leben einen Rückschlag für die Bewegung der sozialistischen Arbeiter befürchteten. Als sich die beiden sozialistischen Parteien — „Allgemeiner deutscher Arbeiterverein" (Lassalleaner) und „Sozialdemokratische Arbeiterpartei" (Eisenacher) — im Jahre 1875 miteinander verschmolzen, wurde bei der Beratung des neuen Programms auch die Frage des F r a u e n w a h l r e c h t s besprochen. Der Redakteur des Zentralorgans der Lassalleschen Partei, H a s s e l m a n n, wandte sich besonders entschieden gegen die Aufnahme der besonderen Forderung nach dem Frauenwahlrecht in das Programm der geeinten Partei. Bebel aber, der den dahin zielenden Antrag gestellt hatte, trat ihm entgegen. Das Protokoll über den Einigungsparteitag in Gotha sagt über seine Ausführungen:

„Hasselmann meine, die Frauen seien n i c h t g e b i l d e t genug; das werde aber auch von den männlichen A r b e i t e r n gesagt. Ja, es gibt noch Leute, welche erklären, f ü r das allgemeine Wahlrecht zu sein, wenn nur die Arbeiter gebildeter wären. Das ist aber unrichtig; ein R e c h t m u ß g e ü b t werden, und es muß G e l e g e n h e i t d a z u gegeben werden, wenn man die Wirkungen sehen will. Wir nannten gestern alle anderen Klassen eine reaktionäre Masse; wir dürfen n u n n i c h t d e n F r a u e n g e g e n ü b e r u n s a l s r e a k t i o n ä r hinstellen. . . . Hasselmann sagt, daß er nur für das Frauenrecht sein könne, wenn die Frauen genügend gebildet seien; nun, wir müssen eben dahin streben, daß sie es werden. Und dies geschieht eben dadurch, daß wir ihnen das Wahlrecht geben, damit sie sich in der Benutzung desselben üben. Redner habe vor Jahren auch gesagt, daß die Arbeiter nicht genügend gebildet seien; er wäre aber anderer Ansicht geworden, und dies würde auch der Fall bei denen sein, welche jetzt die Frauen für nicht genügend gebildet halten."

Mit seinem Antrage, das Wahlrecht ausdrücklich für „Staatsangehörige beiderlei Geschlechts" zu fordern, blieb Bebel damals noch in der Minderheit. Selbst Liebknecht hatte gegen ihn gestimmt. Zwar erklärte sowohl Liebknecht wie der Vorsitzende des Kongresses, Hasenclever, daß diejenigen, die den Antrag Bebel abgelehnt hatten, nicht grundsätzliche Gegner des Frauenstimmrechtes seien, sondern, daß sie teils dem Willen des Antrages durch das allgemeingehaltene Wort „Staatsangehörige" schon entsprochen zu haben glaubten, teils aber der Meinung seien, daß die Frauenfrage in der Gegenwart nicht so aktuell sei als das Wahlrecht für die Männer. Infolge dieser Abstimmung blieb das sozialdemokratische Programm 16 Jahre lang ohne eine besondere Betonung des Frauenwahlrechts. Aber Bebel blieb doch ein um so eifrigerer Fürsprecher der Frauenrechte.

In der schon erwähnten ersten größeren Abhandlung auf diesem Gebiete, die als Anhang zu den „Glossen" erschien, setzte er sich mit der Ansicht jener französischen Schriftsteller auseinander, daß man nur die E h e z u einem Privatvertrag mit allen seinen Folgen machen brauche, um eine rechtliche Gleichstellung der Frau zu erzielen. Ganz klar und scharf hebt Bebel die Tatsache hervor, daß die rechtliche Ungleichheit der Frau im wesentlichen begründet ist in der wirtschaftlichen Abhängigkeit, in die sie durch jahrhundertelange Ueberlieferung gezwängt und erhalten wurde, bis die industrielle Entwicklung der Neuzeit die Fesseln zu sprengen begann. Einige Sätze aus dieser Abhandlung mögen als Beispiel zeigen, wie klar Bebel schon damals die großen ökonomischen und sozialen Zusammenhänge erkannte:

DIE FRAU ALS WARE

„... Die materielle Abhängigkeit der Frau und ihre von der Männerwelt geflissentlich erhaltene geistige Unmündigkeit, verbunden mit der weiteren Tatsache, daß der schroffe Gegensatz, die Unsicherheit und der Kampf um die Existenz in unseren sozialen Verhältnissen die Männerwelt veranlassen, die Ehe zunächst vom Geldstandpunkte aus zu betrachten, machen die Frau zu einer Ware und die Ehe zu einem gemeinen Kaufgeschäft. Die natürlichen, d. h. die eigentlich moralischen Gesichtspunkte kommen erst in zweiter Reihe. Die Frau gerät in die abhängigste Lage von dem Manne. So ist in der heutigen Gesellschaft das Verhältnis zwischen den Geschlechtern ein ebenso ungesundes wie das zwischen Bourgeois und Proletariern. Der Mann hat die Rechte, die Frau die Pflichten...."

DER SOZIALISMUS ALS BEFREIER

„Die Frau steht dem Manne erst gleich, wenn sie nicht bloß rechtlich, sondern auch ökonomisch ihm gleichsteht, wenn sie dasselbe Menschenrecht wie der Mann genießt, wenn die gesellschaftlichen Verhältnisse dem Manne es unmöglich machen, sich zu ihrem Herrn aufzuwerfen, weil er ihr Ernährer ist.

Der gesellschaftliche Zustand, der keinen Herrn und keine Unterdrückten kennt, weder auf politischem, noch ökonomischem, noch religiösem, noch geschlechtlichem Gebiete, ist der Sozialismus.

Im Sozialismus allein tritt die Frau, wie jeder Unterdrückte, in den Besitz des vollen Menschenrechtes. Der Sozialismus setzt sich die höchste Entwicklung der Kräfte und Fähigkeiten aller Gesellschaftsmitglieder, also auch der Frauen zum Ziel; er verlangt von allen Gesellschaftsmitgliedern, also auch von den Frauen, die Anwendung ihrer Kräfte und Fähigkeiten zum gemeinsamen Nutzen; er gewährt allen Gesellschaftsmitgliedern, also auch den Frauen, vollen Anteil an dem gemeinschaftlichen Ertrage und Nutzen aller Tätigkeit. Im Sozialismus allein kann sich der edelste Trieb im Menschen, die Liebe, voll und ganz entfalten; alle falschen Rücksichten, alle Hemmnisse fallen weg, Mann und Frau stehen sich vollständig gleich gegenüber, ihre Neigung allein entscheidet ihr Zusammenleben, ihre Ehe...."

UNERTRÄGLICHE EHEN

„Eine größere Unmoralität ist nicht denkbar, als wenn zwei Menschen, die sich nicht vertragen und nicht zusammenpassen, für alle Lebensbeziehungen gewaltsam aneinander gefesselt sein sollen. Darunter leidet nicht bloß ihr eigener Charakter, der in dieser Zwangslage die schlimmsten Seiten entwickelt, sondern auch ihre ganze Umgebung und insbesondere die Kinder. Nichts wirkt auf die Kinder niederdrückender und demoralisierender als das tägliche Beispiel eines Elternpaares, das sich nicht verträgt, das sich täglich im Angesicht der Kinder mit Vorwürfen und Gehässigkeiten und Schlimmerem begegnet, das deshalb die Achtung und Liebe der Kinder zu den Eltern untergräbt oder gar Spaltung in die Kinderherzen wirft...."

DIE SOZIALISTISCHE EHE

„In der sozialistischen Gesellschaft ist die Ehe das reinste, von keiner anderen Rücksicht als auf die gegenseitige Neigung geschlossene Verhältnis; ein Verhältnis, das, weil es aus keiner anderen Absicht als der, sich gegenseitig anzugehören, von zu gegenseitiger Achtung und voller Gleichberechtigung erzogenen Menschen geschlossen wird, eine unendlich sittlichere Grundlage als die meisten heutigen Ehen hat. Es existiert nicht, wie böswillige und unverständige Gegner dem Sozialismus unterschieben wollen, die sogenannte „Weibergemeinschaft", ein Zustand, dessen Name schon eine schimpfliche Degradation der Frau bedeutet, der aber heute für manche Klassen in Wirklichkeit besteht...."

„In der sozialistischen Gesellschaft werden die **Früchte der Ehe**, die Kinder, auch nicht, wie das heute so vielfach geschieht, in Armen- oder Findelhäusern oder in den erbärmlichen Wohnungen der Armen und durch körperliche Ausbeutung zugrunde gehen, oder in den Ammen- und Kinderstuben und Pensionsanstalten der Reichen verzogen und verhätschelt werden, sondern die **Gesellschaft** betrachtet die Kinder als **wertvolle Pflanzen**, die sie für ihre Weiterentwicklung sorgfältig zu hegen und zu pflegen hat, und sorgt, ohne daß sie der Elternliebe den geringsten Einhalt oder Zwang antut, für das Gedeihen und die vernunftgemäße Entwicklung der Kinder; die Schulpflicht wird zur allgemeinen Erziehungspflicht erweitert. . . ."

DIE FRAU UND DIE KIRCHE

„Wo der Verstand wegen Mangel an Entwicklung und Uebung schwach ist, ist das Gefühl stark. Dieses starke Ueberwuchern des Gefühles auf Kosten des Verstandes hat insbesondere die Kirche, die nur auf das Gefühl berechnet ist, auszubeuten gewußt. Die Frau glaubt an die **Kirche**, weil sie in ihr die Trösterin in ihren Leiden, die Erretterin aus so vieler Not, der sie hilflos und verlassen gegenübersteht, zu finden hofft. Es ist Aufgabe des Sozialismus, die Frau diesem Wahne und damit der Kirche zu entreißen. Sie **gehört zu uns**, wir kämpfen für ihre wirkliche Befreiung, in der Verwirklichung unserer Ziele findet sie allein die wahre Freiheit und Unabhängigkeit; trete sie also als Bundesgenossin uns zur Seite. Es kommt bei ihrer Befreiung nicht bloß ihre **Lage als Gattin** dem Manne gegenüber in Betracht, sondern auch ihre Stellung als **Staatsbürgerin** und **Arbeiterin**, als Gesellschaftswesen überhaupt."

Diese Gedankenfolge wird in dem größeren Werke weiter ausgesponnen. Wir geben hier zunächst einige Absätze aus der im Jahre 1885 in Zürich-Hottingen erschienenen Ausgabe von „**Die Frau in der Vergangenheit, Gegenwart und Zukunft**":

DIE MORAL DER AUGUREN

„In dem Maße wie die Männerwelt freiwillig oder gezwungen auf die Ehe verzichtet, die Befriedigung natürlicher Triebe in der Wildnis sucht, in dem Maße steigen auch die **verführerischen Gelegenheiten** dazu. Der große Gewinn, den alle diese auf die Unsittlichkeit berechneten Unternehmungen abwerfen, lockt zahlreiche, nicht skrupulöse Geschäftsleute an, mit Aufbietung allen Raffinements die Kunden anzulocken und festzuhalten. Da wird jedem Bedürfnis nach Rang und Stellung der Kundschaft, jeder materiellen Leistungs- und Opferfähigkeit Rechnung getragen. Könnten gewisse von diesen „öffentlichen Häusern" in unsern Großstädten ihre Geheimnisse ausplaudern, es würde sich zeigen, daß ihre Bewohnerinnen, obgleich meist ohne Herkunft, ohne höhere Bildung und Erziehung, oft kaum ihren Namen schreiben könnend, aber desto mehr mit **körperlichen Reizen** ausgestattet, in den intimsten Beziehungen mit Spitzen der Gesellschaft, Männern von hoher Intelligenz und Bildung stehen. Da sähe man Minister, hohe Militärs, Geheimräte, Richter usw. neben Repräsentanten der Geburts-, Finanz-, Handels- und Industriearistokratie aus- und eingehen. Männer, die am Tage und in der Gesellschaft als „Vertreter und Wächter von Moral, Ordnung, Ehe und Familie" gar würdevoll und ernst einherschreiten, an der Spitze christlicher Wohltätigkeitsanstalten und von „Vereinen zur Unterdrückung der Prostitution" stehen. **Unsere bürgerliche Gesellschaft** gleicht einer **großen Karnevalsgesellschaft**, worin einer den anderen zu täuschen, zum Narren zu halten sucht; und wo jeder seine offizielle Verkleidung mit Würde trägt, um hernach inoffiziell um so ungezügelter seinen Neigungen und Leidenschaften frönen zu können. Und dabei trieft äußerlich alles von Moral, Religion und Sittlichkeit. Die Zahl der **Auguren** wird täglich größer . . ."

DIE REVOLUTION IN DER FAMILIE

„Die Revolution, die sich in unserem häuslichen Leben vollzog und immer weiter fortschreitet, hat auch nach anderer Richtung die **Stellung der Frau in der Familie wesentlich verändert**. Sie ist freier, unabhängiger geworden. Unsere Großmütter haben nicht daran gedacht und durften nicht daran denken, Arbeiter und Laufburschen außer Hause und vom Tische fernzuhalten, Theater, Konzerte, Vergnügungslokale zu besuchen und — es ist schrecklich zu sagen — häufig an einem Wochentage! Und welche von jenen guten alten Frauen hätte daran gedacht, gewagt daran zu denken, sich um öffentliche Angelegenheiten, wenn auch um nicht politische, zu bekümmern, wie es doch tatsächlich jetzt von vielen bereits geschieht? Man gründet Vereine für die verschiedensten Zwecke, hält Zeitungen, beruft Kongresse. Als Arbeiterinnen treten sie in Gewerkschaften, kommen häufig in die Versammlungen und Vereine der Männer und besitzen bereits hier und da — ich rede von Deutschland — das Recht, zu Arbeiterschiedsgerichten wählen zu dürfen.

Welcher Zopf wollte alle diese Veränderungen beseitigen, obgleich sich nicht bestreiten läßt, daß neben Lichtseiten auch Schattenseiten vorhanden sind, die eben mit unsern gärenden und faulenden Zuständen zusammenhängen, aber die Lichtseiten nicht überwiegen? Eine Abstimmung unter den Frauen, so konservativ sie bis jetzt im ganzen sind, dürfte ergeben, daß sie keine Neigung besitzen, in die alten engen patriarchalischen Verhältnisse zu Anfang des Jahrhunderts zurückzukehren...."

VORWÄRTS, NICHT ZURÜCK

„Es ist nach alledem klar, daß die ganze Entwicklung unseres sozialen Lebens nicht dahin geht, die Frau wieder zurück ins Haus und an den Herd zu bannen, wie unsere Häuslichkeitsfanatiker ihr vorschreiben und wonach sie, wie die Juden in der Wüste nach den verlorenen Fleischtöpfen Aegyptens seufzen, sondern in dem Heraustreten der Frau aus dem engen Kreise der Häuslichkeit, in der vollen Teilnahme an dem öffentlichen Leben des Volks — zu dem man dann nicht mehr bloß die Männer zählen wird — und an den Kulturaufgaben der Menschheit."

DIE FRAU HAT DAS GLEICHE RECHT

„Die Frau hat von Natur das gleiche Recht wie der Mann, der Zufall der Geburt kann daran nichts ändern. Die Frau, weil sie als Frau und nicht als Mann geboren ist — woran der Mann so unschuldig ist wie die Frau —, von den Rechten der Menschen auszuschließen, ist ebenso unsinnig und ungerecht, als wenn Rechte von dem Zufall der Religion oder der politischen Gesinnung abhängig gemacht werden, oder daß zwei Menschen sich als Feinde betrachten, weil sie beide durch den Zufall der Geburt verschiedenen Volksstämmen oder verschiedenen Nationalitäten angehören. Alles das sind eines freien Menschen unwürdige Hemmungen und Gesinnungen und der Fortschritt der Menschheit besteht darin, diese, und zwar so rasch als möglich, zu beseitigen. Es hat keine andere Ungleichheit ein Recht auf Bestand als jene, welche die Natur für die Erreichung des äußerlich verschiedenartigen, im Wesen gleichartigen Naturzwecks begründete. Die Naturschranken wird aber kein Geschlecht überschreiten, weil es damit seinen eigenen Naturzweck vernichtete, darauf können wir uns sicher verlassen, und ist kein Geschlecht berechtigt, dem andern seine Schranken zu ziehen, so wenig wie eine Klasse der andern."

DIE FRAU AUF DER PARLAMENTSTRIBÜNE

„Daß mit dem aktiven das passive Wahlrecht verbunden ist, ist selbstverständlich, sonst wäre es ein Messer ohne Klinge. „Eine Frau auf der Tribüne des Reichstags, das müßte sich schön machen", höre ich weiter die Einwände. Wir haben uns bereits daran gewöhnt, die Frauen auf der Tribüne bei ihren Kongressen und in Versammlungen zu sehen, in Amerika auch auf der Kanzel und Geschworenenbank, warum also nicht auf der Tribüne des Reichstags? Man kann sicher sein, daß die erste Frau, die in den Reichstag käme, eine wäre, die den Männern zu imponieren wüßte. Als die ersten Arbeitervertreter in den Reichstag traten, glaubte man auch über sie witzeln zu können, behauptete, die Arbeiter würden bald einsehen, welche Torheit sie begangen. Sie wußten sich aber schnell Respekt zu verschaffen, und heute fürchtet man, daß es ihrer bald zu viele werden. Frivole Witzlinge wenden ein: „Aber stellt euch eine schwangere Frau auf der Tribüne des Reichstags vor, wie „unästhetisch"!" Diese selben Herren finden es aber ganz in der Ordnung, daß die Frauen hundertweise bei den unästhetischsten Beschäftigungen verwandt werden, und zwar im hochschwangeren Zustande, wobei Frauenwürde, Gesundheit, Sittlichkeit untergraben werden. In meinen Augen ist der Mann ein elender Wicht, der es fertig bringt, über eine schwangere Frau zu witzeln, in welch für einer Situation er immer diese sieht. Der bloße Gedanke, daß einst seine eigene Mutter so ausgesehen, bevor sie ihn in die Welt setzte, müßte ihm die Schamröte auf die

Wangen treiben, und der andere Gedanke, daß naturgemäß ein Mann es war, der diesen Zustand verschuldete, und daß er, der rohe Spötter selbst, von einem ähnlichen Zustande seiner Frau die Gewährung seiner höchsten Wünsche erwartet, sollte ihn beschämt verstummen machen..."

DIE FRAU SOLL FREI SEIN

„Die F r a u ist in der neuen Gesellschaft v o l l k o m m e n u n a b h ä n g i g , keinem Schein von Herrschaft und Ausbeutung mehr unterworfen, sie steht dem Manne gegenüber als Freie, Gleiche.

Ihre Erziehung ist gleich jener des Mannes, ausgenommen wo die Geschlechtsverschiedenheit eine Abweichung und eigenartige Entwicklung unumgänglich macht, sie kann physisch und geistig unter naturgemäßen Lebensbedingungen alle ihre Kräfte und Fähigkeiten entwickeln; sie kann für ihre Tätigkeit diejenigen Gebiete wählen, die ihren Wünschen, Neigungen und Anlagen entsprechen. Hier ist sie genau unter denselben Bedingungen wie der Mann tätig. Eben noch praktische Arbeiterin in irgendeinem Gewerbe, ist sie in der nächsten Stunde Erzieherin, Lehrerin, Pflegerin, übt sie einen dritten Teil des Tages irgendeine Kunst oder Wissenschaft oder versieht in einem vierten Teil irgendeine verwaltende Funktion. Sie genießt Vergnügungen, Unterhaltungen mit ihresgleichen oder mit Männern, ganz wie es ihr beliebt, die Gelegenheit bietet.

In der Liebeswahl ist sie f r e i s o g u t w i e d e r M a n n ; sie freit oder läßt sich freien und schließt den Bund aus keiner anderen Rücksicht, als auf ihre Neigung. Dieser Bund ist wie in der Urzeit ein P r i v a t v e r t r a g ohne Dazwischentreten irgendeines Funktionärs, aber er unterscheidet sich von jenem der Urzeit dadurch, daß die Frau nicht durch Kauf oder Geschenk in die Hände irgendeines Mannes gelangt, dessen Sklavin sie wurde, der sie nach Belieben verstoßen konnte.

Der Mensch soll in der Lage sein, über seinen stärksten Trieb ebenso frei verfügen zu können wie über jeden andern Naturtrieb. Die Befriedigung des Geschlechtstriebs ist genau ebenso jedes einzelnen persönliche Sache, wie die Befriedigung jedes andern Naturtriebs. Es hat niemand darüber Rechenschaft abzugeben, ein Unberufener hat sich da nicht einzumischen. Einsicht, Bildung, Unabhängigkeit, werden die rechte

Wahl erleichtern und leiten. Stellt sich Unverträglichkeit, Enttäuschung, Abneigung heraus, so gebietet die Moral, das unnatürliche und darum unsittlich gewordene Verhältnis zu lösen. Da Männer und Frauen an Zahl gleich sind, alle Umstände verschwinden, welche bisher eine große Zahl von Frauen zur Ehelosigkeit oder zum Verkauf ihres Körpers verurteilten, so ist die Männerwelt nicht mehr in der Lage, irgendwelches Uebergewicht geltend zu machen. Andererseits hat der gänzlich veränderte Sozialzustand alle die vielen Hemmungen und Störungen beseitigt, welche heute das Eheleben beeinflussen und es so oft zu seiner Entfaltung nicht gelangen lassen."

NEUE EHE IN DER NEUEN GESELLSCHAFT

„... Die Zwangsehe ist für die bürgerliche Gesellschaft die Normalehe, die einzige „moralische" Verbindung der Geschlechter, jede andere geschlechtliche Verbindung, gehe sie aus von wem sie wolle, ist von diesem Standpunkt aus „unmoralisch". Das ist ganz in der Ordnung. Die bürgerliche Ehe ist die Folge des bürgerlichen Eigentums. Diese Ehe mit dem Privateigentum, dem Erbrecht in engster Verbindung stehend, verlangt „legitime" Kinder als „Erben", sie wird zur Erlangung solcher geschlossen, und unter dem Druck der gesellschaftlichen Zustände wird sie von den herrschenden Klassen auch denen aufgenötigt, die nichts zu „vererben" haben. Endlich, da es in der neuen Gesellschaft überhaupt nichts zu „vererben" gibt, es sei denn, man wolle das Hausgerät als besonders wichtiges Erbteil ansehen, ist auch aus diesem Grunde die Zwangsehe hinfällig. Hiermit ist auch die Frage nach dem Erbrecht erledigt, das der Sozialismus nicht nötig hat abzuschaffen. Die Frau ist also vollkommen frei und ihre Häuslichkeit und ihre Kinder, wenn sie solche hat, können ihr die Freiheit nicht beschneiden, sie können nur ihr Vergnügen vermehren. Pflegerinnen, Erzieherinnen, befreundete Frauen, die heranwachsende weibliche Jugend, stehen ihr in allen Fällen, wo sie Hilfe braucht, zur Seite. . . ."

Aus den späteren noch von Bebel selbst bearbeiteten Ausgaben des Buches „Die Frau und der Sozialismus" lassen wir eine Reihe von Abschnitten folgen, die sich auf die soziale und rechtliche Stellung der Frau beziehen.

BÜRGERLICHE UND SOZIALISTISCHE FRAUEN

„Bei der Frauenfrage handelt es sich um die Stellung, welche die Frau in unserem sozialen Organismus einnehmen soll, wie sie ihre Kräfte und Fähigkeiten nach allen Seiten entwickeln kann, damit sie ein volles, gleichberechtigtes und möglichst nützlich wirkendes Glied der menschlichen Gesellschaft werde. Von unserem Standpunkt fällt diese Frage zusammen mit der Frage, welche Gestalt und Organisation sich die menschliche Gesellschaft geben muß, damit an Stelle von Unterdrückung, Ausbeutung, Not und Elend die physische und soziale Gesundheit der Individuen und der Gesellschaft tritt. Die Frauenfrage ist also für uns nur eine Seite der allgemeinen sozialen Fragen, die gegenwärtig alle denkenden Köpfe erfüllt und alle Geister in Bewegung setzt; sie kann daher ihre endgültige Lösung nur finden durch die Aufhebung der gesellschaftlichen Gegensätze und Beseitigung der aus diesen hervorgehenden Uebel. . . .

Nimmt man an, daß die bürgerliche Frauenbewegung alle ihre Forderungen für Gleichberechtigung mit den Männern durchsetzt, so wäre damit weder der Sklaverei, was für unzählige Frauen die heutige Ehe ist, noch die Prostitution, noch die materielle Abhängigkeit der großen Mehrzahl der Ehefrauen von ihren Eheherren aufgehoben. Für die große Mehrzahl der Frauen ist es auch gleichgültig, ob einige tausend ihrer Geschlechtsgenossinnen, die den günstiger situierten Schichten der Gesellschaft angehören, in das höhere Lehrfach, die ärztliche Praxis oder in irgendeine wissenschaftliche Beamtenlaufbahn gelangen. Hierdurch wird an der Gesamtlage des Geschlechts nichts geändert.

Die enorme Mehrheit der Frauen ist aufs lebhafteste dabei interessiert, die bestehende Staats- und Gesellschaftsordnung von Grund aus umzugestalten, um sowohl die Lohnsklaverei, unter der das weibliche Proletariat am meisten schmachtet, wie die Geschlechtssklaverei, die mit unseren Eigentums- und Erwerbszuständen aufs innigste verknüpft ist, zu beseitigen.

Die in der bürgerlichen Frauenbewegung stehenden Frauen begreifen die Notwendigkeit einer solchen radikalen Umgestaltung nicht. Beeinflußt von ihrer bevorzugteren Stellung, sehen sie in der weitergehenden proletarischen Frauenbewegung gefährliche und nicht zu billigende Bestrebungen, die sie zu bekämpfen haben.

Der Klassengegensatz, der zwischen der Kapitalisten- und Arbeiterklasse klafft und sich bei der Zuspitzung unserer Verhältnisse immer schroffer entwickelt, ist also auch innerhalb der Frauenbewegung vorhanden. Es handelt sich nicht nur darum, die Gleichberechtigung der Frau mit dem Manne auf dem Boden der bestehenden Staats- und Gesellschaftsordnung zu verwirklichen, was das Ziel der bürgerlichen Frauenbewegung ist, sondern darüber hinaus alle Schranken zu beseitigen, die den Menschen vom Menschen, also auch das eine Geschlecht von dem andern abhängig machen. Diese Lösung der Frauenfrage fällt mit der Lösung der sozialen Frage zusammen. Es muß daher, wer die Lösung der Frauenfrage im vollen Umfang erstrebt, mit jenen Hand in Hand gehen, welche die Lösung der sozialen Frage als Kulturfrage für die gesamte Menschheit auf ihre Fahne geschrieben haben, das sind die Sozialisten. Von allen Parteien ist die Sozialdemokratische Partei die einzige, welche die volle Gleichberechtigung der Frau, ihre Befreiung von jeder Abhängigkeit und Unterdrückung in ihr Programm aufgenommen hat, nicht aus agitatorischen Gründen, sondern aus Notwendigkeit. Es gibt keine Befreiung der Menschheit ohne die soziale Unabhängigkeit und Gleichstellung der Geschlechter. ..."

NOTWENDIG IST EINE NEUE ORDNUNG!

„Da alle die unnatürlichen, vorzugsweise der Frau schädsichen Zustände im Wesen der bürgerlichen Gesellschaft begründet sind und mit der Dauer ihres Bestandes sich steigern, so erweist sich dieselbe als unfähig, diese Uebel zu heben und die Frau zu befreien. Es ist also hierzu eine andere gesellschaftliche Ordnung nötig. ...

Es muß ein Gesellschaftszustand zu begründen versucht werden, in dem die volle Gleichberechtigung aller ohne Unterschied des Geschlechts zur Geltung kommt. Das ist durchführbar, sobald die gesamten Arbeitsmittel Eigentum der Gesellschaft werden; die gesamte Arbeit durch Anwendung aller technischen und wissenschaftlichen Vorteile und Hilfsmittel im Arbeitsprozeß den höchsten Grad der Fruchtbarkeit erlangt und für alle Arbeitsfähigen die Pflicht besteht, ein bestimmtes Maß von Arbeit zu leisten, das zur Befriedigung der gesellschaftlichen Bedürfnisse notwendig ist, wofür die Gesellschaft wieder jedem einzelnen die Mittel zur

Entwicklung seiner Fähigkeiten und zum Lebensgenuß gewährt. Die **Frau** soll **wie der Mann** nützliches und **gleichberechtigtes Glied** der Gesellschaft werden, sie soll wie der Mann alle ihre körperlichen und geistigen Fähigkeiten voll entwickeln können und, indem sie ihre Pflichten erfüllt, auch ihre Rechte beanspruchen können. Dem Manne **als Freie und Gleiche** gegenüberstehend, ist sie vor unwürdigen Zumutungen gesichert. Die gegenwärtige Entwicklung der Gesellschaft drängt immer mehr auf einen solchen Zustand hin, und es sind gerade die großen und schweren Uebel in unserer Entwicklung, die einen neuen Zustand herbeizuführen nötigen. . . ."

FRAU UND MANN IM PROLETARIAT

„Ein günstigeres Verhältnis bildet sich zwischen Mann und Frau im Proletariat heraus, insofern beide erkennen, daß sie an dem gleichen Strange ziehen und es für ihre menschenwürdige Zukunft nur ein Mittel gibt: die gründliche gesellschaftliche Umgestaltung, die alle zu freien Menschen macht. In dem Maße, wie diese Erkenntnis sich auch unter den Frauen des Proletariats immer mehr verbreitet, idealisiert sich, trotz Not und Elend, ihr Eheleben. Beide Teile haben jetzt ein gemeinsames Ziel, nach dem sie streben, und eine unversiegbare Quelle der Anregung durch den Meinungsaustausch, zu dem ihr gemeinsamer Kampf sie führt. Die Zahl der Proletarierfrauen, die zu dieser Erkenntnis kommt, wird mit jedem Jahre größer. Hier entwickelt sich eine Bewegung, die von ausschlaggebender Bedeutung für die Zukunft der Menschheit ist. . . .

Der klassenbewußte Arbeiter weiß, daß die gegenwärtige ökonomische Entwicklung die Frau zwingt, sich zum **Konkurrenten des Mannes** aufzuwerfen, er weiß aber auch, daß die Frauenarbeit zu verbieten ebenso unsinnig wäre wie ein Verbot der Anwendung von Maschinen, und so trachtet er danach, die Frau über ihre Stellung in der Gesellschaft aufzuklären und sie zur **Mitkämpferin** in dem Befreiungskampf des Proletariats gegen den Kapitalismus zu erziehen."

DIE FRAU IM KAMPFE

„Auch an die **Frau** im allgemeinen und an die **Proletarierin** im besonderen tritt die Aufforderung, **in dem Kampfe nicht zurückzubleiben**, in dem auch für ihre Befreiung und Erlösung gekämpft wird. Es ist an ihr, zu beweisen, daß sie ihre wahre Stellung in der Bewegung und in den Kämpfen der Gegenwart für eine bessere Zukunft begriffen hat und entschlossen ist, daran teilzunehmen. Sache der Männer ist es, sie in der Abstreifung aller Vorurteile und in der Teilnahme am Kampfe zu unterstützen. Niemand unterschätze seine Kraft und glaube, daß es auf seine Person nicht ankomme. Für den Kampf um den Fortschritt der Menschheit kann keine Kraft, und sei sie noch so schwach, entbehrt werden. Das ununterbrochene Fallen der Tropfen höhlt schließlich den härtesten Stein aus. Und aus vielen Tropfen entsteht ein Bach, aus Bächen der Fluß, aus einer Anzahl Flüssen der Strom. Schließlich ist kein Hindernis stark genug, ihn in seinem majestätischen Laufe zu hemmen. Genau so geht's im Kulturleben der Menschheit. . . .

Der endliche Sieg wird einst um so größer sein, je eifriger und aufopferungsvoller jeder einzelne die vorgezeichnete Bahn verfolgt. Bedenken, ob der einzelne ungeachtet aller Opfer, Arbeit und Mühe den Beginn einer neuen, schöneren Kulturperiode noch erlebe, des Sieges Früchte noch genieße, dürfen keinem aufstoßen, noch weniger dürfen sie ihn von dem betretenen Wege abhalten. Wohl können wir weder die Dauer noch die Art der Entwicklungsphasen bestimmen, die dieser Kampf um die höchsten Ziele zu durchlaufen hat, wir können dies ebensowenig, wie wir über die Dauer unseres Lebens eine Gewißheit haben. Aber wie die Lust zum Leben uns beherrscht, so können wir auch die Hoffnung hegen, den Sieg zu erleben. Stehen wir doch in einem Zeitalter, das sozusagen mit Siebenmeilenstiefeln vorwärts stürmt und deshalb alle Feinde einer neuen, höheren Gesellschaft erzittern macht.

Von dem raschen Wachstum und der immer gewaltiger werdenden Ausbreitung der sozialistischen Ideen liefert jeder Tag neue Beispiele. Auf allen Gebieten regt sich's und drängt nach vorwärts. Die Morgendämmerung zu einem schönen Tage zieht mit Macht herauf. Kämpfen und streben wir also immer voran, unbekümmert darum, „wo" und „wann" die Grenzpfähle für eine neue bessere Zeit für die Menschheit eingeschlagen werden. Und fallen wir im Laufe dieses großen, die Menschheit befreienden Kampfes, so treten die uns Nachstrebenden für uns ein. Wir fallen in dem Bewußtsein, unsere

Schuldigkeit als Mensch getan zu haben, und in der Ueberzeugung, daß das Ziel erreicht wird, wie immer die dem Fortschritt der Menschheit feindlichen Mächte sich dagegen wehren und sträuben mögen. „Dem Sozialismus gehört die Zukunft, das heißt in erster Linie dem Arbeiter und der Frau."

Es liegt auf der Hand, daß Bebel den ganzen Komplex der sozialen, politischen und rechtlichen Fragen, dessen Studium er in seinen Schriften so lebhaft gefördert hatte, auch in seiner p a r l a m e n t a r i s c h e n Tätigkeit mit größtem Ernst und vollster Hingabe bearbeitete. Sei es bei großen politischen Erörterungen, sei es bei der mühseligen Kleinarbeit der Beratung sozialer Reformen, immer war Bebel auf der Wacht, wenn es galt, bei der Neugestaltung der Dinge den F r a u e n die Wege zu ebnen. Die Offenherzigkeit, mit der er in seinem Buche alle Probleme erörtert hatte, in deren Mittelpunkt die Frau gestellt ist, hat gerade diese Schrift immer wieder zum Angriffspunkt für seine Gegner gemacht. So auch bei der großen „Zukunftsstaats"debatte, die im Jahre 1893 kurz vor den Reichstagswahlen von den bürgerlichen Parteien provoziert wurde. Bei dieser Gelegenheit sprach Bebel in hinreißender Beredsamkeit von der großen K u l t u r b e w e g u n g , als deren Anwalt er auch das sozialistische Eheideal verteidigte:

BÜRGERLICHE GESELLSCHAFT UND EHE

„Ich sage, ich betrachte es als einen großen Fortschritt der bürgerlichen Gesellschaft, daß sie insbesondere seit der politischen Neukonstituierung Deutschlands im Jahre 1867 zunächst im Norddeutschen Bund und später im Deutschen Reich dazu überging, es als eine ihrer ersten Maßregeln erachtete, alle Hindernisse, die in bezug auf die Eheschließung vorhanden waren, aus dem Wege zu räumen. Das tat die bürgerliche Gesellschaft allerdings nur, weil die moderne k a p i t a l i s t i s c h e E n t w i c k l u n g , sollte sie sich weiter entwickeln, notwendigerweise einer ungleich g r ö ß e r e n Z a h l v o n A r b e i t e r n bedurfte als früher. Bei der Aufrechterhaltung der Ehebeschränkungen war die notwendige Volksvermehrung nicht vorhanden. Indem nun die bürgerliche Gesellschaft zur Aufhebung dieser Ehebeschränkung schritt, hat sie etwas getan, was allerdings auch den Arbeitern zugute kam, indem sie es diesen ermöglichte, befreit von all den früheren Beschränkungen, eine Familie gründen zu können. Aber die Hauptsache war, daß sie durch diese Maßregel dafür sorgte, daß die Bevölkerungszahl, also auch die Arbeiterzahl, sich vermehrte, und daß nun mit der vermehrten Arbeiterzahl ihre Hände für alle Fälle zur Verfügung standen, und diese es ihr gestatteten, wenn die Umstände es erforderten, auch die Löhne zu drücken. So hängt in der heutigen Ordnung der Dinge eins am andern. Begrüßen wir es also, daß Sie die in ihre Hände gelangte politische Macht benutzten, um die Ehebeschränkungen zu beseitigen, so wäre es doch mehr als Wahnsinn, wenn wir, wie Sie jetzt glauben und die Sache darstellen, in der künftigen Ordnung der Dinge auf Hemmungsmaßregeln zurückgreifen könnten. Lassen Sie sich das eine ein für allemal gesagt sein, meine Herren — und das gilt für alle Einwände, die Sie uns gegenüber machten —: ist es wahr, was Sie sagen, daß wir in unseren Bestrebungen wider die menschliche Natur handeln, daß wir darauf ausgehen, die menschliche Freiheit zu unterdrücken, daß wir verhindern, daß der Mensch frei nach allen Richtungen hin seine geistigen und körperlichen Fähigkeiten betätigen und entwickeln könne, — ich bin zwar der Meinung, daß wir in unserer Gesellschaftsordnung dies in unendlich höherem Grade ermöglichen, als es in der bürgerlichen Gesellschaft geschehen kann, — aber treten wir allen diesen Entwicklungsbedingungen entgegen, so brauchen Sie sich keine Sorge zu machen, dann ist der Zustand, den wir erstreben, vom ersten Tage an dem Untergange geweiht; dann haben Sie es nicht notwendig, sich über uns zu ereifern. Mir scheint, es liegt sogar in Ihrem Interesse, zu wünschen, daß wir diesen Versuch machen könnten, damit wir in die Lage kommen, gewissermaßen uns selbst ad absurdum zu führen. Aber weil Sie wissen, daß das nicht geschieht, weil Sie selbst innerlich sich dessen bewußt sind, daß Sie es in der sozialdemokratischen Bewegung mit einer großen Kulturbewegung zu tun haben, mit einer Kulturbewegung ersten Ranges, welcher die Zukunft der

Menschheit gehört, weil Sie innerlich das sich selbst sagen, und doch allen diesen Bestrebungen feindlich gegenüberstehen müssen aus Klasseninteresse, darum suchen Sie den sogenannten „Zukunftsstaat" in so abschreckenden Farben zu schildern, wie Sie es hier getan haben. Sie müssen dies tun, um Ihren Anhängern in der Arbeiterklasse, überhaupt den niedern Volksklassen, Furcht und Abscheu vor diesem sogenannten Zukunftsstaat einzuflößen. . . ."

In der Gegenwart hat die Frau, besonders die Arbeiterin, das gleiche Vereins-, Versammlungs- und Koalitionsrecht wie der Mann. Es ist schlechterdings nicht mehr vorstellbar, daß die Frauen wieder aus politischen oder wirtschaftlichen Organisationen kraft Gesetzes ausgeschlossen werden könnten, oder daß man sie, wie zur Zeit des preußischen Polizeiministers von Hammerstein, in politischen Versammlungen wieder ins „Segment" sperrte, das heißt hinter einen Strick oder auf die Galerie verbannte, damit nur ja ihre Rechtlosigkeit deutlich unterstrichen würde. Aber noch liegen die Jahre nicht allzuweit zurück, da man den Versuch unternehmen wollte, auch die wenigen Rechte, die einzelne Bundesstaaten in ihren Vereinsgesetzen den Frauen einräumten, von Reichs wegen zu verkümmern. Im Hinblick auf solche Rückwärtsbestrebungen schilderte Bebel am 11. Dezember 1897 die Lage der arbeitenden Frauen und ihre

RECHTLOSIGKEIT ALS STAATSBÜRGERINNEN

„Das Gebiet der Frauenarbeit ist zweifellos nach vielen Richtungen hin eins der traurigsten Gebiete unserer modernen kapitalistischen Entwicklung. Ich brauche nur an das zu erinnern, was vor Jahr und Tag in diesem Hause in bezug auf die Konfektionsarbeiterinnen erörtert worden ist. Von allen deutschen Staaten ist Sachsen der industriellste; diejenigen Industriezweige, in denen bis heute die meisten Arbeiterinnen beschäftigt werden, besitzt vorzugsweise das Königreich Sachsen: die Textilindustrien. Mehr als 100 000 Arbeiterinnen dürften darin beschäftigt werden. Im ganzen sind es an 300 000 über 16 Jahre alte Arbeiterinnen, die in diesem Augenblick in Sachsen in Gewerbe, Industrie usw. beschäftigt sind und nach den sächsischen Steuergesetzen, sobald sie das 16. Lebensjahr überschritten und ein gewisses Einkommen, mehr als 400 Mark pro Jahr haben, auch verpflichtet sind, zu den direkten Steuerlasten beizutragen. Meine Herren, niemand von Ihnen wird bestreiten, daß diese Arbeiterinnen genau so wie die Arbeiter an der Gestaltung unserer s o z i a l e n und w i r t s c h a f t l i c h e n V e r h ä l t n i s s e interessiert sind, daß die Frage des Arbeiterschutzes, der Lohnzahlung, der Arbeitszeit, der Sonntags- und Nachtarbeit, ja sogar der wirtschaftlichen Bewegung in bezug auf die Handelsverträge usw. die Arbeiterinnen genau ebenso angeht wie die Arbeiter, daß bei der eigentümlichen Entwicklung der Wirtschaftsverhältnisse es einen G e g e n s a t z d e r I n t e r e s s e n zwischen den A r b e i t e r n und A r b e i t e r i n n e n ü b e r h a u p t n i c h t g i b t. Es ist also ein Akt der e i n f a c h s t e n G e r e c h t i g k e i t, daß man diesen armen Wesen, die so schon durch ihr Geschlecht in so vielen Beziehungen in der heutigen Gesellschaft u n t e r d r ü c k t, g e s c h ä d i g t und b e n a c h t e i l i g t sind, wenigstens das bischen politische Recht eingeräumt, über ihre eigenen Angelegenheiten zu beraten, Vereine zu bilden, in Koalitionen zu treten, um Verbesserungen ihrer Löhne und der Arbeitsbedingungen anzustreben. Das haben sie bis jetzt in Sachsen gehabt; das soll ihnen aber jetzt genommen werden. Es ist ein Skandal sondergleichen, daß in dem vorgeschrittensten Industrieland Deutschlands ein solcher Vorgang möglich ist. . . ."

Es waren aber zu jener Zeit noch andere „Skandale" möglich. Während das Reich die Ausgaben für militärische und Flottenrüstungen ins Ungemessene steigerte, wurde die soziale Fürsorge, besonders für die Arbeiterinnen, nicht nur in ihrer Entwicklung gehemmt, sondern vielfach noch zurückgeschraubt. Die Schaffung der Reichsversicherungsordnung mit ihrer Beschränkung der Selbstverwaltungsrechte der Krankenkassen gab dafür manches traurige Beispiel. Eines von den vielen brachte Bebel in hellen Zorn.

In dem Reichstagsausschuß, der das Gesetz vorberaten,

hatte man sich geeinigt, für werdende Mütter, die der Versicherungspflicht unterliegen, eine a c h t - w ö c h i g e Schonzeit vor der Niederkunft festzulegen. Aber damit waren die agrarischen Unternehmer nicht einverstanden. Und unter ihrem Einfluß brachte der konservative Abgeordnete S c h u l t z (Bromberg) mit Hilfe von Zentrumsvertretern einen Antrag ein, der die Schonzeit für Schwangere, die in der Landwirtschaft beschäftigt würden, auf v i e r Wochen herabsetzen sollte. Gegen diese Verschlechterung wandte sich Bebel, als er am 29. Mai 1911 an das sittliche Bewußtsein der Antragsteller appellierte:

„Wir hätten erwartet, daß gerade d i e Herren, die als die Vertreter des C h r i s t e n t u m s par excellence dieses Hauses erscheinen, sich in erster Linie als gute Christen veranlaßt gesehen hätten, für die M ü t t e r einzutreten, von denen schon die Bibel in der Schöpfungsgeschichte sagt: Mit Schmerzen sollst du Kinder gebären. Wenn Sie vielleicht auch nicht alle Frauen haben, aber M ü t t e r h a b e n S i e a l l e g e h a b t, und mit Schmerzen sind Sie geboren worden, und alle haben Sie Beispiele kennengelernt, wo Mütter diesen Schmerzen erlegen sind, wo sie zugrunde gegangen sind, entweder gestorben sind oder ihr ganzes Leben in Siechtum zugebracht haben. Meine Herren, mehr als Männer in Schlachten getötet oder verwundet worden sind, sind Mütter an der Geburt ihrer Kinder gestorben und siech geworden. Heute sind noch zehntausend und aberzehntausend Frauen im Deutschen Reich, die jahraus, jahrein verurteilt sind, infolge der außerordentlich erbärmlichen Lage, in der sie sich befinden, ihre Gesundheit und ihr Leben opfern zu müssen. Wenn je das Wort mit Recht gefallen ist von den schweren Stunden, denen ein Mensch entgegengeht, dann kann man das auf eine Frau anwenden, die geboren hat, und mit Recht sagt Goethe: „Zwanzig Männer vereint ertragen nicht solche Schwere."

Ist das alles richtig, meine Herren, dann ist es unerhört, daß man uns in diesem Stadium der Beratung noch gar mit einem solchen Antrag kommt. Ich konstatiere ferner, daß sogar d r e i c h r i s t l i c h e A r b e i t e r s e k r e t ä r e den vorliegenden Antrag Schultz unterzeichneten, also Vertreter christlicher Arbeiter, die sich schon bei diesem ganzen Gesetzentwurf so famos als die Bannerträger aller reaktionären Bestrebungen gegen die Arbeiter erwiesen haben. Diese sind es, die auch hier wieder die **Bannerträger gegen die Arbeitermütter** sind, gegen die **Säuglinge** der Arbeiter, die also das Prinzip, das sie als Arbeitersekretäre vertreten sollten, mit Füßen treten, die eine Tat vollbringen, die ein **Skandal für ihr ganzes Leben** ist. Solange sie leben, wird man ihnen diesen Antrag unter die Nase reiben! Es sind aber nicht allein drei christliche Arbeitervertreter, Arbeitersekretäre, es sind **auch zwei katholische Geistliche**, die den Antrag Schultz unterzeichnet haben. Es sind dieses die Herren Dr. **Hitze** und Herr Dr. **Schädler**. Wenn ich alles für möglich gehalten hätte, — daß katholische Geistliche einen solchen Antrag unterzeichnen könnten, das habe ich nicht eher für möglich gehalten, bis ich es gesehen...."

Dieser von hohem sittlichen Ethos getragene Appell an die natürliche Achtung des Mannes vor der Mutter hatte jedoch keinen Erfolg. Mit 192 gegen 119 Stimmen stimmte der Reichstag dem Verschlechterungsantrag zu und bekundete dadurch aufs deutlichste, daß die wirtschaftlichen Interessen der jeweilig herrschenden Klasse von ihr höher gestellt würden als die schönsten ethischen, religiösen und moralischen Erwägungen, mit denen sie sich sonst zu drapieren pflegt.

Der Appell für die werdenden Mütter war eine der letzten großen Reichstagskundgebungen Bebels für das Wohl der Frau. Erst der Weltkrieg brachte nach der Vernichtung von Millionen blühender Menschenleben der Gesellschaft wieder die soziale Verpflichtung zum Bewußtsein, für das heranwachsende Geschlecht in erhöhtem Maße zu sorgen. Und die Revolution, die den Frauen politische Gleichberechtigung brachte, hat ihnen zugleich die Möglichkeit gegeben, auf dem Gebiete mit liebender Sorgfalt zu wirken, auf dem ihnen Bebel ein Wegbereiter war, ohne die Zeit der Erfüllung seines Strebens selbst erleben zu können.

BEBEL UND DIE GEWERKSCHAFTEN

Durch die besonderen Umstände, die Bebel in den sechziger Jahren an die Spitze des Verbandes der Arbeiterbildungsvereine führten und ihn alsbald auf das p o l i - t i s c h e Gebiet verwiesen, ist seine Laufbahn als p o l i - t i s c h e r F ü h r e r der Arbeiterschaft in gewissem Sinne vorher bestimmt worden. Seine Wahl ins Parlament des Norddeutschen Bundes und des späteren Deutschen Reichstages hat sein Interesse naturgemäß ganz besonders auf die politische Seite der Arbeiterfrage konzentriert. Aber ungeachtet dessen ist sein Name doch auch für die Dauer verknüpft mit dem Werden und dem Wachstum der w i r t s c h a f t l i c h e n Arbeiterorganisation, der Gewerkschaften.

Schon im Jahre 1865, als von irgendeiner gewerkschaftlichen Bewegung in Deutschland noch nicht die Rede sein konnte, wurde er als V e r m i t t l e r in einer großen L o h n b e w e g u n g tätig. Damals brach infolge der guten wirtschaftlichen Konjunktur eine Reihe von Lohnkämpfen in den verschiedensten Städten aus. Unter anderem stellten die L e i p z i g e r B u c h d r u c k e r wegen zu niedriger Löhne und zu langer Arbeitszeit ihre Tätigkeit ein. Eine Organisation für Streikunterstützung und Streikführung bestand nicht. Erst ein Jahr später wurde der Buchdruckerverband gegründet. Der Leipziger Ausstand gab wohl die letzte Anregung zu dieser Gründung. Auf Veranlassung von Leopold Sonnemann, der gleich ihm dem Ausschuß der Arbeitervereine angehörte, unternahm Bebel den Versuch, zwischen den Leipziger

Prinzipalen und den streikenden Buchdruckern zu vermitteln. In seinen Erinnerungen gibt er den Briefwechsel wieder, den er mit Sonnemann über diese Frage führte. Darin schilderte er die mehrfachen Versuche, die er bei den Führern der Leipziger Buchdruckereibesitzer unternahm, um eine Verständigungsgrundlage zu finden. Er lernte dabei gleich die Engstirnigkeit eines Unternehmertums kennen, dem keine Arbeiterorganisation großen Stiles gegenübersteht. Enttäuscht berichtet er über seine Verhandlungen mit den Brüdern Härtel (Firma Breitkopf und Härtel):

„Ich merkte sehr deutlich aus den Aeußerungen dieser Herren, daß man auf die Tarifkommission aufs äußerste erbittert sei und **eine Verständigung einfach nicht wolle**. So stellte man unter anderem die Behauptung auf, daß diese Kommission **kein Mandat** habe, namens der Schriftsetzer zu unterhandeln, sondern sie habe sich dasselbe angemaßt. Eine Behauptung, die gegenüber den Tatsachen sich ganz merkwürdig ausnimmt. . . Nach dieser Erklärung sah ich allerdings ein, **wie wenig Erfolg** weitere Verhandlungen haben müßten, und entfernte mich. . . Es tut mir leid, nicht ein besseres Resultat erzielt zu haben. Gleichwohl werde ich die Sache genau verfolgen, und wenn sich irgendwie die Sache für uns noch günstig gestalten sollte, Ihnen sofort Mitteilung machen."

Er hat dann, wie aus dem weiteren Briefwechsel hervorgeht, noch mehrfach sowohl bei den Gehilfen wie bei den Unternehmern versucht, eine Verständigung herbeizuführen, jedoch ohne Erfolg. Die Erfahrungen, die er bei diesem und anderen Leipziger Streiks machte, besonders mit einer Anzahl bekannter Liberaler, veranlaßte ihn, in den „Flugblättern" des ständigen Ausschusses der Arbeitervereine auszusprechen, „es sei eine Tatsache, daß gerade von jener Seite, auf der **man mit dem Volke immerwährend geliebäugelt** und sich als **Arbeiterfreund** dargestellt habe, die Forderungen der Arbeiter den entschiedensten Widerstand gefunden hätten. Es dürfe daher nicht Wunder nehmen, daß man selbst in Arbeiterkreisen, die mit dem Lassalleanismus nichts zu tun hätten, über das Gebaren eines Teiles der Fortschrittspartei nichts weniger als schmeichelhafte Urteile fällen hörte. Das erhöhe die Sympathie für die Fortschrittspartei nicht".

Die Lohnbewegungen, die in diesen Jahren bald hier bald dort aufflackerten, ließen den Wunsch nach gewerkschaftlichen Organisationen immer deutlichere Formen annehmen. Allerdings stand das buntscheckige Netz von deutschen Vereinsgesetzen und der Mangel eines einheitlichen Koalitionsrechts der Gründung solcher Organisationen im Wege. Erst 1868 wurde die Frage dringender, als mit der in Aussicht stehenden Schaffung einer Gewerbeordnung für den Norddeutschen Bund auch die Frage des Koalitionsrechts von allen Seiten diskutiert wurde. Der Präsident des „Allgemeinen deutschen Arbeitervereins", v. Schweitzer, berief in Gemeinschaft mit dem Zigarrenmacher Fritzsche, dem Leiter der ersten, schon 1865 gegründeten Gewerkschaft der Tabakarbeiter, einen „Allgemeinen Arbeiterkongreß" nach Berlin ein, um die Gründung von „Allgemeinen Arbeiterschaften" zu betreiben. Fast gleichzeitig beschloß der Anfang September 1868 zu Nürnberg abgehaltene fünfte „Vereinstag der Arbeiterbildungsvereine" unter dem Vorsitz Bebels, die Mitglieder zu verpflichten, „für Vereinigung der Arbeiter in zentralisierten Gewerksgenossenschaften tatkräftig zu wirken".

DIE ERSTEN GEWERKSCHAFTEN

Eine Verständigung mit Schweitzer war wie in anderen Dingen so auch in der Gewerkschaftsfrage nicht zu erzielen. Der von Schweitzer und Fritzsche einberufene

Arbeiterkongreß fand am 26. September 1868 in Berlin statt. Ihm wurden bereits fertige, von Schweitzer ausgearbeitete Statuten für die zu gründenden Verbände vorgelegt. Sie zeichneten sich, entsprechend der Organisation des von Lassalle gegründeten Allgemeinen deutschen Arbeitervereins, durch eine äußerst straffe Zentralisation aus. In einer Spitzenorganisation, dem „Allgemeinen Arbeiterschaftsverbande", dessen Präsident Schweitzer und erster Vizepräsident Fritzsche wurde, wurden sie zusammengefaßt. Der ganze Aufbau war darauf eingestellt, dem Präsidium des Allgemeinen deutschen Arbeitervereins auch die Führung bei der gewerkschaftlichen Organisation der Arbeiter zu sichern. Wie gegen Schweitzer überhaupt, so bestand auch gegen diese neuesten überstürzten Gründungen sehr ernstes Mißtrauen bei den „Eisenachern" und besonders bei Bebel. Dieser sandte als Vorsitzender des Verbandes der Arbeitervereine ein Rundschreiben an seine Vereine, in dem er sagte:

„Wir kamen sehr bald darin überein, daß die ganze in Berlin entworfene Organisation und die Art und Weise, wie sie in Anwendung gebracht wurde, um einzelnen Personen das Heft in die Hände zu geben, von unserer Seite weder gutgeheißen noch unterstützt werden können.... Unsere Gesinnungsgenossen fordern wir auf, da, wo es sich um die Ausführung der Beschlüsse handelt, mit größter Vorsicht vorzugehen und die schärfste Kritik bei Beratung des über alle Maßen zentralistischen und dem Präsidium unumschränkte Gewalt einräumenden Organisationsentwurfes auszuüben; von der Phrase einer „demokratischen Zentralisation" lasse man sich nicht bestechen."

DAS MUSTERSTATUT

Am 28. November 1868 veröffentlichte Bebel ein „Musterstatut für deutsche Gewerksgenossenschaften", das im Gegensatz zu den von oben organisierten Schweitzerschen Verbänden die Gewerkschaften von unten aufbauen sollte. Es sah zunächst Lokalgewerkschaften vor, die sich dann zu Zentralverbänden zusammenschließen sollten, diese sollten sich nach Bedarf in Gaue gliedern, aber sich untereinander wieder zu einer Spitzenorganisation verbinden. „Für Demokratie", sagt Müller in seiner „Geschichte der deutschen Gewerkschaften", „war in einem Maße gesorgt, daß dadurch sogar die Arbeitsmöglichkeit des Verbandes in Frage gestellt war. Wahrscheinlich wäre Bebel zu diesen Vorschlägen nicht gekommen, wenn auf der anderen Seite die Zentralisation mit der diktatorischen Spitze nicht so scharf ausgeprägt gewesen wäre.... Im allgemeinen war das Musterstatut so, daß augenfällig ist, wie sehr die heutigen Gewerkschaftsstatuten davon abstammen...."

Auch das Unterstützungswesen wurde in dem Musterstatut in großen Zügen behandelt. Vorgesehen war die Bildung eines Fonds zur Unterstützung bei Maßregelungen, Streiks und besonderen Notfällen; eine Kranken- und Begräbniskasse, eine Invaliden- und Altersversorgungskasse, und endlich eine allgemeine Wanderunterstützungskasse. Diese letztere wurde den Verbänden jedoch freigestellt. Ueber die Wanderunterstützung sagte Bebel in seiner Begründung:

„Betreffs der Wanderunterstützungskasse haben wir ebenfalls, im Gegensatz zu dem Statut des Berliner Arbeiterkongresses, von einer zwangsweisen Einführung für alle Gewerke abgesehen. Wir sind der Meinung, daß durch die großartige Entwicklung einzelner Industriezweige am Sitz derselben eine Arbeiterbevölkerung großgezogen (gezüchtet wäre vielleicht richtiger) worden ist, die an die Scholle gebunden, von der Wanderunterstützung gar keinen Gebrauch machen kann. In anderen Industriezweigen, wir denken hier abermals an die Weber, treten alljährlich monatelang Pausen ein, wo alle den Wanderstab in die Hand zu nehmen hätten, wenn nicht die Familie und sonstige Verhältnisse wenigstens die älteren Männer davon abhielten. Sollen da die zum Wandern Gezwungenen auf Kosten der selbst arbeits- und verdienstlos daheim Sitzenden leben? Wir glauben, letztere werden sich dafür bedanken. So sehr die Wanderunterstützung bei dem Kleingewerbe, wo die Arbeiter zum größten Teil im jugendlichen Alter stehen, und das Wandern etwas Selbstverständliches ist, Nutzen stiften kann, so sehr wird sie sich bei der eigentlichen Fabrikbevölkerung, bei Bergleuten und dergleichen als unausführbar herausstellen."

Müller sieht in diesen Ausführungen mit Recht ein neues Zeugnis für den praktischen Blick Bebels, der sich auch sonst bei der Behandlung der übrigen organisatorischen Vorschläge zeigte. Eine Reihe von Gewerksgenossenschaften wurde auf Grund seines Musterstatuts gegründet. Sie nahmen fast übereinstimmend die Bezeichnung „Internationale Gewerksgenossenschaften" an, um damit zum Ausdruck zu bringen, daß sie sich als Glied der Arbeiterinternationale fühlten, deren Programm sich der Nürnberger Vereinstag der Arbeitervereine zu eigen gemacht hatte.

FOLGEN DER ZERRISSENHEIT

Bei der Zerrissenheit der politischen Arbeiterbewegung kamen die Gewerkschaften beider Richtungen allerdings nur schwer zur rechten Entwicklung. Die Schweitzerschen „Arbeiterschaften" nahmen einen kurzen Aufschwung, um dann wieder zu versanden. Die Reste von ihnen löste Schweitzer auf und schmolz sie zu einem „Allgemeinen Arbeiterunterstützungsverband" zusammen, der wiederum unter seiner persönlichen Leitung stand. Unzufrieden mit seinen diktatorischen Gepflogenheiten, trat eine Reihe bekannter Lassalleaner sowohl aus dem „Allgemeinen deutschen Arbeiterverein" wie aus den dazugehörigen Gewerkschaften aus und suchte Verbindung mit der Richtung Bebels. Dieser hatte sich zunächst um die Organisierung der Holzarbeiter bemüht, forderte aber schließlich auf, der von dem früheren Lassalleaner Theodor York gegründeten und von Schweitzer abgesplitterten Gewerkschaft deutscher Holzarbeiter beizutreten. Es bestand nun wohl eine Reihe von Gewerksgenossenschaften, aber sie waren zum guten Teil sehr schwach an Mitgliedern, so daß die Verwaltungskosten den größten Teil der Einnahmen aufzehrten. So entstand dann bei einigen das Verlangen, entweder eine Verschmelzung aller Einzelverbände zu e i n e m Gesamtverband vorzunehmen, oder die Gewerkschaften überhaupt wieder aufzugeben. Auf der andern Seite wurde der Wunsch rege, die schon von vornherein geplante Zusammenfassung der Einzelverbände durch Kartellvertrag in eine U n i o n — etwa dem heutigen Allgemeinen Deutschen Gewerkschaftsbund entsprechend — zu betreiben. Mit dieser Frage sollte sich der für das Jahr 1872 nach Erfurt einberufene Gewerkschaftskongreß beschäftigen. In Rücksicht darauf veröffentlichte B e b e l in Nr. 46 des „Volksstaats" einen Aufsatz, in dem er sich f ü r d i e U n i o n als eine Zusammenfassung der Kräfte aussprach, aber entschieden die K l e i n g l ä u b i g e n zurückwies, die schon mit dem Gedanken der Auflösung der Gewerksgenossenschaften spielten:

„Es läßt sich nicht leugnen, daß die organisierte Gewerkschaftsbewegung in Deutschland noch ziemlich im argen liegt. Die Spaltung der Arbeiterklasse in verschiedene Fraktionen, die gegenseitige erbitterte Bekämpfung trägt nicht am wenigsten dazu bei. Ist es schon schlimm, wenn die Arbeiter sich in den sozialpolitischen Organisationen gegenüberstehen, dann ist es noch viel schlimmer, wenn wiederum — und dies ist in solchem Falle unausbleiblich — die A r b e i t e r j e d e s e i n z e l n e n G e w e r b e s , ja jeder einzelnen F a b r i k und W e r k s t a t t , i n z w e i , d r e i L a g e r g e s p a l t e n , sich befehden. Dieser unselige Streit, welcher nicht zum geringsten Teile sich nicht um Prinzipien und Theorien, sondern um bloße Formen dreht, also um etwas, das stets veränderlich ist und veränderlich sein muß, weil die Form (also in diesem Falle die Organisation) stets sich den Verhältnissen anzupassen hat, ist der besondere Fluch, unter dem die deutsche Arbeiterbewegung leidet. Daß gewissenlose Menschen auf diesen Formenstreit hin eine große Masse fanatisieren konnten und können, ist zugleich ein höchst trauriger Beweis der Beschränktheit eines Teiles der Arbeiterklasse. . . . In den Gewerksgenossenschaften liegt das Mittel, die jetzt bestehende S p a l t u n g   u n t e r   d e n   A r b e i t e r n   z u   b e s e i t i g e n. Sind die Arbeiter erst von der Notwendigkeit der Gewerksgenossenschaftsorganisation überzeugt, so werden sie auch schnell einsehen, daß dann die politische Verhetzung nicht mehr fortdauern darf. Das Bedürfnis nach Einigung und Verständigung wird rasch wachsen und schließlich mit Leichtigkeit das Entgegenstemmen derjenigen Elemente beseitigen, die an der Verhetzung ein persönliches Interesse haben . . . Schon dieser eine Grund wäre genügend, allen, die es mit der Sache ehrlich meinen, den Antrieb zu geben, für die Vervollkommnung der Gewerksgenossenschaftsorganisation Sorge zu tragen. In der Gewerksgenossenschaft beruht die Z u ‑ k u n f t   d e r   A r b e i t e r k l a s s e; sie ist es, in der die Massen zum Klassenbewußtsein kommen, den Kampf mit der Kapitalmacht führen lernen, und welche so naturgemäß die Arbeiter ohne äußeres Zutun zu Sozialisten macht. . . ."

PARTEIPOLITISCH NEUTRAL

Schon hier drückt Bebel die von ihm später noch deutlicher unterstrichene Ansicht aus, daß die G e w e r k ‑ s c h a f t e n   n i c h t   p o l i t i s c h e   Organisationen im Sinne einer Partei sein dürften. Ganz seinem Denken entsprechend hat denn auch der Erfurter Kongreß auf Antrag Yorks beschlossen:

„In Erwägung, daß die Kapitalmacht a l l e Arbeiter, gleichviel, ob sie konservativ, fortschrittlich‑liberal oder Sozialdemokraten sind, gleich sehr bedrückt und ausbeutet, erklärt der Kongreß es für die heiligste Pflicht der Arbeiter, a l l e n P a r t e i h a d e r   b e i s e i t e   z u   s e t z e n und auf dem n e u ‑ t r a l e n   B o d e n einer einheitlichen Gewerkschaftsorganisation die Vorbedingungen eines erfolgreichen kräftigen

Widerstandes zu schaffen, die bedrohte Existenz sicherzustellen, und eine Verbesserung ihrer Klassenlage zu erkämpfen. Insbesondere aber haben die verschiedenen Fraktionen der Sozialdemokratischen Arbeiterpartei die Gewerkschaftsbewegung nach Kräften zu fördern."

Für diese parteipolitische Neutralität der Gewerkschaften trat Bebel später auch ein, als sich innerhalb der Sozialdemokratischen Partei darüber Meinungsdifferenzen ergaben. Bekannt ist sein Vortrag, den er am 31. Mai 1900 vor dem Verband der Lithographen und Steindrucker in Berlin hielt und der später als Broschüre erschienen ist[1]). In ihm sagt er über die Aufgaben der Gewerkschaften:

„Die Aufgaben und Zwecke der Gewerkschaft werden um so gründlicher erreicht, je stärker sie ist, das heißt je mehr Arbeitsgenossen aus dem gleichen Arbeitszweig ihr angehören, je geschickter ihre Leitung ist, je gefüllter ihre Kassen sind. Alsdann ist auch ihre moralische Macht so stark, daß viele Zumutungen gegen die Arbeiter unterbleiben, die andernfalls gestellt würden. Die bloße Existenz der Gewerkschaft ist eine Mahnung an den Unternehmer, die Saiten nicht zu straff zu spannen. Da ferner in der Fabrik und im gewerblichen Betrieb Arbeiter ohne Unterschied der religiösen und politischen Ueberzeugung, oft auch von verschiedener Nationalität beschäftigt werden, so muß die Gewerkschaft ihre Mitglieder ohne Rücksicht auf religiöse und politische Meinungen und nationale Abstammung aufnehmen. Zusammenschmieden aller vorhandenen Gewerksgenossen in einer Organisation muß das erste Gebot ihrer Politik sein, denn ohne Befolgung dieses Grundsatzes kann sie ihre Aufgabe nicht oder nur ungenügend erfüllen.

Diesem obersten Gebot der Gewerkschaftspolitik steht aber die vorhandene Spaltung der deutschen Gewerkschaften entgegen. Freie Gewerkschaften, Hirsch-Dunckersche Gewerkvereine, christlich-katholische und protestantische stehen sich gegenüber. Daneben steht der Buchdruckerverband als eine eigenartige Organisation da, gegen den wieder ein Teil

---

[1]) „Gewerkschaftsbewegung und politische Parteien." Dietz, Stuttgart 1900.

der Unternehmerschaft einen Konkurrenzverein ihrer Arbeiter gründete. Diese **Spaltungen** sind eine **große Schwächung der Gewerkschaftsbewegung**, der entgegengewirkt werden muß, eine Ansicht, die in den verschiedenen Lagern immer mehr die Oberhand gewinnt. Es ist nur die **Unwissenheit** und die **Kurzsichtigkeit** der Arbeiter, die sich zu **Spaltungen und gegenseitigen Verhetzungen** mißbrauchen lassen zum Schaden ihrer eigenen Sache; Spaltungen und Verhetzungen, die niemand den Unternehmern zumuten dürfte. Ganz besonders ist es das Beispiel der letzteren, das dem beschränktesten Arbeiter die Augen öffnen sollte und auch bereits vielen die Augen geöffnet hat. . . ."

EINIG UND GESCHLOSSEN SEIN!

„Wollen die **Arbeiterorganisationen** fernerhin einen maßgebenden Einfluß auf ihre Arbeitsbedingungen sich sichern, so nur daduch, daß sie **einig und geschlossen** den Unternehmern gegenübertreten, und durch diese Einheit und Geschlossenheit auch diejenigen ihrer Arbeitsgenossen zu sich herüberziehen, die gegenwärtig noch gleichgültig oder unentschlossen, wohin sie sich wenden sollen, beiseite stehen. In dieser bürgerlichen Welt folgt einer Periode der industriellen Blüte eine Periode des industriellen Niederganges. Damit beginnen aber besonders für die Arbeiter schwere Tage, denn sie sind es zuerst, die den Niedergang zu kosten bekommen, wie sie es zuletzt sind, die von dem Aufschwung profitieren, und was sie profitieren, meist erst durch **Kampf und Entbehrungen** erreichen. Ist es aber verhältnismäßig leicht, in einer Periode geschäftlichen Aufschwungs, vorausgesetzt, daß die Arbeiter in ihren Organisationen geschlossen auftreten, Konzessionen zu erlangen, so ist es sehr schwer in Zeiten des industriellen Niederganges, das Eroberte zu behaupten oder Verluste auf das möglichst geringste Maß zu beschränken. **Mehr noch als für die Zeiten der industriellen Blüte ist die Gewerkschaft für die Zeiten des Niederganges die Schutzwehr** des Arbeiters. Ohne sie ist er verloren und der Willkür des Unternehmers preisgegeben. Für solche Fälle ist die Einheit und Geschlossenheit der Gewerkschaft doppelt vonnöten.

Um aber diese Einigung erreichen zu können, muß hintangesetzt werden, was sie bis jetzt getrennt hat, und muß in den

Vordergrund gestellt werden, was ihnen gemeinsam ist: der Kampf für die Hebung der materiellen und sozialen Lage der Arbeiter. Das erfordert also die **Einstellung der religiösen und parteipolitischen Polemiken** hüben und drüben und weiter Beseitigung derjenigen Elemente, die nach Beruf und sozialer Stellung nicht in die Gewerkschaft gehören. Denn die Gewerkschaft ist eine spezifische **Arbeiter**organisation, und so sollen auch nur Arbeiter oder gewesene Arbeiter, die durch den Kampf für die Arbeitersache aus der Arbeit geworfen wurden oder durch das Vertrauen ihrer Gewerksgenossen an ihre Spitze berufen worden sind, in derselben sein.

So lange die Gewerkschaften nicht begreifen, daß sie die erwähnten Konzessionen sich gegenseitig machen müssen, wird es zu **keiner Einigung** kommen, sie werden aber auch alsdann **nicht** sein, was sie sein könnten. Daß diese Einigung nach Lage der Sache von heute auf morgen nicht eintreten wird, ist zu erwarten. Aber dann trete wenigstens an Stelle der Einigung und der Einheit das **Kartell**. Alles weitere wird sich mit der Zeit von selber finden. ..."

ARBEITERPOLITIK — KLASSENPOLITIK

„... Ich befürworte also, daß **Parteipolitik und religiöse Erörterungen** den Gewerkschaften **ferngehalten** werden, aber ich befürworte, daß sie um so mehr und um so eifriger **Arbeiterpolitik, Klassenpolitik** treiben.

Die Gewerkschaft ist diejenige Arbeiterorganisation, die auf dem Boden der bestehenden Staats- und Gesellschaftsordnung für die **Hebung der Arbeiterlage** eintritt. Welche Rolle sie später in einer anderen Gesellschaftsordnung zu spielen hat, bleibt hier außer Betracht. Die Gewerkschaft wird ihrer Lage gerecht einmal dadurch, daß sie die im vorhergehenden Abschnitt erwähnten Bestrebungen (den Schutz der Arbeiter gegen das Unternehmertum) verwirklicht, dann dadurch, daß sie vom **Staat** und der Staatsgesetzgebung die Erfüllung einer Reihe von Forderungen erstrebt, zu deren Erfüllung sie als Arbeiterorganisation nicht die Macht hat....
Alle sozialen und wirtschaftlichen Angelegenheiten, bei denen die Interessen einer größeren Arbeiterzahl oder der Gesamtheit der Arbeiter in Frage kommen, sind von der Gewerkschaft als einer **Arbeiterorganisation** in

den Kreis ihrer Erörterungen durch Presse und Versammlungen zu ziehen und ist von ihr Stellung dazu zu nehmen. Man wird zugeben, dieses ist ein **weites Gebiet der politischen Tätigkeit**, und daß alle erwähnten Fragen nur vom Klassenstandpunkt des Arbeiters erörtert werden, dafür trägt die Gewerkschaft in sich die Garantie. Die Gewerkschaft und namentlich die Gewerkschaftspresse muß um so mehr diese Themata erörtern, als es **auf dem Boden der Selbsthilfe kein Mittel** gibt, durch das die Gewerkschaft selbst hier ändernd und bessernd eingreifen kann. **Politik zu treiben** im Rahmen dieser ihrer Aufgaben ist also eine **Pflicht** der Gewerkschaft."

Soll die Gewerkschaft als solche zwar keine Parteipolitik aber doch Arbeiterpolitik im weitesten Sinne treiben, so erwartet Bebel um so mehr von jedem Gewerkschaftsmitglied als **Staatsbürger**, daß er sich als **Parteimann** betätige. Denn sowohl als Wähler wie als Wahlkandidat kann er nur als Parteimann auftreten, nur in einer Partei kann er seinen Zweck erreichen: „**Welcher** Partei er sich anschließen will, ist Sache seiner Ueberzeugung; denn, hat die Gewerkschaft kein Recht, ihn nach seiner politischen Ueberzeugung zu fragen, so hat sie auch **kein Recht, ihm Vorschriften zu machen, zu welcher Partei** er außerhalb der Gewerkschaft gehören soll. Verstehen die Gewerkschaften dieses Maß von **Toleranz** nach beiden Seiten hin zu betätigen, so wird ihre Zukunft eine erfreuliche und gedeihliche sein."

In der großen **Massenstreikdebatte** auf dem Parteitag zu **Jena** 1905 wurde das Verhältnis zwischen Partei und Gewerkschaften sehr eingehend besprochen und auch die oben wiedergegebene Stellungnahme Bebels zur gewerkschaftlichen Neutralität von einzelnen Rednern kritisiert. Er erwiderte darauf:

„Man hat mir gestern wegen meiner Stellung zur Neutralität der Gewerkschaften Vorwürfe gemacht. ... Ich habe niemals die Neutralität der Gewerkschaften in politischen Fragen vertreten, sondern nur gesagt, daß die Gewerkschaften sich nicht als Anhängsel einer politischen Partei betrachten dürfen, weil sie genötigt sind, alle Arbeiter in ihrer Mitte aufzunehmen und diese Aufnahme nicht von einem politischen Glaubensbekenntnis abhängig machen dürfen. Die Gewerkschaftsblätter und -redner haben alle die Pflicht, immer wieder ihren Mitgliedern zu sagen: „Ihr seid Arbeiter, und als solche Staatsbürger, und als Staatsbürger an allen Fragen des Staates und der Gesetzgebung interessiert." Wenn so an der Aufklärung der Arbeiter gearbeitet wird, dann mache ich mich anheischig, ein Gewerkschaftsblatt das ganze Jahr hindurch so zu redigieren, daß das Wort Sozialdemokratie überhaupt nicht fällt und die Leser doch Sozialdemokraten werden. (Lebhafte Zustimmung und Heiterkeit.) Das ist das Geheimnis, das ist die Art, wie agitiert werden muß."

PARTEI UND GEWERKSCHAFTEN

Die Frage des politischen Massenstreiks hatte damals zwischen den Gewerkschaftsführern und der Parteileitung eine bemerkenswerte Spannung hervorgerufen, die ein ganzes Jahr lang zum Teil heftige Kontroversen auslöste. Die Folge war, daß sowohl der Kölner Gewerkschaftskongreß 1906 als auch der sozialdemokratische Parteitag zu Mannheim im gleichen Jahre zu der Frage erneut Stellung nahmen. In Mannheim handelte es sich vor allem darum, das Verhältnis zu den inzwischen stark gewachsenen Gewerkschaften zu klären und Mißverständnisse aus dem Wege zu räumen. Der Parteitag nahm die nachstehende Resolution an, die Bebel vorgeschlagen hatte:

„Die Gewerkschaften sind unumgänglich notwendig für die Hebung der Klassenlage der Arbeiter innerhalb der bürgerlichen Gesellschaft. Sie stehen an Wichtigkeit hinter der sozialdemokratischen Partei nicht zurück, die den Kampf für die Hebung der Arbeiterklasse und ihre Gleichberechtigung mit den anderen Klassen der Gesellschaft auf politischem Gebiet zu führen hat, im weitern aber über diese ihre nächste Aufgabe hinaus die Befreiung der Arbeiterklasse von **jeder Unterdrückung und Ausbeutung durch Aufhebung des Lohnsystems und die Organisation einer auf der sozialen Gleichheit aller beruhenden Erzeugungs- und Austauschsweise, also der sozialistischen Gesellschaft,** erstrebt. Ein Z i e l , das auch der klassenbewußte Arbeiter der G e w e r k s c h a f t notwendig erstreben muß. B e i d e O r g a n i s a t i o n e n sind also in ihren Kämpfen auf g e g e n s e i t i g e V e r s t ä n d i g u n g und Zusammenwirken angewiesen.

Um bei Aktionen, die die Interessen der Partei und der Gewerkschaften gleichmäßig berühren, ein einheitliches Vorgehen herbeizuführen, sollen die Zentralleitungen der beiden Organisationen sich zu verständigen suchen."

Diese Formulierung wurde noch ergänzt durch den Hinweis auf die Notwendigkeit, daß „die g e w e r k s c h a f t l i c h e B e w e g u n g von dem G e i s t e d e r S o z i a l d e m o k r a t i e e r f ü l l t werde". Bebel hatte diesen Zusatz nicht selbst vorgeschlagen, ihn aber gutgeheißen.

LOKALISTISCHE SPLITTER

In den Streit hatten zu jener Zeit auch die Reste der sogenannten „Lokalorganisationen" hineingespielt, die, im Gegensatz zu den zentralistisch organisierten großen Verbänden, nur l o s e V e r b i n d u n g e n ö r t l i c h e r Gewerkschaften als zweckmäßig anerkannten. In dieser Bewegung waren noch einige Sozialdemokraten alter Schule tätig, die an der Gründung solcher örtlicher Organisationen während des Sozialistengesetzes beteiligt gewesen waren. Sie hielten ängstlich an der F o r m fest, während jüngere Elemente dieser Form einen n e u e n I n h a l t , den sogenannten „Anarchosozialismus" zu geben trachteten. Gegen diese Spielart syndikalistischer Organisationen wandte sich Bebel in seinem Referat auf dem Mannheimer Parteitag:

„Wie der Parteivorstand und die einzelnen Mitglieder desselben über diese l o k a l i s t i s c h e n O r g a n i s a t i o n e n denken, ganz abgesehen von dem anarchosozialistischen Charakter, den sie erst in den letzten Jahren angenommen haben, das haben wir wiederholt in Resolutionen und Erklärungen zum Ausdruck gebracht, so auf dem Parteitag in Halle a. d. S., auf dem Parteitag in Lübeck und in verschiedenen Resolutionen zur Maifeier. Wir sind einstimmig der Ansicht, daß eine lokalistische Organisation vom Standpunkt der heutigen ökonomischen und sozialen Entwicklung einfach ein Nonsens ist, daß, wenn die Arbeiterklasse Erfolge im Kampf gegen den Kapitalismus erringen will, es des Zusammenfassens aller Kräfte bedarf. Es ist das immanente Gesetz der kapitalistischen Entwicklung, daß alles auf Konzentration hinausläuft. Wir sehen die gewaltige Entwicklung des Großkapitals, wie es sich immer mehr konzentriert nicht nur national, sondern auch international, wir sehen diese Gestaltung des ökonomischen Entwicklungsprozesses innerhalb der bürgerlichen Gesellschaft in allen Staaten der ganzen Welt, in denen moderne Kultur und damit moderne Industrie vorhanden ist, wir sehen, wie die Unternehmer auf nationaler und internationaler Grundlage gegen die Arbeiter sich organisieren. Konzentration und Zentralisation ist auch das immanente Gesetz, das die Staatswesen beherrscht und zur Einheit drängt. Nationalstaat mit einer Zollgrenze, einer Armee und Marine, mit gleichem Gelde, gleichem Maß und Gewicht, gleichem Recht. Wie man angesichts einer solchen Entwicklung und einer solchen Macht der Unternehmerklasse gegenüber der Arbeiterklasse durch lokalorganisierte Gewerkschaften etwas auszurichten glaubt, das verstehe wer mag. Jedenfalls ist der Parteivorstand und die Partei in ihrer großen Mehrheit der Meinung, daß diese lokalistischen Gewerkschaften vollständig ohnmächtig sind, die Aufgaben der Arbeiterklasse zu erfüllen."

Es klingt heute wie ein Sang aus verschollenen Zeiten, wenn man an die vergeblichen Versuche erinnert, die Regierungen und Parteien in ihrem eigenen Interesse zu einer gesetzlichen Anerkennung der Arbeiterorganisationen zu veranlassen. In der Gegenwart, da große Organisationen der Unternehmer und der Arbeiter in Zentralarbeitsgemeinschaften am gemeinen Wohl zu wirken suchen, ohne doch ihre besonderen Interessen aufzugeben; in einer Zeit, in der die Mitwirkung der Gewerkschaften an den Lohn- und Arbeitsbedingungen etwas Selbstverständliches geworden ist — in einer solchen Zeit mutet es allerdings fast vorsintflutlich an, wenn man die seltsamen Begründungen wieder liest, die früher von der Regierungsbank und von der Unternehmerseite gegen die leiseste Anerkennung der Gewerkschaften ins Feld geführt wurden. Zwar gab es auch einsichtige Unternehmer, deren Blick weiter reichte als der der engstirnigen Scharfmacher. Zu diesen Weitsichtigeren gehörte der liberale Abgeordnete R o e s i c k e - Dessau, der gerade im Interesse des gewerblichen Friedens die R e c h t s f ä h i g k e i t d e r B e r u f s v e r e i n e beantragte. Bei der Beratung eines solchen Antrags Roesicke — am 28. März 1895 — äußerte sich B e b e l gegenüber den Scharfmachertiraden der Möller, Stumm und anderer Großindustrieller über die

AUFGABEN DER GEWERKSCHAFTEN

„Nun will ich nicht weiter auf die Frage eingehen — ob die Reichsregierung, das war der Punkt, von dem Abg. Roesicke ausgegangen ist — aufs neue veranlaßt werden sollte, den G e w e r k v e r e i n e n in Deutschland eine gewisse g e s e t z l i c h e B a s i s zu geben. Herr Kollege Möller, Herr v. Stumm und eine ganze Reihe ihrer Klassengenossen sind g e g e n eine solche gesetzliche Regelung. Sie sagen, das würde nichts weiter bedeuten, als daß wir die G e s e t z g e b u n g des Staates der S o z i a l d e m o k r a t i e z u r V e r f ü g u n g stellen, damit diese mit der an ihr gewohnten Energie und mit ihrem Geschick sofort den neugeschaffenen Boden für sich ausnutzen, und dann haben wir den Krieg mit der Sozialdemokratie in Permanenz. Ja, meine Herren, d i e s e r K r i e g i s t d a, der Klassengegensatz besteht; die Meinungsverschiedenheiten und gegensätzlichen Interessen, die aus diesem Klassengegensatz naturnotwendig hervorgehen, machen sich in den verschiedensten Kämpfen bemerkbar. Da bin ich aber der Meinung, daß, wenn einmal zwei Parteien miteinander im Kampf leben und nach der Natur der Dinge — das ist wenigstens

unsere Auffassung — miteinander im Kampf leben müssen, es
besser ist, wenn beide streitenden Parteien
organisiert kämpfen, weil sie alsdann durch ihre
Führer auch jederzeit miteinander mit Aussicht auf
Erfolg verhandeln können, und zwar viel sicherer, als
ohne solche Führung bei unorganisierten Massen möglich ist,
die viel rascher zu großen Kämpfen übergehen. Ich behaupte
also, weit entfernt, daß durch eine solche Organisation der Arbeiter auf dem Boden der heutigen Staats- und Gesellschaftsordnung — und es ist die gewerkschaftliche Organisation, die
sich im eminentesten Sinne des Wortes nur mit Fragen beschäftigt, die innerhalb der gegebenen Verhältnisse zur Erledigung gebracht werden können — ich sage: dadurch würde
es sowohl für Sie, die Kapitalisten, wie für die
Arbeiterklasse — ich glaube, ich spreche das, was ich
jetzt sage, unter Zustimmung aller meiner Parteigenossen hier,
also der eigentlichen Führer der Sozialdemokratie aus — weit
besser werden. Es ist immer vorteilhafter für
beide Teile, daß, bevor es zum Kampfe kommt, jederzeit bestimmte Personen vorhanden sind, die
untereinander erst versuchen können, ob sie nicht im Wege
des Vergleiches zu einer Verständigung kommen,
ehe das letzte Mittel, der Krieg, ausbricht. Es ist eine
vollständige Verkennung der Tatsachen, wenn Sie sich einbilden, daß wir quasi mit wahrem Eifer darauf ausgingen,
derartige Lohn- und sonstige Kämpfe hervorzurufen. Meine
Herren, niemals werden wir die Arbeiter davon zurückhalten,
ihre Forderungen geltend zu machen, wenn wir die Ueberzeugung haben, daß diese Forderungen in der Natur der Dinge
begründet sind; und wir werden sie alsdann auch veranlassen,
diese Forderungen nachdrücklich geltend zu machen, sobald
die Verhältnisse ihren Bestrebungen günstig sind. Aber daß
jederzeit der Wunsch vorhanden ist, die Kräfte
zu schonen oder es im Kampfe nicht zum äußersten kommen zu lassen, wenn dies nicht notwendig ist, ist selbstverständlich. Dieser Wunsch ist allezeit bei uns für unser
Verhalten maßgebend. . . . Kämpfen um des Kampfes willen,
wo ohne Kampf sich ein Ziel erreichen läßt, das fällt uns nicht
ein, dazu sind wir viel zu kluge und nüchterne Leute. Wir
meinen, die Mittel und Kräfte, die wir in einem Kampf er-
sparen, dessen Ziel wir also auf anderem Wege zu erreichen
vermögen, können wir besser zur Führung eines anderen not-

wendigen Kampfes verwenden. Es wäre die **größte taktische Unklugheit**, wenn Führer einer Bewegung, Leiter einer Agitation, in mutwilliger Weise kämpften und dadurch die Mittel, die gerade die arbeitende Klasse am wenigsten im Ueberflußz hat, in nutzloser Weise verpulvern wollten. Gewöhnen Sie sich endlich an diese Auffassung, begreifen Sie endlich, daßz, solange die Dinge so stehen, wie sie heute in der bürgerlichen Gesellschaft sind, **beide Teile ein Interesse daran haben**, in streitigen Fällen **zur Verständigung zu kommen** und nicht gleich zum Kampfe! Dann werden Sie auch einsehen, daßz gegen eine gesetzliche Regelung der gewerkschaftlichen Organisation nicht nur nichts einzuwenden ist, daßz sie im Gegenteil im öffentlichen Interesse liegt, und für dieses von höchstem Vorteil und Nutzen ist."

DAS ZUCHTHAUSGESETZ

Diese überaus vernünftigen Darlegungen verfehlten jedoch ihre Wirkung. Das öffentliche Leben in Deutschland war damals noch sehr vom Sozialistenschreck beherrscht und wurde in dem Maßze durch die weitreichenden Verbindungen der Schwerindustrie beeinflußt, daßz die Regierung statt eines Gesetzes über die Rechtsfähigkeit der Berufsvereine wenige Jahre später das berüchtigte **Zuchthausgesetz** dem Reichstage vorlegte. Dieses Gesetz hatte Wilhelm II. auf Grund von Ohrenbläsereien seiner schwerindustriellen Freunde mehrfach und feierlich angekündigt. U. a. in seiner bekannten Rede in Oeynhausen vom 6. September 1898, wo er sagte:

„Das Gesetz naht sich seiner Vollendung und wird den Volksvertretern in diesem Jahre zugehen, worin **jeder**, er möge sein wer er will, und heißzen wie er will, der einen deutschen **Arbeiter**, der **willig** wäre, seine Arbeit zu vollführen, daran zu **hindern versucht** oder gar **zu einem Streik anreizt**, mit **Zuchthaus** bestraft werden soll. Die Strafe habe ich damals versprochen, und ich hoffe, daßz das Volk in seinen Vertretern zu mir stehen wird, um unsere nationale Arbeit in dieser Weise, soweit es möglich ist, zu schützen."

Der Staatssekretär des Innern Graf von Posadowsky-

Wehner mußte die Vorlage unter dem Titel eines „Gesetzes zum Schutze des gewerblichen Arbeitsverhältnisses" einbringen. Aber gegen den neuesten Versuch, ein A u s n a h m e g e s e t z g e g e n d i e A r b e i t e r zu schaffen, setzte sich die g a n z e Arbeiterschaft ohne Rücksicht auf Partei- und Gewerkschaftszugehörigkeit zur Wehr. Und B e b e l sprach in ihrer aller Sinne, als er, am 19. Juni 1899, gegen die Vorlage zu Felde zog:

„Sobald dieser Gesetzentwurf bekanntgeworden ist, hat er in den weitesten Kreisen die verschiedenartigsten Empfindungen hervorgerufen; auf der einen Seite in der Unternehmerpresse und einem großen Teile der Unternehmerklasse allgemeinen Jubel, aber auf der anderen Seite, und zwar, s o w e i t e s d e u t s c h e A r b e i t e r im Deutschen Reiche g i b t, einen a l l g e m e i n e n S c h r e i d e s Z o r n s und der Entrüstung und eine Empörung, wie ich sie in meinem langen politischen Leben noch niemals in den Massen gefunden habe. . . . Der Herr Reichskanzler ist offenbar sehr schlecht und sehr mangelhaft unterrichtet. Wenn ihn seine Geheimräte und Untergebenen besser unterrichtet hätten, als es offenbar der Fall ist, dann würde er wissen, daß nicht allein in den Reihen derjenigen Arbeiter, die zur Sozialdemokratie sich bekennen, sondern auch in den Reihen der k a t h o l i s c h e n Arbeiter, in den Reihen der p r o t e s t a n t i s c h e n Arbeiter, wie in den Reihen der Arbeiter, die zur l i b e r a l e n Partei zählen, kurz in der gesamten deutschen Arbeiterwelt ohne Unterschied der politischen und religiösen Ueberzeugung der S t u r m d e r E n t r ü s t u n g der allgemeinste ist. . . ."

KLASSENGESETZE GEGEN ARBEITER

„. . . Die größere Freiheit der Koalition ist eine Notwendigkeit schon deshalb, weil der § 153 der Gewerbeordnung in Wahrheit ein A u s n a h m e g e s e t z g e g e n d i e A r b e i t e r k l a s s e bisher gewesen ist. Es war mir heute interessant, aus dem Munde des Herrn Staatssekretärs Grafen von Posadowsky zu hören, daß man die Ueberzeugung gewonnen habe, daß auf Grund des § 153 der Gewerbeordnung die U n t e r n e h m e r n i c h t in gleicher Weise wie die Arbeiter

getroffen werden könnten. Als wir in früheren Sessionen dieses Hauses verlangten, daß der § 153 als Ausnahmegesetz gegen die Arbeiter aufgehoben würde, weil er die Unternehmer nicht treffe, sind es die Regierungen gewesen, die das entschieden bestritten haben. Es sei nicht wahr, daß der § 153 nur gegen die Arbeiter gerichtet sei. Aber seit dem 30jährigen Bestehen dieses Paragraphen haben wir nur konstatieren können, daß zwar in vielen Hunderten von Fällen der § 153 der Gewerbeordnung gegen Arbeiter angewendet worden, aber, mit Ausnahme eines einzigen Falles, niemals gegen Arbeitgeber, was ich noch weiter nachweisen werde. Aber obgleich dieser Paragraph auch für die Arbeitgeber Geltung hat, und für sie gilt, was hier unter den Begriff des „körperlichen Zwanges, der Drohung, der Ehrverletzung, der Verrufserklärung" fällt, hat sich bis heute kein Staatsanwalt gefunden, der einen Arbeitgeber aus diesem Paragraphen angeklagt hätte. Der § 153 der Gewerbeordnung hat sich als das einseitigste Klassengesetz, das man sich denken kann, gegen die Arbeiter erwiesen. . . . Das ist für jeden klar, der die bezügliche Rechtsprechung seit Jahrzehnten verfolgt hat. Nach unserer Meinung sollten für Vergehen irgendwelcher Art bei Streiks, Ausständen und dergleichen keine anderen Bestimmungen maßgebend sein dürfen als diejenigen des allgemeinen Strafrechts, die für alle gelten. Indem man hier für die Arbeiter und für diesen Zweck allein ein spezielles Ausnahmegesetz eruiert, spricht man aus, daß die Arbeiter in der heutigen Gesellschaft eine Ausnahmestellung einnehmen, und daß für diese Ausnahmestellung ein Ausnahmegesetz nötig sei. . . .
Der Herr Staatssekretär bemerkte, wie heute die Unternehmerklasse durch Ringe, Trusts, Syndikate und dergleichen alles aufbiete, um für ihre Produkte bessere Preise zu bekommen, auch die Arbeiter dazu das Recht hätten. Welchen Zwang, welche Verrufserklärung die Unternehmer hierbei ausüben, werde ich in meinem Vortrage noch darlegen. Aber wenn die Unternehmer dieses Recht haben, müssen es die Arbeiter selbstverständlich und erst recht auch haben — ich füge hinzu: sie müssen es sogar in höherem Grade haben, weil sie die sozial Abhängigen, die sozial Unterdrückten sind. Der Unterschied zwischen dem Unternehmer als Warenverkäufer und dem Arbeiter als Warenverkäufer ist sehr erheblich. Wenn der Unternehmer seine Ware

zu einem ihm annehmbaren Preise verkauft, so gibt er die Ware hinaus, er selbst bleibt persönlich ein freier, unabhängiger Mann; wenn aber ein **Arbeiter die einzige Ware, die er besitzt**, seine Arbeitskraft, **verkauft**, so verkauft er für die Stunden, Tage und Wochen der Arbeitszeit **seine eigene Person** mit, er ist für diese Zeit ein **unfreier** Mann und kann nicht über sich selbst verfügen, er ist in dieser Zeit von der Macht des Arbeitgebers abhängig. Das gibt dem Arbeiter in der Gesellschaft eine Ausnahmestellung...."

DAS KLASSENBEWUSSTSEIN DER UNTERNEHMER

„Die Unternehmer haben hundert Mittel in der Hand, sich den Arbeitern gegenüber zu verständigen, ohne daß die Staatsgewalt, auch selbst wenn sie möchte, eingreifen könnte; das ermöglicht ihnen die bevorzugte soziale Stellung. Zweitausend Arbeiter in einer Reihe von Betrieben zu vereinigen, um eine Arbeitseinstellung herbeizuführen, hält viel schwerer, als 20 Unternehmer, welche diese 2000 Arbeiter beschäftigen, unter einen Hut zu bringen und sich gegenseitig zu verständigen. Es kommt ein anderes hinzu. Heute sind es nicht mehr die Arbeiterorganisationen, die den Unternehmerorganisationen überlegen sind; nein, heute sind die Arbeitgeberorganisationen den Arbeiterorganisationen weit überlegen. Es kann leider — leider, sage ich, — nicht bestritten werden, daß das **Klassenbewußtsein der Unternehmer** in bezug auf ihre Interessen **weit höher** und weit **lebhafter entwickelt** ist als bei einem großen Teil von Arbeitern. Wir haben heute in Deutschland von Unternehmern, die eine größere Anzahl von Arbeitern beschäftigen, nur noch einen minimalen Bruchteil, der nicht in einer Organisation ist. Aber wir haben **leider Millionen von deutschen Arbeitern**, sogar weitaus die große Mehrzahl der Arbeiter, die **in keiner Arbeiterorganisation** stehen. Das ist es, was die Unternehmer gegenüber dem Arbeiter weitaus in Vorteil bringt. Und welche Mittel haben die Unternehmer zur Verfügung? Sie brauchen keine Versammlung, auch wenn darin politische Angelegenheiten erörtert werden, bei der Polizei anzumelden. Herr von der Recke, der heute in diesem Saale als Zuhörer ist, wird mir bestätigen, daß seine ihm untergeordneten Organe das ganze Jahr kaum einmal in die Lage kommen, eine Versammlung von Unternehmern angemeldet zu sehen, und noch weniger fällt es der Polizei ein, solche Versammlungen zu überwachen. Aber die Gewerkschaften in Preußen müssen sich unausgesetzt aufs vorsichtigste zwischen den Maschen des § 8 des preußischen Gesetzes hindurchwinden, weil sie die größte Gefahr laufen, als politische Vereine angesehen und dann aufgelöst zu werden. Hier in Berlin unter den Augen des Herrn von der Recke, des preußischen Ministers des Innern, versammelt sich der **Zentralverein der Großindustriellen**, ein Zentralverein, der aus mehreren Dutzend anderer Unternehmerorganisationen besteht. Bei diesen Versammlungen wird über **Handelsverträge, Zollpolitik**, Arbeiterschutz, Arbeiterversicherung, kurz, über die **hochpolitischsten** Angelegenheiten verhandelt. Aber Herr von der Recke und seine untergeordneten Organe halten es weder der Mühe wert, einen Beamten hinzuschicken und die Verhandlungen überwachen zu lassen, noch viel weniger aber machen sie, was eigentlich ihre verdammte Pflicht und Schuldigkeit wäre, von der Bestimmung des § 8 des preußischen Vereinsgesetzes Gebrauch und klagen die Leute, die das Gesetz vor den Augen der Behörden übertreten, der Gesetzesübertretung an. So wird **mit zweierlei Maß gemessen**, auf der einen Seite für die Unternehmer und auf der anderen Seite für die Arbeiter...."

DIE SCHAFSNATUR — DAS IDEAL DER STAATSMÄNNER

„... Nun behaupte ich, jeder strebsame Arbeiter muß das natürliche Verlangen haben, seine Lebenslage zu verbessern. Der **einzelne** Arbeiter ist aber in der bürgerlichen Gesellschaft dem Unternehmer gegenüber ein abhängiger Mensch. Sobald ein **einzelner** Arbeiter an den Unternehmer tritt und höheren Lohn verlangt oder andere Forderungen stellt, **fliegt er hinaus**; er ist dem Unternehmer gegenüber vollkommen machtlos, er muß sich ihm fügen. Weit mehr als dem Unternehmer ist also dem Arbeiter die **Koalition mit seinesgleichen** nötig. Nur durch Zusammenschluß können die Arbeiter etwas erreichen; sind sie nicht vereinigt, so sind sie vollkommen machtlos.

Ich sage also, die Arbeiter müssen darauf ausgehen, ihre Lebenshaltung durch Besserung ihrer Löhne und Arbeitsbedingungen zu erhöhen; sie begehen damit eine **kulturfördernde Tat**: je besser die Lebensstellung der Arbeiter ist, um so größer das Allgemeinwohl der Gesellschaft, und je mehr ihnen das verweigert oder unmöglich gemacht wird, um so schlechter der Zustand der Gesellschaft und um so größer die **Verbitterung** und der **Haß** gegen die bestehende Ordnung der Dinge. Was sagt nun aber die Vorlage der Regierung? Da heißt es, daß es sich gerade bei den **Arbeitswilligen** um ruhige, in die Staats- und Rechtsordnung sich schickende, **für den Staat besonders nützliche Elemente** handelt, welche in ihren mit den Staatsinteressen zusammenfallenden persönlichen Interessen wirksam zu schützen eine wichtige und dringende Aufgabe der Staatsgewalt ist. Mit andern Worten, wenn der Arbeiter als Zoon politicon eine **Schafsnatur** hat, so ist er der Idealarbeiter. **Je dümmer**, je anspruchsloser, je billiger der Arbeiter ist, je mehr er sich den Forderungen des Unternehmers fügt, desto mehr ist er das **Ideal unserer Staatsmänner.** So wollen Sie den Arbeiter: untertänig, willig, gefügig, allen Anforderungen seines Unternehmers gehorchend. Meine Herren, wenn Sie glauben, mit einer solchen Arbeiterklasse Ihren Staat auf die Dauer aufrechterhalten zu können, dann täuschen Sie sich gewaltig. Von Friedrich dem Großen erzählt man, daß er in seinen letzten Stunden ausgesprochen habe: ich bin es **müde, über Sklaven zu herrschen.** Die **heutigen** Regierungen **wünschen,** daß sie über Sklaven und **nur über Sklaven** zu herrschen haben. . . ."

ARBEITERORGANISATIONEN MILDERN DIE KÄMPFE

„. . . Aus Bayern, heißt es in der Denkschrift, hätten die Polizeibehörden gemeldet, daß die Angriffe gegen die Arbeitswilligen eine bedenkliche Ausdehnung angenommen hätten. Aus dem Großherzogtum Baden wird gemeldet, die Beobachtungen hätten ergeben, daß der Terrorismus der Ausständigen und Agitatoren immer stärker geworden sei. Nun haben wir die bayerischen und badischen Gewerbeinspektorenberichte, und die Gewerbeinspektoren haben schon seit zwei Jahren ein sorgfältig zusammengetragenes Material veröffentlicht, worin sie nachweisen, daß namentlich da, wo Arbeiterorganisationen bestehen, **das Gegenteil** von dem Behaupteten vorgekommen ist. Sie weisen nach, daß überall das Vorhandensein von **Arbeiterorganisationen** im hohen Maße dazu beigetragen habe, daß die **Kämpfe** zwischen Unternehmern und Arbeitern einen **friedlicheren Charakter** als früher angenommen hätten. . . ."

UNTERNEHMERTERROR GEGEN UNTERNEHMER

„... Vor einigen Monaten ist der Spiritusfabrikantenverein gegründet worden, der eine große Agitation ins Werk gesetzt hat, um diejenigen, die nicht beitreten wollen, zum Verbande zu zwingen. Der Verband hat ein Flugblatt verbreitet, in dem es heißt: „Wie sollt ihr werben, um diejenigen, die nicht im Verbande sind, hereinzubringen?" Dann heißt es: „Er wird, er und seine Abnehmer, wie ein Wild gehetzt werden, denn Gnade kennen wir nicht. Hier heißt es: mit in Reih und Glied, oder als Feind niedergekämpft!" Eine solche Sprache mit solcher Drohung halte ich für die stärkste Gewalt, die ein Unternehmer gegen einen andern einnehmen kann. Und was sagt dazu die „Deutsche Tageszeitung", das Organ der Herren Bündler:

„Hierin — nämlich in dem Resultat — liegt eine ernste Warnung an die dem Syndikat noch fernstehenden Produzenten. Gewiß ist es der Zweck der Gemeinschaft, allen Berufsgenossen zu nützen; aber selbstredend nur allen denen, die durch ihren Beitritt bekunden, daß sie diesen Nutzen wünschen. Die absolute Macht, die das Syndikat demnächst über die Rohspiritusmärkte ausüben wird, muß von ihm pflichtgemäß dazu benutzt werden, den Nichtmitgliedern die wirtschaftlichen Folgen ihres Einspännertums rücksichtslos fühlbar zu machen, gerade zum wohlverstandenen Besten des ganzen Berufsstandes."

Hier wird also die schärfste Schädigung, der schärfste Boykott befürwortet im Interesse des gesamten Berufsstandes. Wenn Arbeiter auf einem Bau andere zum Streiken nötigen, geschieht das ebenfalls „im Interesse des gesamten Berufsstandes", genau so wie dort. Bei Ihnen da drüben, meine Herren, ist das bisher nicht straffällig gewesen; also darf es auch bei den Arbeitern nicht straffällig sein. . . ."

GESETZLICHE AUFREIZUNG ZUM KLASSENHASS!

„... Meine Herren, was denken Sie denn, wenn ein solcher Entwurf, wie der vorliegende, Gesetz würde, was dann selbst die indifferentesten Arbeiter und Arbeiterinnen dazu sagen würden? Wenn künftig in denselben Fällen eine Person aus einer anderen Gesellschaftsschicht dasselbe tut, sie mit drei Mark Geldstrafe wegkommt, der Arbeiter und die Arbeiterin aber mit Monaten Gefängnis bestraft werden sollen! Ich meine, etwas so K l a s s e n h a ß e r r e g e n d e s, etwas so die untersten Schichten A u f r ü h r e n d e s und A u f h e t z e n d e s hat es noch nie gegeben wie diesen Gesetzentwurf. Alle sozialdemokratischen Agitatoren zusammengenommen können nicht in so vortrefflicher Weise für die Ausbreitung der Sozialdemokratie arbeiten, wie es die Verbreitung der Denkschrift zu diesem Entwurf tut. Ja, meine Herren, das begrüße ich, das sage ich Ihnen ganz offen. Wenn unsere regierenden Kreise Lust haben, sich so gründlich zu blamieren, wie es in der Vorlage geschehen ist, dann können wir damit zufrieden sein. Ich glaube, daß es im Interesse der verbündeten Regierungen und des Deutschen Reichstags liegt, wenn er diese V o r l a g e s o r a s c h w i e m ö g l i c h a u s d e r W e l t s c h a f f t. . . . Wird diese oder eine ähnliche Vorlage Gesetz — es gereicht Deutschland zur Schmach und zur Schande."

Tatsächlich ist die Vorlage schon in erster Lesung ohne Kommissionsberatung abgelehnt, oder wie man damals sagte: „verscharrt" worden. Die Empörung der Arbeiter aller Richtungen gegen den Versuch, ihre gewerkschaftliche Bewegung zu erdrosseln und den Streikbrecher zum Nationalheiligen zu erklären, war doch so stark zum Ausdruck gekommen, daß die Mehrheit der bürgerlichen Parteien die Verantwortung für ein solches Ausnahmegesetz nicht zu übernehmen wagte. Der Ausnahmeparagraph 153 der Gewerbordnung aber, von dessen aufreizender Wirkung Bebel gesprochen hatte, wurde noch kräftig angewandt bis in den Weltkrieg hinein. Erst als man in diesen Zeiten höchster Not die segensreiche Tätigkeit der Arbeiterorganisationen näher kennenzulernen sich bemühte, fand man die Kraft und den Mut, dieses arbeiterfeindliche Ueberbleibsel von 1869 mit einem Federstrich zu beseitigen.

INNERE PARTEIFÜHRUNG

Daſz Bebel die Allgemeinhaltung der Sozialdemokratie schon in ihren Anfängen richtunggebend beeinfluſzte, ist an anderer Stelle bereits dargelegt worden. Sein Widerstand gegen Liebknechts Antiparlamentarismus wurde entscheidend für die Taktik der Partei. Diese Taktik ist naturgemäſz abhängig von Faktoren, die auſzerhalb der eigenen Willensbildung liegen, besonders auch von dem Verhalten der Staatsgewalt und der gegnerischen Parteien. Aber ihre Grundlinie kann doch unverändert bleiben, wenn ein starker Charakter aus gegebenen Tatsachen entscheidende Schlüsse zu ziehen weiſz.

Es liegt in der Natur der Dinge, daſz ein Mann von den ausgesprochenen Führereigenschaften Bebels, von seiner langjährigen Erfahrung und dem groſzen Vertrauen, das er bei den Massen der Parteianhänger genoſz, deshalb einer der Hauptsprecher war, wenn und soweit auf den Kongressen der deutschen Sozialdemokratie von der Taktik der Partei gesprochen wurde. Oft war er von der Parteileitung als Berichterstatter bestimmt. In allen diesen Reden zeichnet sich die seltsame Mischung von revolutionärem Schwung und realpolitischem Denken deutlich ab, die gerade sein besonderes Merkmal war.

Schon das Ausnahmegesetz gegen die Sozialdemokratie löste den ganzen Komplex von Fragen aus, den man unter der Sammelbezeichnung Taktik zu umreiſzen pflegt. Die Anwendung all der schamlos schikanösen Bestimmungen des Gesetzes, die Vernichtung zahlloser Existenzen, die Auflösung aller Organisationen und vor allem die Ueberschwemmung des Landes mit Lockspitzeln riefen in der sozialistischen Arbeiterschaft eine Stimmung der Verzweiflung und der Wut hervor. Aus dieser Stimmung heraus entwickelte sich ein Flügel der Partei, der durch die Namen Most und Hasselmann bezeichnet wird, immer weiter in der Richtung zum Anarchismus, bis der Parteikongreß endgültig zwischen ihnen und der Partei die Grenzlinie zog. Das leidenschaftliche Temperament Bebels ließ auch ihn aufknirschen in hellster Empörung. Aber sein zweites Ich, der politische Praktiker, zeigte ihm doch wieder den rechten Weg. Ihm fiel die Aufgabe zu, auf dem ersten Parteitag unter der Herrschaft des Sozialistengesetzes, der im August 1880 auf dem Schlosse Wyden in der Schweiz stattfand, die Haltung der Fraktion gegen Angriffe zu verteidigen, die wegen angeblicher Aufgabe der revolutionären Tradition erhoben wurden. Nach dem Protokoll führte er diesen Kritikern die wahre Lage vor Augen:

„Man habe das Wort „Revolution" mißverstanden und den sozialistischen Abgeordneten zum Vorwurf gemacht, sie seien nicht revolutionär. Es sei jeder Sozialist ein Revolutionär, aber man dürfe unter Revolution nicht bloß die Gewaltäußerung sehen. Die Partei hat unter dem Sozialistengesetz ihren Charakter und ihre Selbständigkeit gewahrt; es ist ihren Vertretern keine Prinzipienverletzung vorzuwerfen. Unter der Attentatsaufregung mußte man aus taktischen Gründen vorsichtig vorgehen. Die Partei hatte gar nicht die Möglichkeit, der Regierung gewaltsam die Spitze zu bieten. Daran ändern die sogenannten Anarchisten und die Nihilisten nichts, welche darüber Vorwürfe erheben. Die Zustände in Rußland seien in ganz anderen Verhältnissen begründet und die Taktik der Verzweiflung, wie sie die Nihilisten üben, tauge für Deutschland nicht. Als das Nobiling-Attentat geschehen, mußte der Partei daran liegen, die Verleumdung, Nobiling gehöre zur Partei, zu widerlegen. Die seither beobachtete Taktik hat sich bewährt und Bismarck besorgt mit seinen Steuerprojekten und der ganzen Art seiner Politik unterdes die Agitationsarbeit der Sozialisten. Revolutionäre Beschlüsse fassen, ohne sie auszuführen, sei eine Kinderei, der wir uns nicht schuldig machen dürften. . . .

Nachdem das Attentatsfieber sich gelegt und die Stimmung umgeschlagen ist, ist die Zeit gekommen, wo die Partei wieder mehr positiv vorgehen kann und muß. Bisher galt es, zu retten und zu sammeln; jetzt wird man mehr agitatorisch auftreten. Der notwendige „Rückzug" beim Eintritt des Sozialistengesetzes war nicht ein „Rückzug" im Sinne der Preisgabe von Prinzipien, sondern der trotz der Uebermacht der Feinde erzwungene Rückzug in eine gesicherte Position. Der momentan geordnete Rückzug war nötig, denn zum „Losschlagen" war keine Möglichkeit. Damit wolle er nicht den sogenannten „gesetzlichen Weg" als unumstößliche Norm bezeichnen. Es ist eine Klugheit der Regierungen, ihn zu ermöglichen. Die deutschen Regierungen haben aber bisher diese Klugheit nicht gezeigt, und wenn es schließlich einmal zum Aeußersten kommt, wird sich zeigen, wer mehr seine Schuldigkeit tut, die jetzt Angegriffenen oder die, welche sie angreifen."

DIE UMSTURZVERSCHWÖRUNG VON WYDEN

Der gleiche Kongreß faßte im Verlaufe seiner Verhandlungen dann einen Beschluß, der in der Oeffentlichkeit großes Aufsehen hervorrief. In dem damals geltenden Parteiprogramm war erklärt, daß die Partei ihre Ziele „mit allen gesetzlichen Mitteln" erstrebe. Der Kongreß beschloß, das Wort „gesetzlich" in diesem Zusammenhang zu streichen. Daraufhin sprach Bismarck dann im Reichstag von der „Umsturzverschwörung von Wyden" und mit ihm erklärten die nichtsozialdemokratischen Parteien, daß die Streichung des einen Wortes eigentlich erst die ganze Gefährlichkeit der Sozialdemokratie enthüllt habe. Bebel nahm — am 4. April 1881 — Gelegenheit, die ganze Mär von der „Umsturzverschwörung" in ein Nichts aufzulösen, indem er, gegen Bismarck und seinen Adlatus Puttkamer gewendet, ausführte:

„Wir haben gar nichts zu verschweigen. Wir sind auf dem Wydener Kongreſz gewesen, wir haben, längst ehe der Herr v. Puttkamer dies hier im Reichstag vortrug, es öffentlich erklärt, sogar vor Gericht erklärt, und daraus dürfte schon zur Genüge hervorgehen, daſz von einer Verschwörung, am wenigsten von einer Umsturzverschwörung, keine Rede war. Wenn der Kongreſz ohne Wissen der preuſzischen Polizei abgehalten wurde, so geschah es eben, weil wir überzeugt waren, daſz, wenn sie es erführe, sie jedes mögliche Hindernis uns in den Weg legen würde, daſz die Versammlung überhaupt nicht zustande kommen würde. Wenn die preuſzische Polizei, respektive Herr v. Puttkamer und Fürst Bismarck **hinterher** Kenntnis bekommen haben, haben sie das **nur unserer eigenen Bereitwilligkeit** zu verdanken, denn **wir** sind es gewesen, die die Berichte über den Kongreſz direkt und indirekt in die gesamte Presse gebracht haben. Ohne dieses unser Zutun würde die Polizei keine Ahnung von dem Kongreſz gehabt haben. Wir haben auch ein **Protokoll** über diese Verhandlungen herausgegeben, worin steht, was da verhandelt wurde, und da sich die Anklage des Fürsten Bismarck gegen die angeblichen Umsturzverschwörer des Kongresses wesentlich auf einen ganz bestimmten Punkt beziehen dürfte, bin ich genötigt, diesen Punkt mit einigen Worten klarzustellen. Es ist der Punkt, daſz wir **das Wort „gesetzlich" aus dem Programm gestrichen** haben. Erlauben Sie mir die wenigen Zeilen der Motive, die aber vollständig erschöpfend sind, über den bezüglichen Beschluſz des Wydener Kongresses Ihnen hier vortragen zu dürfen. Es heiſzt da:

„Die Debatte, in welcher noch acht Redner das Wort ergreifen, wird trotz ihrer Kürze sehr animiert. Mit **groſzer Einmütigkeit** plädieren sämtliche Redner **für den Antrag C, Streichung des Wortes gesetzlich**. Es wird dabei namentlich hervorgehoben, daſz, **nachdem die** deutsche Regierung durch Annahme des infamen „Gesetzes" vom 21. Oktober 1878 **uns jede gesetzliche Agitation unmöglich** gemacht hat, es ein Nonsens sei, das Wort „gesetzlich" in unserem Programm stehen zu lassen,

Jeder Versuch, irgendwie agitatorisch für unsere Bestrebungen einzutreten, sei ja nach diesem Gesetz ungesetzlich, lassen wir daher das Wort „gesetzlich" in unserem Programm stehen, so verzichten wir damit darauf, ferner Sozialdemokraten zu sein — oder für die Sozialdemokratie zu wirken und machen uns außerdem einer groben politischen Heuchelei schuldig. Könne die Sozialdemokratie gesetzlich etwas verlangen, so werde sie dies selbstverständlich nicht von der Hand weisen; allein bei der geradezu niederträchtigen Art und Weise, mit der gegen sie vorgegangen werde, müsse sie erklären, daß ihr jedes Mittel recht sei, dieses Gesetz illusorisch zu machen und der Verwirklichung ihrer Ziele näherzurücken."

KALTES BLUT BEHALTEN!

Besonders klar kommt trotz aller Leidenschaft der ruhig abwägende Sinn Bebels zum Ausdruck in einem Briefe, den er während der schlimmsten Verfolgungen der Partei am 4. Januar 1882 an seinen Freund Ignaz Auer schrieb und den er selbst in seinen Erinnerungen zitiert:

„Unser Verhalten wird an dem Verhalten unserer Gegner gar nichts ändern. Um einigermaßen zu wirken, müßten wir alles abschwören und verleugnen, unser Organ vernichten, unsere Reden im Reichstag und Landtag kastrieren, kurz, wir müßten alles unterlassen, was unseren Gegnern auch nur im geringsten mißfallen könnte. Und wenn wir das alles täten, würde man noch immer mehr verlangen und schließlich — uns doch nicht glauben, sondern erklären, das sei alles nur Heuchelei, auf Düpierung berechnet, und jetzt müsse man erst recht vorsichtig sein. Wir wären dann die gründlich Blamierten.

Der Kulturkampf sollte uns als warnendes Beispiel dienen. Wenn jemand denen oben Konzessionen machen und eine sehr erwünschte Hilfe bringen kann, ist es die katholische Kirche, und wie vorsichtig geht man da zu Werke, wie mißtraut man sich gegenseitig, obgleich man in letzter Instanz sich gegenseitig sehr nötig braucht.

Das einzige, was wir tun können und müssen, ist, nicht unnötig provozieren und kaltes Blut behalten, obgleich das bei den gegen uns ständig verübten Schweinereien verflucht schwer ist und von keinem von uns unter allen

Umständen eingehalten werden kann. Jeder hat das Bedürfnis, seinem G r i m m und G r o l l gelegentlich einmal Luft zu machen, und da passiert dann manches, das die Fischblütigen in Aufruhr versetzt. Wir befinden uns in einer Situation, wo Fehler oder ein Verhalten, das als Fehler angesehen wird, unvermeidlich sind, und da bleibt schließlich keine andere Wahl, als das Unvermeidliche mit in Kauf zu nehmen oder auszutreten.

Wir können nichts weiter tun, als uns allesamt bemühen, Fehler möglichst zu vermeiden, ganz vermeiden können wir sie nicht, wenn wir uns nicht selbst geistig und moralisch kastrieren wollen, und dann wollen wir nicht vergessen, daß unsere Fehler die F e h l e r u n s e r e r G e g n e r sind; w i r s c h i e b e n n i c h t, w i r w e r d e n g e s c h o b e n. So ist also u n s e r e T a k t i k — wenn wir nicht unsere Prinzipien verleugnen wollen — uns w e i t m e h r d u r c h u n s e r e F e i n d e v o r g e s c h r i e b e n, als daß wir sie uns selbst vorschreiben könnten. . . ."

Es ist ohne Zweifel, daß diese Auffassung mehr oder weniger von j e d e r Partei gilt. Immer wird sie in ihrem Verhalten in erheblichem Maße bestimmt werden durch das Verhalten ihrer jeweiligen politischen Gegner. In ganz besonderem Grade traf das natürlich zu für eine in der bürgerlichen Oeffentlichkeit geächtete, mit allen staatlichen Machtmitteln verfolgte, aus den ärmsten Schichten sich rekrutierende Partei, wie die Sozialdemokratie es in jenen Zeiten war. Die Anwendung der „elastischen Taktik" in der politischen Kampfführung entsprach aber ganz der besonderen Veranlagung Bebels und er hat ihr in den schwierigsten Lagen immer wieder zur Geltung verholfen.

OPPOSITION DER „JUNGEN"

Für ein erfolgreiches Wirken ist selbstverständliche Vorbedingung, daß die Parteimitglieder, bei aller Einheit im jeweiligen Handeln, die Möglichkeit haben, ihre M e i n u n g frei zu bilden und zu äußern. Die Meinungsfreiheit ist nicht nur ein staatsbürgerliches Recht, das mit allen Mitteln verteidigt werden muß, es ist ebensosehr ein kostbares Gut innerhalb einer demokratisch organisierten Partei. Die Zeit des Sozialistengesetzes mit ihrer Unterdrückung der Presse und der Versammlungen ließ die freie Aussprache unter den Anhängern der Sozialdemokratie jedoch nur in beschränktem Maße zu. In geheimen Versammlungen, in denen oft genug noch Spitzel sich eingeschlichen hatten, mußte die notwendige Verständigung in kleinem Kreis erfolgen. Es war kein Wunder, daß auf solchem Boden auch die Saat des Mißtrauens Boden fand. Als daher das Sozialistengesetz zu Ende ging, hatte sich eine förmliche „Opposition" gebildet, die unter dem Namen der „Jungen". oder „Unabhängigen" bekannt ist. Von ihr wurde die Fraktion beschuldigt, sich allzusehr im Parlamentarismus zu verlieren, Konzessionspolitik zu betreiben, den revolutionären Klassenkampf zu verleugnen, kurz die Partei dem „Sumpfe" entgegenzuführen. Gegen diese Opposition, die ihre Argumente gegen den Parlamentarismus vielfach aus der 1869 von Liebknecht gehaltenen antiparlamentarischen Rede ableitete, stand Bebel in hellem Zorn auf. Durch die — von einigen Vertretern der Opposition sehr stark gehaltenen — Angriffe auf die Politik der Fraktion fühlte er sich selbst am meisten getroffen. Denn die besondere Art parlamentarischer Betätigung für das Proletariat war ja gerade sein Werk. Nachdem schon der Parteitag von Halle (1890) sich mit den Vorwürfen der „Jungen" beschäftigt, mußte der Kongreß von Erfurt (1891) das in noch ausführlicherer Weise tun. Bebel erstattete hier ein Referat über die Taktik der Partei, dem der Parteitag in Form einer ebenfalls von Bebel vorgeschlagenen Resolution lebhaft zustimmte. Rede und Beschluß kennzeichnen ganz diejenige Taktik, die wir hier als die besondere von Bebel behandeln. Aus dem Vortrag verzeichnen wir die folgenden Stellen:

„Das letzte Ziel der Partei, die Beseitigung der heutigen bürgerlichen Gesellschaft mit der kapitalistischen Produktionsweise, ist von Anfang an ihr Z i e l gewesen, die Gründung der sozialistischen Gesellschaft und der sozialistischen Produktionsordnung hat das Programm der sozialistischen Partei gebildet von dem Augenblick an, wo die Partei sich über sich klar wurde.

Nun befindet sich ja die Sozialdemokratie gegenüber allen früheren Parteien, soweit sie zur Herrschaft zu gelangen suchten, in wesentlich anderer Position. Indem wir danach streben, die kapitalistische Produktionsweise zu beseitigen, und die sozialistische an ihre Stelle zu setzen, sind wir genötigt, einen ganz anderen Weg als alle anderen früheren Klassen, die zur Herrschaft kamen, einzuschlagen. Bisher zeigt uns alle menschliche Entwicklung, daß eine Klasse erst in dem Augenblick zur p o l i t i s c h e n Herrschaft im Staate gelangt, wo sie die H e r r s c h a f t ü b e r d i e n e u e P r o d u k t i o n s w e i s e, den materiellen Machtbesitz erlangt hatte; bei uns handelt es sich um etwas ganz Entgegengesetztes.

ERST POLITISCHE, DANN ÖKONOMISCHE MACHT

Wir sind nicht in der Lage, die Herrschaft der Arbeiterklasse zu errichten auf der Gewinnung der ökonomischen Macht, wir müssen zum u m g e k e h r t e n M i t t e l greifen. In erster Linie haben wir die p o l i t i s c h e M a c h t zu erobern und diese zu benutzen, um auch die ökonomische Macht durch die Expropriation der bürgerlichen Gesellschaft zu erreichen. Ist die politische Macht in unseren Händen, so findet sich das Weitere von selbst. Wie kommen wir nun zu dieser Macht?

Wenn eine Partei wie die unsere der herrschenden Gesellschaft den Krieg erklärt, und ihr l e t z t e s Z i e l der U n t e r g a n g d i e s e r G e s e l l s c h a f t ist, so ist es selbstverständlich, daß die herrschende Gesellschaft alles aufbietet, das zu verhindern. Andererseits ist eine Partei wie die unsere, die solches erstrebt, in die Notwendigkeit versetzt, alle Mittel und Hebel in Bewegung zu setzen, welche ihr geeignet erscheinen, für diese Ideen Propaganda zu machen; sie muß alles aufbieten, um die Massen, welche aus Interesse den sozialistischen Ideen zugewendet sein sollten, auch für diese Ideen zu gewinnen. Aber wir wissen, daß der **Kampf um die politische Macht nicht von heute auf morgen entschieden** wird — wenn auch ganz unzweifelhaft die Marschgeschwindigkeit, mit der wir zum Ziele gelangen, in den künftigen Jahren ungleich rascher sich vollziehen wird als bisher —, und so haben wir nach den wirksamsten und erfolgreichsten Mitteln zu suchen. . . .

„Wie haben sich unsere **Vertreter im Reichstage** zu verhalten? Diese Frage ist vielfach Gegenstand der Erörterung gewesen, und sie wird es bleiben, solange wir genötigt sind, uns auf dem Boden parlamentarischer Tätigkeit zu bewegen. Es ist nicht nur möglich, sondern selbstverständlich, daß über das **Maß** der parlamentarischen Betätigung **Meinungsverschiedenheiten** eintraten. Wenn nicht vom ersten Jahre ab, so von dem Augenblick an, wo die Zahl der Vertreter größer wurde, entstanden diese Differenzen über die innezuhaltende Taktik. . . ."

MEINUNGSFREIHEIT EIN LEBENSPRINZIP!

„. . . Dieser frühzeitige Ausbruch von Meinungsverschiedenheiten über die Taktik der Partei, und zwar unter den Führern selbst, beweist am schlagendsten, daß die **Meinungsfreiheit** innerhalb der Partei ein **Lebensprinzip** bei ihr ist, ein selbstverständliches Recht, von dem die Führer selbst den vollsten und umfänglichsten Gebrauch machten. Wäre das nicht so, die Partei würde der Spaltung oder dem Tode verfallen. . . .

Der Kampf um die Taktik der Partei brach also zuerst unter den Führern aus, denn gegen wen schrieb **Liebknecht** 1869 seine Broschüre über die politische Stellung der Sozialdemokratie? Hauptsächlich **gegen mich**, weil wir uns damals nicht zu einigen vermochten über die im Reichstage innezuhaltende Taktik gegenüber der Gewerbeordnung von 1868. Und **eine für alle Fälle geltende Taktik** ist bis heute **nicht festgesetzt** worden, und **wird nie festgesetzt werden können.** So kommt es, daß darüber, wie wir uns im einzelnen Falle zu verhalten haben, bis auf den heutigen Tag in der Fraktion in der heftigsten Weise gekämpft wurde."

KEINE AUTORITÄTEN

Von Freunden und Gegnern der Sozialdemokratie wurde Bebel oft als d i e Autorität in Parteifragen angesehen. Jedoch war ihm diese Rolle durchaus nicht immer angenehm. Er lehnte sie zuweilen sehr energisch ab. Und als in der „Zukunftsstaatsdebatte" im Reichstage 1893 der Zentrumsabgeordnete Bachem ironisch fragte, wer denn eigentlich die Autorität in der Sozialdemokratie darstelle, ob Bebel, Liebknecht, Singer oder wer sonst — da antwortete ihm Bebel ganz der Wahrheit entsprechend:

„Sehen Sie, meine Herren, das ist eben der große V o r z u g, daß wir k e i n e Autoritäten besitzen. Wenn bei uns eine Autorität besteht, dann ist das die s e l b s t e r w o r b e n e A u t o r i t ä t einzelner Personen, das ist die Autorität, die der einzelne sich e r w i r b t durch seine Tätigkeit, durch seine Fähigkeiten, durch seine Opferwilligkeit, durch seine H i n - g a b e f ü r d i e S a c h e. Keine andere gibt es; eine künstliche, eine g e m a c h t e A u t o r i t ä t k e n n e n w i r n i c h t. Und die Parteigenossen, die einen Mann vor sich zu haben glauben, der ihre Interessen voll und ganz vertritt, übertragen ihm selbstverständlich die Vertrauensstellungen, die sie zu vergeben haben, und nur insofern kommt er in eine gewisse autoritative Stellung. Aber wie wenig diese autoritative Stellung von entscheidender Bedeutung ist, sehen Sie auf jedem unserer Parteitage. Muß nicht dort Liebknecht, muß nicht ich, muß nicht jeder unter uns sich gefallen lassen, von dem letzten unserer Parteigenossen, wenn ich diese Unterscheidung einmal machen darf, in einer Weise vorgenommen zu werden, wenn er Dinge gemacht hat, die dem einen oder dem anderen nicht behagen, wie das in keiner anderen Partei jemals vorkommt? Und wir, meine Herren, e m p f i n d e n d a s n i c h t e i n m a l u n a n g e n e h m, wir finden es vielmehr ganz in der Ordnung und natürlich, daß der einzelne Genosse von seinem Rechte, seine abweichende Meinung uns gegenüber geltend zu machen, umfassenden Gebrauch macht und seine Anschauungen uns gegenüber vertritt. Also die geschaffenen und künstlich erhaltenen A u t o r i t ä t e n b e - k ä m p f e n w i r und zwar mit Recht. Wir sind g e g e n alle Autoritäten, gegen die himmlischen, wie gegen die irdischen, die Sie uns gegenüberstellen, und mit denen Sie bisher die Massen am Leitseile geführt haben und noch zu führen versuchen. Das ist der ungeheure Gegensatz, in dem wir uns zu Ihnen befinden. Und wenn Sie im Gegensatz zu der mangelnden Autorität, die Sie bei uns sehen, von „sozialdemokratischer Tyrannei" sprechen, so ist das auch wieder eine von den Behauptungen, für die Sie keine Beweise haben. Auf der einen Seite Mangel an Autorität und auf der anderen ärgste Tyrannei. Welcher Widerspruch! Wer übt denn eigentlich diese Tyrannei aus? Wir wahrhaftig nicht; wir sollten es uns beikommen lassen, irgendeinem Genossen gegenüber eine Tyrannei auszuüben — wir kämen schön an! Da sind die klar ausgesprochenen Programmsätze und die klar ausgesprochenen Organisationsbestimmungen, nach denen wir uns wie jeder unter uns zu richten haben. Und wer im Widerspruch mit diesen dem einzelnen gegenüber auftreten und ihm etwas zumuten wollte, wozu er kein Recht hat, dem ginge es schlecht. In keiner Partei wird gegen tyrannische Bestrebungen in so energischer Weise aufgetreten als in der sozialdemokratischen, die ihrem ganzen Wesen und ihrer inneren Natur nach eine durchaus demokratische Partei ist und auch sein muß, wenn sie zu ihren Zielen kommen will. Wir stehen damit im Gegensatz zu allen alten Parteien, von denen keine einzige eine wirkliche demokratische Partei ist. ..."

DAS AGRARPROGRAMM 1895

Die selbsterworbene Autorität hat Bebel denn auch nicht davor bewahrt, gelegentlich in wichtigen Fragen überstimmt zu werden. Nachdem der Frankfurter Parteitag 1894 eine Kommission zur Schaffung eines sozialdemokratischen Agrarprogramms eingesetzt hatte, mußte der folgende Parteitag zu Breslau 1895 den vorgelegten Entwurf beraten. Bebel gehörte zu den entschiedensten Befürwortern des neuen Sonderprogramms für landwirtschaftliche Verhältnisse, das die Absicht verfolgte, den als Proletarier lebenden Kleinbauern auch mit Hilfe der Sozialdemokratie ihr hartes

Arbeitslos zu erleichtern. Das Programm wurde jedoch von der Mehrheit des Parteitags abgelehnt, trotzdem Bebel es warm befürwortete. Diese Mehrheit meinte, man würde dem Kleinbauern durch gesetzliche Hilfe nur eine Besserung **vortäuschen**, die bei dem inneren Gesetz der kapitalistischen Entwicklung doch bald über den Haufen gerannt würde.

In dieser Debatte prägte Bruno Schönlank das Wort: „Es geht eine **Revision der Vorstellungsweise** in der Partei vor; wir haben aufgehört, die Partei allein des Industrieproletariats zu sein. Die Sozialdemokratie ist die Partei aller proletarischen Unterdrückten, der Notleidenden aller Schichten ... Die **Revision unserer Vorstellungen** geht unaufhaltsam weiter und der verbissene Fanatismus der Parteidogmatiker fängt bereits an zu bröckeln ..." Seit dieser Zeit wurde für die Bestrebungen, die Sozialdemokratie neueren Auffassungen geneigt zu machen, die Bezeichnung „Revisionismus" angewandt.

UM DEN REVISIONISMUS

In den späteren „**revisionistischen**" **Bestrebungen** innerhalb der Sozialdemokratie erblickte Bebel jedoch, unbeschadet seines Eintretens für das Agrarprogramm, den Versuch, die Partei von ihrem Klassenkampfstandpunkt zu entfernen und sie zu einer bürgerlichen Reformpartei umzuwandeln, während die Revisionisten selbst betonten, es komme darauf an, die gesteigerte Macht der Partei in positiver Einflußnahme nutzbar zu machen.

Besonders die kritischen Schriften **Eduard Bernsteins** veranlaßten ihn, auf den Parteitagen von **Stuttgart** 1898 und **Hannover** 1899 — hier hielt er eine fünfstündige Rede über die revisionistischen Lehren — zu lebhaften, von der Sorge um die Wahrung des Parteicharakters diktierten Ausführungen. Geradezu leidenschaftlich aber war sein Auftreten auf dem D r e s d e n e r Parteitag 1903. Nach dem großen Wahlsieg der Sozialdemokratie, die ihre Stimmen von 2¼ auf über 3 Millionen und die Zahl ihrer Mandate auf 81 vermehrt hatte, war die Frage des zukünftigen Verhaltens der Partei im Reichstage begreiflicherweise Gegenstand eingehender Erörterungen in Versammlungen und in der Presse. Während auf der einen Seite dafür plädiert wurde, daß die Partei ihr Schwergewicht mehr oder n o c h mehr als bisher für die Erreichung p o s i t i v e r Ziele in die Wagschale werfe, wurde von der anderen Seite her gefordert, die Betonung des G e g e n s a t z e s zur bürgerlichen Gesellschaft müsse noch intensiver erfolgen, der Klassenkampf müsse noch vernehmlicher geführt werden. Vollmar hatte den ersteren Gedanken bereits früher in die Worte gekleidet: „Dem guten Willen die offene Hand!" Johannes Timm forderte die Einsetzung von Sonderkommissionen innerhalb der Reichstagsfraktion, die besonders die sozialpolitischen Probleme erörtern und die Stellung der Partei zu ihnen in Form von Anträgen zum Ausdruck bringen sollten. Eduard Bernstein aber schnitt die damals besonders brenzliche Frage der sozialdemokratischen Vertretung im Präsidium des Reichstages an. Er forderte, daß die Partei als zweitstärkste Gruppe des Hauses ihr Anrecht auf das Amt des Vizepräsidenten geltend mache und sich davon auch nicht abhalten lasse durch die überflüssige, von den bürgerlichen Parteien dem Byzantinismus freiwillig zugestandene Zeremonie, daß die gewählten Präsidenten sich beim jeweiligen Träger der Kaiserkrone persönlich vorstellten.

Diese verschiedenen Anregungen in Verbindung mit dem kurz zuvor in Frankreich unternommenen Experiment eines „sozialistischen Ministers" erweckten in Bebel den Verdacht, daß ganz plötzlich die Partei auf die Bahn des parlamentarischen Kuhhandels und der Aufgabe ihrer eigentlichen Ziele gedrängt werden sollte. In mehreren leidenschaftlichen Erklärungen nahm er bereits in der Presse gegen diese vermeintlichen Tendenzen Stellung. Aber auf dem Parteitag selbst überraschte er alle Welt durch die Einseitigkeit seiner Auffassung von der gegenwärtigen Lage. Nur diese Einseitigkeit konnte seine Folgerungen verständlich erscheinen lassen. Wir geben aus seiner großen Anklagerede die folgenden Stellen:

„SIEGESERPROBTE TAKTIK"

„W a n n hat eine Partei ihre T a k t i k z u ä n d e r n? Denn daß eine Taktik nicht ewig ist, das versteht sich von selbst. Liebknecht hat einmal in seiner drastischen Art gesagt: Wenn notwendig, ändere ich binnen 24 Stunden meine Taktik 24mal. Das war sehr drastisch, aber sehr richtig ausgedrückt. Die T a k t i k jeder Partei jedoch muß den G r u n d l a g e n entsprechen, auf denen die Partei aufgebaut ist, und wenn ich wirklich in 24 Stunden 24mal meine Taktik ändern muß, dann darf sie von den 24mal auch nicht einmal mit den Grundlagen der Partei in Widerspruch stehen. Das ist das Entscheidende! Nun kann man ja darüber streiten, ob wir denn in der Tat mit unseren Grundsätzen in Widerspruch geraten sind. Darüber kann nur die Partei selbst und der Erfolg der Dinge entscheiden. Nun ist aber der Erfolg für die Partei bisher ein solcher gewesen nach jeder Richtung hin, daß wir von diesem Gesichtspunkt auch nicht den geringsten Anlaß haben, unsere bisher s i e g e s e r p r o b t e T a k t i k zu ändern. Es kann weiter eine Aenderung der Taktik notwendig sein, weil sie sich als falsch oder ungenügend herausgestellt hat. Auch in dieser Richtung liegt nichts vor. Allerdings, etwas doch: Wir sind g e w a c h s e n, wir haben m e h r A b g e o r d n e t e, und deshalb müssen wir in gewissem Sinne unsere Taktik ändern, aber nicht etwa in dem Sinne, daß wir bremsen oder zurückhalten, nein, nachdem diese ungeheuren Wählermassen auf Grund unserer bisherigen Taktik, Kämpfe und Haltung uns durch ihre Stimmen ihr Ja und ihre Zustimmung gegeben haben, so müssen wir noch energischer, rücksichtsloser und schärfer vorgehen als bisher. (Stürmischer Beifall.) . . .

DIE PARLAMENTARISCHE TRETMÜHLE

Allerdings gibt es auch in unseren Reihen Leute . . ., die nach der letzten Wahl eine umfassende parlamentarische Tätigkeit in bezug auf die Einbringung von Initiativanträgen, Gesetzgebungsentwürfen usw. von uns verlangen. Da muß ich denn doch mit wenigen Worten diese Illusionen recht gründlich zerstören. Im allgemeinen ist es nicht üblich, daß Parteien große Gesetzentwürfe ausarbeiten und diese durch den Reichstag beraten lassen: denn dies ist eine Riesenarbeit. . . . Glauben Sie etwa, daß wir jetzt, wo wir 81 Mann stark sind, die Mehrheit zwingen können, unsere Initiativanträge anderen vorzuziehen? . . . Wir haben uns im Seniorenkonvent vergeblich bemüht, den Herren klar zu machen, daß das Parlament noch zu etwas anderem da ist, als Regierungsvorlagen zu beraten. Wir haben tauben Ohren gepredigt. Ich kann Ihnen nur sagen, wir können nicht mehr Initiativanträge bringen; und wenn wir . . . eine soziale Kommission einsetzen, die sich mit den Arbeiterschutzgesetzen zu beschäftigen und alle Anträge zu berücksichtigen hätte, bilden Sie sich wirklich ein, es sei dann etwas zu machen? . . .
Ich habe mich oft gefragt: ist denn bei diesem Zustand der Dinge die parlamentarische Tätigkeit die Mühe und Arbeit, Zeit, Geld wert? Wir leisten vielfach Tretmühlenarbeit im Reichstag. Ich habe mich das manchmal gefragt, aber selbstverständlich, ich bin viel zu kampflustig, als daß ich dem lange nachgehangen hätte. Ich sagte mir: das hilft nun alles nichts, das muß durchgefressen und durchgehauen werden. Man tut was man kann, aber man täusche sich nicht über die Situation! . . .

KONZESSIONEN ANNEHMEN ODER ABLEHNEN?

Wir werden nach wie vor in einer gewissen Isoliertheit bleiben und in der schärfsten Opposition. Das schließt natürlich nicht aus, daß wir Konzessionen annehmen, wenn wir sie bekommen können und wenn es uns der Mühe wert erscheint. Wir haben uns allerdings häufig über den W ert dieser Konzessionen gestritten. Die rechte Seite in der Fraktion — um diesen Ausdruck zu gebrauchen — war für die kleinsten Konzessionen zu haben, wenn sie auch nach meiner Ueberzeugung ganz unbedeutend waren. Ich habe mir gesagt, was soll ich denn für diese Konzessiönchen stimmen, die wir ja auch bekommen, ohne daß ich dafür stimme; was soll ich mich denn dadurch, daß ich für diese Konzessionen stimme, gewissermaßen parlamentarisch kompromittieren? Wo wir aber zu der Auffassung kamen, daß es sich um eine wertvolle Konzession handle, da haben wir dafür gestimmt... Deshalb halte ich es für notwendig, daß sich die Partei über die Situation klar wird und sozusagen der Fraktion ihre Taktik vorschreibt. Soweit es ihr überhaupt möglich ist. Es ist natürlich undenkbar, daß der Parteitag definitiv für alle Fragen feststellt, wie sich die Fraktion zu verhalten hat. Der Parteitag kann nur Direktiven geben, er kann die Marschroute angeben. Tut er das, so muß die Fraktion danach marschieren, sie mag wollen oder nicht. . . ."

DER TODFEIND DER BÜRGERLICHEN GESELLSCHAFT

„Die ganze Welt — wir können es mit einem gewissen Stolz sagen — sieht auf uns und jede Regung in unseren Reihen wird von ganz Deutschland aufmerksam verfolgt. Auf der anderen Seite werden alle diejenigen, die seit 12 Jahren alle paar Jahre wenigstens einmal und in den letzten 5 Jahren jedes Jahr ununterbrochen zu diesen Dissonanzen Veranlassung gegeben haben, von der bürgerlichen Presse, von deren Standpunkt aus ganz mit Recht, gelobt und als die großen Staatsmänner mit dem weiten Blick und so weiter geschildert. Man will auf diese Weise, wie ich schon einmal gesagt habe, die Partei förmlich auseinanderloben. Das ist unter Formen und in einer Weise geschehen, daß ich sagen muß, es hat mich manchmal angeekelt. Gewiß, dafür können die Betreffenden nichts, sie haben es nicht veranlaßt. Aber wenn mir so etwas passierte — es kann mir ja nicht passieren und ich freue mich dessen. Solange ich atmen und schreiben und sprechen kann, soll es nicht anders werden. Ich will der Todfeind dieser bürgerlichen Gesellschaft und dieser Staatsordnung bleiben, um sie in ihren Existenzbedingungen zu untergraben und sie, wenn ich kann, zu beseitigen. (Stürmischer Beifall.) . . .

Der Revisionismus zeichnet sich vor allem auch durch seine große Bescheidenheit aus.... Mit der geringsten Kleinigkeit ist man zufrieden, nur nicht drängeln, nur keine Aufregung, nur die Massen nicht in Mitleidenschaft ziehen... Jene denken: „Je bescheidener wir sind, desto leichter siegen wir"; ich sage: „Je bescheidener wir auftreten, desto weniger kriegen wir." Marx sagt in seinem „Kapital": „Kann man keine notwendige Entwicklungsphase überspringen, so kann man doch ihre Dauer abkürzen". O, es gibt keinen größeren Realpolitiker als den in unseren Reihen viel verkannten Marx. Man kann eine Entwicklungsphase nicht überspringen, aber abkürzen. **Unsere ganze Tätigkeit geht darauf hinaus, die Entwicklungsphasen abzukürzen, um die sozialistische Gesellschaft herbeizuführen.** Bei den Revisionisten aber heißt es gerade umgekehrt: Ach, nicht so rasch! nicht so drängeln! Das sind nicht die Worte, aber der Sinn: die Massen sind noch nicht reif! Wie könnt ihr euch einbilden, daß diese Massen imstande wären, wenn uns heute die Regierungsgewalt zufiele, sie benutzen zu können? Da antworte ich: Ach, zerbrecht euch doch nicht die Köpfe der anderen! Was wißt ihr denn davon, **was wir für Intelligenz auf unserer Seite haben,** wenn wir die Massen auf unserer Seite haben? ... Was wißt denn ihr von der Intelligenz in den Massen? Ihr habt ja gar keine Ahnung davon! **Noch in jeder großen Volksbewegung haben sich zur rechten Stunde auch die rechten Männer gefunden.** Und wenn es je eine große Kulturbewegung in der Welt gegeben hat, die ihre rechten Männer und auch ihre rechten Frauen zeugte, so ist es die der Sozialdemokratie. (Stürmischer Beifall.) Wenn wir morgen durch irgendeinen Umstand unsere Gegner von ihren Sitzen verdrängen und uns selbst hinsetzen könnten, so macht euch darüber keine Sorgen, **wir würden schon wissen, was wir zu tun hätten.**"

DER SUMPF

„... Es ist immer und ewig der alte Kampf, hier links, dort rechts, und **dazwischen der Sumpf.** Das sind die Elemente, die nie wissen, was sie wollen, oder besser gesagt, die nie sagen, was sie wollen. Das sind die „Schlaumeier", die immer erst horchen: „Wie steht's da, wie steht's hier?", die immer spüren, wo die Majorität ist, und dorthin gehen sie dann. Diese Sorte haben wir auch in unserer Partei. Eine große Anzahl ist jetzt bei diesen Verhandlungen ans Licht des Tages gekommen. Man muß diese Parteigenossen denunzieren (Zuruf: denunzieren!?), ja, ich sage ja, denunzieren, damit die Genossen wissen, was das für halbe Leute sind. Der Mann, der wenigstens offen seinen Standpunkt vertritt, bei dem weiß ich, woran ich bin, mit dem kann ich kämpfen, entweder er siegt oder ich, aber die faulen Elemente, die sich immer drücken und jeder klaren Entscheidung aus dem Wege gehen, die immer wieder sagen: wir sind ja alle einig, sind ja alle Brüder, das sind die allerschlimmsten! Die bekämpfe ich am allermeisten. . . ."

Es bedarf kaum der besonderen Betonung, daß diese in vieler Beziehung von irrigen Voraussetzungen ausgehenden überaus scharfen Angriffe auf die „Revisionisten" in der Dresdener Besprechung ebenso scharfe Abwehr fanden. Vollmar besonders wandte sich mit Nachdruck gegen die persönliche Art, in der Bebel geschrieben und gesprochen habe. Er habe zur Partei etwa in dem Tone geredet, wie der Lordprotektor Oliver Cromwell zum „langen Parlament" in England, nicht aber in der Sprache eines Gleichen zu Gleichen. Wer allerdings Bebels Temperament kenne, wisse, „daß er manchmal im Zorn etwas sagt und im Innersten verteidigt, wovon sein Herz nichts weiß". Auch Ignaz Auer, Eduard Bernstein, Wilhelm Kolb, Johannes Timm und viele andere aus dem Lager der als „Revisionisten" bekannten Sozialdemokraten traten den Ausführungen Bebels scharf entgegen. Aber sie konnten nicht verhindern, daß der Parteitag eine von Bebel empfohlene Entschließung annahm, die die „bisherige siegeserprobte Taktik" pries, Angriffe auf sie verurteilte und vor allem „die revisionistischen Bestrebungen" anprangerte, die angeblich die Politik der Partei den bürgerlichen Parteien anzupassen strebte. Da in dieser Entschließung tatsächlich ein Z e r r b i l d der wirklichen Revisionisten gezeichnet wurde, so stimmte fast der ganze Parteitag für sie, nur 11 Delegierte dagegen! Er bot in der Abstimmung also ein fast einheitliches Bild, während es doch kaum einen Parteitag gegeben haben dürfte, der klarer zwei scharf getrennte Teile aufzeigte als gerade dieser geschichtliche Tag von Dresden.

Welche Einflüsse Bebels Haltung bestimmt haben, mag hier unerörtert bleiben. In jener leidenschaftlich erregten Zeit, da der letzte deutsche Kaiser in landauf landab gehaltenen Reden die Sozialdemokraten beschimpfte, da sogar sein jugendlicher Sohn die Partei als „die Elenden" glaubte stigmatisieren zu dürfen, mochte allerdings die Vorstellung, sozialdemokratische Vertreter könnten bei ihnen „zu Hofe gehen", besonders geeignet sein, den proletarischen Stolz herauszufordern. Aber daß ein Mann wie Bebel, der in den kritischsten Lagen sonst immer die überlegene Sachlichkeit gezeigt hatte, hier plötzlich alle seine eigenen Ueberlieferungen zerbrach und in persönlichster Art in den Streit der Meinungen eingriff, erscheint heute — nach zwei Jahrzehnten — noch mehr eine Entgleisung, als es vielen schon damals erschien. Die hier nur auszugsweise wiedergegebenen Anklagen gegen den Revisionismus bedeuteten tatsächlich einen Einschnitt in die Geschichte der Sozialdemokratie. Aber die folgenden Jahre bewiesen, daß diesmal die sieggekrönte Taktik n i c h t bei Bebel gewesen war. Zwar machte sich auch die Sozialistische Internationale die Dresdener Resolution zu eigen, aber die Praxis zwang doch in erhöhtem Maße alle sozialistischen Parteien zur Betonung des Positiven in der Politik. Und der „Todfeind der bürgerlichen Gesellschaft" selbst hat nach Dresden noch mehr als einmal bewiesen, dafz er zwischen dem Wünschenswerten und dem Notwendigen im gegebenen Augenblicke sehr wohl zu unterscheiden und das Rechte zu tun wufzte.

NOTWENDIGKEIT VON KOMPROMISSEN

Hatte er, der in Dresden scheinbar alle Kompromisse mit bürgerlichen Parteien als Todsünde ansah, doch schon vorher, auf dem Hamburger Kongrefz 1897, in Rücksicht auf die Beteiligung an den preufzischen Dreiklassenwahlen die Notwendigkeit von Kompromissen in der Politik betont:

„... Nun ist uns ja wieder der Kompromifz ins Angesicht geschleudert worden. Parteigenossen, was ist denn ein Kompromifz? Ein Kompromifz ist es nicht, wenn wir, wie es hier geschehen soll oder wie es bei den Stichwahlen zum Reichstag geschieht, wo wir einen Mann mit unseren Gesinnungen und unseren Prinzipien nicht zur Wahl bringen können, einen anderen wählen; sondern ein Kompromifz wäre es einzig und allein, wenn dabei politische Anschauungen und Grundsätze preisgegeben werden. Wer mutet das aber unseren Parteigenossen zu? Wer glaubt denn, dafz unsere Gegner uns das zumuten könnten? Nein, wir sagen: wir sind bereit, überall, wo unsere Hilfe Euch in dem Kampfe gegen die Reaktion und das Junkertum dienlich sein kann, Euch unsere Kräfte zur Verfügung zu stellen, weil wir leider nicht in der Lage sind, unsere eigenen Kräfte, die wir für weit besser, für weit tauglicher und zuverlässiger erachten, als Ihr es seid, zu wählen. Und wenn wir Euch diese grofze Hilfe geben — und es ist eine grofze Hilfe, eine weit gröfzere Hilfe, als die meisten unter uns heute sich einbilden —, wenn wir mit der an uns gewohnten Energie und Opferwilligkeit in den Wahlkampf eintreten, können wir auch umgekehrt von Euch verlangen, dafz Ihr unbeschadet Eurer Grundsätze eventuell auch einem Mann aus unserer Mitte Eure Stimme gebt. Es ist ganz selbstverständlich, dafz ein solcher Vertrag ganz offen vor der ganzen Welt abgeschlossen wird; und ich möchte den Mann sehen, der das Prinzipienverrat zu nennen wagte ..."

Ich betrachte das Mißtrauen als eine demokratische Tugend; ich habe oft das Wort zu den Gegnern gebraucht. Ich halte aber nicht Leute, die sich um das Vertrauen des Volkes bewerben, von vornherein für Schufte. So viel Toleranz habe ich auch dem Gegner gegenüber, daß ich ihn nicht eher für einen Schuft halte, als bis er den Beweis dafür geliefert hat. Halten Sie doch fest, daß nach unserer Geschichtsauffassung die Gegner so sein müssen, wie sie sind, daß ihre Ansichten von ihren Interessen beherrscht werden, und das ist so richtig, daß, wenn die große Mehrzahl unserer Genossen, davon schließe ich die Mehrzahl der Anwesenden nicht aus, in die Lage kämen, Großkapitalisten zu werden, es mit ihnen als Sozialdemokraten vorbei wäre."

Und als auf dem Parteitag zu Essen 1907 verschiedene Anträge aus dem Reiche die Partei wieder verpflichten wollten, niemals und nirgends einem bürgerlichen Gegner der Sozialdemokratie, auch nicht in der Stichwahl, die Stimme zu geben, da wandte sich derselbe Bebel, der sich in Dresden ostentativ als „Todfeind dieser bürgerlichen Gesellschaft" bezeichnet hatte, mit aller Entschiedenheit gegen diese Festlegung:

„Ein großer Teil der Redner hat, wie mir scheint, allzusehr aus seiner persönlichen Erfahrung heraus und aus der Mißstimmung, die diese Erfahrung erzeugt hat, gesprochen. Nun gibt es aber in der Politik keinen größeren Fehler, als wenn man sich von Leidenschaft und Haß gegen eine Person oder gegen eine Partei leiten läßt. Hier heißt es kalt und besonnen sein, genau abwägen und kühl urteilen. Es wäre der größte Fehler, wenn wir uns heute für die Zukunft, von der wir gar nicht wissen können, wie sie sich im einzelnen gestaltet, die Hände binden wollen. Am besten wirken in solchen Fällen immer Beispiele. Was heute beantragt worden ist, ist früher sogar einmal beschlossen worden. Dieselben Vorgänge, die zu den vorliegenden Anträgen geführt haben, haben wir auch im Jahre 1887 erlebt. Damals wurde dasselbe Verfahren von allen bürgerlichen Parteien uns gegenüber beobachtet, und die Erbitterung bei uns darüber war so groß, daß, als wir im Oktober desselben Jahres in Schönwegen bei St. Gallen in der Schweiz — in Deutschland konnten wir wegen des geltenden Sozialistengesetzes nicht zusammenkommen — unseren Parteitag abhielten, der Antrag gestellt wurde, bei künftigen engeren Wahlen sich der A b - s t i m m u n g z u e n t h a l t e n, und zwar a l l e n Parteien gegenüber, weil sie allesamt eine reaktionäre Masse seien. Dieser Antrag wurde damals mit erheblicher Mehrheit angenommen. Dann kamen die Februarwahlen von 1890. Mittlerweile war die ganze politische Situation eine andere geworden, und da hat es der damalige Parteivorstand, dem auch ich angehörte, auf seine Kappe genommen, im W i d e r s p r u c h mit dem St. Gallener Parteitagsbeschluß, e i n e g a n z a n - d e r e W a h l p a r o l e zu proklamieren, und der Parteitag in Halle hat nachträglich mit großer Mehrheit diese Stichwahlparole akzeptiert, die dahin lautete, bei engeren Wahlen für die und die Kandidaten zu stimmen. Damals brachten wir einen Reichstag zusammen, der erheblich anders war als der von 1887, dessen erste Handlung es damals gewesen ist, die Legislaturperiode von drei auf fünf Jahre zu verlängern und den Ausschluß der Oeffentlichkeit bei gewissen Gerichtsverhandlungen zu beschließen.

„Es wäre eine Torheit," so schloß Bebel diese Rede, „wollten wir uns heute festlegen. Kommt wieder die Stunde, dann werden wir erwägen, was wir zu tun haben, aber durch irgendwelche leidenschaftliche Erregungen lassen wir uns nicht bestimmen. . . ."

DIE FRAGE DER BUDGETBEWILLIGUNG

Die Frage, ob die sozialdemokratischen Abgeordneten in den Einzellandtagen den H a u s h a l t ihres Staates b e w i l l i g e n dürften, ist vor dem Kriege auf den Parteitagen wiederholt und in zuweilen sehr heftigen Formen behandelt worden. Zuerst in F r a n k f u r t 1894, dann in L ü b e c k 1901, in N ü r n b e r g 1908 und zuletzt in M a g d e b u r g 1910. Bebel lehnte die Versuche der süddeutschen Landtagsfraktionen, für ihre Zustimmung zum Staatsbudget die Genehmigung von der Gesamtpartei zu erhalten, jedesmal entschieden ab. In seiner Anti-Revisionistenrede in Dresden 1903 schaltete er über die Frage der Budgetbewilligung diese Erklärung ein:

„Gewiß steht es ja mit Bezug auf die **Budgetfrage** in den Einzelstaaten etwas anders als mit dem Reich, aber die Regierungen der Einzelstaaten sind doch zugleich die Regierungen, aus denen der Bundesrat zusammengesetzt ist. Man könnte höchstens dann für das Budget stimmen, wenn in dem betreffenden Bundesstaat das allgemeine, gleiche und direkte Wahlrecht für alle Vertretungskörper bestände, und wenn keine bürgerlichen Parteien uns dort vorgezogen, wenn die Ersten Kammern, überall der Hemmschuh des Fortschritts, beseitigt wären, wenn **jeder Sozialdemokrat in jede staatliche Stellung** gelangen könnte, wenn auch die Angehörigen der Armee sich nicht zu scheuen brauchten, sich zur Sozialdemokratie zu bekennen, wenn wirkliche Preßfreiheit vorhanden wäre. Wenn alle diese Bedingungen erfüllt wären, **dann** würde ich mir allenfalls die Frage vorlegen, ob ich das **Budget bewilligen** könnte..."

In Nürnberg 1908, wo er als Referent für den Parteivorstand sprach, erklärte er unter anderem:

„Nun müssen wir doch in der Tat bei all den Dingen uns einmal fragen: **Was ist denn** seiner ganzen Natur nach **der heutige Staat?** Darüber kann doch gar kein Zweifel bestehen. Der heutige Staat ist die politische Organisation zum Schutze der bürgerlichen Gesellschaft, und zur Aufrechterhaltung des bürgerlichen Eigentums, der heutige Staat ist der Beschützer der bürgerlichen Produktionsweise, d. h. des Rechts der Ausbeutung des Menschen durch die Menschen, der Aufrechterhaltung des Lohnsystems, der Lohnsklaverei in der heutigen Gesellschaft. Das ist die Aufgabe, die der Staat zu erfüllen hat, um, sobald daran gerüttelt wird, mit all seinen Mitteln, all seiner Macht, all seiner Kraft dem entgegenzutreten. Nun, Parteigenossen, was ist denn **für uns das Entscheidende:** Die kleinen sozialen **Erfolge** oder das **Endziel?** Doch zweifellos das Streben nach der Aufhebung der kapitalistischen Gesellschaft, nach der Umwandlung des heutigen Staates in einen sozialistischen Staat. Das müssen wir unausgesetzt im Auge haben. Diesem Streben treten die Regierungen als Vertreter der bürgerlichen Gesellschaft naturgemäß entschieden entgegen. Die Bewilligung des Budgets heißt unter solchen Umständen nicht nur Anerkennung, sondern auch Unterstützung und Aufrechterhaltung des Systems, dem sie laut Programm entgegenzutreten haben . . .

DAS VORURTEIL DER MASSEN

Zu verlangen, daß wir dem Vorurteil der Masse Rechnung tragen sollen, das geht gegen unser Prinzip, das geht gegen unsere Grundsätze. Wir kämpfen seit 45 Jahren gegen die Vorurteile der großen Masse, gegen die Vorurteile der bürgerlichen Gesellschaft, die der großen Masse eingeprägt worden sind in der Schule, in der Kirche, in der Presse, durch alle möglichen Veranstaltungen. Wir kämpfen unausgesetzt dagegen und mit außerordentlichem Erfolg. Wir sind in immer größere Kreise gedrungen, nicht nur im Norden, auch im Süden . . . Stoßen wir auf Massen, die unseren Standpunkt nicht begreifen, so haben wir es ihnen klarzumachen. Und, Parteigenossen, es gibt im Deutschen Reiche keinen Arbeiter, der auf die Dauer unseren Lehren und Gründen widerstehen könnte. Ich, der ich heute vor Ihnen stehe, ich war vor 45 Jahren und noch später einer der grimmigsten Gegner der Sozialdemokratie und war doch auch wahrscheinlich damals kein dummer Kerl. Und so unendlich viele. Wir sind alle aus Saulussen Paulusse geworden. Wir haben im Kampf mit der Sozialdemokratie die sozialistischen Schriften lesen, studieren müssen, und da wurden wir ganz allmählich umgewandelt. Und so wie uns ist es Millionen ergangen und wird es weiteren Millionen ergehen. Unser Z i e l erringen wir nicht durch kleine Konzessionen, durch Kriechen am Boden, indem wir zu den Massen h e r u n t e r - s t e i g e n, sondern indem wir die Massen zu uns e m p o r - h e b e n, indem wir sie begeistern für unsere großen Ziele. Wenn wir in diesem Sinne arbeiten, bleibt uns der Sieg sicher, nicht aber wenn wir glauben, wir müßten nach allen Richtungen Rechnungsträgerei treiben. . . ."

In seiner M a g d e b u r g e r Rede (1910) zu der gleichen Frage führte Bebel, nachdem er die, entgegen dem Nürnberger Beschluß abermals erfolgte, Bewilligung des Staatshaushaltes in Baden aufs schärfste verurteilt hatte, weiter aus:

MINDERHEIT UND MEHRHEIT

„Ohne die **Fügung der Minderheit unter die Beschlüsse der Mehrheit** ist ein Parteileben unmöglich. Fügen muß man sich unter allen Umständen, man hat aber selbstverständlich das Recht, gegen Beschlüsse, die einem nicht gefallen, zu opponieren, man kann sich darüber beschweren, man kann in Versammlungen, in der Presse und überall, wo sich Gelegenheit dazu bietet, Opposition dagegen machen und versuchen, die Beschlüsse umzustürzen. Das ist das gute Recht der Minorität, und doch spricht man von Kadavergehorsam, der verlangt werde. Die unterlegenen Genossen können dies Recht der Opposition ausüben, und wenn es ihnen gelingt, die Mehrheit der Partei auf ihre Seite zu bringen, dann sind sie die Sieger und die andern die Unterlegenen.

Die Negierer haben in der Welt oft mehr erreicht als die sogenannten positiven Arbeiter. Scharfe Kritik, scharfe Opposition fällt allezeit auf fruchtbaren Boden, wenn sie berechtigt ist, und unsere ist gewiß berechtigt.

Wenn ich als Sozialdemokrat in ein Bündnis mit den bürgerlichen Parteien eintrete, so ist tausend gegen eins zu wetten, daß nicht die Sozialdemokraten, sondern die bürgerlichen Parteien die Gewinnenden und wir die Verlierenden sind. Es ist ein **politisches Gesetz, daß überall, wo Rechte und Linke sich liieren, die Linke verliert und die Rechte gewinnt.** Den besten Beweis dafür habt ihr ja selbst an dem von euch so verspotteten Bülow-Block gehabt. Das war dasselbe im großen, was ihr in Baden im kleinen gemacht habt. Was ist die notwendige Folge, wenn ich ein solches Bündnis eingehe mit meinen geschworenen Feinden, die ganz anders denken und handeln müssen als ein Sozialdemokrat? Wenn ich in ein politisches Freundschaftsverhältnis mit einer mir grundsätzlich gegnerischen Partei trete, dann muß ich notwendigerweise meine Taktik, das heißt meine Kampfesweise darauf einrichten, damit das Bündnis nicht breche. **Ich darf also nicht mehr darauflos kritisieren, ich darf nicht mehr grundsätzlich** kämpfen, denn damit verletze ich meine Bundesgenossen, ich bin gezwungen, zu schweigen, über manches den Mantel der Liebe zu decken, manches zu rechtfertigen, was sich nicht rechtfertigen läßt, zu vertuschen, was nicht vertuscht werden darf usw. Das sind die notwendigen Folgen des Blocks, die sich auch auf anderen Gebieten gezeigt haben. . . . Videant consules! Die Konsuln sollen darauf sehen, daß das Gemeinwesen keinen Schaden erleidet, lautete ein in Rom geltender Satz. Ich sage, die Parteigenossen müssen darüber wachen, daß die P a r t e i f ü h r e r d e r P a r t e i k e i n e n S c h a d e n z u f ü g e n. Demokratisches Mißtrauen und nochmals demokratisches M i ß t r a u e n g e g e n a l l e ohne Ausnahmen, auch gegen mich. Seht den Führern auf die Finger, seht auch euren Redakteuren auf die Finger. . . .

Nun ist es selbstverständlich, daß die Parteigenossen es sich nicht gefallen lassen, daß ein Teil der Partei den mit der Mehrheit angenommenen Beschluß grundlegender Natur für ihre praktische Betätigung im Landtage mißachtet, daß er so handelt, als ob dieser Beschluß gar nicht vorhanden wäre. Das g e h t n i c h t, d a ß e i n K o l l e g i u m v o n A b g e o r d n e t e n e i g e n e W e g e w a n d e l t, vielleicht, weil sie sich für Wesen höherer Art halten. Es gibt nämlich Leute unter uns, die glauben, daß sie höhere Wesen sind, sobald sie ein Mandat haben. Wenn Sie meinen, sie können mit der Partei umspringen wie Sie wollen, dann hätte auch jeder Parteigenosse das Recht. Wenn die berühmte persönliche Freiheit entscheiden soll, w o k o m m e n w i r d a h i n, w a s s o l l d a w e r d e n, wenn j e d e r s a g t: i c h f ü h l e m i c h d u r c h e i n e n B e s c h l u ß i n m e i n e m G e w i s s e n b e d r ü c k t u n d h a n d l e d a g e g e n? Unter solchen Verhältnissen ist k e i n P a r t e i l e b e n m e h r m ö g l i c h. Wenn ein gewöhnlicher Parteigenosse sich viel geringer gegen einen Parteibeschluß vergangen hat, als die Badenser, dann wird er ausgestoßen aus der Partei, dann weist man ihm den Weg.

GEGEN SPALTUNGSTENDENZEN

Wir sind jetzt in einer Zeit, wo wir uns auf faule Kompromisse nicht einlassen dürfen. Die Klassengegensätze werden nicht milder, sie werden schärfer. Wir marschieren sehr, sehr ernsten Zeiten entgegen. Was kommt nach den nächsten Wahlen? Das wollen wir abwarten. Wenn es gar dazu kommt, daß 1 9 1 2 e i n e u r o p ä i s c h e s K r i e g s g e w i t t e r l o s bricht, dann sollt Ihr sehen, was wir erleben und wo wir zu stehen haben. Sicherlich ganz wo anders, als man jetzt in Baden steht. (A u e r - München ruft: Da sind wir ja auch noch da!) Das will ich ja. Glaubt Ihr, ich will Euch ausschließen? Eure Taktik aber erregt Verbitterung, sie hemmt die Entschlossenheit, die Schlagfertigkeit, das Vorwärtsmarschieren, in festem Schritt und Tritt. . . . Sollte jemand so tollkühn sein, zu sagen, ich gehe meine eigenen Wege, ich kann nicht akzeptieren, was Ihr beschlossen habt — nun, so soll er es tun. Es sind Episoden in der Geschichte der Partei, wo ähnliches vorkam. Ich erinnere an Bräuer, der 1875 von der Vereinigung nichts wissen wollte, der aus der Partei ausschied und mit seinem kleinen Häuflein jahrelang unbemerkt wie ein Veilchen am Wege geblüht hat. Kein Hahn hat nach ihm gekräht. Hasselmann versuchte ebenfalls die Partei zu sprengen. Auch Most versuchte es. Sie sind aus der Partei hinausgeschoben worden und die Partei ist weitermarschiert. (Zuruf von den Süddeutschen: Wollen wir denn die Partei sprengen?) Aber ich bitte doch, hört doch was ich sage. Wenn einer da wäre, der es wollte, den erinnere ich an die geschichtlichen Vorgänge, und wenn es mehrere wären, selbst die Angesehensten unter uns, und wenn ich es machen wollte, ich wäre sehr bald ein General ohne Armee. Wir können unsere Stellung als Führer nur behaupten, wenn wir im Sinne und Geiste der Partei arbeiten und tätig sind. Nur das allein kann uns die Stellung geben. Wir führen nicht, wir werden weit mehr geschoben als wir führen, und das ist gut so. Denn wenn es manchmal auf die Führer ankäme, würden wir irre gehen. . . .

Man hat verschiedentlich von Spaltung gesprochen, ich bin fest überzeugt, daß kein Mensch im Saale ist, der den Gedanken an eine Spaltung hegt. . . . Ich weiß, die Spaltung kommt nicht. Die Massen machen sie nicht mit. Und wenn ein kleiner Kreis folgen wollte, es dauerte keine paar Monate, und wir haben sie wieder in unseren Armen."

Auf demselben Magdeburger Parteitag stellte Bebel, angesichts der Versuche, für Süddeutschland besondere Rechte zu beanspruchen, die autoritative Stellung des Parteitags für die Gesamtpartei fest: „Der Parteitag der Gesamtpartei ist die oberste Instanz der Partei. Als solche hat der Parteitag das unbestreitbare Recht, als letzte Instanz in allen Parteiangelegenheiten, seien sie prinzipieller, taktischer oder sachlicher Art, endgültige Entscheidung zu treffen, sobald er dazu angerufen wird. Es gibt keine Organisation, kein Kollegium, keine Person, die sich dem letztinstanzlichen Entscheide des Parteitags der Gesamtpartei entziehen kann. Diese autoritative Stellung des Parteitags ergibt sich naturgemäß aus der Tatsache, daß die deutsche Sozialdemokratie eine einheitliche Partei ist mit einer einheitlichen Organisation, mit einem gemeinsamen Programm und mit gemeinsamen Zielen."

DER POLITISCHE MASSENSTREIK

Im ersten Jahrzehnt dieses Jahrhunderts flutete eine große revolutionäre Welle über Europa. Die Arbeiterklasse war in den meisten Ländern noch gar nicht, in anderen nur in sehr beschränktem Maße zur staatlichen Mitbestimmung zugelassen. Die belgischen Sozialisten brachten als erste das Mittel des Massenstreiks für politische Zwecke zur Anwendung, indem sie eine allgemeine Arbeitsniederlegung organisierten, um eine Verbesserung des Wahlrechts zu erzielen. In Oesterreich zündete dieser Funke, so daß dort schon die ernsthafte Ankündigung genügte, um die Regierung des alten Oesterreich zur Schaffung des gleichen und allgemeinen Wahlrechts zu veranlassen. Besonders eindringlich aber redeten die Erfahrungen, die Rußland mit dem politischen Massenstreik machte. Dort war bis zur ersten Revolution von 1905 jede parlamentarische Vertretung unbekannt. Aber unter dem Eindruck der Niederlage im russisch-japanischen Kriege brach die Empörung der Arbeiter sich gewaltsam Bahn und die Stillegung der Produktion zwang auch die zarische Regierung zu Konzessionen, die sie später zwar einschränkte, aber doch nicht ganz beseitigen konnte.

Diese Ereignisse gaben auch der deutschen Sozialdemokratie neuen Impuls. Besonders die Verweigerung des gleichen Wahlrechts in Preußen ließ die Aufmerksamkeit auf das Kampfmittel des politischen Massenstreiks lenken. Auf zwei Parteitagen — Jena 1905 und Mannheim 1906 — beschäftigte sich die Sozialdemokratie mit ihm. Bebel hielt beide Male die Einleitungsreden, die allerdings nicht unbestritten blieben. Wir lassen zunächst die wesentlichsten Partien aus der Rede auf dem Parteitag zu J e n a 1905 folgen:

„Das Proletariat bildet schon heute nach seiner Zahl und seiner sozialen Bedeutung die Grundlage der Nation, es ist der Erzeuger des Reichtums, es ist die Grundlage unserer Wohlhabenheit, die Grundlage unserer Steuerfähigkeit, die Grundlage unserer Verteidigungsfähigkeit, die Grundlage von all und jedem. Die Masse bildet das Fundament der Gesellschaft, auf ihrem Rücken ist die gesellschaftliche Pyramide aufgebaut, und wenn einmal das Fundament dieser Pyramide zu wanken beginnt, dann stürzt sie zusammen. Ich mache nicht graulich. Die Möglichkeit ist da, die Entwicklung in friedlichen Bahnen zu erhalten. Das hängt m i t von uns ab. Es hängt aber i n a l l e r e r s t e r L i n i e ab von der Macht, die wir unseren Organisationen geben, von der politischen Bildung und Einsicht, die wir in die deutsche Arbeiterklasse hineintragen, die in jeder Stunde der historischen Entwicklung des Landes genau wissen muß, wo sie zu stehen, was sie zu tun und zu lassen hat. Nach dieser Richtung hin Klarheit! Aber auch nach der Gegenseite Klarheit. Weit mehr als von uns hängt der Gang der Entwicklung von dem Verhalten unserer Feinde ab. Deren Tun und Lassen schreibt uns unsere Taktik vor; diese allein haben es in der Hand, ob die Dinge sich friedlich, sozusagen naturgemäß entwickeln, oder ob Katastrophen eintreten.

Wer glaubt, den Massen ihre Staatsbürger- oder Menschenrechte verweigern oder gar sie ihnen rauben zu können, der irrt sich gewaltig. Hier hilft kein Bremsen. Ach, bremst soviel ihr wollt, die B r e m s e g e h t ü b e r e u c h w e g. Wir sehen ferner, daß die bürgerlichen Parteien sich mehr und mehr zusammenschließen, daß die Gegensätze unter ihnen sich mehr und mehr verringern. Die bürgerlichen Parteien sagen sich, können wir das Ungeheuer nicht aus unseren Augen hinwegschaffen, das uns Tag und Nacht so viel Sorgen macht, das uns in unseren Träumen erscheint, dann wollen wir wenigstens zusammenstehen, um es abzuwehren. Daher der enge Zusammenschluß unserer Feinde seit den Wahlen von 1903. Ein Hüben, ein Drüben nur gibt's, es ist nicht mehr möglich, zu paktieren.

Hier ist nun der Vorschlag des politischen Massenstreiks gemacht worden. Da sagt man uns: den politischen Massenstreik macht man, aber man spricht nicht davon. Es ist eine Torheit, zu glauben, eine solche Diskussion beseitigen zu können, daß man so tut, als höre man sie nicht. Das ist Vogelstraußpolitik. Wenn diese Frage an allen Ecken und Enden angeschnitten wird, gleichviel, ob es nun in richtiger oder verkehrter Weise geschieht, muß jeder aufmerksame Mann, besonders aber jeder Führer einer Partei, der diesen Namen verdient, sich fragen, ob es nicht an der Zeit sei, daß die Partei den Vorschlag einmal diskutiert. Wenn große Massen in Frage kommen, kann man nicht Maßregeln, bei denen die Massen eine Rolle zu spielen haben, vor den Massen unbesprochen lassen. Soll die Masse mit Begeisterung für eine bestimmte Handlung eintreten, dann verlangt sie auch die Wirkung und den Zweck der Maßregel zu erkennen. Das ist ihr gutes Recht. Außerdem folgen aufgeklärte Massen nicht blind gegebenen Befehlen. ..."

DAS RUSSISCHE BEISPIEL

„Das wäre eine erbärmliche Partei, die sich durch den Staatsanwalt und durch die Strafgesetze einschüchtern ließe, ihr Menschen- und Bürgerrecht zu verteidigen. Eben erleben wir bei den russischen Vorgängen, wie Tausende von Genossen und Genossinnen ihr Leben, ihr alles in die Schanzen schlagen, und da sollten wir nicht den Mut haben, einige Monate Gefängnis und Schlimmeres zu ertragen, um die Rechte zu behalten, die wir besitzen? ...

Die Taktik der Gegner des Massenstreiks läuft darauf hinaus, Paragraphen um Paragraphen des Strafgesetzes anzuführen, die sich steigern bis zum Hoch- und Landesverratsparagraphen, bis zur Verhängung des großen Belagerungszustandes, so daß jedem Genossen, der nicht ganz fest ist, ein über das andere Mal eine Gänsehaut über den Rücken laufen muß wegen der großen Gefahren, die die Anwendung des Massenstreiks in Deutschland mit sich bringen soll. Man weist darauf hin, welche ungeheuerlichen Urteile die Gerichte, namentlich die Militärgerichte fällen würden, weil es gar nicht möglich sei, eine so große und gewaltige Bewegung in ruhiger Weise durchzuführen, schon angesichts der Provokation der Gegner. Die ganze Grundlage dieser Deduktion ist falsch. Ich bestreite entschieden, daß die Folgen eintreten m ü s s e n , die viele ängstliche Gemüter bei einem Massenstreik voraussehen. Was diese als m ö g l i c h und w a h r s c h e i n l i c h bei einem Massenstreik in Aussicht stellen, kann man im Grunde genommen von jedem großen Streik sagen. Und s c h l i e ß l i c h g i b t es a u c h e i n e n P u n k t , wo man n i c h t m e h r n a c h d e m S c h a d e n f r a g e n d a r f . Schiller sagt: „Nichtswürdig ist die Nation, die nicht ihr alles freudig setzt an ihre Ehre". Ja, nichtswürdig, e r b ä r m l i c h i s t a u c h d i e A r b e i t e r k l a s s e , d i e s i c h w i e H u n d s f ö t t e r b e h a n d e l n l i e ß e , die ihren Bedrängern nicht die Spitze zu bieten wagte. Da ist Rußland, da ist die Junischlacht, da ist die Kommune! Bei den Manen dieser Märtyrer solltet ihr n i c h t e i n m a l e i n p a a r W o c h e n h u n g e r n , um eure h ö c h s t e n M e n s c h e n r e c h t e zu verteidigen! Da kennt ihr die deutschen Arbeiter schlecht, wenn man ihnen das nicht zutraut! . . .

Wir haben uns doch mal eines Tages zu fragen: Soll das so bleiben, wollen wir es uns dauernd gefallen lassen, daß Junker, Pfaffen und Bourgeoisie uns den Fuß auf den Nacken setzen, daß sie ihre Stellung mißbrauchen? . . . Ich sage nicht, daß die Frage morgen aktuell wird, denn d a z u m u ß S t i m m u n g v o r h a n d e n s e i n , und die Stimmung muß e r s t g e s c h a f f e n werden. Es werden aber wahrscheinlich G e w a l t s t r e i c h e von jener Seite kommen, die alles in Empörung setzen. Aber die Frage muß auf die Tagesordnung kommen. Wir stehen ja in dieser Beziehung weit hinter dem Bürgertum der früheren Jahrhunderte zurück; das B ü r g e r t u m hat, als es entrechtet war, fortwährend gekämpft, w i r a b e r s t e h e n d a — nun, ich will das Wort, das mir auf den Lippen sitzt, nicht gebrauchen — wie Leute, denen a l l e s g l e i c h g ü l t i g ist. Und dabei bekommen wir einen Hieb nach dem andern über den Rücken. Das geht auf die Dauer nicht so weiter. . . ."

Ein Jahr später, auf dem Parteitag zu Mannheim 1906, mußte Bebel wieder über die gleiche Frage sprechen, nachdem sich ernsthafte Widerstände besonders aus gewerkschaftlichen Kreisen geltend gemacht hatten. In Mannheim sagte Bebel u. a.:

„Ein Blick auf die bisherige Massenstreikdebatte zeigt, daß ohne die Zustimmung der Gewerkschaftsführer und -mitglieder an die Ausführbarkeit eines Massenstreiks nicht gedacht werden kann. Die bloße Tatsache, daß die Zahl der politisch organisierten Genossen nur 400 000 beträgt, muß jeden vernünftigen Menschen überzeugen, daß die Arbeitseinstellung dieser, selbst wenn auch ein gewisser Anhang dazu gerechnet wird, wirkungslos sein muß. Es ist überhaupt undenkbar, einen Massenstreik durchzuführen, ohne daß in den breitesten Massen die Gesamtstimmung dafür vorhanden ist. Das haben wir gesehen, als Mitte August d. J. die Führer der russischen Sozialdemokratie mit Zweidrittelmehrheit den Massenstreik beschlossen. Dieser Massenstreik aber scheiterte, weil die große Mehrheit der Arbeiter und Arbeiterorganisationen erklärten, sie machten nicht mit. Das sollte eine sehr bemerkenswerte Lehre für diejenigen sein, die da glauben, in jedem Augenblick sei ein Massenstreik zu machen. ..."

ABWEHR EINES ANGRIFFS

Nun stehe ich nicht an, zu erklären, daß, wenn ein Attentat auf das allgemeine Wahlrecht geplant wird, oder wenn den Arbeitern das Koalitionsrecht genommen werden soll, gar nicht mehr die Frage entstehen kann, ob wir wollen, sondern dann müssen wir. Rechte, die wir besitzen, lassen wir uns nicht nehmen, sonst wären wir erbärmliche, elende Kerle. Hier ist der Punkt, wo es kein Feilschen und kein Besinnen mehr gibt. Alsdann haben wir allesamt ins Feuer zu gehen, und wenn wir auf der Strecke bleiben. Wenn die Gegner das versuchen, dann haben sie auch die Konsequenzen zu tragen, dann sind wir als Männer und Frauen, die ihre Menschenrechte verteidigen, Rechte, ohne die kein Volk existieren kann, gezwungen, alles aufzubieten, um ein solches Attentat zurückzuweisen, koste es was es wolle. Ich habe die feste Ueberzeugung, daß alsdann auch **weit über den Rahmen der deutschen Sozialdemokratie**, weit über den Rahmen der **Gewerkschaften** hinaus, die **gesamte** Arbeiterklasse, soweit sie politisch denkt und fühlt, soweit sie überhaupt eine Idee von dem Werte dieser Rechte besitzt, sich einmütig diesem Kampf anschließen wird. Ganz anders, wenn es sich um ein Recht handelt, das man **erst erobern** muß.

Wir müssen uns klarmachen, daß die Kraft für Eroberung von Rechten, die in den Einzelstaaten wurzeln, durch Gründung des Deutschen Reiches bedeutend geschwächt ist. Ich glaube nicht, daß ein süddeutscher Genosse behaupten will, es sei ausschließlich unserer Partei zu danken, daß sie das allgemeine Wahlrecht besitzen. Nein, das ist die Folge einer ganz anderen historischen Entwicklung, der ganz anders gearteten ökonomischen und politischen Verhältnisse in den süddeutschen Staaten, insbesondere der grundverschiedenen Stellung der verschiedenen bürgerlichen Parteien untereinander. In keinem dieser Staaten hat man das allgemeine, gleiche, direkte und geheime Wahlrecht den Sozialdemokraten zuliebe gegeben.

Daß auch die Sozialdemokratie dadurch gewann, ist eine sehr unangenehme **Beigabe** für die bürgerlichen Parteien. Hätten sie das vermeiden können, dann hätten sie es getan. Man hat auch nach anderer Richtung hin merkwürdige Exkurse in der Partei gemacht; man hat die Dinge vollständig auf den Kopf gestellt, als man so tat, als wenn die **Agitation Lassalles** das allgemeine **Reichstagswahlrecht** herbeigeführt hätte. Zu einer Zeit, wo Lassalle mit seiner Forderung noch gar nicht aufgetreten war, bestand in den **konservativen** Kreisen Preußens, besonders in den Kreisen, die sich damals um **Wagener** gruppierten, die Idee, auf Grund der Erfahrungen, die die Konservativen in der Konfliktszeit mit dem Dreiklassenwahlsystem gemacht hatten, das allgemeine Wahlrecht für Preußen zu gewähren, in der Hoffnung, daß es dadurch möglich wäre, die oppositionelle Dreiklassenmajorität zu stürzen. Das ist historische Wahrheit, und von diesem Gedankengang ist auch Bismarck beeinflußt gewesen. Es gab für Bismarck bei Schaffung des Norddeutschen Bundes gar keine andere Möglichkeit, als die Einführung des allgemeinen, gleichen, direkten und geheimen Wahlrechts. So sehr ich bereit bin, unseren Einfluß auf die öffentlichen Dinge nach jeder Richtung hin zur Geltung zu bringen, so muß ich doch nach der anderen Seite hin sehr nachdrücklich gegen eine derartige G e s c h i c h t s f ä l s c h u n g mich wenden, die die Dinge so darstellt, als wären wir damals schon wer weiß wie mächtig gewesen, und heute, im Vergleich zu damals, schwach. . . ."

Spricht aus diesen Sätzen eine große Liebe zur Wahrheit, selbst dort, wo ihr Verschweigen angenehmer scheinen könnte, so finden wir in ihnen nur das wieder, was Bebel auch sonst auszuzeichnen pflegte: einen rücksichtslosen B e k e n n e r m u t ! So weit er auch die Ziele stecken mochte, so hinreißend er für sie auch zu entflammen vermochte — er wußte doch sehr wohl die Entfernungen und die Hemmungen abzuschätzen, die noch vom Ziele trennten. Aber statt kleinmütigen Verzagens kommt bei ihm immer wieder die heiße Leidenschaft zum Durchbruch, alle Schwierigkeiten zu beseitigen und dem Endziel zuzustreben. Die Hindernisse sind nur dazu da, um überwunden zu werden. Und nur der kann ihrer Herr werden, der sie kennt. Also pflegte Bebel, dem man sein „Prophezeien" so oft zum Vorwurf gemacht hat, zumeist die Schwierigkeiten eher zu vergrößern, um den Anreiz ihrer Ueberwindung zu verstärken. Der „Prophet" war eben ein naturgewachsener Massenpsychologe. Kaum einer erreichte ihn in der Meisterschaft, die Massenpsyche zu erkunden, zu entflammen und sie gleichzeitig nutzbringend zu lenken.

Es versteht sich am Rande, daß auch ein solcher Führer nicht vor gelegentlichen Entgleisungen gefeit ist. Im Kampfe um die richtige Taktik hat es innerhalb der Sozialdemokratie von jeher rechtes Funkenstieben gegeben. Wie das nicht anders sein konnte in einer aufstrebenden, von prachtvoller Leidenschaftlichkeit durchglühten Kampfpartei, der jedes klügelnde Berechnen fremd, frischfröhliches Draufschlagen hingegen erb- und eigentümlich war.

Bebel stand auch in diesem inneren Meinungsstreit seinen Mann, zu allen Zeiten und zu jeder Zeit. Da geht es hart auf hart. In der Politik wird nicht mit Rosenwasser gewaschen und Weihrauchnebel halten sich nicht, wo man nach Klarheit und Wissen ringt. So sehen wir das Bild Bebels nicht „von der Parteien Gunst und Haß verwirrt", sondern als das eines streitbaren Kämpen, der auch einmal daneben hieb, aber seine Klinge führte in der heiligen Ueberzeugung, für die Sache des arbeitenden, des enterbten Volkes zu fechten, das nach aufwärts strebt und das die Bahn sich brechen muß, so oder so!

Den „Todfeind der bürgerlichen Gesellschaft" hatte er sich selbst in Dresden genannt. Das war er und blieb er bis an sein Lebensende. Aber die Methoden, deren sich der Kampf um eine neue Gesellschaftsform bedient, wechseln mit der Kraft des Angriffs und des Widerstandes. Zwischen dem Ausspruch von Dresden und dem letzten Atemzuge Bebels lag ein knappes Jahrzehnt. In den letzten Tagen seines Lebens aber besuchte ihn in der Schweiz sein alter Mitkämpe Eduard Bernstein. Dieser berichtete ihm, wie er in seiner Schrift „Der Sozialismus einst und jetzt" erzählt, von einem damals den Reichstag beschäftigenden Gesetzentwurf, der im ganzen eine Verbesserung der Arbeiterversicherung bedeutete, aber einige von der Partei bekämpfte Bestimmungen enthielt, und fragte Bebel, wie er sich die Schlußabstimmung denke. Bebel antwortete: „Annehmen! **Die Zeiten sind vorbei, wo wir um solcher Mängel willen uns das Ablehnen gestatten durften.**"

Das war vielleicht das letzte Wort, das Bebel in Fragen der Parteitaktik sprach. Es klang anders, als seine Dresdener Rede.

IM KAMPF
GEGEN AUSNAHMEGESETZE

Mitten in ihrer organisatorischen Entwicklung wurde die Sozialdemokratie durch Verhängung des Ausnahmegesetzes gegen ihre Tätigkeit betroffen. „Gesetz gegen die gemeingefährlichen Bestrebungen der Sozialdemokratie" war der offizielle Titel dieses von Bismarck selbst veranlaßten Machwerkes, das zunächst auf beschränkte Dauer (zwei Jahre) beschlossen, dann aber regelmäßig verlängert wurde, bis es endlich nach zwölfjährigem Bestande verscharrt werden konnte. Welches Maß von Erbitterung dieses „Schandgesetz", wie es kurz aber treffend genannt wurde, in sozialdemokratischen Kreisen hervorgerufen hat, vermag niemand auszumalen. Zehntausende von Arbeitern wurden ihrer Existenz beraubt, vielfach von Ort zu Ort gehetzt und durch die Polizeibehörden immer wieder aus ihren Arbeitsstellen vertrieben. Tausende mußten auswandern, um sich jenseits der deutschen Grenzen eine neue Heimat zu suchen. Fast alle sozialdemokratischen Organisationen und Zeitungen, Arbeiterkrankenkassen und Genossenschaften, sogar harmlose Gesang- und ähnliche Vereine wurden aufgelöst und verboten, ihre Vermögen beschlagnahmt und eingezogen. Aehnlich erging es fast allen gewerkschaftlichen Verbänden. Auf Grund des „kleinen Belagerungszustandes", der über die wichtigsten Gebiete Deutschlands verhängt wurde, erhielten die bekanntesten Sozialdemokraten Ausweisungsbefehle und mußten von

Weib und Kind oft innerhalb weniger Stunden in eine unbekannte Ferne ziehen.

Warum dieser Vernichtungsfeldzug gegen eine soziale Bewegung von der Tiefe und Weite, wie sie sich in der Sozialdemokratie verkörperte? Die a m t l i c h e Begründung versuchte den Glauben zu erwecken, als ob die Attentate, die von Hödel und Nobiling auf den alten Kaiser im Jahre 1878 verübt wurden, ernsthaft der sozialdemokratischen Agitation zu verdanken seien. Schon nach dem ersten Attentat — 11. Mai 1878 — hatte die Regierung einen Gesetzentwurf „gegen sozialdemokratische Ausschreitungen" eingebracht, der jedoch vom Reichstag am 24. Mai abgelehnt wurde. Daraufhin wurde der Reichstag aufgelöst. Neuwahlen wurden ausgeschrieben. Daß kaum eine Woche später — am 2. Juni 1878 — wieder auf den Kaiser geschossen und dieser schwer verletzt wurde, gab der Wahlhetze einen ungeahnten Antrieb. Der neue Reichstag, der ganz den Wünschen Bismarcks entsprach, hatte sich dann bald mit der verschärften Vorlage zu beschäftigen, die nur unwesentlich verändert Gesetz wurde.

Die Rede, mit der Bebel — am 16. September 1878 — im Namen der kleinen sozialdemokratischen Fraktion (neun Abgeordnete!) das Ausnahmegesetz bekämpfte, hat noch heute nicht nur historische Bedeutung. Ihre wichtigsten Teile mögen deshalb hier folgen:

„PARTEI DER KAISERMÖRDER."

„Alle Redner haben heute ebenfalls mehr oder weniger die Attentate berührt, und alle haben sie die A t t e n t a t e als die nächste Veranlassung zu diesem Ausnahmegesetz bezeichnet, und nichts ist offenbarer wie dieses, daß s i e die Ursachen waren. Da hätte man billigerweise erwarten dürfen, daß die Regierung in dieser Beziehung sich k l a r und p r ä z i s a u s s p r a c h, daß sie nachwies, welche Entdeckungen sie in den umfassenden Untersuchungen gemacht, welche belastenden Tatsachen gegen uns zutage gefördert wurden, welche einen, wenn auch nur ideellen Zusammenhang der Attentäter mit der Sozialdemokratie nachweisen. Es ist aber bis heute nichts dergleichen geschehen, es ist bei leeren Worten und Anschuldigungen geblieben. Gleichwohl ist fortgesetzt das Stichwort: „Die Sozialdemokratie hat die Attentate verschuldet." Es ist die Anschuldigung: „Die Sozialdemokratie ist die **Partei der Kaisermörder**" in allen Tonarten gegen uns geschleudert worden, man hat alle Leidenschaften, den wütendsten und grimmigsten Haß, gegen uns hervorgerufen. Kein Mittel war dazu zu schlecht.

Endlich sind wir heute in der Lage, **in aller Form die Regierung auffordern** zu können, zu **sagen**, welcher Art die Resultate sind, welche die Untersuchungen gegen die beiden Attentäter mit Rücksicht auf unsere Partei zutage gefördert haben. Wir sind schlechterdings **nicht gewillt, uns gefallen zu lassen**, daß man auch heute noch schweigt und glaubt, die gegen uns geschleuderten **Verleumdungen** mit dem Deckmantel christlicher Liebe zudecken zu können.

Wir haben zu allernächst das lebhafteste Interesse daran, zu wissen, was in den zahlreichen **Protokollen**, die wegen der Attentate niedergeschrieben wurden, enthalten ist. Wir verlangen namentlich zu wissen, was in den außerordentlich **zahlreichen Verhören**, die in den verschiedensten Gegenden Deutschlands stattgefunden haben, mit Leuten der verschiedensten Richtung, die mit den Attentätern wenn auch in noch so ferner Beziehung gestanden haben, an das Tageslicht gekommen ist. Wir, auf die man die Schuld und die Verantwortung wälzt, verlangen endlich Klarheit. Namentlich auch in bezug auf das **letzte Attentat**, das die allernächste Veranlassung für die Neuwahl des Reichstags und zur Vorlegung dieses Gesetzes war.

DIE GEFÄLSCHTE DEPESCHE.

Ich halte mich für verpflichtet, Ihnen hier mit einigen Worten den **Eindruck** zu schildern, den die Kunde von diesem zweiten Attentat auf mich und meine Freunde zunächst in Leipzig machte. Ich kam am 2. Juni spät abends von einem Spaziergange mit meiner Familie nach Hause, als eine befreundete Dame zu mir in die Wohnung stürzte und fragte, wer der betreffende sei. Ich fragte: wer denn? "Wissen Sie es noch nicht? Es ist auf den Kaiser geschossen worden!" — Ich erschrak und fragte: wer soll denn der Attentäter sein? — Es wird ein Doktor N o b i l i n g genannt. — Nobiling, der Name ist mir in meinem Leben nicht vorgekommen. — Sofort nahm ich meinen Hut, eilte zu einigen Freunden und erkundigte mich: Habt Ihr irgendeine Kenntnis, daß ein Doktor Nobiling zu unserer Partei gehört, oder irgendwie und wo mit ihr in Verbindung steht oder gestanden hat? — Niemand konnte mir die geringste Auskunft geben. Ich war von diesem Resultat sehr erfreut. Am nächsten Morgen eilte ich in aller Frühe auf die Redaktion des "Vorwärts", um mich näher zu erkundigen. Dort hieß es, wir haben bereits Erkundigungen eingezogen und haben konstatiert, daß Doktor Nobiling zwar auf der Leipziger Universität studiert hat, aber er hat mit keinem von uns in irgendeiner Beziehung gestanden. Im Gegenteil, alles, was wir erfahren, weist darauf hin, daß er einer ganz entgegengesetzten Richtung angehört, daß er mit hoch angesehenen liberalen Kreisen hier in Leipzig in Verbindung gestanden hat, und von diesen wegen seiner Geistesgaben poussiert worden sei. Wir waren alle hocherfreut, und fast einmütig kam das Wort aus aller Munde: "Nun, den können sie uns nicht an die Rockschöße hängen."

Ich entfernte mich sehr zufrieden mit dem Gehörten und kam einige Minuten später an einen Laden, wo ich zu meiner höchsten Ueberraschung eine Depesche angeschlagen fand, welche lautete:

B e r l i n, 2 Uhr nachts. Bei der späteren g e r i c h t l i c h e n V e r n e h m u n g hat der Attentäter Nobiling bekannt, daß er s o z i a l i s t i s c h e n Tendenzen huldige, daß er auch wiederholt hier s o z i a l i s t i s c h e n Versammlungen beigewohnt und daß er schon seit acht Tagen die Absicht gehabt habe, Seine Majestät den Kaiser zu erschießen, weil er es für das Staatswohl ersprießlich gehalten, das Staatsoberhaupt zu beseitigen.

Sofort eilte ich zur Redaktion des "Vorwärts" zurück und sagte: "Wir haben uns zu früh gefreut, er ist uns doch an die Rockschöße gehängt worden." Die Depesche, meine Herren, die diese Nachricht in die Welt schleuderte, ist a u s d r ü c k -

lich als offizielle bezeichnet. Ich habe hier die
Depesche in der Hand, welche der Redaktion der „Kreuzzeitung" amtlich zugestellt worden ist, mit Noten von
der Hand des Redakteurs der „Kreuzzeitung". Es besteht
über den amtlichen Charakter dieser Depesche nicht der
geringste Zweifel. Nun ist aber durch verschiedentliche glaubwürdige Nachrichten dargetan worden, daß überhaupt
kein gerichtliches Verhör mit Nobiling am
Tage des Attentats oder in der folgenden Nacht vorgenommen
worden ist, daß nichts festgestellt worden sei, was irgendwie
als ernsthafter Anhaltspunkt für die Motive des Mörders und
seine politische Gesinnung angesehen werden könnte. Es ist
also meines Erachtens gar kein Zweifel, daß diese
Depesche von amtlicher Seite mit Bewußtsein
und Absicht gefälscht und als solche in die Welt geschickt worden ist.

Die Depesche enthält eine der infamsten Verleumdungen, welche je von offizieller Seite in die Welt geschleudert worden sind, und zwar mit der Absicht, eine
ganz große Partei in schmählichster Weise zu verdächtigen,
und zum Mitschuldigen eines Verbrechens zu stempeln. . . ."

UNSINNIGE VORSTELLUNGEN.

„... Bei Gelegenheit der Debatte über das Ausnahmegesetz
in der letzten Session des Reichstags ist von verschiedenen
Seiten in einem sehr vieldeutigen Sinne von sozialdemokratischen Bestrebungen gesprochen worden. Da ist zum Beispiel
vom Abgeordneten Grafen Bethusy-Huc erklärt worden, daß
die direkte progressive Einkommensteuer eine
kommunistische Forderung sei, daß die Forderung
eines Normalarbeitstages und eines normalen
Arbeitslohnes, obgleich eine Forderung, wie die letztere,
von sozialistischer Seite gar nicht aufgestellt ist, und sie aufzustellen ein Unsinn wäre, sozialistische Forderungen seien. Bei der vorjährigen Debatte über die Gewerbeordnungsfrage, wo die Anträge aus den verschiedenen Fraktionen vorlagen, hat der Abgeordnete Dr. Wehrenpfennig in
bezug auf den Normalarbeitstag eine ganz ähnliche
Anschauung vertreten. Was soll man nun dazu sagen, wenn
derartige Forderungen, die heutzutage in verschiedenen
Staaten bereits erfüllt sind: in der Schweiz, in Nordamerika,

in gewissem Maße in England — als **sozialistische** bezeichnet werden!

Wenn aus der Mitte **dieses** Hauses solche Forderungen als rein sozialistische angesehen werden, obgleich sie es nicht sind, so werden sie von dem **ersten besten Polizeimann** erst recht als solche angesehen werden. In den uns feindlich gesinnten Kreisen der Bürgerschaft und der Presse geht aber der Begriff des Sozialismus sogar so weit, daß tatsächlich **alle und jede Bestrebung**, die auf eine **Verbesserung der Lage der Arbeiter** hinausläuft, als Ausfluß sozialistischer Agitation und Anreizung angesehen wird. Wenn Sie den uns noch feindlich gesinnten Gewerbetreibenden klagen hören, so werden Sie vernehmen, daß, wenn sein Arbeiter auch **nur die geringste Opposition** gegen seine Wünsche oder Befehle laut werden läßt, und mögen diese Befehle auch noch so ungerechtfertigt sein, er in die Klage ausbricht: der ist ein **Sozialdemokrat**, oder: der ist von den Sozialdemokraten aufgehetzt, obgleich oft genug der Mann vielleicht in seinem Leben noch keine einzige sozialistische Broschüre gelesen hat und gar keine Idee vom Sozialismus und sozialistischen Bestrebungen hat. Diese blinde Voreingenommenheit gegen die Sozialdemokratie geht in gewissen Kreisen so weit, daß dort allgemein behauptet wird, alle Arbeitseinstellungen usw. seien von den sozialdemokratischen Führern eingefädelt und dirigiert; sonst seien sie gar nicht denkbar. Ich gehöre ja auch zu diesen sogenannten Führern, wenn ich aber heute die Versicherung gebe, daß ich in meiner mehr als sechzehnjährigen Tätigkeit in der Arbeiterbewegung **nicht ein einziges Mal von irgendeinem Arbeiter gefragt** worden bin, **ob ich diese oder jene Arbeitseinstellung gut heiße oder nicht**, so werden Sie mir das kaum glauben, — und doch ist es der Fall, und so geht es mehr oder weniger allen meinen Genossen. Sie und die Allgemeinheit unserer Gegner bilden sich eben ein, die Arbeiter seien tatsächlich eine vollständig willenlose, gedankenlose Herde, die blindlings den sogenannten Führern folgen. Und doch gibt es, wie ich fest glaube, **keine Partei, deren Führer der beständigen Kritik**, dem Mißtrauen und der unausgesetzten **rücksichtslosen Beurteilung** von seiten der Mitglieder der Partei **so** ausgesetzt sind, wie gerade bei der sozialdemokratischen Partei.

DIE PARTEI DER IDEALE

Nun wird gesagt, wir arbeiteten auf **g e w a l t s a m e n U m ‑
s t u r z** hinaus, das ginge aus unserem Programm hervor. Ich
b e s t r e i t e, daß das aus unserem Programm hervorgeht,
es steht kein Wort davon drin. (Unruhe und Widerspruch.)
— Ja, daß wir das **w o l l e n**, müssen Sie uns doch **n a c h ‑
w e i s e n**; Sie imputieren uns das eben, aber die Beweise
fehlen. Ich meine doch, Ihre Staatsanwälte hätten in den
letzten Jahren sich ehrliche Mühe gegeben, herauszubekom‑
men, was wir bezweckten. Die Behörden sind, wie ausdrück‑
lich in den Motiven anerkannt wird, „bis zur äußersten Grenze
des Möglichen", d. h. also bis an das Unmögliche gegen uns
vorgegangen und haben uns doch nicht zugrunde richten
können. Wie kommt man überhaupt dazu, uns solche An‑
schuldigungen hier an den Kopf zu werfen? Unsere Pro‑
gramme — und diese meine ich, sind maßgebend —, sagen
g e r a d e z u d a s G e g e n t e i l. Wir sollen „gemeingefähr‑
liche Bestrebungen" haben?! — Meine Herren, das Programm
der so gefürchteten **I n t e r n a t i o n a l e n A r b e i t e r ‑
A s s o z i a t i o n**, das im Anhang dieser Gesetzesvorlage
wörtlich abgedruckt ist, lautet unter anderem wörtlich:

Daß die internationale Arbeiter‑Assoziation und alle ihr
angehörigen Gesellschaften und Individuen **W a h r h e i t,
R e c h t** und **S i t t e** als die **G r u n d l a g e i h r e s B e ‑
t r a g e n s u n t e r e i n a n d e r u n d g e g e n a l l e i h r e
M i t m e n s c h e n** ohne Rücksicht auf Farbe, Bekenntnis
oder Nationalität anerkennen. Der Kongreß betrachtet es
als Pflicht des Mannes, die Rechte eines Mannes und Bürgers
nicht bloß für sich selbst, sondern für jedermann, der seine
Pflicht tut, zu fordern. **K e i n e R e c h t e o h n e P f l i c h ‑
t e n, keine Pflichten ohne Rechte!**

Das soll **g e m e i n g e f ä h r l i c h** sein? Ich verstehe das
einfach nicht. Ich möchte wissen, wie man humanere, höhere
und idealere Grundsätze und Anschauungen aufstellen kann.
Ich behaupte, daß im ganzen deutschen Reich es **n u r n o c h
e i n e e i n z i g e P a r t e i** gibt, die **w i r k l i c h I d e a l e** hat,
und das ist die Sozialdemokratie, und gerade der Umstand,
daß die Sozialdemokratie Ideale hat, daß sie **h o h e, d e r
M e n s c h h e i t w ü r d i g e I d e a l e** hat, **d a s i s t e s**, was
der Sozialdemokratie solchen **u n g e h e u r e n A n h a n g** ver‑
schafft. Sie tun immer, als ob es nur Handarbeiter wären,

die der Sozialdemokratie angehören, als ob es nur eine aufgehetzte Masse wäre. Haben wir nicht in den letzten Jahren erfahren, wie **ein Mann der Wissenschaft nach dem andern** sich dem sozialdemokratischen Programm näherte? Die sozialdemokratischen Bestrebungen umfassen alles: Nationalökonomie, Naturwissenschaften, Kulturgeschichte, Philosophie, kurz, alle Gebiete des wissenschaftlichen Lebens. **Die ganze moderne Wissenschaft arbeitet uns in die Hände**, dient unseren Zwecken, muß ihnen dienen."

DER REIZ DER VERBOTENEN FRUCHT

„... Meine Herren, ich versichere Ihnen, daß bei den zahlreichen Verbindungen, die wir haben, Verbindungen, die wir für die vorliegenden Zwecke mit Leichtigkeit verdreifachen und verzehnfachen können, wir unsere Broschüren statt in Auflagen von 4000 bis 5000, in Auflagen von 20 000 bis 30 000, — und nicht in Jahren, sondern in Wochen und Monaten absetzen werden. Wir werden ferner unter dem **Anreiz der verbotenen Frucht** einen Preis stellen können, der uns einen solchen Nutzen abwirft, daß die auf andere Weise uns abgeschnittenen Agitationsmittel doppelt und dreifach eingebracht werden. Kurz, meine Herren, die Regierungen mögen machen was sie wollen, sie **können uns doch nicht ernsthaft an den Kragen!** Können Sie es beispielsweise verhindern, wenn im nächsten Winter im ganzen deutschen Reich in Tausenden und aber Tausenden von Familien die Genossen in einer Kopfzahl von drei, vier, fünf Mann — je nachdem — sich vereinigen, bald hier, bald dort, im vertrauten Kreise zusammenkommen, Lesekränzchen im Familienkreise unterhalten und dort die sozialistischen Schriften lesen, sie diskutieren usw.? Wissen Sie, was Sie mit dem Gesetz aus der Sozialdemokratie machen? Sie treiben die Sozialdemokratie, **ähnlich wie die ersten Christen**, durch die Verfolgung, die Sie ihr zuteil werden lassen, zum **äußersten Eifer, ja Fanatismus**, und zu einer förmlich **religiösen Schwärmerei.** Die Arbeiter werden, dessen seien Sie sicher, mit der äußersten Zähigkeit für ihre Ueberzeugung eintreten, sie werden in Werkstätten, in Fabriken, in der Familie und im Bierhaus, auf der Eisenbahn, Sonntags auf Spaziergängen und an vielen anderen Orten, wo sie niemand genau zu kontrollieren imstande ist, zusammenkommen. Jeder wird seine zwei, drei, vielleicht zehn Broschüren in der Tasche mitnehmen; sie werden ihre Freunde, Bekannte auf dem Lande und in den abgelegensten Teilen der Städte besuchen und ihnen diese Broschüren geben. Und diese Tätigkeit lahmzulegen, wird Ihnen ganz unmöglich sein...."

Alle guten Gründe, die von den Sozialdemokraten ins Feld geführt wurden, verfehlten freilich ihre Wirkung. Das Gesetz wurde mit 221 gegen 149 Stimmen beschlossen. Das Zentrum, das noch unter den Nachwirkungen des Kulturkampfes stand, hatte gegen das Gesetz votiert. Aber schon 1880 bei seiner ersten Verlängerung fanden sich mehrere Zentrumsabgeordnete, die der Verlängerung zustimmten. Und später wurde ihre Zahl immer größer, die Brüder Reichensperger wurden die Wortführer dieser Zentrumsgruppe für Ausnahmegesetze. Als der eine von ihnen im Jahre 1884 sogar die Ausweisungen zu beschönigen suchte, da erinnerte ihn Bebel an die während des Kulturkampfes vertriebenen Priester, die „aus ihrer Heimat und selbst aus ihrem ganzen Vaterland geworfen" wurden. Bei denen „handelte es sich allerdings um familienlose Männer, die in der ganzen Welt, wohin sie kommen, eine großartige, mit reichen Mitteln ausgestattete Organisation vorfanden, wo sie wenigstens materiell auf das Ausreichendste unterstützt werden, wenn sich auch für die Seelenleiden, die ihnen durch die Ausnahmegesetzgebung zugefügt wurden, keine Heilung und kein Ersatz fand."

Ganz anders stehe es aber mit den ausgewiesenen Sozialdemokraten. Unter ihnen waren 1884 schon zirka vier Fünftel Familienväter. Eine große Zahl dieser Männer sei absolut ruiniert worden. Es seien Verluste der allerschwersten Art dabei eingetreten.

Die Ausweisungspraxis war in der Tat so aufreizend, so bewufzt provozierend, dafz sie selbst einen so klaren und im Grunde seines Wesens praktischen Mann wie Bebel in die erbittertste Stimmung trieb. Mehr als einmal hat er im vertrauten Kreise diese Stimmung geäufzert. Aber auf der Parlamentstribüne beherrschte er doch trotz allem immer die Situation. So leidenschaftlich auch seine Anklagen waren, so sehr bemühte er sich, gerade in der Form nicht schärfer zu sein, als die Sache selbst erforderte. Als er im Jahre 1881 bei der Reichstagswahl in Dresden II unterlegen war, wurde er bald darauf in die sächsische Zweite Kammer gewählt. Dort hatte er besonderen Grund zur Beschwerde, denn die sächsische Polizei hatte neben dem Sozialistengesetz auch noch das sogenannte „Heimatgesetz" gehandhabt, das ihr gestattete, bestrafte Personen, die an einem Orte kein Heimatsrecht (Unterstützungswohnsitz) hatten, aus diesem Orte auszuweisen. Sie wandte diese gegen das Vagabundentum gerichtete Bestimmung aus dem Jahre 1834 (!) mit Vorliebe gegen sozialdemokratische Abgeordnete und Agitatoren an.

Diese Praxis geifzelte Bebel am 21. Februar 1882 in zwei Reden, die der Begründung eines Antrages auf Beseitigung des Mifzbrauches dienten. Er sagte da unter anderem:

DAS VAGABUNDENGESETZ GEGEN SOZIALISTEN

„Vollmar[1]) wurde im Jahre 1878 sächsischer Staatsangehöriger und gab sein bayerisches Staatsbürgerrecht auf; zugleich wurde er Dresdener Bürger. Bald darauf bekommt er einen Prefzprozefz und wird zu einer längeren Frei-

---

[1]) Georg von Vollmar, gest. 1922, langjähriger sozialistischer Parteiführer, in den letzten Jahrzehnten hauptsächlich in Bayern tätig.

heitsstrafe verurteilt. Auf Grund dieser Freiheitsstrafe wurde er **von der Dresdener Polizeibehörde ausgewiesen.** Er begibt sich in die Nachbarschaft, nach Striesen. Dort erfolgt nach kurzem Aufenthalte ebenfalls seine Ausweisung, und nunmehr zog er vor, in das sogenannte Ausland zu gehen. Meine Herren! Der Mann, der in Sachsen **als sächsischer Staatsangehöriger** und Dresdener Bürger **ausgewiesen** wurde, hätte als **bayerischer** Staatsangehöriger **nicht ausgewiesen werden können,** wenn er wenigstens zwei Jahre in Dresden lebte. Das sächsische Staatsbürger- und Dresdener Bürgerrecht, auf das er glaubte, großes Gewicht legen zu dürfen, hat ihn vor der Ausweisung nicht geschützt. Sind das nicht eigentümliche Zustände? Es kann auf Grund der Handhabung unserer Gesetze **jeder in Sachsen Geborene von Ort zu Ort getrieben und schließlich aus dem Lande hinausgetrieben** werden, wenn er nirgends sich zwei Jahre hintereinander aufhielt. Geht er aber nach dem ersten besten andern deutschen Staat, nach Preußen, Thüringen, nach Bayern, dort kräht kein Hahn nach ihm; man läßt ihn ungeschoren; er wird nicht ausgewiesen, obgleich doch dort dasselbe gegen ihn vorliegt, das in seinem Vaterlande gegen ihn vorgelegen hat. Sie werden zugeben, daß dieser Zustand auf die Dauer unmöglich aufrechterhalten werden kann.

Der Abg. **Liebknecht** kann, nachdem er eine Gefängnisstrafe verbüßte, — Sie kennen den Fall, da er sozusagen aus den Kammerverhandlungen hervorgegangen ist — **innerhalb eines Jahres** nach der Verbüßung seiner Haft **von jedem Orte Sachsens ausgewiesen** werden, da er nirgends Heimatsrecht hat; denn Liebknecht ist bekanntlich auf Grund des Belagerungszustandes aus seinem Heimatsorte Leipzig ausgewiesen worden. Liebknecht kommt z. B. während der Wahlperiode, nicht in der Absicht, um in Chemnitz sein Domizil aufzuschlagen, sondern weil ihn eine Reise durch Chemnitz führt und er einige Stunden Zeit hat, dorthin, um sich einige Stunden aufzuhalten. Aber **dieser mehrstündige Aufenthalt genügt schon der dortigen Polizei, ihn auszuweisen** auf Grund dieser Bestimmung des Gesetzes vom Jahre 1834. So kann also jeder von uns, der, wie der Abgeordnete Liebknecht, aus seinem Heimatsorte auf Grund des kleinen Belagerungszustandes ausgewiesen ist und wenn er aus irgendeinem Grunde auch eine Gefängnis- oder Haftstrafe verbüßte, von jeder Polizeibehörde ausgewiesen und somit ihm im ganzen Lande der Aufenthalt unmöglich gemacht werden. Geht er aber, statt seinen Aufenthalt in irgendeinem entfernten Winkel des Landes zu nehmen, nach der nächsten preußischen Station, von Leipzig etwa nach Schkeuditz, da bleibt er völlig unbehelligt; in Preußen haben wir die Freiheit des Aufenthaltes, dort wird uns niemand entgegentreten. Meine Herren! Es gereicht unserm Lande wahrhaftig nicht zur Ehre, daß solche Zustände bis auf den heutigen Tag fortdauern konnten. . . ."

Die Regierung, sagte Bebel weiter, verschanze sich hinter die Reichsgesetzgebung und im Reichstage verweise wieder die Regierung auf die sächsische Landesgesetzgebung. So zerre man die Frage schon ein Jahrzehnt hin und her und benutze die Frist, um das Vagabundengesetz weiter gegen Sozialdemokraten anzuwenden.

Auf diese schweren Vorwürfe hatten die bürgerlichen Vertreter und der Minister nichts anderes zu antworten, als den traurigen Scherz, es sei niemand, dem es in Sachsen nicht gefalle, daran gehindert, das Land zu verlassen. Ein Vorspiel zu dem späteren Worte Wilhelms II., daß die Unzufriedenen „den deutschen Staub von ihren Pantoffeln schütteln" sollten. Bebel führte die Spaßmacher in der sächsischen Kammer jedoch in einer zweiten Rede sehr scharf ab:

„Das ist ein sehr billiger Spaß, der natürlich, so oft er hier ausgesprochen wird, vollen Beifall findet; ob das aber ein würdiger Spaß für einen Volksvertreter und ein würdiger Spaß für den Minister des Innern ist, das lasse ich dahingestellt sein, das überlasse ich dem Urteil des Landes. Wir sind hier auf Grund der Rechte, die uns, wie jedem anderen Staatsbürger, zugesprochen sind. Wir sind vorläufig, meine Herren, so gut wie Sie sächsische Staatsangehörige und haben ein Recht auf den Schutz der Gesetze dieses Landes. Wir sind sächsische Staatsbürger geworden auf Grund der gesetzlichen Bestimmungen und zwar, was mich anbetrifft, noch auf Grund der alten Gesetze vor Gründung des Norddeutschen Bundes. Glaubt man ohne weiteres, alle die nach Sachsen Eingewanderten, die bisher als Staatsbürger ihre Pflichten voll erfüllt haben und nach besten Kräften für das Wohl des Landes handelten, in solcher Weise, wie hier geschehen, behandeln zu müssen, so sage ich, daß das in meinen Augen ein Verfahren ist, das **ein Abgeordneter schon aus dem einfachsten Schamgefühl unterlassen sollte**."

Der Präsident Dr. **Haberkorn** unterbrach und erklärte, es gehe doch „wirklich in das Unverantwortlichste, in welcher Weise sich der Herr Abgeordnete Bebel in dieser Kammer ausspreche". Er weise ihn deshalb zur Ordnung. **Bebel** aber antwortete:

„Ja, meine Herren, wenn man sagt: „Geht zum Lande hinaus, wenn es euch nicht gefällt", dann gibt es auf eine solche Rede **keine andere Antwort**, als wie ich sie gegeben habe. Jene Worte hätten in weit höherem Grade eine Zurechtweisung verdient, als die meinen. Wir sind sächsische **Staatsbürger** und wir **bleiben als solche im Lande, wo wir hingehören**. Sitze ich hier in dieser Kammer, und werde ich Ihnen unbequem, so ist das nicht mein Verlangen gewesen; das ist auch eine Folge der **Ausweisung, die mich getroffen** hat. Ohne meine Ausweisung wäre ich nicht in die Lage gekommen, Mitglied der Kammer zu sein; denn ich hätte meinem Geschäft das Opfer an Zeit nicht zumuten dürfen. Ich konnte neben einem eventuellen Reichstagsmandat hier nicht noch ein Mandat annehmen, das mich auf vier bis sechs Monate in Anspruch nahm. Nachdem aber die Ausweisung erfolgt war, da war mir wider Willen die Zeit gegeben, da war ich gewissermaßen gezwungen, ein Mandat anzunehmen, um einen Ort zu haben, wo ich längere Zeit ohne eigene Geldopfer wohnen konnte. So **habe ich das Mandat angenommen**. Bin ich also hier **gegen Ihren Willen** und Wunsch, so ist die Veranlassung die königliche Staatsregierung, die selbst schwerlich davon erbaut sein dürfte..."

Im Reichstage, in den er 1884 wiedergewählt wurde, hat Bebel noch vielfach gegen das Ausnahmegesetz und seine Handhabung, besonders gegen das von dem Vetter Bismarcks, dem Polizeiminister von Puttkamer, im großen gezüchtete L o c k s p i t z e l t u m seine Stimme erhoben. So besonders bei der beantragten V e r l ä n g e r u n g in den Jahren 1880, 1881 und 1884. Die Wahlen von 1884 brachten der Sozialdemokratie eine Verdoppelung ihrer Stimmen und die Vermehrung ihrer Mandate von 13 auf 24! Bald darauf wurde der bekannte C h e m n i t z - F r e i b e r g e r G e h e i m b u n d p r o z e ß eingeleitet, bei dem Bebel, Auer, Vollmar, Ulrich, Frohme und Viereck zu je n e u n M o n a t e n G e f ä n g n i s verurteilt wurden, weil sie an dem Kopenhagener Kongreß der Partei teilgenommen hatten.

Von prachtvollem Schwung und programmatischer Zuspitzung war die Rede, die Bebel im Februar 1888 bei der dritten Lesung der Verlängerungsvorlage hielt. Sie sollte auch von späteren Geschlechtern gewürdigt werden:

„BERECHTIGTE" BESTREBUNGEN

„In der gegenwärtigen Begründung des Gesetzes handelt es sich hauptsächlich um die r e v o l u t i o n ä r e n Bestrebungen der Sozialdemokratie, die auf den g e w a l t s a m e n U m - s t u r z der bestehenden Gesellschaftsordnung und Staatsordnung hinausgehen. Ich lege auf das Wort „gewaltsamen Umsturz" besonderes Gewicht. Nun haben unsere Gegner seit 1878 eine merkwürdige Unterscheidung in unserer Tätigkeit entdeckt; sie sagen: wir können nicht bestreiten, daß die Sozialdemokratie auch „berechtigte" Bestrebungen verfolgt, und insofern sie solche verfolgt, sind wir alle bereit, diese zu unterstützen und auf dem Wege der Gesetzgebung für gewisse soziale Uebelstände und Beschwerden Abhilfe zu schaffen. Die Erklärung, daß die Sozialdemokratie auch „berechtigte" Bestrebungen verfolge, ist im Laufe dieser Debatte von der äußersten Rechten bis zur freisinnigen Linken abgegeben worden. Worin freilich diese „berechtigten" Bestrebungen bestehen, darüber sind wir, wie über vieles andere, was mit dem Sozialistengesetz verknüpft ist, bis heute uns nicht klar geworden. Und ich meine, daß, wenn die Herren, welche von den berechtigten Bestrebungen der Sozialdemokraten sprechen, einmal in die Lage versetzt werden sollten, sich untereinander zu verständigen, dann eine ähnliche Sprachenverwirrung entstehen würde, wie sie beim babylonischen Turmbau entstanden sein soll, das heißt eine Verständigung würde nicht möglich sein, weil ihre Meinungen darüber, was bei der Sozialdemokratie berechtigt oder nicht berechtigt ist, weit auseinandergehen.

Nun muß ich doch eins erklären: Was Sie gewöhnt sind als berechtigte Bestrebungen der Sozialdemokratie anzusehen, ist im Grunde nicht sozialdemokratisch, hat mit dem Wesen der eigentlichen Sozialdemokratie nichts zu tun, ist nicht notwendig mit der Sozialdemokratie verbunden. Wenn Sie verlangen, daß die Sozialdemokraten nicht eher vom Sozialistengesetz befreit werden, bis sie die feierliche Erklärung, meinetwegen von dieser Tribüne, abgeben, daß sie das, was ihre Gegner als berechtigte Bestrebungen anerkennen, auch als ihre eigenen Bestrebungen zugestehen wollen — dann werden Sie in alle Ewigkeit vergeblich auf diese Erklärung warten! Diese Erklärung werden wir nie und nimmermehr abgeben; denn sonst müßten wir unsere eigene Existenz aufgeben, wir müßten aufgeben, was das Wesen unserer Partei ausmacht, wir müßten die wirklichen Ziele der Sozialdemokratie preisgeben.

Die Ziele der Sozialdemokratie sind in der Tat auf eine Umwälzung der bestehenden Staats- und Gesellschaftsordnung von Grund aus gerichtet, und wenn Sie diese Bestrebungen, die auf eine gründliche Umgestaltung der bestehenden Staats- und Gesellschaftsordnung ausgehen, als revolutionär bezeichnen, habe ich von meinem Standpunkt aus nichts dagegen einzuwenden. Es wird sich nur darum handeln: In welcher Weise können diese sogenannten revolutionären Bestrebungen verwirklicht werden? Da sind ja die Herren kurz mit der Antwort bei der Hand: Selbstverständlich nicht anders als auf dem Wege der Gewalt; wie können revolutionäre Bestrebungen anders als durch gewaltsamen Umsturz verwirklicht werden? Ich habe bereits in der ersten Beratung des Gesetzes anerkannt, daß eine große Anzahl geschichtlicher Umwälzungen sich anführen ließe, die auf Umwälzung nicht bloß der bestehenden Staats-, sondern wesentlich auch der bestehenden Gesellschaftsordnung ausgingen."

DAS WESEN SOZIALER BEWEGUNGEN

„Nun steht das eine fest, daß überhaupt eine B e w e g u n g g a r n i c h t z u m Z i e l e k o m m e n k a n n, wenn sie nicht einen b e d e u t e n d e n T e i l d e s V o l k e s für ihre Ziele g e w o n n e n hat. Wie weit der Kreis derjenigen ist, die diese Bewegung unterstützen, wird von den jeweiligen Umständen abhängen, vor allen Dingen von der sozialen Position, die die Betreffenden einnehmen. Je mächtiger dieselbe an und für sich ist, je einflußreicher, desto leichter werden sie zu ihren Zielen kommen; umgekehrt werden sie schwerer zum Ziele kommen, wenn Sie eine materiell und sozial einflußlose Klasse der Gesellschaft betreffen, die keinen Einfluß hat und sich mühselig den Einfluß auf die Umgestaltung der politischen und sozialen Zustände erobern muß.

Nun will ich noch ein zweites hinzufügen. A l l e p o l i t i s c h e B e w e g u n g i n d e r W e l t, einerlei, wie sie gestaltet war und sich gestalten wird, g e h t d a r a u f h i n a u s, d i e s o z i a l e n Z u s t ä n d e mehr oder weniger g r ü n d l i c h u m z u g e s t a l t e n; eine rein politische Bewegung gibt es ebensowenig wie eine rein religiöse. Alle politischen und religiösen Bewegungen der Welt sind soziale Bewegungen gewesen und wenn wir den Gründen, die diese Bewegung veranlaßt haben, nachforschen, dann werden wir in der Tat finden, daß die sozialen Momente das Wesentlichste sind, die zu diesen Bewegungen Veranlassung gegeben haben. Ich glaube, das läßt sich bei keiner großen Bewegung, wie wir sie in der Geschichte erlebt haben, deutlicher nachweisen, als bei der E n t w i c k l u n g d e s C h r i s t e n t u m s. Das Christentum erscheint einem großen Teil der Menschheit als eine rein religiöse Bewegung, und doch wird niemand bestreiten können, der die Geschichte und die Entstehung des Christentums nur einigermaßen kennt, daß das Christentum unmöglich gewesen wäre ohne den s o z i a l e n U n t e r g r u n d, den es in den sozialen und politischen Zuständen fand, wie sie im römischen Reiche existierten: Wo Millionen und Abermillionen in der drückendsten Sklaverei sich befanden, wo die Völker des damaligen Erdkreises unter römischem Drucke und unter römischer Ausbeutung schmachteten, wo alle ihre früheren eigenstaatlichen Einrichtungen zunichte gemacht waren, wo die alten Gottheiten zerstört, der Glaube an diese alten Gottheiten, die offenkundig nicht mehr halfen oder nicht mehr helfen konnten, vernichtet worden war; — d a s war der Boden, auf dem das C h r i s t e n t u m Wurzel fassen, Ausbreitung erlangen und zu Macht und Ansehen und Herrschaft im römischen Reiche gelangen konnte.

Wir sehen weiter, daß ganz dieselben Verfolgungen, die das Christentum im Laufe seiner Entwicklung erlitt, sich mit den Verfolgungen vielfach vergleichen lassen, die h e u t e d i e S o z i a l d e m o k r a t i e erleidet. Die römischen Cäsaren haben die Christen nicht bloß als Sektierer angesehen, als Anhänger und Propagandisten einer neuen Religion, sondern sie haben mit den römischen Patriziern, den herrschenden Klassen Roms, in den Christen S t a a t s f e i n d e gesehen, Feinde des Vaterlandes, Feinde der eingeborenen Götter, wie es im Tacitus heißt; und alle Verfolgungen, die von Tiberius und Nero bis Diokletian und über ihn hinaus geübt worden sind, stützen sich darauf, daß sie F e i n d e d e s S t a a t e s und der bestehenden religiösen und s o z i a l e n O r d n u n g seien. Die Haltung dieser Christen gab auch dazu reichlich Veranlassung; denn sie weigerten sich, im römischen Heere zu dienen, in den Kohorten unter heidnischen Führern zu kämpfen.

Trotz all dieser Verfolgungen, infolge der sozialen Misere, infolge des politischen und sozialen Verfaulungsprozesses im römischen Reiche, gewann das Christentum wesentlich durch seine s o z i a l e n L e h r e n — ich sage nicht: durch seine sozialistischen Lehren — von der allgemeinen Gleichheit, der allgemeinen Brüderlichkeit, der gegenseitigen Hilfeleistung an Macht und Ansehen von Jahrzehnt zu Jahrzehnt, von Jahrhundert zu Jahrhundert, bis es endlich es dahin brachte, daß ein römischer Kaiser, weitsehender als seine Vorgänger, es begriff, er dürfe nicht mehr gegen die Christen kämpfen, er müsse selbst christlicher Kaiser werden, um mit dem Christentum zu herrschen.

Ob wir je in Deutschland einen s o z i a l i s t i s c h e n K a i s e r haben werden, weiß ich nicht; aber das eine weiß ich, und es ist bereits Tatsache: daß die sozialistische Bewegung das d e u t s c h e K a i s e r r e i c h g e z w u n g e n hat, eine s t a a t s s o z i a l i s t i s c h e M a s k e vorzunehmen."

DAS BUHLEN UM DIE SOZIALDEMOKRATIE

„Die Geschichte der sozialistischen Bewegung in Deutschland hat sehr verschiedene Phasen durchgemacht: seit zehn Jahren auf das heftigste verfolgt und unter Ausnahmegesetze gestellt, gab es auch eine Zeit, wo der Sozialismus in gewissen Kreisen „lieb Kind" war, wo man sich bemühte, die Gunst der Sozialdemokraten zu erlangen, und wo man sie für politische Zwecke nach allen Richtungen auszubeuten suchte. Das war zu jener Zeit, wo die liberale Bourgeoisie noch oppositionell war. Es sind in den Verhandlungen, die im Reichstag über das Sozialistengesetz gepflogen wurden, seinerzeit sehr interessante Tatsachen zur Mitteilung gekommen, und es wird nicht überflüssig sein, wenn ich wenigstens an einige der charakteristischsten erinnere. Ich habe bereits einmal eines Herren Lothar B u c h e r Erwähnung getan als eines Mannes, der im Jahre 1848 ein b l u t r o t e r R e v o l u t i o n ä r war und später G e h e i m r a t beim Fürsten B i s m a r c k wurde. Ich will hier nun weiter konstatieren, daß bis Ende der sechziger Jahre der Geheimrat Bucher Mitglied der „berüchtigten" i n t e r n a t i o n a l e n A r b e i t e r - A s s o z i a t i o n war und regelmäßig seinen Beitrag nach Genf schickte. Ich erinnere ferner daran, daß durch die Vermittlung dieses Geheimrates Lothar Bucher K a r l M a r x, der „berüchtigte Revolutionär und Kommunist", im Jahre 1865 angegangen wurde, für den preußischen Staatsanzeiger zuweilen Artikel über die Bewegung der Börse, des Handels und des Weltmarktes zu schreiben, und zwar mit der ausdrücklichen Erklärung, daß er bezüglich seiner Schreibweise sich g a r k e i n e R e s e r v e a u f z u e r l e g e n habe, und daß er in bezug auf B e z a h l u n g seiner Artikel f o r d e r n k ö n n e w a s i h m b e l i e b e.

Ich erwähne ferner, daß die Redaktion der „Norddeutschen Allgemeinen Zeitung", das offiziöse Organ Bismarcks, im Jahre 1862 meinen Freund L i e b k n e c h t engagiert hat mit der ausdrücklichen Erklärung, daß er in bezug auf die s o z i a l i s t i s c h e n und k o m m u n i s t i s c h e n Bestrebungen v o l l s t ä n d i g f r e i e H a n d habe und täglich einen bestimmten Raum des Blattes dafür zur Verfügung gestellt erhielt. Wir wissen weiter, wie die Versuche gemacht worden sind, auch noch auf anderem Wege die s o z i a l i s t i s c h e B e w e g u n g f ü r d i e R e g i e r u n g e i n z u f a n g e n, bis endlich nach 1866, als es sich immer mehr und mehr herausstellte, daß die Bourgeoisie ihre alte oppositionelle Stellung aufgegeben habe, nunmehr Bismarck in der Lage war, statt bis 1866 **gegen**, nach 1866 **mit** ihr regieren zu können. Jetzt war auch für Bismarck das Interesse geschwunden, die Sozialdemokratie gewissermaßen als trennenden Keil in die Bourgeoisie zu treiben. Sobald diese Notwendigkeit geschwunden war, wurde gleichzeitig auch eine andere Stellung der Sozialdemokratie gegenüber eingenommen; man trat ihr gegenüber jetzt aggressiv feindlich auf."

DER SOZIALISMUS EINE KULTURBEWEGUNG

„Man möge über die Sozialdemokratie, ihre Bestrebungen und ihre Entwicklung urteilen wie man will, das eine ist unzweifelhaft: **Der Sozialismus ist heute eine große Kulturbewegung**, die von Jahr zu Jahr immer weiter sich ausdehnt und **allmählich alle Länder der kultivierten Erde umfaßt**. Wohin wir auch immer heute blicken, sehen wir, wie die sozialistischen Ideen immer mehr und mehr an Boden gewinnen, sich ausbreiten, wie die herrschende Gesellschaft mehr und mehr gezwungen ist, mit diesen Ideen sich zu schaffen zu machen, sie zu befehden oder sich mit ihnen zu befreunden, sie wissenschaftlich zu kritisieren, ihre Berechtigung oder Nichtberechtigung darzulegen. Wir sehen, wie heute, kurz gesagt, kein Parlament, keine Regierung, kein wissenschaftlicher Mann in der Welt, der auf dem volkswirtschaftlichen Gebiet überhaupt arbeitet, den **Sozialismus als einen der wesentlichen Faktoren** in seinen Berechnungen und Betrachtungen auslassen kann.

Wäre die sozialdemokratische Bewegung **künstlich** gemacht worden, dann müßte ja dadurch, daß man diejenigen beseitigt, die sie gemacht haben, indem man sie in ihrer Tätigkeit hemmte und unterdrückte, die Bewegung vollständig verschwinden. Es würde diese Bewegung, die keinen Boden in der allgemeinen Volksentwicklung hatte, zugrunde gehen. Daran ist nicht zu denken. **Die sozialistische Bewegung ist entsprungen aus den modernen Produktionsverhältnissen**, aus der kapitalistischen Entwicklung der modernen Gesellschaft.

Ohne diese kapitalistische Entwicklung ist der Sozialismus in der Gestalt, die er heute hat, unmöglich. Und in dem Maße, wie diese kapitalistische Entwicklung weiter geht — und sie geht ja weiter mit jedem Jahre trotz aller gesetzgeberischen Bemühungen, dieser großkapitalistischen Entwicklung Einhalt zu tun, indem Sie das Kleingewerbe mit allen Schutzmaßregeln zu umgeben suchen —, trotz aller dieser Bestrebungen wird diese kapitalistische Entwicklung auch nicht um eines Haares Breite gehemmt, sie **eilt mit rasendem Lauf vorwärts**, alles vernichtend, alles zerstörend, was sich ihren Entwicklungsgesetzen, ihren Bedürfnissen, den Interessen der herrschenden Klassen entgegenstellt.

Auf der einen Seite **ungeheurer Reichtum** einer kleinen Minorität, auf der anderen Seite die **Massenarmut**. Auf der einen Seite die größte Schwelgerei, das Uebermaß des Ueberflusses, auf der anderen Seite die bitterste Not, das Fehlen des Nötigsten. Auf der **einen** Seite **alle Kulturmittel**, die die Menschheit seit Jahrtausenden erworben hat im Ueberfluß, auf der **anderen** Seite der **größte Mangel** daran! Aber noch ein weiterer Unterschied besteht jetzt: **Die Massen sind heute unendlich aufgeklärter und gebildeter** als je in einem Zeitalter zuvor und sie **empfinden mehr** als in einem Zeitalter zuvor den **Unterschied**, der zwischen ihnen und ihrer sozialen Position und der der besitzenden Klassen besteht. Daher das Bedürfnis nach Ausgleichung, das Bedürfnis nach Umgestaltung, daher das Bestreben, eine soziale Ordnung zu schaffen, die allen Gerechtigkeit, Brot und auskömmlichen Lebensunterhalt gewährt."

VON DER UTOPIE ZUR MASSENBEWEGUNG

„Nun ist wiederholt gesagt worden: An und für sich ist diese Bewegung gar nicht gefährlich, sie wird vergehen, wie sie gekommen ist; der **Sozialismus ist nichts Neues**, zu allen Zeiten, seit Plato, hat es eigentlich Sozialisten gegeben; zu allen Zeiten hat es Leute gegeben, die **Utopien** aufgestellt haben, wie die gesellschaftlichen Verhältnisse umgestaltet, verbessert, wie die Uebelstände und die Armut aus der Welt geschafft werden könnten.

Demgegenüber ist aber auch das eine wahr: Daß von Plato bis auf die französischen und englischen Utopisten unserer **Tage nie die Massen** von diesen Utopistereien irgendwie **berührt worden** sind. Alle diese Ideen waren eigentlich nur Eigentum einzelner oder weniger, die selbst der herrschenden Klasse angehörten. Sie waren das Produkt von Männern, die aus Humanität, aus Mitleid, aus warmem Interesse für die notleidenden Massen sich zu diesen Ideen aufschwangen und ihr soziales Gebäude in mehr oder weniger utopistischer Weise errichteten. Nie und zu keiner Zeit haben alle diese Utopisten auch nur vermocht, irgendwie eine **M a s s e n b e w e g u n g** zu erzeugen.

Das Charakteristische in der **h e u t i g e n** Bewegung gegenüber jeder früheren Bewegung aber ist, daß **w i r   ü b e r h a u p t k e i n e   U t o p i s t e n   m e h r** anerkennen, daß für uns die Utopisten nur noch historische Persönlichkeiten sind, deren Werke wir mit Interesse lesen, weil sie viele gute Ideen haben, weil sie Anregung geben. Aber **k e i n e m** Sozialisten in Deutschland fällt es ein, zu behaupten, daß die Art und Weise, wie ein Fourier, ein Saint-Simon oder ein Cabet sich ihre Gesellschaftsideale vorgestellt haben, diese die Sozialdemokratie verwirklichen müßte oder verwirklichen wolle.

Das ist der **g e w a l t i g e   U n t e r s c h i e d   g e g e n f r ü h e r**, der heute unbewußt auch in dem einfachsten Arbeiter, der der Sozialdemokratie angehört, vorhanden ist, daß er weiß und sich sagt, **d a s   k a n n   n i c h t   k ü n s t l i c h g e m a c h t   w e r d e n**, was wir wollen; das können wir nicht mit unserem Einzelwillen schaffen, **a u c h   n i c h t   m i t   G e w a l t   v o n   h e u t e   a u f   m o r g e n**; dazu ist die ganze Entwicklung der Gesellschaft notwendig. An dem Tage, wo die Gesellschaft sich so weit entwickelt hat, daß unsere Ideen als nützlich und notwendig allgemein anerkannt werden, da wird sich auch **m i t   s i e g e n d e r   G e w a l t   i h r e   N o t w e n d i g k e i t   u n d   D u r c h f ü h r b a r k e i t   e r g e b e n**; sie werden für anwendbar erklärt werden. Das wird geschehen in der einen oder in der anderen Weise, gleichviel wie. Daher werden wir im Gegensatz zu allen früheren politischen Bewegungen, namentlich auch in diesem Jahrhundert, in der Sozialdemokratie kaum einen Menschen finden, der etwa darauf ein Gewicht legt, daß der oder jener Fürst regiert, dieser oder jener Staatsmann am Ruder ist. Nein, das ist für uns sehr gleichgültig, ob der Staatsmann Fürst Bismarck ist oder ein anderer, das ist uns in der Tat Wurst, und genau so denken wir über die noch höher stehenden Personen. Wir sagen uns, daß **a l l e   P e r s ö n l i c h k e i t e n**, so bedeutend an Geist, Charakter und Willen sie immer sein mögen, so erheblich ihre

Machtstellung sein mag, im Grunde genommen nicht etwa schieben, sondern immer nur die Geschobenen sind; daß sie handeln, wie die allgemeinen Existenzbedingungen, die Interessen der maßgebenden Kreise, der Gesellschaft es gebieten. Und was immer die mächtigsten Männer auch getan haben, sie würden es nie, bloß auf ihren eigenen Willen gestellt, haben tun können; sie haben es nur tun können, weil sie von vornherein der Zustimmung der herrschenden Klassen versichert waren, wissend, in deren Interesse zu handeln. . . ."

Gelegentlich wies Bebel auch auf die Verfemungen hin, denen vor Zeiten die L i b e r a l e n so gut wie die Sozialdemokraten während des Ausnahmegesetzes ausgesetzt waren. Am 7. November 1889 erinnerte er bei der letzten Beratung des Sozialistengesetzes vor seinem endlichen Fall (1890) an die „Karlsbader Beschlüsse" und die berüchtigten „Preßordonnanzen" Bismarcks, die beide gegen l i b e r a l e Tendenzen gerichtet waren:

DIE „KARLSBADER BESCHLÜSSE"

„Gegen Sie, die Liberalen, ist auf Grund der Karlsbader Beschlüsse, auf Grund der Kongreßbeschlüsse von Troppau, Laibach und Verona in derselben Weise in den zwanziger, dreißiger und vierziger Jahren vorgegangen worden wie gegen uns; können Sie das irgendwie bestreiten? Ich möchte diese Karlsbader Beschlüsse hier nicht nur erwähnen, sondern ich möchte auch einmal kurz den wesentlichsten Inhalt derselben skizzieren, weil, wie ich fürchte, viele Personen hier im Reichstage sind, die von den Karlsbader Beschlüssen sprechen und darüber gehört haben und gleichwohl nicht wissen, was sie bedeuten. Nun, da heißt es in einem Erlaß, der damals g e g e n die Universitäten von den im Bundestage zu Frankfurt verbündeten deutschen Regierungen veröffentlicht worden ist:

Die verbündeten Regierungen verpflichten sich gegeneinander, Universitäts- und andere öffentliche Lehrer, die durch erweisliche Abweichung von ihrer Pflicht, oder Ueberschreitung der Grenzen ihres Berufes, durch Mißbrauch ihres rechtmäßigen Einflusses auf die Gemüter der Jugend, durch

Verbreitung verderblicher, der öffentlichen Ordnung und Ruhe feindseliger oder die Grundlagen der bestehenden Staatseinrichtungen
— Herr von Bennigsen, beachten Sie das wohl! — (Heiterkeit links)
untergrabender Lehren für ihre Unfähigkeit zur Verwaltung des ihnen anvertrauten wichtigen Amtes unverkennbar an den Tag gelegt haben, von den Universitäten und den sonstigen Lehranstalten zu entfernen —
also zu Maßregelungen ähnlicher Art, wie sie an uns heute geübt werden. . . .

In bezug auf das Preßgesetz heißt es im § 6:
·Die Bundesratsversammlung soll befugt sein, die zu ihrer Kenntnis gelangenden Schriften, in welchem deutschen Staate sie auch erscheinen mögen, wenn solche nach dem Gutachten einer von ihr ernannten Kommission
— also ganz wie die jetzige Reichskommission —
der Würde des Bundes, der Sicherheit der einzelnen Bundesstaaten oder der Erhaltung des Friedens und der Ruhe in Deutschland zuwiderlaufen, ohne vorhergegangene Aufforderung aus eigener Autorität durch einen Ausspruch, gegen welchen keine Appellation stattfindet, zu unterdrücken, und die betreffenden Regierungen sind verpflichtet, diesen Ausspruch zu vollziehen.

Nun, meine Herren, das war ungefähr ums Jahr 1820. Gehen wir einmal ins Jahr 1863, — damals, als Herr v. Bismarck zu Ihnen, der Partei des Herrn v. Bennigsen, in der allerheftigsten und schärfsten Opposition stand, damals, als

DIE BERÜHMTE PRESSORDONNANZ

vom 7. Juni 1863 erlassen wurde. Sehen wir zu, wie es da heißt, und wie Sie darin charakterisiert werden:
Die Verwaltungsbehörden sind befugt, das fernere Erscheinen einer inländischen Zeitung oder Zeitschrift wegen fortdauernder, die öffentliche Wohlfahrt gefährdender Haltung zeitweise oder dauernd zu verbieten. Eine Gefährdung der öffentlichen Wohlfahrt ist als vorhanden anzunehmen, nicht bloß, wenn einzelne Artikel für sich ihres Inhaltes wegen zur strafrechtlichen Verfolgung Anlaß gegeben haben, sondern auch dann, wenn die Gesamthaltung des Blattes das Bestreben erkennen läßt oder dahin wirkt, die Ehrfurcht und

Treue gegen den König zu **untergraben**, den öffentlichen Frieden
— genau wie im Sozialistengesetze —
durch Aufreizung der Angehörigen des Staates gegeneinander zu gefährden,
— wieder wie im Sozialistengesetze —
die Einrichtungen des Staates, die öffentlichen Behörden und deren Anordnungen durch **Behauptung entstellter** oder gehässig dargestellter Tatsachen oder durch **Schmähung und Verhöhnung** dem Haß und der **Verachtung** auszusetzen,
— das wird also gesagt, obgleich damals der bekannte preußische Haß- und Verachtungsparagraph im preußischen Strafgesetze vorhanden war, und dennoch eine solche Extraverordnung —
zum Ungehorsam gegen die Gesetze oder die Anordnungen der Obrigkeiten anzureizen, die **Gottesfurcht** und **Sittlichkeit zu untergraben**, die Lehren, Gebräuche und Einrichtungen einer christlichen Kirche oder anerkannten Religionsgemeinschaft durch Spott herabzuziehen.

Meine Herren, streng genommen ist diese Verordnung, an der nichts dadurch geändert wird, daß sie **ungesetzlich, verfassungswidrig** war, die aber doch die Meinung der Staatsgewalt, des Fürsten Bismarck und des damaligen Königs enthielt, und die den **vollen Beifall der Herren von der Rechten** dieses Hauses hatte, damals gegen Bestrebungen erlassen wurde, die im wesentlichen **genau so** charakterisiert werden wie diejenigen Bestrebungen, die Sie jetzt mit dem vorliegenden **Sozialistengesetze**, und zwar auf unabsehbare Dauer hinaus, bestrafen wollen. Ich meine, wenn Sie solche historischen Erinnerungen bei sich wachrufen, sollte Ihnen denn doch sehr ernsthaft der Gedanke und die Frage kommen: Sind wir denn hier auf dem rechten Wege?

Sie sagen, Sie wollen die **Umsturzbestrebungen** der Sozialdemokratie verfolgen. Nun wäre es freilich interessant, vom Reichstag selbst einmal eine Deklaration zu erhalten, da eine solche die verbündeten Regierungen bisher in ihrer Praxis, wie ich glaube noch nachweisen zu können, nicht gefunden haben, was der Reichstag unter diesen durch das Gesetz zu verfolgenden und zu unterdrückenden Umsturzbestrebungen eigentlich versteht.

Meine Herren, wenn Sie sich hinsetzten, eine solche Deklaration zu machen — Sie, die Anhänger des Sozialistengesetzes, würden sich n i c h t z u e i n i g e n vermögen. Sie würden in völliger Uneinigkeit, in voller Meinungsverschiedenheit auseinandergehen, Sie würden erst dann entdecken, dafz dies eine Feststellung ist, die e i n f a c h n i c h t z u g e b e n i s t, die festzustellen einfach n i c h t m ö g l i c h ist. . . ."

Die letzten Jahrzehnte des kaiserlichen Deutschlands waren beherrscht von den mannigfaltigen Aeufzerungen des persönlichen Regiments, wie es durch Wilhelm II. dargestellt wurde. Die überspannte Vorstellung vom Gottesgnadentum und seiner „göttlichen Sendung" veranlafzte den letzten Kaiser zu den merkwürdigsten Eingriffen in das politische Leben. Ganz besonders zu immer wiederholten Angriffen auf die Sozialdemokratie und deren Vertreter, die er als „Reichsfeinde", als eine „Rotte von Menschen, nicht wert den Namen Deutsche zu tragen" bezeichnete, die er aufforderte, den „deutschen Staub von ihren Pantoffeln zu schütteln", kurz die er in seinem rednerischem Ueberschwang mehr als einmal zu vernichten ankündigte.

Gegenüber diesen Ausstrahlungen des überspannten monarchistischen Gedankens befand sich die Sozialdemokratie in einer besonders erschwerten Lage. Obwohl Anhängerin der Republik als der überlegenen Staatsform, hatte sie doch nie Veranlassung, die P e r s o n e n der jeweils regierenden Monarchen in den Bereich ihrer Erörterungen zu ziehen, solange diese Monarchen sich in den Grenzen ihrer konstitutionellen Befugnisse hielten und nicht persönlich in den Parteienstreit eingriffen. Die rednerischen Ausschreitungen Wilhelms II. forderten aber Erwiderungen geradezu heraus. Indessen stand jeder Versuch, in freier Rede oder in der Presse auf die kaiserlichen Angriffe zu antworten, unter dem Damoklesschwert des berüchtigten Majestätsbeleidigungsparagraphen, der von den Staatsanwälten vielfach schon in Rücksicht auf die Karriere zur Anwendung gebracht wurde. Dazu kam, daſz bestimmte Schichten des groſzkapitalistischen Bürgertums die rednerischen Ergüsse des Kaisers gern als willkommenen Anlaſz nahmen, um auch ihrerseits die Angriffe gegen den wachsenden Einfluſz der Sozialdemokratie zu verstärken. Durch persönliche Beeinflussung veranlaſzten sie den Kaiser zu immer neuen und verstärkten Redeblüten.

Es lag deshalb nahe, daſz im Reichstage die Angriffe des Kaisers zur Sprache gebracht wurden. Jedoch stand auch hier die Gepflogenheit im Wege, die Person des Monarchen auſzerhalb der Erörterung zu lassen. Als aber die rednerischen und schriftlichen Ausschreitungen Wilhelms II. sich nicht mehr nur gegen die Sozialdemokratie richteten, sondern anfingen, den g e s a m t e n R e i c h s t a g in ungezügelter Weise a b z u u r t e i l e n, da wurde mit dieser Gepflogenheit gebrochen und die Aeuſzerungen des Kaisers wenigstens insoweit zur Besprechung zugelassen, als sie „in authentischer Form" im „Reichsanzeiger" veröffentlicht waren. Unter dieser Beschränkung nahm B e b e l im Jahre 1903 eine G e n e r a l a b r e c h n u n g mit den Aeuſzerungen des persönlichen Regiments vor, die schon um ihres geschichtlichen Inhalts willen in dieser Sammlung ausführlicher wiedergegeben werden muſz.

GEGEN DAS PERSÖNLICHE REGIMENT

Im Jahre 1902 waren in der Oeffentlichkeit gegen den damaligen Inhaber der Firma Krupp in Essen Beschuldigungen erhoben worden, die groſzes Aufsehen erregten, um so mehr, als der plötzliche Tod des Angegriffenen ihnen einen tragischen Ausgang verschaffte. Wilhelm II. hatte bei Krupp des öfteren als Gast Einkehr gehalten und war ihm sonst befreundet gewesen. Er hielt es nun für notwendig, den plötzlich Verstorbenen nicht nur persönlich auf dem letzten Wege zu begleiten, sondern auch noch in Essen eine p o l i t i s c h e R e d e zu halten, in der er überschwänglich wie immer erklärte, „den S c h i l d d e s D e u t s c h e n R e i c h e s ü b e r d e n V e r s t o r b e n e n" halten zu müssen, und in der er weiter die Sozialdemokraten in der unglaublichsten Weise beschimpfte. Diese und ähnliche Vorkommnisse sollten nun bei der Etatsberatung im Reichstage zur Sprache gebracht werden. Der amtierende Präsident Graf Ballestrem ließ auch verschiedene Redner auf Aeußerungen des Kaisers eingehen, unter anderem auch den sozialdemokratischen Abgeordneten v. V o l l m a r. Aber als der letztere beginnen wollte, das Eingreifen des Kaisers im Falle Krupp zu besprechen, verhinderte Graf Ballestrem das mit dem Bemerken, Krupp sei ein P r i v a t - m a n n und auch alle Handlungen und Aeußerungen des Kaisers aus diesem Anlaß seien die eines P r i v a t - m a n n e s gewesen. Sie könnten als solche nicht zur Erörterung kommen. Enthielt diese Bemerkung des Präsidenten auch die schärfste indirekte Verurteilung des Auftretens Wilhelms II., so wirkte sie doch nach außen lediglich als Behinderung des sozialdemokratischen Redners. Die Erregung über diese Vorgänge war innerhalb und außerhalb des Reichstages groß. Man glaubte nicht anders, als daß der schlesische Großgrundbesitzer Graf Ballestrem durch höhere Beeinflussung zu seinem Verhalten genötigt worden sei. Aber bereits zwei Tage nachdem Vollmar am Reden verhindert war, kam August B e b e l in der Etatsdebatte zu Wort. Und ungeachtet dessen, daß der gleiche Präsident, mit der Hand an der Glocke, auf das angespannteste jedem seiner Worte lauschte, um jederzeit zur Unterbrechung bereit zu sein, packte Bebel sozusagen den Stier bei den Hörnern. Die ganze Leporelloliste der antisozialistischen Reden Wilhelms brachte er zur Sprache und wies dabei auf den Schaden hin, den gerade das **monarchische Ansehen** in Deutschland ungewollt durch solche Aeußerungen des Kaisers erleiden müsse.

Anknüpfend an eine Aeußerung des Reichskanzlers v. Bülow, wonach der Kaiser doch das Recht habe seine Meinung zu äußern, die ihm der Artikel 27 der preußischen Verfassung ebenso wie jedem Preußen gewährleiste, führte Bebel aus:

„Sie dürfen nicht glauben, daß wir irgendeinem Mann, am wenigsten einem Fürsten, der an der Spitze eines Staatswesens steht, das Recht der freien Meinungsäußerung beschneiden wollen. Aber es ist doch kein Zweifel: der **Fürst** hat in unserem konstitutionellen Staatssystem eine **Ausnahmestellung**. Er ist **staatsrechtlich unverantwortlich**, er ist sogar in hohem Grade **strafrechtlich unverantwortlich**.... Wenn manche der **Reden**, die im Laufe der letzten 13 Jahre speziell gegen meine Parteigenossen in den denkbar schärfsten Ausdrücken gehalten worden sind, von einem **anderen** Mann gehalten worden wären an irgendeiner Stelle, wo er faßbar wäre — nicht in einem Parlament —, und einer von uns hätte den Betreffenden verklagen wollen, dann wäre er **unzweifelhaft von jedem Gericht wegen Beleidigung bestraft** worden. In diesem Falle ist die vollständig ausgeschlossen. Auch die Presse ist in der eigentümlichen Lage, daß sie nur in sehr vorsichtiger und gewundener Weise auf derartige Angriffe antworten kann; sie ist von dem § 95 des Strafgesetzbuches (Majestätsbeleidigungsparagraph) bedroht, und dieser wird bekanntlich der Sozialdemokratie gegenüber ganz besonders scharf von den Richtern angewandt, namentlich wenn es sich um den **Kaiser** handelt. Außerdem war der Vergleich des Herrn Reichskanzlers auch insofern meiner Auffassung nach nicht ganz richtig, als der **Kaiser so wenig wie irgendein anderer Fürst ein Privatmann** ist. Der Kaiser ist kein Privatmann, kann keiner sein. Das liegt in seiner Stellung. So oft der Kaiser sich irgendwo zeigt und auftritt, sei es in welcher

Gestalt, tritt er als Kaiser auf. Eine Ausnahme wäre vielleicht, wenn er, ein zweiter Harun al Raschid, verkleidet ins Volk gehen wollte, etwa in eine sozialdemokratische Versammlung, und eine Rede gegen die Sozialdemokraten hielte. Natürlich, da würden wir ihm, weil er nicht als Kaiser, sondern als irgendein Privatmann — sagen wir als Harun al Raschid — erschiene, entsprechend antworten. Aber das ist ausgeschlossen; das wird der Kaiser nicht tun. Ich begreife auch, daß er es nicht tut.

DER KAISER SÄT DEN HASS

Sie sehen aus alledem, daß die Lage, in der wir speziell als Sozialdemokraten diesen fortgesetzten Angriffen gegenüber uns befinden, eine äußerst fatale ist. Wir werden angegriffen, heftig angegriffen — ich werde ja noch auf eine Reihe der Bezeichnungen, die man gegen uns braucht, zu sprechen kommen — und können nicht antworten! Daß nun aus diesem Verhältnis ein besonderer Grad der Erbitterung, ja, wenn ich es offen sagen soll, des Hasses gegen die Person des Kaisers unter den Angegriffenen erwächst — wundern Sie sich darüber? Ist das nicht selbstverständlich? Ich frage die Herren auf der äußersten Rechten, die Loyalsten der Loyalen: wenn Sie fortgesetzt so traktiert würden, wie wir traktiert werden seit 13 Jahren, ob Sie dann dieselben Gefühle der Loyalität noch besäßen, die Sie heute besitzen?... Andere deutsche Fürsten tun das nicht was der Kaiser tut. Ich weiß mich z. B. nicht zu entsinnen, daß ein sozialdemokratisches Blatt oder ein sozialdemokratischer Redner wegen Beleidigung des Prinzregenten von Bayern oder des Königs von Württemberg oder des Großherzogs von Hessen oder eines anderen Fürsten Deutschlands bestraft worden wäre. Warum nicht? Ja, die Herren beobachten die Reserve, die ihnen ihre Stellung als konstitutionelle Fürsten auferlegt. Das muß ausgesprochen werden: sie treiben, wenn ich es mal so ausdrücken soll, keine persönliche, keine Parteipolitik. Das ist mit dem Deutschen Kaiser anders. Der Herr Reichskanzler hat das gestern von seinem Standpunkt aus in sehr hübscher Weise zu rechtfertigen versucht; er sagt, das wäre doch eigentlich sehr schön, daß der Kaiser nicht anderen gleiche, daß er eine energische Natur sei, die frei von der Leber weg spreche, daß er kein Philister sei. Dieses

Wort hat mir besonders gut gefallen. . . . Er braucht kein Philister zu sein, soll auch keiner sein nach meiner Meinung; aber die Art, wie er ist, und die Art, wie er uns gegenüber ist, gefällt uns aufzerordentlich wenig, die mißfällt uns im höchsten Grade. Und da ist es sehr natürlich, daß wir auch einmal das Bedürfnis haben — denn auch bei uns gibt es impulsive Naturen —, einmal zu explodieren und uns vom Herzen herunterzureden, wie wir es möchten. Das können wir freilich draußen nicht und auch selbst im Reichstag nicht. Ich wollte den Präsidenten sehen . . ., wenn ich hier in ähnlichen Tönen dem Kaiser gegenüber redete, wie er es der Sozialdemokratie gegenüber tut, dann ginge mir's schlecht! Also auch hier muß ich, soweit mir überhaupt das Reden gestattet ist, mir eine aufzerordentliche Reserve auferlegen, obgleich ich mit zu den impulsiven Naturen gehöre und gern einmal recht kräftig und mit Keulen dreinfahren möchte.

WILHELMS II. ANTISOZIALISTEN-REDEN.

So hören wir seit 13 Jahren in einer ganzen Reihe von Variationen immer wieder von dem „inneren Feind" sprechen, der die Sozialdemokratie ist. In der Rede gegenüber der Deputation der Bergarbeiter im Jahre 1889 hieß es:

Für mich ist jeder Sozialdemokrat gleichbedeutend mit Reichs- und Vaterlandsfeind!

14 Tage später richtete der Kaiser die Aufforderung an die um ihn Versammelten zum Kampf gegen die Umsturzpartei. Am 2. September 1895 werden wir eine „Rotte von Menschen" genannt, „nicht wert, den Namen ‚Deutsche' zu tragen". Am 13. Oktober 1895, anläßlich der Ermordung des Fabrikanten Schwarze in Mülhausen, eine Mordtat, für die wir so wenig verantwortlich sind wie der Deutsche Kaiser, heißt es in dem Telegramm an die Familie: „Wieder ein Opfer mehr für die von den Sozialisten angefachte Revolutionsbewegung." Bei der Rekrutenvereidigung 1891 wird auseinandergesetzt, wie sie unbedingt Gehorsam ihm — dem Kaiser — gegenüber zu beobachten hätten, selbst wenn er den Befehl gäbe, auf Vater und Mutter zu schießen. Es wurde dabei direkt auf die Sozialdemokratie in jener Rede hingewiesen.

So ist es weiter gegangen mit Grazie und unausgesetzt. Nicht allein wurde die Verurteilung unserer Partei in Bausch und Bogen in der schärfsten und beleidigendsten Weise ausgesprochen, auch die Angriffe auf uns, die V e r t r e t e r der Partei, finden in den letzten Reden des Kaisers ihren schärfsten Ausdruck. Hierin werden die Arbeiter direkt aufgefordert, sich von uns loszusagen, weil wir äußerst gefährliche Menschen seien. Das sind denn doch A n g r i f f e g e g e n d i e s t ä r k s t e P a r t e i D e u t s c h l a n d s, die in der Politik des Deutschen Reiches — da mögen Sie sich auf einen Standpunkt stellen, auf welchen Sie wollen, so müssen Sie das zugeben! — eine s e h r e n t s c h e i d e n d e R o l l e spielt, Angriffe, die man sich auf die Dauer nicht gefallen lassen kann. Wir sind nicht nur weitaus die stärkste Partei Deutschlands, wir werden bei den nächsten Wahlen — das ist gar kein Bramarbasieren — es noch in höherem Grade werden, und wir werden nach und nach die Mehrzahl der deutschen Wähler für uns haben und vielleicht einst auch die Mehrheit der Abgeordneten. Und dabei wird fortgesetzt mit uns umgegangen in der Art, wie ich es hier Ihnen darlegte. Da heißt es z. B. wieder in den letzten Reden mit Bezug auf uns: Männer, die b i s h e r a l s D e u t s c h e g e g o l t e n, hätten sich dieses N a m e n s u n w ü r d i g gemacht. Die deutsche Arbeiterklasse solle jede Gemeinschaft mit uns, den Sozialdemokraten, ablehnen, sie solle das T i s c h t u c h z w i s c h e n s i c h u n d u n s z e r s c h n e i d e n; die deutschen Arbeiter würden die Lösung dieser schweren Aufgabe wohl finden.

In der anderen Rede, in welcher der Kaiser auf die Kaiserliche Botschaft von 1881 zu sprechen kommt, von der er ausdrücklich erklärt, daß er auf dem Boden derselben stehe, heißt es, daß Deutschland dasjenige Land sei, in dem unter bedeutenden Opfern der Arbeitgeber die Gesetzgebung in hohem Maße zum Wohle der arbeitenden Klassen fortentwickelt sei, wo jeder Arbeiter eine gesicherte Existenz habe. Von uns heißt es dann darin:

Aber statt euch objektiv zu vertreten, versuchen die Agitatoren e u c h a u f z u h e t z e n gegen die Arbeitgeber, die anderen Stände, gegen Thron und Altar, und sie haben euch zugleich auf das rücksichtsloseste ausgebeutet, terrorisiert und geknechtet, um ihre Macht zu stärken.

Weiter wird darin gesagt:

Mit solchen Menschen könnt und dürft ihr als ehrliebende Männer nichts mehr zu tun haben, nicht mehr von ihnen

euch leiten lassen. Nein! **Sendet uns eure Freunde
und einen Kameraden aus eurer Mitte**, der euer
Vertrauen besitzt, in die Volksvertretung. **Der** stehe ein
für eure Wünsche und Interessen, und **freudig** werden
wir ihn willkommen heißen als Arbeitervertreter des deutschen Arbeiterstandes, **nicht** als Sozialdemokraten....

Wenn der Deutsche Kaiser wünscht, daß die deutschen Arbeiter, die nicht mit uns einverstanden sind, besondere Vertreter wählen im Gegensatz zu uns, so verstehe ich das, so hat er recht, das zu wünschen. Das mögen diese Arbeiter tun. Und **Sie**, meine Herren, können ihnen ja dazu verhelfen: **treten Sie doch zurück**, lassen Sie diese vom Kaiser gewünschten Arbeitervertreter in den Reichstag herein! Daß **wir** denen aber **freiwillig Platz machen** sollen, da versteht es sich von selbst, daß wir das **nicht** tun. Wenn aber der Deutsche Kaiser in solch heftiger Weise mit den stärksten Worten, die die deutsche Sprache kennt, die Sozialdemokratie in ihrer Gesamtheit und uns als die Parteivertreter im speziellen angreift, dann ist es ganz selbstverständlich, daß wir dagegen auf das allerentschiedenste protestieren und einen derartigen Angriff und eine derartige Redeweise auf das allerentschiedenste als **ungehörig** und **unzulässig** und **beleidigend** zurückweisen. ...

DIE TOLERANTESTE PARTEI

Sie wollen das allerdings nicht zugeben; aber **wir sind die toleranteste von allen Parteien**, auch unseren Gegnern **und dem Kaiser** gegenüber. ... Was gibt es für uns an sich für einen Grund, gegen die **Person des Kaisers** oder eines Fürsten feindlich aufzutreten. Sie sagen: Ihr seid doch **Republikaner!** Gewiß sind wir das, darum sind wir **zwar Gegner der Monarchie als Institution, aber noch lange nicht Gegner der Person des Fürsten**. Hier trifft dasselbe zu, was ich vorhin von der bürgerlichen Gesellschaft sagte. Irgendeiner unter ihnen als Repräsentant dieser bürgerlichen Gesellschaft ist in diese soziale Stellung entweder durch Geburt oder durch glückliche Umstände, meinetwegen auch durch sein eigenes Verdienst gekommen. Aber ihn deshalb als **einzelnen** für die bürgerliche **Gesellschaft**, für die Schäden und Mängel der bürgerlichen Gesellschaft verantwortlich zu machen, fällt uns gar nicht ein....

Der Fürst ist bekanntlich als Fürst geboren, kann er denn etwas dafür? Wenn er an etwas unschuldig ist, so ist er es an seiner Geburt. Er ist in seine Stellung hineingeboren, will ich einmal sagen, und ist durch den weiteren Zufall der Erstgeburt regierender Fürst geworden. Kann man ihm daraus einen Vorwurf machen? Wenn der Fürst als Mensch menschlich ist, persönlich seinen Feinden gegenüber nicht gehässig, feindlich auftritt, wenn er das uns gegenüber nicht tut, so werden wir ihm auch nie persönlich gegenübertreten. Die Monarchie ist keine persönliche Angelegenheit, sie ist eine politische Institution, aus ähnlichen historischen Verhältnissen erwachsen, aus denen die bürgerliche Gesellschaft erwachsen ist....

Wir haben also gegen die Personen der Fürsten und gegen die Person des Kaisers, sei es, was es wolle, an sich nichts einzuwenden. Aber wenn, wie es hier unleugbar geschieht, bei jeder passenden und unpassenden Gelegenheit wir zum Gegenstand der heftigsten Angriffe, von Beleidigungen, ja selbst von Beschimpfungen gemacht werden, da müßten wir keine Menschen von Fleisch und Blut sein, da müßten wir kein Gerechtigkeitsgefühl in der Brust haben, wenn wir das uns schweigend gefallen ließen. Es ist ein Skandal für unsere Zustände, daß wir solchen Angriffen mit so gebundenen Händen gegenüberstehen, wie es tatsächlich der Fall ist.

Nun kommt eine weitere Frage. Ich meine, wenn man in dieser Weise uns angreift, dann muß das doch einen Zweck haben, man muß doch glauben, daß man damit der eigenen Position nützt, daß man die politische Richtung, die man vertritt, damit fördert. Glauben Sie denn das, meine Herren? Glaubt das einer unter Ihnen? Glauben Sie, daß der deutsche Kaiser damit mehr Monarchisten gemacht hat? oder glauben Sie, daß der deutsche Kaiser durch seine Reden weniger Sozialdemokraten gemacht hat? Soweit man das beweisen kann, ist das Gegenteil der Fall.

Es ist überhaupt ein alter Erfahrungssatz, unter dem zunächst das Zentrum und noch mehr wir den Vorteil gehabt haben: unberechtigte Verfolgungen von Parteien wie von Personen sind allezeit den Verfolgten förderlich gewesen. Das geht durch die ganze Geschichte der Menschheit und das geht auch so durch die Geschichte der

Gegenwart.... Was hat denn alle Verfolgung gegen uns genützt? Sie haben das S o z i a l i s t e n g e s e t z über uns verhängt. Aber genützt hat Ihnen das Sozialistengesetz nicht. Uns hat es aber nicht nur nicht geschadet, sondern genützt. Darüber ist gar kein Zweifel!

Nun haben Sie das Sozialistengesetz fallen lassen, weil Sie wohl selber einsahen, es war überlebt, es nützte nichts mehr. Prozentual haben wir unter dem Sozialistengesetz erheblich mehr zugenommen als außer dem Sozialistengesetz. Ja wer weiß, o b w i r s o v i e l z u g e n o m m e n h ä t t e n, w e n n n i c h t d i e K a i s e r r e d e n g e w e s e n w ä r e n. Ich t a x i e r e j e d e K a i s e r r e d e g e g e n u n s a u f z i r k a 1 0 0 0 0 0 S t i m m e n G e w i n n. Will man also diese Art Agitation gegen uns weiter betreiben, wir haben schließlich auch nichts dagegen.

KAISERREDEN UND DAS AUSLAND

Sie haben von mir gehört, was noch die a n d e r e n F o l g e n dieser Reden sind. Sie werden doch auch nicht glauben wollen, daß dadurch die A u t o r i t ä t d e r K r o n e g e w ö n n e oder die Autorität des Monarchen. Oder glauben Sie, daß wenn diese Reden im I n l a n d e so gar und gar nichts nützen, sondern sogar schaden und uns nützen, sie vielleicht i m A u s - l a n d e nützen? Glauben Sie, es macht i m A u s l a n d e e i n e n e r h e b e n d e n E i n d r u c k, wenn alle Augenblicke der Deutsche Kaiser die s t ä r k s t e P a r t e i D e u t s c h l a n d s in der heftigsten Weise bekämpft und damit nach außen hin dokumentiert, daß es eine große Partei im Innern des Reiches gibt, die er selbst als den i n n e r e n F e i n d Deutschlands bezeichnet, als den Feind, der auf den Umsturz der bestehenden Staats- und Gesellschaftsordnung und seines Thrones hinarbeitet? Glauben Sie, daß das das A n s e h e n D e u t s c h - l a n d s i m A u s l a n d e stärkt? Das Gegenteil ist die notwendige Folge. Man muß sich draußen sagen: Da wächst eine Partei heran, die mit zirka 100 000 Stimmen, die sie gewinnt, notwendigerweise die deutsche Monarchie, das deutsche Kaisertum, das deutsche Staatswesen untergräbt.

AUCH DER KRONPRINZ REDET ...

Und nun nicht genug damit, daß der K a i s e r so gegen uns redet, nun kommt gar noch s e i n S o h n, der K r o n p r i n z des Deutschen Reiches, und macht es ihm nach. Dieser junge,

20jährige Herr kommt und redet von unserer Partei als von Elenden. Ja, was hat denn dieser junge Herr eigentlich für Verdienste, daß er sich überhaupt herausnehmen kann, in diesem Ton von der deutschen Sozialdemokratie zu sprechen? Wenn man uns die „Partei der Elenden" nennt, ach, wir ärgern uns nicht darüber; schließlich wird dieser Name ein Ehrenname für uns, genau so, wie der Name „Geusen", Bettler, ein Ehrenname geworden ist für den holländischen Adel und das holländische Bürgertum, als die spanischen Eroberer im Lande hausten und es im Kampfe mit diesem stand. Da akzeptierte man das Schimpfwort Bettler, „Geusen", als Ehrennamen. Vielleicht beschließt nächstens ein sozialdemokratischer Parteitag: wir nennen uns künftig Partei der Elenden. Damit werfen wir den Herren den Handschuh ins Gesicht. Ich meine aber, der junge Mann hätte zunächst Besseres zu tun, als Reden und solche Angriffe gegen uns zu schleudern.

Dieser junge Mann, der vorläufig nach menschlicher Berechnung noch lange Zeit hat, bis er auf den Thron kommt, sollte doch etwas Besseres zu tun wissen, als schon in jungen Jahren sich als den grimmigsten Feind der deutschen Sozialdemokratie aufzuspielen. Ich meine, das könnte seiner Zukunft als künftiger deutscher Kaiser vielleicht nicht einmal sehr förderlich sein; denn mittlerweile dürfte die deutsche Sozialdemokratie noch eine ganz andere Machtstellung erobert haben als heute, und er darf dann vielleicht nicht mehr wagen, von uns als den „Elenden" zu sprechen. . . ."

CÄSARISMUS UND BYZANTINISMUS

„Wir haben Cäsarismus und Byzantinismus in Hülle und Fülle bei uns. Für gewisse Zustände und Erscheinungen im Deutschen Reich lassen sich nur noch Vergleiche herbeiholen, wenn man in das Rom der Cäsaren oder in das verfallene Byzanz hinübergreift. Es herrscht bei uns ein Strebertum, ein Servilismus, wie er niemals schlimmer unter irgendeinem Volk gewesen ist, und speziell unter den oberen Klassen in Deutschland. Wer nur ein wenig in diesen Klassen verkehrt, nur ein wenig Bescheid weiß, der weiß, welches Maß von Feigheit, von Charakterlosigkeit, von Strebertum und Servilismus dort herrscht. Dort besteht kein Mut mehr in der Aussprechung einer Ueberzeugung, die nach oben Anstoß erwecken könnte; **alles bückt sich und kriecht**, alles sucht **Geld, Stellungen** und **Vorteile** für sich herauszuschlagen. In der Tasche macht man die Faust, wenn der ersehnte Vorteil ausgeblieben ist, aber zum offenen Reden ist man zu feig."

Der „Mannesmut vor Königsthronen", den Bebel in diesem Zusammenhange vom deutschen Bürgertum in dessen eigenem Interesse forderte, war allerdings vollkommen verflüchtigt. Erst als nach dem Weltkrieg der große Zusammenbruch die **Flucht des Kaisers und des Kronprinzen** mit sich brachte, da zeigte sich, wie gering der wirkliche persönliche Anhang der monarchischen Institution in Deutschland gewesen war. Sang- und klanglos verschwanden die Monarchien von der Bildfläche. Unter ungeheurem Druck von außen und in völliger Wirrnis im Innern gestaltete sich aber aus dem Volkswillen heraus die demokratische Republik, für die Bebel mehr als ein Menschenalter gewirkt hatte, ohne sie doch selbst erleben zu können. Die Sozialdemokratie aber wurde die Trägerin der neuen Staatsbildung, als alle überlieferten Parteien versagten. Sie handelte im Geiste Bebels, als sie mit praktischem Sinn aus dem Schutt der Vergangenheit die Staatsform der Gegenwart für die Zukunft zimmerte.

DEUTSCHLAND IN DER WELTPOLITIK

Das Jahrzehnt, in dem August Bebel seine politische Tätigkeit begann, war angefüllt mit Krieg und Kriegsgeschrei. Die Auseinandersetzung Italiens mit Oesterreich, die überragende Stellung des dritten Bonaparte in der europäischen Politik, der Krieg um Schleswig-Holstein, endlich der innerdeutsche Krieg von 1866 mit dem Siege Preußens, die Bildung des Norddeutschen Bundes und die Schaffung von Militärkonventionen mit den unterlegenen süddeutschen Staaten, sowie der im weiteren Verfolg der Dinge ausbrechende Deutsch-Französische Krieg — alles das läßt es als selbstverständlich erscheinen, daß sich auch die junge deutsche Arbeiterbewegung mit den außenpolitischen Zusammenhängen beschäftigte und zu ihnen eine selbständige Stellung zu gewinnen suchte. Das war um so schwerer, als sie über eine eigene Literatur in erheblichem Umfange nicht verfügte, ihre Presse noch in den Anfängen der Entwicklung steckte. Dazu kam, daß der innerdeutsche Kampf um die preußische Vorherrschaft naturgemäß die großen Probleme oft verdunkelte.

August Bebel stand als Demokrat von vornherein dem besonderen Bismarckschen Gewaltsystem ablehnend gegenüber. Auch die große nationale Welle, die infolge der französischen Kriegserklärung sich erhob, vermochte nicht, diese instinktive Abneigung zu beseitigen. Er hatte sogar innerhalb der „Sozialdemokratischen Arbeiterpartei" (Eisenacher Richtung) mit Schwierigkeiten zu kämpfen, als er im Norddeutschen Reichstag gemeinsam mit Wilhelm

Liebknecht sich der **Abstimmung** über die von Bismarck geforderten **Kriegskredite enthielt**. Die beiden gaben eine Erklärung ab, die als „**Motiviertes Votum** der Reichstagsabgeordneten **Liebknecht** und **Bebel** in Sachen der 120-Millionen-Kriegsanleihe" der Geschichte angehört und deshalb im Wortlaut hier verzeichnet werden muß:

„Der gegenwärtige Krieg ist ein **dynastischer** Krieg, unternommen im Interesse der Dynastie Bonaparte, wie der Krieg von 1866 im Interesse der Dynastie Hohenzollern.

Die zur Führung des Krieges dem Reichstag abverlangten Geldmittel **können wir nicht bewilligen**, weil dies ein Vertrauensvotum für die preußische Regierung wäre, die durch ihr Vorgehen im Jahre 1866 den gegenwärtigen Krieg vorbereitet hat.

Ebensowenig können wir die geforderten Geldmittel **verweigern**, denn es könnte dies als Billigung der frevelhaften und verbrecherischen Politik Bonapartes aufgefaßt werden.

Als prinzipielle Gegner jedes **dynastischen** Krieges, als **Sozialrepublikaner** und Mitglieder der Internationalen Arbeiter-Assoziation, die ohne Unterschied der Nationalität alle Unterdrücker bekämpft, alle Unterdrückten zu einem großen Bruderbunde zu vereinigen sucht, können wir uns weder direkt noch indirekt für den gegenwärtigen Krieg erklären und **enthalten uns daher der Abstimmung**, indem wir die zuversichtliche Hoffnung aussprechen, daß die Völker Europas, durch die jetzigen unheilvollen Ereignisse belehrt, alles aufbieten werden, um sich **ihr Selbstbestimmungsrecht zu erobern** und die heutige Säbel- und Klassenherrschaft, als die Ursache aller staatlichen und gesellschaftlichen Uebel, zu beseitigen.

Berlin, den 21. Juli 1870. **W. Liebknecht.**
 A. Bebel.

Es ist bekannt, daß diese Erklärung nicht nur im Reichstag selbst mit Entrüstung aufgenommen wurde, sondern daß auch im Lande gegen die beiden Abgeordneten sich eine nationalistische Hetze auftat, die ihresgleichen in der Geschichte suchte. Sogar der Braunschweiger Ausschuß, die nach dem Parteitag oberste Instanz der Sozialdemokratischen Arbeiterpartei, nahm eine gegenteilige Stellung ein, indem er Napoleon als Friedensstörer brandmarkte und seine Bekämpfung für die Pflicht auch jedes deutschen Sozialdemokraten erklärte. Daß die Lassallesche Fraktion der Sozialdemokraten damals im Norddeutschen Reichstage den geforderten Krediten zustimmte, ist allgemein bekannt. Ebenso, daß B e b e l und Wilhelm L i e b k n e c h t infolge ihres Votums zwei Jahre später wegen „Hochverrats" vor dem Schwurgericht zu Leipzig angeklagt und zu mehrjähriger Festungshaft verurteilt wurden. Die ihnen von patriotisch erregten Studenten eingeworfenen Fensterscheiben und sonstige Belästigungen seien nur erwähnt, um ein Bild der Empörung zu geben, die Bebel und Liebknecht durch ihre Stimmenthaltung hervorgerufen hatten. Zwar fanden sie bald darauf sowohl innerhalb ihrer Partei wie auch im Reichstage Unterstützung, als sich n a c h d e m S t u r z e N a p o l e o n s d i e w a h r e n A b s i c h t e n B i s m a r c k s klar herausstellten, als nicht mehr von der V e r t e i d i g u n g des Landes, sondern von der A n n e x i o n E l s a ß - L o t h r i n g e n s die Rede war. Angesichts dieser veränderten Sachlage stimmten auch die Lassalleaner gegen weitere Kredite und den Braunschweiger Ausschuß ließ ein preußischer General wegen eines Aufrufes gegen die Annexionsabsichten i n K e t t e n l e g e n und nach Ostpreußen transportieren. Zeigte die Politik Bismarcks in dieser Gewalttat ihr i n n e r politisches Antlitz, so durch ihr Verhalten gegen die neuentstandene französische Republik ihre a u ß e n politischen Absichten.

Nicht nur für rückschauende Betrachtung hat deshalb die weitere Stellungnahme Bebels im Reichstage Interesse. Auch für die Gegenwart und wahrscheinlich für eine weitere Zukunft wird die K l a r h e i t überraschen, die den Einblick des jungen sozialistischen Führers in die politischen Zusammenhänge auszeichnete. Bei der Beratung einer weiteren Kreditvorlage geißelte er im November 1870 zunächst den „Prozentpatriotismus", wie er sich bei der ersten Anleihe gezeigt hatte:

„... Es läßt sich nicht leugnen, daß die Opfer, die Frankreich bringt, kolossal sind, daß es auf lange Jahre in den schönsten Teilen des Landes ruiniert ist, daß Millionen von Menschen für ihre Lebenszeit materiell ruiniert sind, aber ich hätte es für sehr passend gefunden, daß, wenn man es für notwendig hielt, in der Thronrede das U n g l ü c k hervorzuheben, welches dem f r a n z ö s i s c h e n V o l k e aus diesem Kriege erwächst, doch auch in der Thronrede v o n d e m U n g l ü c k e die Rede gewesen wäre, welches d e m d e u t s c h e n V o l k e a u s d i e - s e m K r i e g e b e r e i t s e r w a c h s e n ist und noch erwachsen wird. Denn es läßt sich nicht verkennen, daß die Opfer, die das deutsche Volk gebracht hat in diesem Kriege und täglich bringen muß, ziemlich gleichkommen denen, die dem französischen Volke auferlegt sind, daß auch das deutsche Volk riesige Opfer hat bringen müssen, daß H u n d e r t t a u s e n d e z u K r ü p p e l n geworden, daß Hunderttausende u m i h r e E x i s t e n z g e b r a c h t sind, daß Tausende und aber Tausende um das Leben gekommen sind, daß also auch das deutsche Volk angesichts der ungeheuren Opfer, die es gebracht hat, verlangen darf, daß e n d l i c h e i n m a l F r i e d e und ein Zustand geschaffen wird, damit die M a s s e n - s c h l ä c h t e r e i e n d l i c h e i n E n d e nehme. Andererseits, wenn ich sehe und höre, wie in ganz Deutschland viertausend und mehr Zeitungen seit Monaten unausgesetzt den P a t r i o - t i s m u s und die O p f e r w i l l i g k e i t des deutschen Volkes a n z u s t a c h e l n bemüht sind und dann in Betracht ziehe, was die verbündeten Regierungen für gut befunden haben, in den Motiven zu der hier vorliegenden neuen Anleihe niederzulegen, da muß ich allerdings gestehen, daß man in Wahrheit sagen kann: v i e l G e s c h r e i u n d w e n i g W o l l e !"

PATRIOTISMUS — ABER KEIN GELD!

„Der deutsche Liberalismus als Vertreter des deutschen Großbürgertums, der Bourgeoisie, war es vorzugsweise, der mit besonderer Vorliebe für diesen Krieg eingetreten, mit der größten

Begeisterung, der sich bereit erklärte, alle möglichen Opfer zu bringen, und was ist denn das w i r k l i c h e R e s u l t a t, soweit es m a t e r i e l l sich feststellen läßt? Sie haben vor vier Monaten eine Anleihe von hundertundzwanzig Millionen bewilligt, und von den hundert Millionen, die später zur Zeichnung aufgelegt wurden, sind kaum a c h t u n d s e c h z i g M i l l i o n e n g e d e c k t worden, und daran nahmen m e h r a l s f ü n f z i g t a u s e n d Z e i c h n e r Anteil! Sie sehen also, daß der Patriotismus, der sich in den Zeitungen, den Stadtverordneten- und Gemeindekollegien, auf den Landtagen breitgemacht hat, in Wahrheit da, wo es sich um w i r k l i c h e O p f e r w i l l i g k e i t handelt, gerade bei den patriotischen Schreiern ein sehr geringer war. Die f r a n z ö s i s c h e Bourgeoisie hat die 7 5 0 M i l l i o n e n a n l e i h e, die Napoleon Bonaparte auflegte, b i n n e n w e n i g T a g e n gezeichnet! S i e haben kaum 68 Millionen aufgebracht. Die Regierungen müssen freilich eingestehen, es hätten n o c h k e i n e g ü n s t i g e n oder gar keine Nachrichten vom Kriegsschauplatz vorgelegen. Wenn nun u n g ü n s t i g e Nachrichten vorgelegen hätten, würden da wohl die Geldbeutel der so patriotisch Gesinnten eifriger aufgemacht worden sein? Ei, Gott bewahre, sie würden sich noch weniger gezeigt haben, es würde noch viel trauriger gegangen sein, und hier zeigt sich ganz deutlich, daß z w i s c h e n R e d e n u n d H a n d e l n e i n g r o ß e r U n t e r s c h i e d ist, und daß wir in dieser Beziehung keine Ursache haben, auf das französische Volk von oben herabzusehen. Nun, dieser Hinweis sollte auch dazu beitragen, daß wir uns hier nicht in neue Opfer stürzen, daß wir die Opfer nicht unendlich verlängern, Opfer, die doch nur dadurch hier aufgebracht werden können, daß diejenigen, die immer mit dem Patriotismus voraus sind in den Worten, erst abwarten, o b i h n e n d i e n ö t i g e n P r o z e n t e a u c h i n d i e T a s c h e fallen. (Allgemeine Mißbilligung, Zischen, Ruf: „Pfui! Hinaus! Hinaus mit ihm!")"

Durch die stürmischen Unterbrechungen ließ Bebel sich jedoch nicht davon abhalten, gegen die beabsichtigte Annexion von Elsaß-Lothringen Verwahrung einzulegen, nicht nur im Interesse des deutschen Volkes, sondern auch im Namen der S e l b s t b e s t i m m u n g d e r V ö l k e r, die erst Jahrzehnte später eine so große Bedeutung im Bewußtsein der deutschen Oeffentlichkeit gewinnen sollte:

„Die neueste Thronrede spricht aus, daß man weit entfernt sei, glauben zu müssen, daß mit dem gegenwärtigen Friedensschluß überhaupt auf längere Zeit der Friede mit Frankreich aufrechtzuerhalten sei; sie spricht aus, daß die **französische Nation**, von dem Gefühle der **Wiedervergeltung** erfüllt und geleitet, alles aufbieten werde, um den Kampf wieder aufzunehmen, daß sie alles aufbieten werde, um, wenn auch nicht aus eigener Kraft, doch in Verbindung mit anderen Mächten dahin zu kommen, das, was sie heute hat aufgeben müssen, nachträglich zurückzuerobern. Nun, wenn wir eine solche Aussicht haben, dann **gebietet uns die Klugheit von selbst, daß wir unsere Gegner nicht unnützerweise verletzen** und zur Rache anstacheln.

Es ist notwendig, daß alles das, was dazu beitragen kann, Frankreich auf das Aeußerste zu treiben, unterlassen wird, und daß dasjenige, was es einmal seit Jahrhunderten besitzt, heute ihm auch gelassen wird, um so mehr, da in Elsass und Lothringen, mit Ausnahme von ein paar Dutzend Leuten, also **die ganze Bevölkerung entschieden gegen diese Annexion** ist. Die gesamte Bevölkerung hat unzweifelhaft nicht im mindesten Lust, in diesen deutschen Staat unter den Hohenzollern einzutreten und von meinem Standpunkte aus ist der **Wille der Bevölkerung für diese Frage entscheidend**. Das **Selbstbestimmungsrecht** ist die Hauptgrundlage, auf welcher wir von unserem Standpunkte fußen müssen, und **wenn wir heute das Selbstbestimmungsrecht mit Füßen treten**, wenn wir heute, was uns beliebt, ohne Ausnahme **nehmen können, dann vergeben wir damit das eigene Selbstbestimmungsrecht**, dann müssen wir es uns ebenso gut gefallen lassen, wenn andere, wo die Gelegenheit sich bietet, **auch Stücke unseres Landes nehmen; dieselben Gründe, die Sie jetzt für die Annexion angeben, können auch eines Tages gegen uns geltend gemacht werden.** Das Nationalitätsprinzip ist meiner Ansicht nach ein durchaus reaktionäres Prinzip; wollen wir das Nationalitätsprinzip in Europa wirklich unverfälscht zur Geltung bringen, dann werden Sie zugeben, **wäre des Krieges kein Ende** abzusehen, dann wäre der Beruf der Völker, nur immer Krieg zu führen, zu arbeiten, nur, um den Krieg möglich zu machen."

Erst 50 Jahre später — als ein n e u e r Friede von Versailles den Weltkrieg beendet hatte — hat die Mehrheit des deutschen Volkes begriffen, w i e w i c h t i g das Selbstbestimmungsrecht der Völker sei, hat sie empfunden, wie furchtbar tief die W i l l k ü r d e s S i e g e r s ein im Kriege unterlegenes Volk in seinen Empfindungen verletzen, wie sie alle Instinkte zur Wiedervergeltung aufpeitschen kann. Damals allerdings stand die kleine sozialdemokratische Gruppe im Reichstag allein, umbrandet von der Entrüstungswelle, die sich vom Parlament aus auch über das Land ergoß. Aber Bebel ließ sich von dem für richtig erkannten Wege nicht abbringen. Und schon im M a i 1 8 7 1 hielt er anläßlich der Beratung einer weiteren Kreditvorlage abermals eine große Rede, in der er auf die politischen Folgewirkungen der A n n e x i o n s - p o l i t i k hinwies. Er begründete noch einmal die Stellung, die er bei Ausbruch des Krieges eingenommen hatte:

„Als der Krieg im Juli vorigen Jahres ausbrach, da war ja bei uns n i c h t d e r m i n d e s t e Z w e i f e l , und wir haben es mit keinem Worte bestritten, daß der K a i s e r N a p o l e o n diesen K r i e g in höchst brutaler Weise p r o v o z i e r t hatte. Aber wir sagten uns, daß wir von unserm s o z i a l - r e p u b l i - k a n i s c h e n Standpunkte aus nicht in der Lage seien, unsere Zustimmung zu einer P o l i t i k zu geben, die nach unserer Auffassung w e s e n t l i c h d i e U r s a c h e zu jenem brutalen Auftreten Bonapartes gewesen ist. Wir sahen uns einer Sache gegenüber, wo wir uns e i n f a c h n e u t r a l zu verhalten hatten, wo wir w e d e r f ü r n o c h g e g e n P a r t e i zu ergreifen hatten. Und wir hatten uns der Abstimmung über die 120-Millionen-Anleihe aus diesem Grunde enthalten."

SCHLIMME FOLGEN DER ANNEXION

„Gleichwohl muß ich Ihnen offen gestehen, daß, als wenige Wochen danach das f r a n z ö s i s c h e K a i s e r r e i c h mit wenigen mächtigen Schlägen z u g r u n d e g e r i c h t e t war, wir uns herzlich darüber gefreut haben, und zwar deswegen, weil wir uns sagen mußten, daß mit der Vernichtung des Kaiserreichs in Frankreich die Dinge dort und auch in den Nachbarländern, ja vielleicht in ganz Europa, eine wesentlich andere Wendung annehmen würden. Dies war der Grund! Als nun in Paris am 4. September 1870 die kaiserliche Regierung gestürzt, das betreffende Ministerium aus dem Lande gejagt und die republikanische Regierung konstituiert wurde, da stellten wir unsererseits in der Presse wie auch einige Monate später im Reichstage die Forderung auf, daß man unter Verzicht auf die Annexion sich in einen Frieden mit der französischen Republik einlassen möchte, natürlich und selbstverständlich nur unter der Bedingung, daß die Kriegskosten ersetzt, die nötige Entschädigung im vollen Maß gewährt, auch die Festungen geschleift würden, und endlich unter der Bedingung, welche uns sehr angenehm gewesen sein würde, daß das Heer in Frankreich abgeschafft würde. Diese Bedingungen sind damals im wesentlichen auch von Jules Favre, dem Unterhändler der französischen Republik, zugestanden worden, und allein die Forderung der Annexion von Elsaß und Deutsch-Lothringen war es, infolge deren die damaligen Friedensverhandlungen sich zerschlugen und der Krieg aufs neue fortgesetzt wurde. Ich behaupte nun, daß die Friedensbedingungen, die damals Deutschland allerdings mit Verzicht auf die Annexion hätte bekommen können, ungleich günstiger waren als diejenigen, die es nach einem weiteren sechsmonatigen Kriege zu Anfang März im Friedensvertrage zugestanden erhalten hat. Ich behaupte, daß, wenn Deutschland damals wirklich Frieden geschlossen hätte, seine Situation eine ungleich bessere, nach jeder Seite hin günstigere und die Zukunft eine rosigere, gerade für Sie und die Regierung gewesen wäre. Es läßt sich nicht leugnen, daß der großartige Eindruck, den die deutschen Siege in wenigen Wochen gegen das französische Kaiserreich in der ganzen zivilisierten Welt hervorgerufen haben, in seiner moralischen Wirkung wesentlich dadurch abgeschwächt wurde, daß nunmehr, nachdem das militärische Frankreich am Boden lag, Deutschland sich genötigt sah, mit der französischen Republik, die nach der damaligen öffentlichen Meinung in Deutschland gar nicht imstande war, den Krieg fortzuführen, **noch volle 6 Monate den Krieg** fortzuführen, ehe es überhaupt den Friedensschluß herbeiführen konnte. Sie werden mir alle zugeben müssen, daß das **im höchsten Grade überraschend** und durchaus nicht vorauszusehen war."

DER KEIM ZU SPÄTEREM KRIEG

„Nun nehmen wir noch in Betracht die **riesigen Opfer**, die gerade innerhalb dieser letzten 6 Monate der Kriegführung Deutschland hat bringen müssen, die **Opfer von Menschenleben** in diesen Dutzenden von Schlachten, Hunderten von Gefechten und Scharmützeln, bei den verschiedenen Belagerungen, bei der äußersten Ungunst des Wetters, sowohl im Herbst wie den ganzen Winter hindurch, bedenken Sie, was an Menschenleben zugrunde gegangen ist, was sonst an Opfern gebracht ist, wie für die Hinterbliebenen und die zurückgebliebenen Familien gesorgt werden mußte, wie die **Geschäfte danieder lagen** und wie Millionen und Millionen dem nationalen Wohlstand entzogen worden sind, so werden Sie zugeben, daß die 5 Milliarden Frank noch viel zu gering veranschlagt sind gegenüber den 2 Milliarden, die Sie im September wirklich hätten bekommen können. Allerdings wird man sagen, wir haben dafür auf der anderen Seite ein gewisses Aequivalent in der **Annexion von Elsaß und Lothringen**. Ich von meinem Standpunkt bestreite entschieden, daß dies ein wirkliches Aequivalent ist; die Opfer, welche der sechsmonatige Krieg seit September bis März gefordert hat, wiegen die Vorteile der Annexion von Elsaß und Lothringen nicht auf, denn sie sind geradezu unersetzlich. Aber ganz davon abgesehen, daß ich vom **prinzipiellen** Standpunkte aus entschieden **gegen** eine Annexion bin, **wo die Bevölkerung selbst nicht mit der Annexion einverstanden ist**, muß ich auf der andern Seite sagen, daß ich **gar nichts dagegen** haben würde, wenn man mir die Ueberzeugung beibringen könnte, daß die **Bevölkerung** von Elsaß und Lothringen **wirklich deutsch sein** wollte. Ganz abgesehen von diesen Gründen sind es wesentlich noch **politische**, die meiner Ansicht nach **in Zukunft den Standpunkt Deutschlands ganz außerordentlich erschweren**. Mögen die Ereignisse in der nächsten Zukunft eine Wendung nehmen, welche sie wollen, mag eine Regierung in Frankreich an die Spitze kommen welche es auch sei; — das eine ist unzweifelhaft, daß jede Regierung in Frankreich stets darauf sehen und denken muß, die Annexion von Elsaß und Lothringen rückgängig zu machen, und Sie haben keine Garantie, daß bei künftigen europäischen Verwickelungen Sie in der Lage sind, so selbständig und allein den Streitpunkt mit Frankreich auszumachen, und daß er so zu seinen Ungunsten ausfallen müsse wie es jetzt der Fall ist. Ich habe die Ueberzeugung, daß die wohlwollende Neutralität, welche die russische Regierung vorzugsweise in diesem Kriege Deutschland gegenüber an den Tag gelegt hat, in etwas ganz anderem seinen Grund hat als in dem bloßen Wohlwollen. Ich habe die Ueberzeugung, daß ganz bestimmte Versprechungen und Abmachungen zwischen Preußen und Rußland vorhanden sind, und ich bezweifle, daß die russische Regierung sich in ähnlicher Weise über den Löffel wird barbieren lassen, wie dies seinerzeit bei Napoleon durch den Herrn Reichskanzler geschehen ist.

. . . . Ich glaube also nachgewiesen zu haben, daß auf der einen Seite politische Gefahren aus der Annexion von Elsaß und Lothringen erwachsen, wir werden aber auch auf der anderen Seite schwere materielle Nachteile aus derselben ziehen. Zunächst wird niemand bestreiten können, daß die Hoffnung, welche das deutsche Volk auf eine wesentliche Verminderung des stehenden Heeres gesetzt hat, durch die Annexion von Elsaß und Lothringen trotz der Niederwerfung Frankreichs vollständig illusorisch ist. . . ."

Er gehöre nicht, so führte er weiter aus, zu denjenigen, die blindlings die Tatsachen insofern anerkennen, daß sie meinen, sie müßten nicht mit diesen Tatsachen rechten, sondern sich damit zufrieden geben. Es sei vielmehr notwendig, sich zu vergegenwärtigen, welche Zukunft uns bevorstehe. Im Anschluß hieran schilderte er, wie die Stimmung für die Annexion Elsaß-Lothringens künstlich geschaffen wurde:

STIMMUNGSMACHE IM SIEGESRAUSCH

„Ich muß zunächst entschieden gegen einen Satz der Motive oder des Kommissionsberichtes protestieren, worin ausgesprochen wird, daß es der einmütige Wille des deutschen Volkes gewesen sei, falls dieser Krieg siegreich für Deutschland ausfalle, auch die alten deutschen Lande Elsaß-Lothringen zurückzuerobern. Ich protestiere dagegen, indem ich einfach auf die Tatsache hinweise und auf die Aussprüche, die in der Thronrede niedergelegt sind, mit der der König von Preußen am 19. Juli den Norddeutschen Reichstag eröffnet hat und die niedergelegt sind in der Adresse, die Sie in Beantwortung jener Thronrede an den König von Preußen erließen, die weiter niedergelegt sind auch in jenem Erlaß des Königs von Preußen vom 11. August, als er in Frankreich mit der Armee einrückte, worin er erklärte, daß er nicht gekommen sei, mit dem französischen Bürger, mit dem französischen Volke Krieg zu führen, sondern mit der Regierung und mit der Armee. In allen diesen Erlassen ist auf das allerentschiedenste betont, daß der Krieg nur ein Verteidigungskrieg sei, daß es sich um keinen Ländergewinn handele. Erst als die Ereignisse vom 16. und 18. August eingetreten waren, als sich herausstellte, wie die französische Armee niedergeschmettert war, als Siegesjubel die deutschen Köpfe berauscht hatte, fand es die preußische Politik für angemessen, diejenigen Pläne, die sie schon jahrelang vorher im stillen geplant hatte, zu enthüllen und darauf hinzuwirken, daß jenes Versprechen des Königs von Preußen dadurch die Möglichkeit einer Rückgängigmachung erhielt, indem man es dahin zu bringen wußte, daß die öffentliche Meinung in Deutschland für die Annexion in Elsaß-Lothringen gewonnen wurde. In der gesamten offiziösen Presse wies man ziemlich unverhüllt darauf hin, daß an dieses Wort der König zwar gebunden sei, aber wenn das Volk etwas anderes verlange, wenn es materielle Sicherheiten durch die Annexion von Elsaß-Lothringen gegen künftige Kriege fordere, dann werde der König von Preußen dem Willen des Volkes nachgeben. Es war ganz neu, daß ein König von Preußen sich plötzlich bereit erklärte, dem vox populi — vox Dei (des Volkes Stimme ist Gottes Stimme) zu gehorchen. Es war ganz neu, daß ein König von Preußen seine Regierungsweisheit nach dem Willen des Volkes richtete."

Es gehörte nicht nur persönlicher Mut dazu, in jenen Tagen des Siegesrausches derartige Ansichten auszusprechen, es zeugt gleichzeitig von außergewöhnlichem politischen Scharfblick, all die tatsächlich eingetroffenen Folgen der Annexionspolitik von 1870/71 vorauszuschauen. Die Gefahren, die aus der Demütigung des republikanischen Frankreichs entstehen mußten, sah Bebel damals klar vor Augen, und so sehr er selbst und seine Partei sich im Laufe der folgenden Jahrzehnte auch bemüht haben, durch internationale Fühlungnahme den Zorn in Frankreich zu mindern, ganz ist das nie gelungen. Und der Ausbruch des Weltkrieges hat alle die Leidenschaften wieder auflohen lassen, die zuletzt doch nur unter der Asche zu glimmen schienen.

DIE RUSSISCH-FRANZÖSISCHE ALLIANZ

Obschon als „Vaterlandsloser" verschrien, hat Bebel doch niemals aufgehört, gerade im Interesse Deutschlands auf die Gefahren hinzuweisen und auf die Möglichkeiten, sie zu bannen. Aus der langen Reihe seiner Reichstagsreden, die sich mit dieser besonderen Frage beschäftigten, können nur einige wenige hier angeführt werden. Ein Jahrzehnt nach der Annexion von Elsaß-Lothringen, 1880, kam er, gelegentlich der Etatsberatung, auf das „Gespenst der russisch-französischen Allianz" zurück, das wieder einmal aufgeführt wurde, um die beantragte Erhöhung des Militär-Etats schmackhafter zu machen. Er erinnerte daran, daß er und seine Freunde diese Allianz als **unausbleibliche Folge der deutschen Politik** von 1870/71 vorausgesagt, und fuhr dann fort:

„Rußland hat mit seinen inneren Zuständen derart zu tun und ist so desorganisiert, daß das Manöver, das allenfalls ein Napoleon bei einem so gut geordneten Staatswesen und bei einem so reichen Lande wie Frankreich es ist, wagen konnte, nämlich die **revolutionären Kräfte** von innen nach außen durch einen Krieg abzulenken, **in Rußland nicht mög-**

lich ist. . . . Rußland ist gegenwärtig in dieser Beziehung vollständig und auf lange hinaus lahmgelegt. Wenn es den bevorstehenden Systembruch erleidet, so ist die weitere notwendige Folge, daß Rußland gezwungen ist, mit großartigen Reformen auf den verschiedensten Gebieten vorzugehen, was auf viele Jahre hinaus die ganzen Kräfte der Nation in so erhöhtem Maße in Anspruch nimmt, daß die äußeren Verhältnisse ganz und gar ins Hintertreffen treten. . . . So steht es mit Rußland. Auf der anderen Seite steht Frankreich, und da behaupte ich nun, daß hier der Kardinalfaktor der deutschen Politik liegt, der uns in die Lage gebracht hat, in der wir uns gegenwärtig befinden, in die Lage, die inauguriert worden ist mit dem Moment, wo der Verteidigungskrieg des Jahres 1870 dazu überging, daß es hieß: wir müssen die alten einstmals zu Deutschland gehörigen Provinzen wiedererobern! Ich werde diese sehr kitzlige und heikle Frage mit größter Ruhe und Objektivität behandeln. Ich will zunächst hervorheben — und diese Frage spielt ja in fast alle unsere Verhandlungen hinein —, daß selbst vom rein ökonomischen Standpunkt aus es sehr fraglich sein kann, ob die Annexion jener Provinzen uns Vorteil gebracht hat; ich behaupte und bin eventuell bereit, die Beweise dafür anzutreten, daß z. B. der Notstand, der gegenwärtig, ähnlich wie in Oberschlesien, in verschiedenen sächsischen Webeindustriebezirken herrscht, ganz wesentlich durch die ganz immense Konkurrenz herbeigeführt worden ist, die die elsaß-lothringische hochentwickelte Webeindustrie der deutschen bereitet. Diese plötzliche Konkurrenz brachte eine totale Umgestaltung aller Produktions- und Arbeitsverhältnisse wie der Preise mit sich. Aber ich behaupte, auch in politischer Beziehung haben wir keinen Vorteil davon. Man sagt zwar, jetzt seien unsere Grenzen gesicherter als früher. Mit welchen Opfern das erkauft wurde, dafür ist der Militäretat der deutlichste Beweis, und inwiefern sich das System bewährt, darüber hat natürlich, ich setze hinzu, leider, der nächste Krieg zu entscheiden."

VERSTÄNDIGUNG MIT FRANKREICH

„Aber es gäbe . . . noch einen anderen Weg, der uns vollständig aus unserer gegenwärtigen höchst peinlichen und auf die Länge unerträglichen Stellung herausbrächte. Und das wäre, wenn wir in der offensten, **freundschaftlichsten Weise** uns mit unserem Nachbarlande **Frankreich**, mit jenem Lande, das so viele gemeinsame Interessen mit uns hat und mit uns gemeinsam an der Spitze der Zivilisation marschiert, ... auseinanderzusetzen, wenn wir uns mit diesem auf **freundschaftlichen Fuß zu stellen** suchen, unsere politischen Verhältnisse mit diesem Lande **so zu ordnen** suchen, daß wir an ihm **statt eines Feindes für künftig einen Freund** haben. Selbstverständlich wäre in diesem Falle das erste die Entscheidung über das, was mit **Elsaß-Lothringen** geschehen solle, und ich würde der **Bevölkerung in erster Linie die Entscheidung** hierüber vindizieren. In zweiter Linie würden durch einen einzuberufenden **europäischen Areopag** gewisse Bestimmungen insofern festzustellen sein.

Ich bin weit entfernt, der Reichsregierung allein aus der Annexion von Elsaß-Lothringen hier einen Vorwurf zu machen, denn der Reichstag hat das alles später gutgeheißen. Ich habe mich also hier über die Lösung einer Frage verbreitet, die, wie ich ohne Widerstreben zugebe, von der großen Mehrheit des deutschen Volkes seinerzeit freudig begrüßt worden ist. Aber das schließt doch nicht aus, daß man heute, nachdem die Folgen jener Lösung der Frage sich deutlicher gezeigt, einmal eine gegenteilige Meinung aussprechen kann und **Wege angeben** darf, die zu einem guten Ziele führen. **Es ist freilich ein Sozialdemokrat**, der sie angibt, und das gibt der Frage schon ein anderes Aussehen, einen unangenehmen Beigeschmack, aber wir sind nun einmal da und haben das Recht zu reden so gut wie Sie. Ich würde also für die Lösung des Falles weiter vorschlagen, daß **sämtliche Festungen in Elsaß-Lothringen zu schleifen** seien, daß das **Land nie mit Garnisonen belegt** werden darf, daß ferner nie neue Befestigungen angelegt werden dürfen und daß endlich alles das, was Deutschland an Kosten für Elsaß-Lothringen nach den verschiedensten Richtungen aufgewendet hat, von Frankreich, wenn das Land entscheidet, zu Frankreich wieder gehören zu wollen, dem Reich zurückzuzahlen sei. Und dann sollten wir diese Milliarden oder wenigstens viele Hunderte von Millionen, die wir bekommen, nicht wieder wie ehedem verwenden, damit die **Gründer** uns wieder in neue ökonomische Kalamitäten hineinführen können, sondern zur Verminderung unserer Steuern auf der einen Seite und zur Verbesserung unserer Kulturzustände auf der anderen. Das würde meines Erachtens eine Lösung der Frage sein, die sehr wesentlich von jener absticht, der wir einst meiner Ueberzeugung nach sehr zum Schaden unserer selbst, zum Schaden Europas, zum Schaden der ganzen gesitteten Welt notwendigerweise entgegengehen."

Kurze Zeit darauf hatte Bebel aufs neue Gelegenheit, diesen Gedanken vor dem Reichstag zu entwickeln. Es war aus Anlaß der Militärvorlage (Septennat), als er am 2. März 1880 wieder auf die Möglichkeit der Verständigung mit dem republikanischen Frankreich hinwies:

„Eine Monarchie kann ihr Prestige, das verlorene Schlachten ihr genommen, schwer verwinden, das muß sie um jeden Preis früher oder später wiederherzustellen suchen, namentlich eine Dynastie wie die napoleonische, die so viel Widersacher im eigenen Lande hatte. Aber, meine Herren, eine Volksregierung, die Regierung einer Republik wie Frankreich hat meines Erachtens dazu gar kein Bedürfnis. Ich bin vielmehr der Meinung, daß die französische Republik, wenn die Wege, die ich neulich angedeutet habe, zur Klarstellung unseres Verhältnisses mit ihr beschritten werden würden, die erste sein würde, die in Europa für die allgemeine Entwaffnung, für die Versöhnung der feindlichen Nationen eintreten würde und daß, wenn dies die gegenwärtige französische Regierung nicht wollte, sie sehr bald das französische Volk dazu zwingen würde."

DEUTSCHE WELTEROBERUNGSPLÄNE

In der gleichen Rede warnte er aufs neue vor dem aberwitzigen Spiele mit Welteroberungsplänen, die man „historisch" zu begründen suchte:

„Wenn wir uns auf den Standpunkt stellen wollten, zu meinen, wir müßten nach und nach alles das zurückerobern, was einstmals in längst vergangener Zeit zu Deutschland gehört hat, dann kämen wir aus den Kämpfen nicht mehr heraus, da könnten wir die russischen Ostseeprovinzen ebensogut reklamieren wie noch andere Länder und

Provinzen, da kämen wir auf die Schweiz, auf Holland und Belgien, am Ende sogar auf Burgund. Wo hört denn da die „Angliederung" auf? Sie sehen, daß, wenn wir längst vergangene geschichtliche Ereignisse heute für unsere auswärtige Politik wollten maßgebend sein lassen, wir Ursache hätten, jedes Jahr neue Kriege bald nach West, bald nach Ost oder einer anderen Seite zu entzünden.

Ich denke doch, daß die heutigen Nationen auf dem Standpunkt stehen oder stehen sollten, und ihre Regierungen mit ihnen, daß das, was vergangene Jahrhunderte gesündigt haben, von unserer Seite unmöglich ausgeglichen werden kann, daß es jedenfalls das Beste und Vernünftigste ist, über diese vergangenen Zeiten möglichst Gras wachsen zu lassen und daß, wenn man dennoch glaubt, verpflichtet zu sein, mit den Ereignissen längst vergangener Zeit zu rechnen, man doch auch die gegenwärtigen Verhältnisse in Betracht ziehen und man sich die Frage vorlegen muß, die in erster Linie in Betracht kommt, ob auch die Bevölkerung mit der Aenderung ihres politischen Systems und ihrer Zugehörigkeit einverstanden ist."

Damals wurde sowohl von der Regierung wie von ihren freiwilligen Helfern, besonders dem nationalliberalen Führer von Bennigsen und dem Freikonservativen von Kardorff mit dem Schreckmittel des Panslawismus gespielt, um die notwendige Stimmung für die Erhöhung der Militärlasten zu schaffen. Kühl und entschieden wies Bebel aber diese Versuche zurück. Nicht nur daß Rußland innerpolitisch durchaus nicht in der Lage wäre, in jener Zeit einen europäischen Krieg zu entfesseln, es hätte auch vor allem mit der Tatsache zu rechnen, daß die österreichisch-ungarische Monarchie aus Selbsterhaltungsinteresse an die Seite Deutschlands gezwungen würde:

„Kommt noch dazu, daß, wenn man uns mit dem Gespenst des Panslawismus einschüchtern will, wir uns doch fragen müssen, sind wir denn die einzigen, die in diesem Falle Gefahr laufen, von der russischen Armee bekriegt zu werden? Nein, unser Nachbarstaat läuft weit mehr als Deutschland Gefahr vor Rußland, in Rücksicht auf seine starken slawischen Elemente, und ich sehe weit weniger in der so gerühmten diplomatischen Kunst des Fürsten Bismarck als in diesen ganz einfachen **Fragen der Grenz- und Bevölkerungsverhältnisse** Oesterreichs die Ursache und die Notwendigkeit für dieses, mit Deutschland im Bündnis zu stehen und in einem Krieg Rußlands gegen Deutschland gemeinschaftliche Sache mit uns zu machen. Kommt noch hinzu, daß meines Erachtens es ja das **wesentliche Verdienst des Fürsten Bismarck** ist, wenn man es so nennen will, daß das Endresultat des russisch-türkischen Krieges derart sich gestaltet hat, daß **Oesterreich noch mehr slawische Elemente** aufnahm, indem es sich nach **Bosnien** und dem **Sandschak Novibazar** verleiten ließ, und damit um so mehr die Notwendigkeit für Oesterreich erwuchs, nunmehr Deutschland als seinen Verbündeten gegen Rußland anzusehen.

Also diese ganz natürlichen Verhältnisse bedingten, auch wenn Fürst Bismarck nicht wäre, wer er ist, in einem künftigen Krieg gegen Rußland unser **beiderseitiges Bündnis**. Diese Verhältnisse werden aber weiter herbeiführen, daß auch die **Türkei**, ein keineswegs zu verachtender Gegner, wie der letzte Krieg bewiesen hat, höchst wahrscheinlich eine derartige Gelegenheit ergreifen würde, **Revanche an Rußland** zu nehmen. Die Chancen stehen also keineswegs so ungünstig für Deutschland, als man uns gestern von seiten der Herren Redner hat glauben machen wollen, um die Vorlage anzunehmen, nämlich, daß wir im Fall eines Krieges wirklich ohne alles und jedes Bündnis in Europa stehen würden. Keineswegs, ich glaube vielmehr, daß Deutschland mit diesen eben bezeichneten Bundesgenossen an der Seite sehr wohl, im äußersten Fall **selbst nach zwei und drei Seiten** Front zu machen imstande wäre. ..."

DIE RUSSISCHE GEFAHR

So wenig er sich durch die üblichen amtlichen und halbamtlichen Aussprengungen von einer unmittelbar bevorstehenden panslawistischen Bedrohung schrecken ließ, so wenig verschloß er andererseits die Augen vor der tatsächlichen, in dem riesigen Staatskörper Rußlands und seinen nach Betätigung drängenden wirtschaftlichen

Kräften begründeten Gefahr für den europäischen Frieden. In einer Versammlung in Dresden sprach er am 6. Oktober 1886 über „Deutschland und die orientalische Frage". Damals war das Spiel der russischen Diplomatie in Bulgarien besonders deutlich geworden und hatte zum Sturz des Battenbergers geführt. Anknüpfend an diese Ereignisse hatte Bebel ausgeführt:

„Jede Erweiterung der Machtstellung Rußlands auf der Balkanhalbinsel ist eine schwere Schädigung der Interessen Deutschlands und zugleich eine Gefahr für die gesamte westeuropäische Kulturentwicklung. Es ist eine Hauptaufgabe der deutschen Politik, den Bestrebungen Rußlands nach Machterweiterung auf der Balkanhalbinsel mit allen zu Gebote stehenden Mitteln entgegenzutreten. . . . Augenscheinlich ist es Rußland darum zu tun, mit Oesterreich fertig zu werden. Gelingt es ihm, Oesterreich zu einem Angriff zu provozieren — was ihm leicht wird, falls es Bulgarien in seiner Hand hat —, dann braucht es von dort aus nur in der Herzegowina und in Serbien sein Hetzwerk wieder aufzunehmen, so ist das deutsch-österreichische Bündnis ohne Wert. Das Bündnis gilt nur, wenn Oestereich angegriffen wird. Wird in einem Kriege zwischen Oesterreich und Rußland ersteres geschlagen, dann ist Rußland der Herr auf der Balkanhalbinsel, dann gibt es keine Macht mehr, die ihm dort den Rang streitig machen kann. Hat aber Rußland dieses Ziel erreicht, dann ist der Augenblick gekommen, wo es mit Deutschland abrechnen kann. Und für diesen Fall hebt es sich das Bündnis mit Frankreich auf. Frankreich wird Rußland jede Eroberung im Osten Deutschlands gönnen, und umgekehrt wird Rußland bereit sein, Frankreich nicht nur Elsaß-Lothringen, sondern auch das ganze linke Rheinufer und Belgien annektieren zu lassen.

Ein Blick auf die Karte zeigt, daß Rußland notgedrungen, will es dem ungeheuren Reich die nötige Lebenkraft und seinen riesigen Naturschätzen den entsprechenden Absatz sichern, danach trachten muß, Herr des Schwarzen Meeres und des Bosporus zu werden, was die Eroberung Konstantinopels und Vorderasiens bedingt. Ferner muß es bestrebt sein, die Ostsee in seine Gewalt zu bekommen, und da zeigt wiederum ein

Blick auf die Karte, daß es vor allen Dingen versuchen muß, sich der Njemen- und Weichselmündungen zu bemächtigen, weil diese beiden Hauptflüsse zum weitaus größten Teil in ihrem Laufe russisches Gebiet durchströmen. Der **Versuch zur Eroberung unserer Ostseeprovinzen** wird **nur eine Frage der Zeit** sein, wenn auch bis jetzt, und darin handelt Rußland äußerst schlau, darüber nie ein Wort gefallen ist. Rußland hebt sich den **Schlag gegen Deutschland bis zuletzt** auf, und bei diesem Schlag kann es auf die **Hilfe Frankreichs** sicher rechnen."

Das russisch-französische Bündnis, offiziell erst Anfang der neunziger Jahre abgeschlossen, nachdem Nikolaus II. zur Regierung gekommen war, wurde zwar oft nur als Schreckgespenst an die Wand gemalt, aber den vollen Ernst dieser Koalition sah Bebel trotzdem klar vor Augen. Um so gefährlicher erschien ihm die mit dem Beginn der deutschen Flottenpolitik einsetzende **Tendenz gegen England**, die bis zur Katastrophe von 1918 die offizielle Politik der deutschen Regierung beherrschte. Mehr als einmal erhob er im Reichstag seine warnende Stimme, um von einem Bruch auch mit Großbritannien abzumahnen. So führte er u. a. in der Sitzung des Reichstags vom 22. Januar 1903 aus:

FREUNDSCHAFT MIT ENGLAND!

„Ich speziell habe seit Jahren, auch während der Periode des Burenkrieges, mit allem Nachdruck die Ansicht vertreten, daß ich mir **gar kein größeres Unglück** denken könnte, als ein ernsthaftes **Zerwürfnis zwischen England und Deutschland**, zwischen zwei Nationen, die harmonische Interessen, trotz mancherlei Gegensätze besitzen. Das hat mich allerdings nicht abgehalten, wie Sie alle wissen, angesichts der Ereignisse im Burenlande in der allerschärfsten Weise das Vorgehen Englands zu verurteilen. Aber die Verurteilung auf der einen Seite kann mich nicht blind machen gegen die allgemeine Situation auf der andern Seite, und da bin ich allerdings der Meinung auch heute noch, daß **wir ein dringendes Interesse** — gerade wir, auf dem Kontinente eingekeilt einerseits von Frankreich, andererseits von Rußland — daran haben, namentlich auch angesichts der doch sehr unzureichenden Rüstung der übrigen Dreibundstaaten, **in England eine Macht zu besitzen, die zum Mindesten uns nicht feindlich gesinnt** ist. Auf der andern Seite — das entspricht auch unserem Programm — habe ich aber auch **seit Jahrzehnten** allezeit auch **ein freundliches Verhalten zu Frankreich** befürwortet. Meine ganze Partei, und niemand mehr als wir, hat den unglückseligen Ausgang mit der Annexion verurteilt, der die schlimme politische Situation in Europa geschaffen hat, in der wir uns heute befinden. Wir haben allezeit dafür gewirkt und werden weiter dafür wirken, daß alles aufgeboten wird, um jenes Ereignis vergessen zu machen und Frieden und Freundschaft zwischen den ersten Kulturnationen des Kontinents wiederherzustellen. . . ."

DIE MAROKKO-KRISE

Die deutsche Politik stand allerdings während dieser und der folgenden Jahre ganz im Zeichen des Strebens nach **Weltherrschaft**. Und während Wilhelm II. in seinen phantastischen Einfällen bald drohend erklärte, daß Deutschlands Zukunft auf dem Wasser liege, bald die Völker Europas zur Wahrung ihrer heiligsten Güter gegen die gelbe asiatische Gefahr aufrief, bald nach China Soldaten schickte, um dort als „Hunnen" zu hausen, bald wieder durch seine **Reise nach Marokko** die Kriegsgefahr auf die Spitze trieb, war der alldeutschen Propaganda all dies noch nicht genug. Sie hetzte ununterbrochen weiter gegen England und Frankreich und gegen die ganze Welt. Für sie gab es nur den Krieg als Erlösung von allem inneren und äußeren Uebel. Diese Art Hetzpropaganda kennzeichnete Bebel in der großen Marokko-Debatte des Reichstags am 9. November 1911:

„Es ist sehr charakteristisch, daß, als Ende Juni der Deutsche Kaiser von der Nordlandreise zurückkehrte und es verlautete, daß Reichskanzler und Staatssekretär mit ihm in Swinemünde sich dahin entschieden hätten, **keinen Krieg wegen Marokko** anzufangen, ein Schrei des Zornes und der Wut durch einen großen Teil der deutschen Presse ging. Man ging hierbei zum Teil soweit, die **Person des Kaisers** in einer Weise anzugreifen, daß, wenn sich ein sozialdemokratischer Redakteur derartiges erlaubt haben würde, ein solcher Redakteur mit Jahren Gefängnis bestraft worden wäre. In diesem Falle lag die Sache anders. Da hat sich **kein Staatsanwalt gerührt**. Wie heißt es z. B. in dem Artikel der „Post" vom 4. August: „Krise und Rückzug"?: „Suchen wir uns zunächst ein Bild zu machen: Kiderlen lehnt es ab, die Hand zu einer Demütigung Deutschlands zu bieten. „Es stehe fest, daß eine Schwenkung, und zwar eine Schwenkung in der deutschen Politik sich vollzogen hat, die aus inneren Gründen nicht zu erklären sei — und zwar eine grundsätzliche und sehr tiefgehende. Es wird weiter dem Gedanken Ausdruck gegeben, der Staatssekretär des Auswärtigen könne angesichts dieser Schwenkung unmöglich im Amt bleiben, daß er notwendigerweise, sobald die Angelegenheit erledigt sei, den Posten als Staatssekretär aufgeben müsse. Darauf wird dem Kaiser zu Leibe gegangen, er habe herbeigeführt, daß Deutschland ein neues Olmütz drohe. „Und heute"? — wird gefragt — „Ist es denn anders geworden? Ist das alte Preußentum zugrunde gegangen? Sind wir **ein Geschlecht von Weibern** geworden?" „Was ist mit den Hohenzollern geschehen, aus denen einst ein Großer Kurfürst, ein Friedrich Wilhelm I., ein Friedrich der Große, ein Kaiser Wilhelm I. hervorgegangen ist?" Der **Kaiser** sollte die stärkste Stütze der englisch-französischen Politik sein, eine Stütze viel stärker als 50 französische Divisionen; er sollte die **Hoffnung Frankreichs** sein; sei das wahr, sei das möglich? In Frankreich gehe das Wort: „Guillaume le timide, le valeureux et poltron". So und ähnlich wurde über den Kaiser geschrieben. Ich wiederhole, würde sich ein sozialdemokratischer Redakteur in ähnlicher Weise ausgesprochen haben, es wäre dem betreffenden Redakteur sehr schlecht gegangen.

Am 14. August, acht Tage nach jenem Artikel, veröffentlichte die „Post" eine Reihe von **Zustimmungserklärungen** zu ihrem Artikel. An der Spitze steht ein achtzigjähriger **Generalleutnant a. D.**, der erklärt, daß alle seine Altersgenossen gleich ihm fühlten, die den Artikel mit innerem

Jubel begrüßten und fürchteten, daß die Agadirgeschichte mit Elend und Schimpf für Deutschland enden würde. Aehnlich sprach sich ein Hofprediger a. D. aus. Wir haben überhaupt in diesen Monaten erlebt, wie insbesondere ein Teil der protestantischen Geistlichkeit an der Spitze der Kriegshetzer gestanden hat, wie insbesondere die „Evangelische Kirchenzeitung" einen Artikel brachte, der mit den Worten schloß: „Ueberall erwartet man die Antwort auf die Frage: Wann marschieren wir?"

DER KRIEG ALS WAHLPAROLE

In derselben Rede bezeichnete Bebel einen der wichtigsten Beweggründe, der jene Kriegsstimmung erzeugen ließ. Es war die Hoffnung, durch einen — natürlich siegreichen! — Waffengang das Anwachsen der Opposition gegen das unerträglich gewordene Wilhelminische System niederzukämpfen:

„Bei dieser Gelegenheit haben wir auch erfahren, was man sonst noch mit der Kriegshetze bezweckte. So äußerte sich z. B. das „Deutsche Armeeblatt": „Für die inneren deutschen Verhältnisse wäre ein großzügiger Waffengang auch recht gut, wenn er auch den einzelnen Familien Tränen und Schmerzen bringt." Man braucht also eine Wahlparole. Man weiß nicht mehr, wie man mit der Sozialdemokratie fertig werden soll. Da wäre ein auswärtiger Krieg ein ganz vortreffliches Ablenkungsmittel gewesen. So sagt auch die „Post" am 26. August: „In weiten Kreisen herrscht die Ueberzeugung, daß ein Krieg nur vorteilhaft sein kann, indem unsere prekäre politische Lage geklärt und die Gesundung vieler politischer und sozialer Zustände herbeigeführt würde." Das ist sehr deutlich. Es ist dieselbe Taktik, die hier gepredigt wird, die Napoleon III. zu beobachten pflegte; wenn er in inneren Verlegenheiten sich befand, wenn er nicht ein und aus wußte, wenn die Revolution ihm über den Kopf zu wachsen drohte, dann griff er zu einem auswärtigen Kriege, um auf diese Weise die öffentliche Aufmerksamkeit von sich und seinen Taten abzulenken. Dasselbe Mittel möchte man also jetzt bei uns in Deutschland gern anwenden, wenn das eben so ohne weiteres möglich wäre.

Die Kriegshetze wird sogar noch Ende Oktober und

Anfang dieses Monats — genau wie heute Herr von Heydebrand — in der „Magdeburger Zeitung" betrieben, in der es im grimmigsten Tone gegen England heißt: „Was ist Marokko, was das Kongoland, gemessen an der Erkenntnis: dort, **jenseits des Kanals sitzt der Neider!** Und daß wir nichts unternehmen, um uns seiner zu erwehren, und daß wir nicht vorwärts schreiten auf dem einmal betretenen Wege, **was immer der Brite dazu sage.**" Dann wird der Reichstag apostrophiert: „Ihr im Reichstag, sagt uns, **wieviel Schiffe** ihr braucht, sagt, was sie kosten: wir sind bereit, die Mittel dazu herzugeben. . . ."

Oh, meine Herren, eine größere Lüge und eine größere Heuchelei ist nie dagewesen. Man verspricht **Opfer** zu bringen, die man **bisher zu bringen ablehnte.** Wir wollen abwarten, ob die besitzenden Klassen bei einem Kriege die materiellen Opfer zu bringen bereit sind, die sie bisher nicht gebracht haben."

DIE HETZE GEGEN ENGLAND

Zwei Tage später, am 11. November 1911, kam Bebel in der fortgesetzten Besprechung des Marokkoabkommens auf die Notwendigkeit der **friedlichen Verständigung mit England** zurück. Er rief dem Reichstag und all den Wählern draußen zu:

„Es ist leider in diesem Hause Sitte geworden bei fast allen Parteien, **unausgesetzt auf England loszuschlagen** und die öffentliche Meinung gegen England aufzureizen und aufzuhetzen. Wir haben **allezeit für ein freundschaftliches Zusammengehen mit England plädiert.** Wir haben, so sehr wir sonst in den inneren und auswärtigen Fragen mit dem Fürsten Bismarck nicht einverstanden waren, allezeit den Standpunkt von ihm geteilt, den er in den achtziger Jahren dahin formuliert hat: es gibt keinerlei ernsthafte Gründe, die uns mit England auseinanderbringen könnten, wir hätten im Gegenteil das **größte Interesse,** und da stehe kein Hindernis im Wege, **gemeinsam Hand in Hand miteinander zu gehen.**

Nun in all den Anklagen und Hetzreden, die gehalten worden sind, haben wir nicht einen Fall anführen, nicht einen Grund angeben hören, auf **Grund welcher Tatsachen** diese

Feindschaft gegen England besteht. Der Herr Vorredner (Erzberger vom Zentrum) hat davon gesprochen, man sei in England neidisch auf die Entwicklung Deutschlands, Deutschland habe in wenigen Jahren seinen Gesamthandel von 8000 auf 16 000 Millionen Mark in die Höhe gebracht, die Entwicklung des englischen Handels stehe weit hinter dem zurück. Das stimmt alles, meine Herren, ist auch ganz natürlich. England hat heute ein Volk von 42 Millionen, wir ein Volk von 65 Millionen. Daß wir einstmals in industrieller und handelspolitischer Beziehung England überlegen sein würden, das habe ich bereits vor 33 Jahren ausgesprochen. Das war mir schon damals klar, weil wir alle natürlichen Bedingungen, nicht nur für eine große industrielle, sondern auch für eine Handels- entwicklung haben, und so dürfte England auf die Dauer mit Deutschland im weiteren Verlaufe der Entwicklung nicht konkurrieren können. Nun mag es sein, daß man in England, in englischen Industriekreisen, in englischen Handelskreisen über diese Entwicklung unzufrieden ist, daß man sie mit Neid ansieht. Aber wenn jemand auf mich neidisch ist, wenn jemand mit meiner Entwicklung unzufrieden ist, so habe ich doch keine Ursache, ihn deswegen zu hassen oder ihm sogar feindselig entgegenzutreten...."

DIE GROSSE KATASTROPHE

Und abermals wenige Tage später, am 5. Dezember 1911, wies Bebel auf die Zwangsläufigkeit hin, mit der die einmal eingeschlagene Richtung zu dem großen Zusammenprall und der folgenden Katastrophe führen müsse:

„Bei allen freundschaftlichen Versicherungen, die wir heute hier gehört haben, haben wir von keiner Seite gehört, daß man daran denke, bezüglich der Rüstungen zu einer Verständigung mit England zu kommen. Und solange das nicht geschieht, solange man glaubt, die Sachen müßten so weiter laufen, wie sie bisher gelaufen sind, wird das Ende nach meiner Ueberzeugung ein großes Zerwürfnis mit England und eine schließliche Katastrophe sein.

Meine Herren, man spricht bereits ganz ungeniert von dem Feinde England. Herr von Heydebrand hat in seiner neulichen Rede gesagt: England, das ist der Feind! Bisher war es Frankreich, jetzt ist es England. In der deutschen Presse verschiedener Schattierungen heißt es in den letzten Monaten einstimmig: England, das ist der Feind! Man spricht im Hause und in privaten Kreisen davon: mit England muß die g r o ß e A b r e c h n u n g erfolgen. Das ist eine Stimmung, wie ich sie nie für möglich gehalten habe. Daß aber aus dieser Stimmung heraus eine f r i e d l i c h e E n t - w i c k l u n g in der Zukunft m ö g l i c h und wahrscheinlich sein wird, das halte ich für vollständig a u s g e s c h l o s s e n . Wir sind es leider nicht, die zu entscheiden haben. Wären wir es, dann stünden die Dinge anders. Aber es sind die maßgebenden Parteien, es ist die herrschende Regierung, die auf einem anderen Standpunkte steht. Wenn man sich auch hüten wird, zu provozieren, s o l i e g t i n d e r E n t w i c k l u n g , die namentlich durch die M a r o k k o f r a g e die Dinge genommen haben, eine innere Anfeuerung zum Weitermarschieren auf dem betretenen Wege, bis eben schließlich n i c h t s a n d e r e s ü b r i g bleibt, — als der g r o ß e Z u s a m m e n s t o ß und die darauffolgende K a t a s t r o p h e . . ."

DER „PANTHER"SPRUNG NACH AGADIR

Auch auf dem Parteitag zu Jena 1911 behandelte Bebel diese irrsinnige Kriegspropaganda, die fast wie auf Kommando in den führenden großkapitalistischen Blättern betrieben wurde, besonders nachdem die deutsche Regierung durch Entsendung des Kanonenbootes „Panther" nach dem marokkanischen Hafen Agadir die Welt von neuen Absichten unterrichtet hatte:

„Wie war nun das Echo im Lage der Alldeutschen und Nationalliberalen? Die „Rheinisch-Westfälische Zeitung" schrieb: „H u r r a ! e i n e T a t ! Endlich, nach mehr als 20 Jahren kommt Deutschland dazu, zu zeigen, daß es auch noch auf der Welt ist." Weiter hieß es, daß, wenn man sich mit den F r a n - z o s e n über die A u f t e i l u n g M a r o k k o s nicht verständigen könne, dann müsse d e r „ P a n t h e r " i n A g a d i r d i e - s e l b e W i r k u n g h a b e n w i e e i n s t d i e E m s e r D e - p e s c h e für den deutsch-französischen Krieg 1870. Ganz dieselbe böse Tonart haben eine ganze Reihe von bürgerlichen Blättern angeschlagen. Nun war mir das folgende besonders auffällig: Anfang Juli meldete die „Rheinisch-Westfälische Zeitung", daß eine **Umfrage** unter den führenden **Großindustriellen**, nationalen Politikern, Männern der Wissenschaft und älteren Offizieren über die Marokkofrage veranstaltet worden sei. Diese hätten sich, und besonders die **führenden Großindustriellen, in der Hauptsache für ein aktives Einschreiten in Marokko** ausgesprochen, für einen Ausgleich, für eine Machtverschiebung zugunsten Deutschlands. Hier haben wir also die Kriegshetzer. Das sind vornehmlich die Kreise, die die **ganze Kriegshetze in Szene gesetzt** haben, die eine ungeheure materielle Macht hinter sich haben, die eine ganze Reihe von Zeitungen und das Ohr der Reichsregierung haben. ..."

DIE FOLGEN DER HETZE

Ganz klar wies er in der gleichen Rede wieder auf die **unausbleiblichen Folgen** dieser Kriegsstimmung hin, auf den **Zusammenbruch**, der sich aus dem Kriegssturm von selbst ergebe:

„Jeder denkende Mensch muß sich sagen: wo soll das hinaus, wie kann das anders enden, ja **wie soll das anders enden, als mit einer Katastrophe?** Nun mögen diejenigen, die an der Spitze der heutigen Gesellschaft stehen, mit den hinter ihnen stehenden Klassen **in ihr Verderben rennen,** wir haben keine Ursache, das zu bedauern. Es wird sich wieder einmal das alte Wort bewahrheiten: „Wen die Götter verderben wollen, den schlagen sie mit Blindheit." Man kann mit Engelszungen reden, nichts wirkt auf sie, sie bedenken nichts. **Wie mit eisernen Peitschen gezüchtigt** treibt es sie in den **Untergang** hinein. ..."

Die damals herrschenden Klassen sind **tatsächlich in ihr Verderben gerannt** und alle Warnungen des besonnenen sozialdemokratischen Führers haben nichts gefruchtet. Leider haben sie in diesen Untergang auch alle die arbeitenden Schichten des deutschen Volkes mitgerissen, die nichts von Kriegshetze, nichts von Feindseligkeit gegen Frankreich oder England wissen wollten. Die alten Gewalten, die sich zum Spielball und Werkzeug der Kriegstreiber machten, sind gestürzt. Die Sozialisten aber, als die Vertreter jener arbeitenden Klassen, leben der Hoffnung, daß es der werteschaffenden Arbeit trotz allem gelingen werde, das durch den Weltkrieg und den Friedensschluß verarmte deutsche Volk wieder zur neuen Blüte in Frieden und Freiheit zu bringen. Sie verfolgen auch heute noch das Ziel, das Bebel als den Leitstern seiner außenpolitischen Stellungnahme nicht aus den Augen verlor, und das er in seinem 1885 erschienenen Buche von der „Frau in Vergangenheit, Gegenwart und Zukunft" also umriß: „So wird also die neue Gesellschaft auf internationaler Basis sich aufbauen. Die Nationen werden sich verbrüdern, sich gegenseitig die Hände reichen und danach trachten, den neuen Zustand allmählich über alle Völker der Erde auszudehnen. Diese kommen zu den fremden Völkern nicht als Feinde, die ausbeuten, unterdrücken wollen, nicht als Vertreter eines fremden Glaubens, den sie ihnen aufnötigen wollen, sondern als Freunde, die sie zu Kulturmenschen erziehen wollen. Sind die Kulturvölker zu einer großen Föderation vereinigt, dann ist auch die Zeit gekommen, wo für immer „des Krieges Stürme schweigen". Der ewige Frieden ist kein Traum, wie die in Uniformen einhergehenden Herren glauben und anderen einreden. Die Zeit ist dann gekommen, wo die Völker ihre wahren Interessen erkannt haben, und diese werden nicht durch Kampf und Streit, durch Länder zu grunde richtende Rüstungen erreicht, sondern genau durch das Gegenteil. So werden die letzten Waffen, wie so viele ihnen vorangegangene, in die Antiquitätensammlungen wandern, um zukünftigen Geschlechtern zu bezeugen, wie vergangene Generationen Jahrtausende lang wie wilde Tiere sich zerfleischten — bis endlich der Mensch über das Tier in sich triumphierte."

DER GROSSE KRIEG

Inmitten des lauten Säbelrasselns, das jahrzehntelang in Deutschland als Zeichen nationaler Stärke und völkischen Mannesmutes galt, wies die Sozialdemokratie immer wieder auf die **Gefahren** hin, die ein leichtfertig vom Zaun gebrochener und nicht mit allen diplomatischen Mitteln verhinderter **Krieg** auch für das Deutsche Reich und vor allem für das deutsche Volk mit sich bringen werde. Ganz deutlich sah vor allem Bebel voraus, daß ein neuer Waffengang zwischen europäischen Großstaaten sich zu einem europäischen, ja zu einem **Weltkrieg** auswachsen und die ganze bürgerlich-kapitalistische Kultur in ihrem Bestande bedrohen würde. Aus diesem Gesichtswinkel heraus warnte er vor dem leichtfertigen Spiel mit dem Feuer. Durch all seine Reden und Schriften zieht sich wie ein roter Faden die **Vorahnung des ungeheuren Geschehens**, das — ein Jahr nach seinem Tode — im Jahre 1914 schreckensvolle Wirklichkeit wurde.

Als ein Jahrzehnt nach dem deutsch-französischen Kriege in Deutschland wieder einmal eine große Militärvorlage zur Erörterung stand, wies Bebel (am 2. März 1880) in seiner Reichstagsrede auf die Folgen der wirtschaftlichen Krisen hin, die immer größeren Umfang annähmen und das Wirtschaftsleben dauernd beunruhigen. Dann sprach er offen von dem **europäischen** Kriege, der möglicherweise bevorstehe:

„Gesetzt nun den Fall, wir kämen mit dem nächsten **großen Krieg**, der **wahrscheinlich ein europäischer** sein wird, in eine solche periodische Krisis hinein, so unterliegt es wohl keinem Zweifel, daß die **Opfer ungeheuere** werden.

Wir sehen schon jetzt, wie durch das fortgesetzte Drohen mit Krieg und mit Kriegsgeschrei notwendig das Aufblühen des Geschäftslebens selbst da, wo es naturnotwendig aus den Verhältnissen erwächst, gestört wird, wie ganz anders, wenn die Verhältnisse schon an und für sich traurige sind.... Sind wir aber in einem solchen Moment allgemeiner Bedrängnis auch noch in der Lage, die ungeheuren Opfer, die uns ein Krieg auferlegt, tragen zu können, nachdem man uns vorher ausgesogen hat? Ich glaube doch, es wäre die erste Pflicht jeder vernünftigen und weisen Regierung, daß sie dafür sorge, das Volk nicht in Friedenszeiten auszusaugen, damit es im Kriege die nötigen Opfer bringen kann. Sie befolgen aber das umgekehrte System. . . ."

Als zwangsläufiges Ergebnis der Annexion von Elsaß-Lothringen hatte er das russisch-französische Bündnis schon seit 1870 vorausgesagt und die daraus folgende Einkreisung Deutschlands nicht minder. Deshalb verlangt er immer wieder eine friedliche Politik. Und obschon er sich rückhaltlos zur Pflicht der Vaterlandsverteidigung gegen fremde Eroberungsgelüste bekannte, stellt er doch die Notwendigkeit in den Vordergrund, das Volk selbst in weit höherem Maße an der Entscheidung über Krieg und Frieden zu beteiligen.

DAS VOLK UND DIE KRIEGSTREIBER

So führte er ebenfalls 1880 in seiner Rede zum Reichsetat, anknüpfend an eine Aeußerung des Generalfeldmarschalls Grafen Moltke, aus:

„Es ist in der letzten Zeit öfter als sonst die sehr naheliegende Frage aufgeworfen worden, wo das hinaus, wie das enden soll, und wer eigentlich die Schuld an diesem Zustande trage. Als ein sehr deutliches Symptom der unbehaglichen Stimmung, selbst in den maßgebenden Kreisen, glaube ich den Brief ansehen zu müssen, den der Herr Graf von Moltke vor einiger Zeit nach den Zeitungsberichten an einen gänzlich unbekannten Arbeiter schickte, der sich an ihn mit der Frage gewandt hatte, ob denn dieser beständigen Steigerung der Kriegslasten kein Ende bereitet werden könnte. Der

Herr Graf von Moltke hat ihm darauf nach den Zeitungen folgendes geantwortet:

„Wer teilte nicht den innigen Wunsch, die schweren Militärlasten erleichtert zu sehen .... Nicht die Fürsten und Regierungen verschließen sich ihm, aber glücklichere Verhältnisse können erst eintreten, wenn alle Völker zu der Erkenntnis gelangen, daß jeder Krieg, auch der siegreiche, ein nationales Unglück sei", (wonach also auch der Krieg von 1870/71 als ein solches anzusehen wäre). „Diese Ueberzeugung herbeizuführen, vermag auch die Macht unseres Kaisers nicht. Sie kann nur aus einer besseren religiösen und sittlichen Erziehung hervorgehen, einer Frucht von Jahrhunderten weltgeschichtlicher Entwicklung, die wir beide nicht erleben."

Es ist merkwürdig. In dem Zeitraume, wo nach der Versicherung des Bundeskommissars der Kultusetat so bedeutsam zugenommen und Mittel, für die bessere Erziehung des Volkes im Sinne des Grafen von Moltke zu wirken, gewährt hat, in demselben Zeitraum sehen wir die Kriegsgefahren in Europa in einer Weise gesteigert, wie es in 50 Jahren nach 1815 nicht der Fall war. Das ist ein Widerspruch, den ich mir nach der Logik des Grafen von Moltke nicht erklären kann. ... Neu aber ist mir, daß direkt gesagt wird, die Völker seien an den Kriegen schuld, es seien nur die Völker gewesen, die es herbeigeführt, daß wir in dem letzten Zeitabschnitt unserer Geschichte soviel Kriege gehabt. Ja, träume ich? Ich kann mich noch sehr genau einer Periode aus der Geschichte erinnern, die ich selbst erlebt habe — und ich bin nicht alt, es war in den sechziger Jahren —, die sich mir ganz anders darstellt. Es war ja wohl 1863 und 66, wo das preußische Abgeordnetenhaus als Repräsentant des preußischen Volkes keineswegs auf den Krieg eingehen wollte, der schließlich gegen seinen Willen geführt wurde. Unmöglich kann die Volksvertretung, die als Ausdruck des Volkswillens angesehen wird, es sein, die man für jene Kriege verantwortlich macht.

Sollte der Standpunkt des Grafen Moltke der richtige sein, dann kommen wir konsequenterweise zu einer Forderung, die meine Partei bereits seit Jahren verficht, und es ist mir höchst interessant und wichtig, eine so bedeutende Kapazität, wie der Graf von Moltke ist, mit uns harmonieren zu sehen; es ist dies die Folgerung, es müsse das Recht des Kriegs-

und Friedensschlusses, das jetzt der obersten Reichsgewalt zusteht, allein auf die Volksvertretung, oder weit richtiger noch, auf das ganze Volk übertragen werden. Sind es wirklich die Völker, die, wie Graf von Moltke glaubt, an dem Kriege schuld seien, dann sollen die Völker auch entscheiden, ob sie Krieg oder Frieden wollen. Dann kann man mit Recht sagen, wenn ein Volk in seiner Mehrheit den Krieg diktiert, das Volk hat es gewollt, also muß das Volk auch den Nachteil und den Schaden tragen, der aus einem Kriege erwächst, sowohl die Nachteile des Sieges wie der Niederlage, die in beiden Fällen nach der Ansicht des Grafen von Moltke vorhanden sind. . . ."

EIN HEROLD DES VÖLKERBUNDES

Inzwischen regt er — trotz des Sozialistengesetzes! — die Regierung und besonders den damals noch allmächtigen Kanzler Bismarck immer wieder an, mit einer ernsthaften Politik des Friedens voranzugehen. Am 28. November 1884 fordert er in seiner Etatsrede die Regierung direkt auf, mit der ganzen Autorität, die ihr innewohne, an die Gründung eines Völkerbundes heranzutreten. — Die Thronrede, mit der der Reichstag eröffnet wurde, enthalte zwei Punkte, die allseitig mit Sympathie begrüßt werden müßten:

„Der eine ist die Erklärung, daß der Frieden auf eine ungestörte Dauer für eine lange Zeit als gesichert angesehen werden darf, und der zweite, daß auf die Einladung Deutschlands die Vertreter der verschiedenen Mächte hier in Berlin zu der bekannten Kongokonferenz zusammengetreten sind, um sich, ich möchte sagen, über die Grundlagen einer internationalen Kolonialpolitik zu einigen, und welche, wie wir in den Zeitungen, gelesen haben, sich auch in den Hauptgrundlagen bereits geeinigt haben. Was den ersten Punkt betrifft, so kennen wir die Abmachungen nicht, die in Skierniewice geschlossen worden sind, wenigstens wissen wir Genaueres nicht, aber ich konstatiere die Tatsache, es ist hier von höchster Stelle im Deutschen Reiche ausgesprochen worden, daß es dem Zusammentreten der drei Kaiserreiche Oesterreich, Rußland und Deutschland gelungen sei, eine ungestörte Dauer des Friedens für lange Zeit in Aussicht stellen zu können. . . . Wenn man nun auch über die **näheren** Abmachungen dieser Zusammenkunft nichts weiß, so steht das eine doch wohl fest, daß die drei Mächte wesentlich darin übereinstimmen, daß es gelte, **den status quo** in **Europa aufrechtzuerhalten**, und daß sie alle drei sich geeinigt haben, jeden, der es wage, den status quo, inbesondere in bezug auf den Land- und Machtbesitz der drei Mächte, die das Bündnis geschlossen haben, anzutasten, als **Friedensstörer** anzusehen und **gemeinsam** danach zu verfahren. Bon! Ganz schön das! Dann aber, meine Herren, sage ich: **erweitern Sie einfach diesen Bund**, diesen Vertrag, den Sie geschlossen haben. Warum beruft der Reichskanzler bei dem großen Ansehen, das gerade er in der auswärtigen Politik genießt, was nicht zu bestreiten ist, und bei der großen Machtstellung und dem moralischen Ansehen, das aus dieser Machtstellung resultiert, — ich sage, warum wird da nicht eine Grundlage geschaffen, die für alle Kulturnationen von bindender Bedeutung ist. Meine Herren, nehmen Sie an, statt der Regierungen der drei Mächte verbänden sich **alle Kulturnationen** zu dem gleichen Ziel, es träte ein **internationaler Kongreß** zusammen, genau wie jetzt der Kongokongreß zu dem gleichen Zweck vereinigt ist, die Modalitäten zu vereinbaren, unter denen künftig der internationale Handel im Kongobecken stattfinden und Streitigkeiten geschlichtet und vermieden werden sollen. Das wäre ein Ziel würdig der Stellung Deutschlands. Hier wäre eine Aufgabe, die der Herr Reichskanzler zu lösen versuchen könnte, wodurch er zu gleicher Zeit eine große kulturhistorische und gleichzeitig eine sozialreformatorische Tat beginge!

Also hier endlich einmal vorgegangen, hier endlich einmal einen **internationalen Friedenskongreß** berufen! Auf diesem Kongreß müßte festgestellt werden: wir einigen uns zur **gegenseitigen Erhaltung des Friedens** unter den Völkern auf Grund des bestehenden status quo; denn der muß selbstverständlich als Basis anerkannt werden, sonst wäre von vornherein eine Einigung nicht möglich. Man beschließe dann, daß, falls eine **Streitigkeit unter den Mitgliedern** des Bündnisses eintritt, sie bereit seien, sich jeder dem Urteile der übrigen Bundesmitglieder zu unterwerfen. Man komme überein, daß dieselben Grundsätze, die heute im Privatleben und in bezug auf die Aufrechterhaltung des Staatslebens absolut notwendig sind, das heißt, daß es dem Einzelnen nicht erlaubt ist, sich Selbsthilfe zu verschaffen, daß er sich Normen unterwerfen muß, die das Staatswesen festgesetzt hat, ähnliche Normen auch auf das internationale Gebiet übertragen werden, daß mit einem Worte die internationale Politik nach denselben Grundsätzen gehandhabt werde, wie in jedem einzelnen Staat zwischen den Gliedern dieses Staates. Man einige sich, im Streitfalle schiedsrichterlich über sich urteilen zu lassen, man erkläre sich bereit, sich dem unparteiischen Urteile der übrigen zu unterwerfen, und daß, wer das nicht tut, als allgemeiner Störenfried angesehen werde, und für alle Bundesgenossen die Verpflichtung erwachse, gegen jeden, der als freventlicher Friedensstörer angesehen wird, ins Feld zu rücken, um ihn zur Unterwerfung zu zwingen. Der Jubel, der meiner Ansicht nach einem solchen Vorgehen der Reichsregierung aus allen Kulturländern der Welt entgegenschallen würde, wäre unbeschreiblich. Es würde sich zeigen, daß ein solcher Vorschlag allerwärts mit wahrer Begeisterung aufgenommen würde, weil er geeignet ist, einen schweren Alp, der heute auf allen Kulturnationen der Welt lastet, hinwegzunehmen. Das tue man also, und dann werden wir auch hierdurch weiter zu ganz anderen Zuständen in bezug auf unser Militärbudget kommen."

Selbstredend verhallte dieser Appell ergebnislos in der Wüste der nationalistischen Gedankenwelt. Ein Völkerbund als überstaatliche Friedensorganisation wurde als Hirngespinst verspottet. Bis aus den Trümmern des Weltkriegs auch der Versuch erwuchs, einen solchen Bund mit all den Machtmitteln zu schaffen, wie Bebel ihn prophetisch gesehen und gefordert hatte. Wenn dieser Bund bisher ein Torso blieb, so deshalb, weil auch heute wie nach 1871 der militaristische Geist über den Friedensgedanken triumphiert. Nur daß das militaristische Schwergewicht nach dem Westen verschoben wurde.

NICHT SCHLACHT, ABER SCHLACHTEN...

Wieder einmal standen Militärforderungen auf der Tagesordnung des Reichstages. Aus dieser Veranlassung hielt Bebel im Dezember 1892 auf Einladung der dortigen Sozialisten in Zürich über die politische Situation eine Rede, die im Verlag des Schweizerischen Grütli-Vereins gedruckt erschienen ist. In ihr zeigte er die **ungeheuren Ausmaße des nächsten großen Krieges auf**:

„Wir wissen nicht, **wann** der Moment kommt, wo einer der Staaten Europas das Signal gibt, **damit alle gegeneinander ins Feld rücken** zu gegenseitigem Niedermorden und Niedermetzeln. Zwar ist **kein** Staat in der Lage, das heute ökonomisch zu riskieren. In Deutschland, in Frankreich, in Rußland herrscht ein **ungeheurer Notstand**, in Italien und in Oesterreich ebenfalls. Die Staatsschulden sind zu enormer Höhe gewachsen, die Zinsenlast ist eine kolossale und die regelmäßigen jährlichen Ausgaben für Unterhaltung der Armee sind beinahe unerschwingliche. Aber **eines Tages werden die Dinge soweit kommen, daß auf die eine oder andere Weise die Blase platzen muß.** Entweder bricht die ganze Sache als unhaltbar in sich selbst zusammen oder — und es ist Wahrscheinlichkeit dafür vorhanden — man greift, wenn die allgemeine Situation immer komplizierter wird, im **letzten Moment aus purer Verzweiflung zum letzten Mittel**, um die inneren Gefahren abzuwenden...

Der gegenwärtige militärische Apparat ist auf die Dauer unmöglich aufrechtzuerhalten, wenn nicht erwiesen wird, daß er notwendig ist, d. h. wenn es nicht zum Klappen kommt. Aber was dann? Dann **rücken in Europa schlecht gerechnet 12 bis 14 Millionen waffenfähige Männer gegeneinander ins Feld.** In Deutschland wird etwa der achte Mann unter die Waffen gerufen. Der Landsturm wird mit einem Schlag bis auf den letzten Mann aufgeboten werden....

Wir sind in Deutschland gar nicht imstande, auch nur 14 Tage lang zu leben, ohne daß uns Massen von Lebensmitteln zugeführt werden. In dem Augenblick, wo die Zufuhr erschwert oder verunmöglicht wird, werden kolossale Opfer notwendig. Wenn man Millionen Männer in den Krieg schickt, so muß man sie besser füttern, als sie zu Hause gefüttert werden. Sie müssen Fleisch haben — was sie zu Hause meist nicht haben —, weil der Kräfteverbrauch im Krieg ein enormer ist. Ich sage, es werden Opfer nötig, die alles übersteigen, was jemals in einem Kriege vorgekommen ist.

Ferner wird eine Folge des Kriegsausbruches sein: das Sinken aller Wertpapiere und die Einstellung der Zinsenzahlungen. Dadurch dringt das Unheil in immer größere Kreise der Nation. Die Nahrungsmittel werden verteuert, die Fabrikation für den ausländischen Markt hört auf. Und was bei uns geschieht, das geschieht bei allen anderen Nationen in mehr oder weniger ähnlicher Weise.

Und nun lassen wir es zu einer Schlacht mit all den neuen Mordwerkzeugen kommen! Was sich da dann zeigen wird, das ist auch noch nie erlebt worden. Das wird nicht eine Schlacht sein, das wird ein Schlachten! Die Massen, die gegeneinanderrücken, kann kein einzelner kommandieren. Wie es gehen wird, weiß niemand. Niemand hat eine Ahnung davon, wie man die Toten begraben, die Verwundeten verpflegen und transportieren wird, bei der ungeheueren Zahl und den Entfernungen, um die es sich handeln wird. Kurz, alle die modernen Mord- und Zerstörungseinrichtungen haben einen so kolossalen Umfang eingenommen, daß heute kein Mensch sagen kann, wie das werden wird. Hat doch der Reichskanzler (Caprivi) selbst erklärt, solche Massen, wie sie im nächsten Krieg auftreten, habe noch keiner kommandiert. Und wie diese Massen fortgeschafft werden, ist auch ein Rätsel.

Und nun ist ein Krieg ein Ereignis, das in allerhöchstem Grade dazu geeignet sein wird, die großen Massen zum Denken und zur Vernunft zu bringen. Wenn einmal die Dinge so liegen — und so werden sie kommen —, dann wird mit einem Male in millionenstimmigem Ruf die Frage gestellt werden: für wen und für was denn das alles? Und wird die Frage gestellt, so folgt ihr die Antwort auf dem Fuße und dann ist es mit der herrschenden Gesellschaft zu Ende. . . ."

DIE DROHENDE KATASTROPHE

Im darauffolgenden Jahre — 1893 — provozierten die bürgerlichen Parteien im Deutschen Reichstag einen tagelang währenden Redekampf über den „sozialdemokratischen Zukunftsstaat". Bei dieser Gelegenheit griff Bebel selbstverständlich kräftig zu. Er wies auf die Gefahr hin, die gerade ein großer Krieg für die bestehende Staatsordnung in sich trage. Ja, er kündigte die **Katastrophe** offen an:

„Gerade der Umstand, daß wir ökonomisch immer mehr und mehr in die Brüche kommen, aus einer Krisis in die andere geworfen werden, daß die Krisen immer länger und die Prosperitätepochen immer kürzer werden und damit der Notstand immer weitere Kreise der Gesellschaft dem Untergang entgegentreibt, weil die **Widerstandsfähigkeit der Mittelschichten** immer mehr sinkt und diese in das Proletariat geschleudert werden, — wird der Sozialdemokratie nicht nur innerhalb der Arbeiterklasse, sondern auch in den Reihen der **Intelligenz** immer mehr Eingang verschaffen. Ist doch auch eine Ueberproduktion an Intelligenz vorhanden. Die Bourgeoisie, die ihre Söhne in der materiellen Produktion und Vermittlung als Fabrikanten und Kaufleute nicht mehr unterbringen kann, sie steckt sie in die Beamtenfächer, in das höhere Lehrfach, in die Juristerei, die Medizin, das Verwaltungsfach usw. und überall ist ein großes Ueberangebot an Kräften vorhanden. Die Gesellschaft vermag ihre eigenen Geisteskräfte nicht mehr unterzubringen! Das beweisen die Widersprüche, in denen sie sich bewegt und beweist ebenfalls die **Notwendigkeit der Umgestaltung.** Die Produktivkräfte sind unserer Gesellschaft längst über den Kopf gewachsen, und so wird und muß sie an ihren inneren Widersprüchen mit Notwendigkeit zugrunde gehen. Und wenn sie nun weiter dazu kommen wird, daß die famose **äußere Politik,** die Sie seit Jahrzehnten treiben, über kurz oder lang uns **einen europäischen Krieg** auf den Hals zieht, wenn wir dann bei **enorm geschwächten ökonomischen Kräften** von Millionen Menschen in eine **neue Krise eintreten, wie wir eine solche zuvor in keiner Periode durchgemacht haben,** wenn Massenbankerotte kommen, Tausende und aber Tausende in das Nichts geschleudert werden, wenn die größten Unternehmungen aus Arbeitsmangel zugrunde gehen, wenn durch die Hinderung der Zufuhr eine Lebensmittelteuerung in kolossalstem Maße eintritt, wenn endlich auf den Schlachtfeldern die Massenschlächtereien stattfinden, die das Entsetzen von ganz Europa hervorrufen werden, dann haben Sie etwas geschaffen, an dem möglicherweise Ihre ganze Gesellschaft mit einem Male zugrunde geht. Und da sollen Sie sich sehr überlegen: was tun? Aber Sie mögen es sich noch so sehr überlegen, Sie können es doch nicht ändern — was kommen muß, kommt. . . ."

Inzwischen war nach Bismarcks Sturz der Wilhelminische Zickzackkurs eingeschlagen worden. Bald hier, bald dort rief die offizielle deutsche Politik gefährliche Reibereien hervor. Die Friedenskonferenz vom Haag, auf Einladung des russischen Zaren berufen, war in ihrem wichtigsten Punkt gescheitert, nicht zuletzt deshalb, weil die deutschen Delegierten eine Bindung des Reiches an Schiedsgerichte und dergleichen ablehnen mußten. Nichtsdestoweniger sprach die Thronrede von 1897 wieder mit Genugtuung davon, daß die Beziehungen zu allen übrigen Mächten die allerbesten seien, daß also die Aussicht bestehe, daß auch fernerhin der europäische Friede erhalten werde.

FRIEDENSENGEL MIT DEM SCHWERTE

Bebel knüpfte in seiner Rede vom 15. Dezember 1897 an diese Worte der Thronrede an und fuhr dann fort:

„Ich erinnere mich ferner, im Laufe dieses Sommers eine Reihe von Reden gelesen zu haben von den verschiedenen europäischen Fürsten in Petersburg, Budapest, Homburg usw., wo nacheinander die Potentaten der europäischen Großstaaten zusammenkamen, und da hat mir insbesondere eine Rede imponiert. Das war jene Rede in Petersburg, in der es hieß, wenn der Friede gestört werden sollte, dann werde der Deutsche Kaiser an der Seite des Kaisers von Rußland mit seiner gesamten Macht stehen, um den Friedensstörer niederzuschmettern. Das ist ein schönes Wort, aber wenn die Sache so steht, daß man diese Erklärung abgeben kann, wenn überall, wo europäische Fürsten, die Häupter der Großstaaten zusammenkommen, sie allesamt erklären — wessen das Herz voll ist, des geht der Mund über —, daß sie den Frieden erhalten wollen, daß sie jeden Friedensstörer sogar gemeinsam niederzuschlagen bereit seien, wozu denn aber die fortgesetzten kolossalen Rüstungen — wie können Sie denn das noch rechtfertigen! Wer ist denn eigentlich der Friedensstörer? Ist es das Volk? Darüber möchte ich Antwort haben, bisher weiß ich nicht, daß die Völker die Kriege provoziert haben, wohl aber diejenigen, die an der Spitze der Völker stehen, und wenn diese nunmehr, wie es aus den erwähnten Reden hervorgeht, alle darin übereinstimmen, keinen Krieg zu wollen, alle entschlossen sind, den Frieden aufrechtzuerhalten, dann brauchen wir keine Flottenrüstungen mehr, dann brauchen wir keine neue Artillerievorlage, dann können wir statt aufzurüsten viel eher an das Abrüsten denken. Es sind unlösbare Widersprüche, die in dem herrschenden System in der krassesten Weise zutage treten. . . ."

NIE WIEDER WIE 1870!

Im weiteren Verlaufe dieser Darlegungen kam er wiederum auf die ungeheuren Ausmaße der Kriegführung zu sprechen und auf die kaum vorstellbaren Summen, die ein europäischer Krieg verschlingen würde. Besonders warnte er vor der immer noch in weiten Kreisen vorhandenen leichtfertigen Vorstellung, als ob jeder Krieg für Deutschland siegreich enden und neue Milliarden als Kriegsentschädigung ins Land bringen werde:

„Ist es aber sicher, daß wir einst den mächtigen Flotten der Gegner gegenüberstehen werden, dann frage ich Sie weiter: Haben Sie sich einmal die Frage ernstlich vorgelegt, was Deutschland tun soll, um im Falle eines Krieges gegen Rußland und Frankreich nicht allein die ungeheuren Kosten des Krieges für seine Armee, sondern auch noch für die Flotte aufzubringen, wie sie gegenwärtig geplant ist? Ich habe ja zu der Opferwilligkeit der Herren, die hier fortgesetzt mit ihrem Patriotismus so prahlen, das größte Zutrauen: ich nehme an, daß, wenn **das Vaterland in Gefahr erklärt wird**, sie mit ihrem **Geldbeutel** auch für die Mittel zum Kriegführen einstehen werden. Aber um was handelt es sich denn in einem solchen Krieg? Um **Milliarden!** Halten Sie fest, die 120 Millionen im Juliusturm sind in diesem Falle **nur ein Trinkgeld**. Wir sind gezwungen, **sofort enorme Mittel flüssig** zu machen; und wenn man sich vergegenwärtigt, was die deutsche Bourgeoisie im Jahre 1870 zu Anfang des Krieges geleistet hat, als Fürst Bismarck 100 Millionen Taler Kriegsanleihe auflegte zu dem sehr günstigen Kurs von 80 und zum Zinssatz von 5, dann habe ich an der Opferwilligkeit der deutschen Bourgeoisie einen großen Zweifel. Ich bin im Zweifel darüber, ob die **Tausende von Millionen**, die ein solcher Krieg erfordert, aufzubringen sind. Ich fürchte, sie ist nicht geneigt und gewillt dazu. Und vergessen Sie das Eine nicht, das werden mir auch die Herren von der Militär- und Marineverwaltung zugeben: **im nächsten Krieg, er mag ausfallen wie er will, sind wir nicht Sieger, wie wir es 1866 und 1870 waren. Nein, wir werden froh sein müssen, zu bewahren, was wir haben.** Und zu glauben, daß wir selbst als Sieger in einem solchen Krieg von unseren Gegnern, wie es 1871 der Fall war, **Milliarden in Form von Kriegsentschädigungen** einheimsen würden, daran denkt selbst in den Regierungen kein Mensch. Das ist **ein Ding der Unmöglichkeit. Wir werden im nächsten Kriege jedenfalls die Kriegskosten selber zu bezahlen haben und froh sein, wenn uns nichts Schlimmeres passiert.** Und wir werden wieder die Verwundeten und Hinterbliebenen der Gefallenen selbst zu erhalten haben, ohne daß französische oder russische Milliarden uns dabei zu Hilfe kommen."

ÜBERFLÜSSIGE FLOTTE

Immer dachte man damals natürlich nur an einen Krieg mit **Frankreich und Rußland.** Daß auch England und die ganze übrige Welt sich eines Tages an dem

Kampfe gegen Deutschland beteiligen könnten, lag noch außer dem Bereich aller Möglichkeiten. Aber trotzdem hielt Bebel die Flottenrüstung für einen überflüssigen Luxus, selbst vom Standpunkt der Küsten- und Landesverteidigung aus. Er setzte in der gleichen Rede diesen Gedanken eingehend auseinander:

„... Wenn je der Beweis gegeben ist, daß ein Volk und ein Staat, in die Notwendigkeit gesetzt, ein großes stehendes Heer im Falle des Krieges zu unterhalten und alle verfügbaren Mittel für das **große stehende Heer** aufzuwenden, **keine Mittel mehr für die Flotte** hat, dann ist es **Frankreich** gewesen, das **reiche** Frankreich im Jahre 1870. Was hat denn Frankreich mit seiner Flotte tun müssen? Es hat so rasch als möglich nach der ersten Niederlage seiner Armee die Schiffe in die Häfen zurückbeordern müssen; es hat die Marineinfanterie und Marineartillerie in seine neuen Armeen und in seine Befestigungen z. B. nach Paris, gezogen; es hat damit die **Landarmee verstärken** müssen, und diese Marinetruppen haben damals der Landarmee einen ausgezeichneten Dienst geleistet. Und glauben Sie, das wird bei uns anders? **Tatsache ist** — das wird von allen Seiten zugegeben —: **an die deutschen Küsten kann kein fremdes Kriegsschiff heran.** Der Admiral wäre ein Tor, der auch nur den Versuch machte, an einer deutschen Küste zu landen; ehe 24 Stunden vorbei wären, wäre er mit seiner Mannschaft, mit seinen Schiffen, vernichtet oder gefangen. Es ist **nicht** richtig, daß wir zur **Verteidigung der deutschen Küste die Flotte brauchen** ... Was nun aber den Handel betrifft, glaubt denn der Abg. Hammacher, daß in dem Augenblick, wo zwischen Deutschland auf der einen und **Rußland und Frankreich** auf der anderen Seite ein **Krieg** erklärt würde, **überhaupt noch ein deutsches Schiff sich hinauswagen** wird, auch wenn wir die 17 (neuangeforderten) Panzer haben? Ich bitte doch sehr: sollen etwa die Panzer oder Kreuzer, welche die Panzer begleiten, die **Handelsschiffe durch den Kanal nach dem Ozean** geleiten? Das wird man schön bleiben lassen. Den Kanal, den nördlichen Teil der Nordsee, haben die französischen Schiffe überschwemmt, dort kann sich kein deutsches Handelsschiff halten. (Zuruf rechts.) Ja, nur dann, wenn Frankreich wieder seine Marinetruppen für die Landarmee brauchen sollte, dann werden wir sie aber auch brauchen, darüber täuschen Sie sich doch nicht! Aber auch von dem Gesichtspunkte aus halte ich die Schaffung einer Schlachtflotte für verkehrt, weil sie der Armee, der Landverteidigung die Mittel nimmt, die die Landverteidigung bis zum letzten Heller braucht, um ihre Aufgabe gegen beide Feinde nach Osten und nach Westen erfüllen zu können. . . ."

Alle diese Voraussagen sind im Weltkrieg bis ins kleinste erfüllt worden. Nicht nur, daß die deutsche Flotte die Blockade nicht verhindern konnte, es traf auch zu, daß die Mannschaften und vor allem die Marinegeschütze in sehr wesentlichem Maße zur Verstärkung der Feldarmee herangezogen werden mußten. Zwar war 1897 noch nicht von Unterseebooten und Luftflottillen die Rede, aber auch noch nicht von der Gefahr des englischen und amerikanischen Eingreifens.

DIE AMERIKANISCHE GEFAHR

Jedoch schon im Jahre 1903, nur sechs Jahre später, machte Bebel in seiner Etatsrede (am 22. Januar) besonders auf die Größe der Gefahr aufmerksam, die sich in den militärischen Rüstungen der Vereinigten Staaten auch für Europa und besonders Deutschland zeigte. Er erinnerte daran, daß gerade in jenen Tagen in Amerika Versuche mit neuen riesenhaften Belagerungsgeschützen gemacht worden seien, die Geschosse von 1100 Kilogramm zirka 32 Kilometer weit zu schleudern vermöchten. An diese Mitteilung knüpfte Redner an, indem er warnend auf die Bedeutung Amerikas hinwies:

„In dem Augenblick, in dem die Amerikaner anfangen, auf militärischem und marinistischem Gebiete mit dem alten Europa in Konkurrenz zu treten, geht es dem alten Europa auf diesem Gebiete genau wie auf dem ökonomischen, auf dem industriellen Gebiete. Wie auf diesem Gebiete es die Amerikaner gewesen sind, die durch Erfindungen und Verbesserungen aller Art **das alte Europa in den Schatten gestellt** haben, und wie es gerade diese kolossale technische Entwicklung ist, die Amerika das riesige Uebergewicht auf dem Weltmarkt gibt und später in immer höherem Grade geben wird, so können wir versichert sein, daß bei der **außerordentlichen Energie und Tatkraft** der Amerikaner und bei den kolossalen, nahezu unerschöpflichen Finanzmitteln, die ihnen zur Verfügung stehen, sie **auch auf dem Militär- und Marinegebiet Unglaubliches, bisher nie Dagewesenes leisten werden**, sobald sie einmal anfangen, sich damit zu beschäftigen. Und man fängt dort leider an, sich damit sehr ernstlich zu beschäftigen, weil der **Teufel der Weltpolitik** auch die Amerikaner ergriffen hat, und sie zunächst dabei sind, sich eine **gewaltige Flotte** zu beschaffen, mit der sie konkurrierend England oder Deutschland oder Frankreich usw. gegenüberzutreten vermögen.

Was die Amerikaner auf diesem Gebiet zu leisten vermögen, das hat sich gezeigt anfangs der sechziger Jahre in dem großen Sezessionistenkrieg, der fast zwei Jahre geführt wurde und dessen Endresultat war, daß auf allen Gebieten der militärischen Technik, des Manöverwesens, der Belagerungskunst, des Marinewesens usw. die **Amerikaner geradezu revolutionierend gewirkt** hatten, und daß alle die gewaltigen Fortschritte, die damals von den Amerikanern geschaffen wurden, nachher von den stehenden Armeen Europas allmählich nachgeahmt und bei ihnen eingeführt wurden. Das war schon zu jener Zeit, und **ein nächstes Mal wird es noch anders kommen**.

So sehen wir, wie in dieser bürgerlichen Welt aus sich selber heraus einer über den andern hinausdrängt, wie sie **immer mehr Zerstörungsmittel** schafft, wie sie ungeheure Armeen notwendig macht, wie sie kolossale Marinen erfordert, **bis eines Tages notwendigerweise, wenn es wirklich zu einem großen Zusammenstoß kommt, dann auch der allgemeine Kladderadatsch eintreten muß**, über den Sie so oft mir gegenüber gelächelt haben, wenn ich davon sprach. Jawohl, meine Herren, das ist das **notwendige Ende** dieser Entwicklung!"

KRIEGSNOT — HUNGERSNOT

Als die Marokkokrisis auf ihrem Höhepunkt war und die Kriegsgefahr schon in bedrohliche Nähe gerückt schien, da schilderte Bebel — schon ein Siebzigjähriger! — auf dem Parteitag zu Jena 1911 das Schicksal, das ein europäischer Krieg heraufbeschwören würde, mit so bezwingender Gewalt, daß diese Rede wohl mit zu den wirkungsvollsten seines langen reichen Lebens gehören dürfte. Von dem Gang der Dinge in einem großen Kriege — so führte er aus — macht man sich kaum eine rechte Vorstellung:

„Wie werden denn im Falle eines Krieges ungefähr die Dinge sich gestalten? Das ist sehr wichtig für die Beurteilung der wahrscheinlichen Situation. Im Jahre 1893, als die große Militärvorlage auf der Tagesordnung des Reichstages stand und wir Opposition machten und namentlich auf die furchtbaren Wirkungen eines großen Krieges hinwiesen, nahm der damalige Reichskanzler **Caprivi** das Wort. Caprivi war damals einer der ersten deutschen Generale. Er erklärte: „**Sobald Krieg wird, treten Heere in die Erscheinung, wie sie die Welt noch nicht gesehen, wie sie noch kein General kommandiert hat; wie der Ausgang ist, weiß kein Mensch;** was Deutschland betrifft, so wird es am ersten Tage der Mobilmachung die gesamte kriegsfähige Mannschaft bis auf den letzten Mann einberufen." Das waren **damals** schon 4 Millionen Männer, heute würden es 4½ bis 5 Millionen sein, und wenn man den Landsturm zweiten Aufgebots mit einberuft — und das wird geschehen —, dann sind es 5½ bis 6½ Millionen Männer. Das ist ein ganz kolossales Aufgebot. Dieses Aufgebot ruft eine **förmliche Revolution in unseren gesamten sozialen und wirtschaftlichen Verhältnissen** hervor. Millionen von Arbeitern werden weggerufen von ihren Familien, die nichts mehr zu beißen und zu leben haben. Hunderttausende von kleinen Gewerbetreibenden können ihren Bankerott ansagen, weil ihnen alle Mittel zur Fortführung ihrer Geschäfte fehlen. Die **Kurse aller Wertpapiere** erleiden einen **Sturz**, von dem wir jetzt nur eine ganz kleine Probe gehabt haben und durch den **Zehntausende von wohlhabenden Familien zu Bettelleuten gemacht** werden. Der Ausfuhrhandel stockt, unser gewaltiger Welthandel wird unterbrochen. Zahllose Fabriken und gewerbliche Unternehmungen, soweit sie nicht für Kriegsbedarf arbeiten, kommen zum Stillstand. Arbeitslosigkeit und Verdienstlosigkeit in allen Ecken! Die Zufuhr von Lebensmitteln hört ganz oder zum großen Teil auf. Die Preise der Lebensmittel erreichen eine ganz unerschwingliche Höhe, obwohl sie heute schon kaum erschwinglich sind. **Das wird tatsächlich die allgemeine Hungersnot bedeuten.** Was glaubt man denn, was aus einer derartigen Situation entsteht? Da schreien die Massen nicht nach **Massenstreik**, da schreien sie **nach Arbeit und Brot** — so liegen alsdann die Dinge!

Sie verlangen Arbeit und Brot, die mit Ausnahme der Industrien und Gewerbe, die direkt am Kriege interessiert sind, niemand ihnen bieten kann. Wer wird die Familien der Arbeitslosen unterstützen? Dazu ist kein Geld da. Die Kassen der Gewerkschaften stehen vor dem Bankrott, sie können die verlangten Unterstützungen nicht leisten, auch die Gemeinden, auch der Staat und das Reich nicht, der Staat und das Reich, dem seine Armee und die Flotte jeden Tag der Mobilmachung 45 Millionen Mark kostet, 1350 Millionen Mark in einem Monat. Und nun stellen Sie sich den Krieg selbst vor, mit der ungeheuren technischen Entwicklung seit 1870, den Millionenheeren hüben und drüben, den Repetiergewehren, den Schnellfeuergeschützen, den Maschinengewehren, mit den modernen Sprengstoffen usw. (Zuruf: Luftschiffe!) Als vor einigen Jahren in Elsaß-Lothringen ein größeres Kaisermanöver unter dem Feldmarschall Grafen Haeseler stattfand, erklärte er am Ende: „Das Manöver war sehr schön, aber gefragt habe ich mich doch, wenn es ernst wird, **wo bringen wir die Leichen unter und vor allem, wo bringen wir die Verwundeten unter?**" Parteigenossen, alle diese Vorgänge werden eine Stimmung erzeugen, von der wir uns gar keinen Begriff machen können. Schon 1904 habe ich dem Reichskanzler Fürst Bülow gesagt: **Wenn ein großer Krieg kommt, steht die Existenz der bürgerlichen Gesellschaft auf dem Spiele.** Und nicht wir sind es, die das herbeigeführt haben, sondern die Vertreter dieser bürgerlichen Gesellschaft, die glauben, die bürgerliche Gesellschaft stützen zu müssen, sie allein tragen die Verantwortung für das ungeheuere Elend und die schrecklichen Folgen eines solchen Krieges."

DER FINANZIELLE ZUSAMMENBRUCH

In anderem Zusammenhange kam Bebel in der gleichen Rede wieder auf den **finanziellen Zusammenbruch** zu sprechen, der die unvermeidliche Folge eines großen Krieges sein würde:

„Jetzt würde es sich fürs erste um einen Betrag von mindestens 1500 Millionen Mark handeln. Nun haben wir ja das **Goldhäuflein im Juliusturm**, hundertzwanzig Millionen Mark. Das würde **gerade für drei Tage** reichen. Nun kann man die **Notenpresse** in Bewegung setzen, und das wird auch geschehen. Man gewöhnt euch ja schon jetzt an das Papiergeld. Aber die Deutschen sind in bezug auf das Papiergeld etwas eigentümliche Leute, sie nehmen das Papiergeld nur, weil sie wissen, wenn sie es zur Kasse tragen, bekommen sie Gold dafür. Wenn aber **im Kriegsfall die Papiermühle und die Notenpresse in Bewegung gesetzt** werden, dann **geht das Auswechseln in Gold nicht mehr**. Es tritt der **Zwangskurs** ein, weil die Diskrepanz zwischen Papier und Gold zutage tritt.... Ich habe es mit **Genugtuung begrüßt** — ich gestehe das —, **als ich die Angst sah**, die auf die Kriegsgerüchte hin entstand, und wie die Leute **nach den Sparkassen stürmten**. Da sagte ich mir, das ist euch da oben recht gesund, ihr habt dergleichen noch nicht durchgemacht. Wie viele von den heute Lebenden haben denn den Krieg von 1870 als urteilsfähige Männer erlebt? Wie sehr hat **Bismarck** sich vor einem zweiten **Zusammenstoß mit Frankreich gehütet!** Manche sprechen so leichthin von einem solchen Kriege. Mit Frankreich, sagen sie, werden wir sehr schnell fertig. Urteilsfähige Militärs aber sagen, so leicht wie 1870 würden wir auf keinen Fall mit Frankreich fertig werden. Und wie schwer war es doch. Ueber all das, was damals das Heer und das Volk ertragen mußte, wird in den Büchern nicht berichtet. **Wer die Not, das Elend, die Arbeitslosigkeit jenes furchtbaren Winters von 1870/71 durchge-**

macht hat, der verlangt niemals nach einer zweiten Auflage. Und was kommt, wird unendlich schlimmer, gewaltiger sein und in keiner Richtung mit dem, was 1870 war, zu vergleichen sein. ..."

DER GROSSE KLADDERADATSCH

Und bei der Besprechung des Marokkoabkommens im Reichstag führte Bebel am 11. November 1911 den gleichen Gedanken weiter aus:

„Der Vertrag wird, da wir leider nicht über ihn zu entscheiden haben, Geltung erlangen. Der neue Besitz wird dem deutschen Kolonialgebiet eingereiht werden. Aber ich fürchte, man wird in Frankreich nicht vergessen, daß ihm mitten im Frieden durch einen Vertrag ein Stück Kolonialland von dieser Größe abgeknöpft worden ist; und die deutschen Chauvinisten werden nicht vergessen, daß ihnen die gehoffte Beute in Marokko entgangen ist. Sie machen England, wie wir gehört haben, verantwortlich. So wird man eben von allen Seiten rüsten und wieder rüsten, man rüstet bis zu dem Punkte, daß der eine oder andere Teil eines Tages sagt: Lieber ein Ende mit Schrecken, als ein Schrecken ohne Ende. (Sehr richtig! bei den Sozialdemokraten.) Es kann auch kommen, wie es zwischen Japan und Rußland gekommen ist; eines Tages kann die eine Seite sagen: das kann nicht so weiter gehen. Sie kann auch sagen: halt, wenn wir länger warten, dann geht es uns schlecht, dann sind wir der Schwächere statt der Stärkere. Dann kommt die Katastrophe. Alsdann wird in Europa der große Generalmarsch geschlagen, auf den hin 16 bis 18 Millionen Männer, die Männerblüte der verschiedenen Nationen, ausgerüstet mit den besten Mordwerkzeugen, gegeneinander als Feinde ins Feld rücken.

Aber nach meiner Ueberzeugung steht hinter dem großen Generalmarsch der große Kladderadatsch. (Lachen.) — Ja, Sie haben schon manchmal darüber gelacht; aber er kommt, er ist nur vertagt. (Große Heiterkeit.) Er kommt nicht durch uns, er kommt durch Sie selber! (Sehr richtig! bei den Sozialdemokraten.) Sie treiben die Dinge auf die Spitze, Sie führen es zu einer Katastrophe, Sie werden erleben, was wir heute nur im allerkleinsten Maßstabe erlebt haben. (Zuruf rechts: Ach, die alten Probleme sind tot, und die neuen kommen.) — Sie haben überhaupt nur eine Methode, Herr von Oertzen, keine andere. Sie werden es zu kosten bekommen, Sie werden ernten, was Sie gesät haben. Die Götterdämmerung der bürgerlichen Welt ist im Anzuge. (Lachen.) Seien Sie sicher: sie ist im Anzug! Sie stehen heute auf dem Punkte, Ihre eigene Staats- und Gesellschaftsordnung zu untergraben, Ihrer eigenen Staats- und Gesellschaftsordnung das Totenglöcklein zu läuten. Was wird die Folge sein? Hinter diesem Kriege steht der Massenbankrott, steht das Massenelend, steht die Massenarbeitslosigkeit, die große Hungersnot. (Widerspruch rechts.) — Das wollen Sie bestreiten? (Zuruf rechts: Nach jedem Kriege wird es besser!) — Ich kann mich selbstverständlich in keine private Diskussion einlassen. Jeder, der die Dinge objektiv übersieht, kann sich der Richtigkeit dessen nicht entziehen, was ich hier ausführe. Was hat denn schon das bißchen Marokkofrage in diesem Sommer erzeugt? Den bekannten Run auf die Sparkassen, den Sturz aller Papiere, die Aufregung in den Banken. Das war erst ein kleiner Anfang, es war gegen die Wirklichkeit nichts. (Sehr wahr! bei den Sozialdemokraten.) Wie wird das erst werden, wenn der Ernstfall eintritt? Dann werden Zustände hervorgerufen werden, die Sie allerdings nicht haben wollen, die aber mit Notwendigkeit kommen — ich wiederhole: nicht durch unsere Schuld, durch Ihre Schuld! Discite moniti! (Lebhafter Beifall bei den Sozialdemokraten.)"

Wie furchtbar recht Bebel mit seiner Vorhersage behalten, haben wir schaudernd miterleben müssen. Die blutigen Opfer des Weltkrieges zählen nach Millionen, die Opfer der Hungerblockade sind ungezählt geblieben. Aber was die Papiermühle und die Notenpresse nicht während des Krieges schon vollbracht haben, das bemühen sie sich infolge des Krieges nach dem Friedensschlusse in überreichem Maße nachzuholen. Ganze weite Schichten des einst wohlhabenden Mittelstandes sind inzwischen ins Proletariat versunken, buchstäblich zu Bettelleuten geworden, die der öffentlichen Unterstützung bedürfen. Das Wirtschaftsleben Deutschlands, Englands, Frankreichs, der ganzen Welt ist aus dem Geleise geworfen. Massenarbeitslosigkeit auf der einen, Scheinkonjunktur bei Unterbezahlung und Unterernährung auf der anderen Seite — **das ist das Ergebnis des Weltkrieges**. Bebel hatte die Wirkungen dieses „Stahlbades" — wie die Ueberpatrioten den Krieg verherrlichend nannten — bis ins kleinste vorhergesehen. Er kannte auch die Kriegshetzer und Kriegstreiber zur Genüge. Und es war sicher ein **bitterernstes** Scherzwort, als er in der erwähnten Rede zu Jena den Vorschlag machte:

„Wenn es zum Kriege kommen sollte, so würde ich vorschlagen, daß aus diesen **Kriegshetzern** eine **Brigade** gebildet wird, mit dem Titel „Brigade zur Rettung der Ehre des Vaterlandes", und an der Stirn der Kopfbedeckung müßten die Worte stehen: „Retter des Vaterlandes". Diese müßten zunächst in die Schlacht: die **hetzenden Redakteure** und **Abgeordneten**, die hetzenden Großindustriellen, kurz, alle jene, die an der Kriegshetze beteiligt sind. Diese müßten **in der Schlacht vorausgeschickt** werden, um mit ihren meist doch ziemlich korpulenten Leibern zur Ehre des Vaterlandes das Feld zu decken. Das würde uns imponieren. Aber ich bin **überzeugt**, daß diese Leute **nicht nur nicht in den Krieg gehen**, sondern es sich sogar sehr überlegen werden, ob sie im Kriegsfalle die nötigen **Millionen** aus ihrer Tasche geben."

Leider hat Bebel auch mit dieser Prophezeiung recht behalten. So unzählige Opfer auch gefallen sind, so viele Freiwillige auch zur Verteidigung des Landes sich drängten — die eigentlichen Kriegstreiber blieben hinter der Front, um dort oft recht umfänglich an der Not des Volkes zu verdienen. Die „Kriegshetzerbrigade" ist wirklich **nicht** aufgestellt worden.

BEBEL IN DER INTERNATIONALE

Das Wort des Kommunistischen Manifestes: „Proletarier aller Länder vereinigt Euch!" hat bei den sozialistischen Arbeitern Deutschlands von jeher einen besonders lebhaften Widerhall gefunden. In dem Augenblick, als die Mehrheit der Arbeiterbildungsvereine auf ihrem Nürnberger Vereinstag von 1868 das Programm der „Internationalen Arbeiterassoziation"[1]) sich zu eigen machte, war die junge Partei, die aus den liberalen Arbeitervereinen erwuchs, in ihrer politischen Zielsetzung bereits über den nationalen Rahmen hinausgewachsen. Eine Reihe von den Sozialisten, die an jenem denkwürdigen Vereinstag beteiligt waren, gehörten schon als Einzelmitglieder der Internationalen Arbeiterassoziation an, deren Generalrat in London unter Leitung von Marx und Engels stand. Auch Bebel gehörte zu ihnen, und er hat den internationalen Gedanken gerade in der schlimmsten Zeit nationalistischer Verhetzung um so wärmer vertreten, je schwerer die Angriffe wegen seiner Haltung zu den Kriegskrediten von 1870 auf ihn herniederprasselten. Im Leipziger Hochverratsprozeß wurden alle nur erdenkbaren Briefe, Zeitungen und Broschüren, die man beschlagnahmt oder sonst beschafft hatte, zum Beweis dafür herangezogen, daß die Zugehörigkeit zur Internationale den Verdacht auf Hochverrat rechtfertige.

---

[1]) Karl Marx: „Die Inauguraladresse der internationalen Arbeiterassoziation". Uebersetzt von Luise Kautsky. Berlin-Stuttgart, Dietz.

Die Internationale Arbeiterassoziation ist aus inneren Gründen aufgelöst worden, weil in den einzelnen Ländern die organisatorischen Vorbedingungen für ihr erfolgreiches Wirken noch fehlten. Als aber die französischen Sozialisten aus Anlaß der Hundertjahrfeier der großen französischen Revolution für das Jahr 1889 einen internationalen Arbeiterkongreß nach Paris beriefen, da nahm die deutsche Sozialdemokratie, trotzdem sie noch immer unter dem Drucke des Sozialistengesetzes stand, die Einladung mit Freuden an und neben Liebknecht und Singer war Bebel ihr hervorragendster Vertreter.

Er war es auch bei den meisten der noch folgenden Sozialistenkongresse, und sein Wort hatte, wie in Deutschland, auch vor den Abgesandten der Sozialisten aller Länder ein besonderes Gewicht. Die ersten dieser Kongresse wurden in ihrer Tätigkeit wesentlich beeinflußt durch das Auftreten von Anarchisten, die sich zur Teilnahme berechtigt glaubten, weil die Kongresse nicht als Sozialisten-, sondern als Arbeiterkongresse bezeichnet waren. Mit den Anarchisten sympathisierten die aus der deutschen Sozialdemokratie ausgetretenen oder ausgeschlossenen sogenannten „Unabhängigen" oder „Jungen", deren antiparlamentarische Einstellung die Parteitage von Halle und Erfurt veranlaßt hatte, einen Trennungsstrich gegen sie zu ziehen.

KAMPF GEGEN ANARCHISTEN

Die Störungen, die von dieser „unabhängig-sozialistischen" und anarchistischen Gruppe bereitet wurden, veranlaßten den Kongreß zu Brüssel 1891, durch einen Beschluß festzulegen, daß nur zugelassen werden sollten: 1. alle Arbeitergewerkschaften, 2. die sozialistischen Parteien und Vereine, die die Notwendigkeit der Arbeiterorganisation und der **politischen Aktion** anerkennen. Trotzdem erschienen aber auch auf dem Kongreß zu Zürich 1893 wieder Anarchisten aus verschiedenen Ländern, und auch Vertreter der früheren deutschen „Jungen". Der Begriff „politische Aktion" wurde von den Anarchisten dahin ausgelegt, daß z. B. auch die „**Hinrichtung**" **Alexanders II. von Rußland** eine **politische** Aktion gewesen sei. Und da nun die Anarchisten **nicht jede** solche „politische Aktion" verurteilten, so nahmen sie das Recht für sich in Anspruch, trotz allem an dem Kongreß teilzunehmen.

Um derartigen Auslegungen ein Ende zu bereiten, beantragte Bebel, den Zulassungsbedingungen die folgende Erklärung des umstrittenen Begriffs hinzuzufügen:

„Unter politischer Aktion ist zu verstehen, daß die Arbeiterparteien die **politischen Rechte** und die **Gesetzgebungsmaschinerie** nach Kräften **benutzen** oder **zu erobern suchen** zur Förderung der Interessen des Proletariats und zur Eroberung der politischen Macht."

Zur Begründung dieses Antrages führte Bebel aus:

„Unsere Haltung ist durch die Erfahrung gegeben. **Von den Anarchisten trennen uns grundsätzliche Gegensätze;** unser Standpunkt ist so verschieden, daß jede Diskussion überflüssig ist. Bei solch schroffem Gegensatz in allen prinzipiellen Fragen hätte die Zulassung der anarchistischen Delegierten nur das eine Resultat: die Zeit totzuschlagen und schließlich die Verhandlungen des Kongresses resultatlos verlaufen zu lassen. Der Hinweis auf die Gewerkschaften sei sinnlos, die Gewerkschaften stehen alle auf dem Boden des **Klassenkampfes;** sie sind alle darin einig, jedes Mittel zu gebrauchen, das ihnen im Kampfe gegen den Kapitalismus Erfolg verspricht, und sie sind allesamt auch darin einig, für ihre Forderung in den politischen Kampf einzutreten. Gerade die englischen Gewerkschaften haben seit Jahren durch die Schaffung ihres parlamentarischen Komitees den schlagendsten Beweis dafür erbracht, daß sie überall das Mittel des Parlamentarismus, der Gesetzgebungsmaschine, benutzen, wo sie glauben, daß ihre eigene Kraft nicht hinreiche, die gestellten

Forderungen zu erlangen. Alle früheren Kongresse haben diesen Standpunkt eingenommen; sowohl die Pariser wie die Brüsseler Kongreßbeschlüsse in der Frage der Arbeiterschutzgesetzgebung (Achtstundentag, Verbot der Kinderarbeit, der Nachtarbeit usw.) sind alle gefaßt unter der ausgesprochenen Voraussetzung, daß sie verwirklicht werden s o l l e n , nur verwirklicht werden k ö n n e n auf dem Wege der Gesetzgebung. Wenn nun alle diese Forderungen die Grundlagen unserer Verhandlungen bilden, wenn der Zweck unserer Beratungen ist, über Mittel und Wege uns zu verständigen, wie wir die politische Macht erobern, dann haben diese Herren h i e r n i c h t s z u s u c h e n. . . . Diese lehnen jede Beteiligung (am parlamentarischen Kampfe) ab. Wo das allgemeine W a h l r e c h t vorhanden, v e r z i c h t e t e n sie darauf, wo es sich um die E r o b e r u n g desselben für die Arbeiterklasse handle, s t e m m t e n s i e s i c h d a g e g e n, weil sie es für überflüssig halten. Bei solcher prinzipiellen Meinungsverschiedenheit sind wir Deutschen entschlossen, ein Ende zu machen. Es ist doch kein Vergnügen, erst drei Tage zu diskutieren und dann den Leuten doch die Türe zu weisen, weil sie n i c h t z u u n s g e h ö r e n. . . . Was wollen diese Herren Anarchisten oder Unabhängige? Sie haben keinen gemeinsamen Stadtpunkt, kein gemeinsames Prinzip, kein Programm, nicht einmal einen gemeinsamen Namen; sie wissen überhaupt nicht, was sie wollen. Soviel Köpfe, soviel Meinungen. . . ."

Der Züricher Kongreß machte sich Bebels Erläuterung des Begriffs der politischen Aktion zu eigen. Der Kongreß zu London 1896 behandelte „die politische Aktion" als besonderen Punkt der Tagesordnung und formulierte den Begriff wie folgt:

„Dieser Kongreß versteht unter politischer Aktion a l l e F o r m e n d e s o r g a n i s i e r t e n K a m p f e s zur Eroberung der p o l i t i s c h e n M a c h t und die Ausnutzung der Gesetzgebungs- und Verwaltungseinrichtungen in Staat und Gemeinde durch die Arbeiterklasse zum Zwecke ihrer Emanzipation."

Der Kongreß erklärte weiter, daß das w i c h t i g s t e M i t t e l zum Zwecke der Emanzipation der Arbeiter die Eroberung der p o l i t i s c h e n M a c h t sei und forderte die Arbeiter aller Länder auf, sich zu vereinigen und

unabhängig von allen bürgerlichen Parteien das allgemeine gleiche Stimmrecht für jeden Erwachsenen sowie die Volksinitiative und das Referendum in Staat und Gemeinde zu fordern. Der englische Gewerkschaftler Hennessey beantragte, die Worte „unabhängig von allen bürgerlichen Parteien" zu streichen und der Fabier Steadman unterstützte diesen Antrag in Rücksicht darauf, daß die Gewerkschaften in England damals noch hauptsächlich die Liberalen bei der Wahl unterstützten.

SELBSTÄNDIGE ARBEITERPARTEIEN

Bebel wandte sich gegen den Antrag Hennessey, um an Hand der Erfahrungen der deutschen Partei für die selbständige Wahlbeteiligung zu sprechen:

„Ohne Anmaßung könne er von der deutschen Sozialdemokratie behaupten, daß keine Partei so konsequent und unentwegt im Kampfe gestanden habe wie sie seit dem Tage, da sie auf dem Kampfplatze erschienen. Als ihr vor 25 Jahren, nicht aus eigener Macht, sondern durch die politische Entwicklung Deutschlands, das **Wahlrecht in den Schoß gefallen** sei, da habe es in ganz Deutschland keinen Menschen gegeben, der sich gegen die Teilnahme am Wahlkampf ausgesprochen hätte. Und gerade durch diese Beteiligung an der politischen Aktion und wesentlich **durch den politischen Kampf** sei die deutsche Sozialdemokratie aus einem kleinen, verachteten, verleumdeten Häuflein **die stärkste der politischen Parteien im Reiche** geworden. Eindreiviertel Millionen Stimmen! Dieser Erfolg habe die Regierung und die bürgerlichen Parteien geradezu konsterniert. Alles, was in Deutschland in wirtschaftlicher und politischer Beziehung für die Arbeiterklasse geschehen sei, sei durch die Sozialdemokratie, durch ihre politische Aktion, ihren politischen Einfluß errungen worden. Und die deutsche Arbeiterklasse habe daher kein Verständnis für die Forderung der Wahlenthaltung. Ihre Parole sei: **Mehr wählen!** Je häufiger, desto besser! Warum haben denn Regierung und bürgerliche Parteien die Legislaturperioden von drei auf fünf Jahre verlängert? Aus Liebe zu den Arbeitern? Nein, aus Furcht vor den Arbeitern, aus Furcht vor der Aufregung und Aufklärung, welche die Wahlagitation mit sich bringen. Die bürgerlichen Parteien wollen die Wahlkämpfe so selten als möglich. Und wir könnten unsern Gegnern keinen größeren Gefallen tun, als wenn wir die Taktik der Anarchisten akzeptieren, auf das Wahlrecht zu pfeifen! Sie würden uns um den Hals fallen und uns loben, wie niemals Arbeiter gelobt worden sind."

Die deutschen Arbeiter, so rief er den Engländern zu, hätten schon seit längerer Zeit mit Bedauern gesehen, daß ein großer Teil der englischen Arbeiter noch allzusehr im Schlepptau der bürgerlichen Parteien sich befände. Er forderte sie auf, sich zu organisieren und selbständig in den Kampf einzutreten: „Ihr braucht nur zu wollen, und ihr seid hier in England die Herren des Staates, der Gesellschaft! Geht Euren Brüdern vom Kontinent voran und die Fahne des Sozialismus wird siegen!"

DIE ENGLISCHE ARBEITERBEWEGUNG

Ueber seine Eindrücke von dem Londoner Arbeiter- und Gewerkschaftskongreß und über die Wirkung, die dieser auf die Gestaltung der englischen Arbeiterbewegung haben könne, gab Bebel dann auf dem Parteitag der deutschen Sozialdemokratie in Gotha (1896) den folgenden Ueberblick, der durch die gewaltigen Wahlerfolge der englischen Arbeiterpartei nach dem Weltkriege erneutes Interesse gewinnt:

„1893 haben wir es in Zürich mit der größten Genugtuung begrüßt, als die Trades-Unions, die die weitaus größte Mehrheit der englischen organisierten Arbeitermassen umfassen, in denen der Sozialismus und die auf internationale Verbrüderung gerichteten Bestrebungen bisher vergleichsweise sehr wenig Boden gefunden hatten, ihre Zurückhaltung aufgaben und uns einluden, den nächsten Kongreß in England abzuhalten. Um den englischen Gewerkschaften entgegenzukommen, erklärten wir uns auch bereit, die Einladung zum Kongreß dahin abzuändern, daß es hieß: Internationaler Sozialisten- und Gewerkschaftskongreß. Wir freuten uns darüber aus dem Gesichtspunkte, weil es für uns von großer Wichtigkeit war, uns durch eigenen Augenschein zu überzeugen, wie die Dinge in England liegen. . . . Der englische Trades-Unionismus hat noch keinen Anschluß an den Sozialismus genommen, er schreitet zunächst noch langsam in dieser Richtung vor. Anderseits sind im Laufe der letzten Jahrzehnte in England sozialistische Organisationen entstanden, die sich allerdings (an Zahl) nicht entfernt mit den Anhängern der Trades-Unions messen können. Neben den Trades-Unions, die ihre Stellungnahme zu den großen politischen Fragen immer von Fall zu Fall bemessen, sind aber im Laufe der Jahre Organisationen auf direkt sozialistischem Boden entstanden, so die Sozialdemokratische Föderation."

UNABHÄNGIGE ARBEITERPARTEI UND FABIER

„... Es besteht in England ferner die Unabhängige Arbeiterpartei, die aus der Mitte der Trades-Unions hervorgegangen ist, deren gesamte Führer mehr oder weniger eine Rolle in der englischen Trades-Unions-Bewegung spielen und infolgedessen weit mehr als die Sozialdemokratische Föderation Einfluß auf die Trades-Unions im Sinne des Sozialismus gewinnen dürfte. Auf dem Kongreß war noch eine dritte Organisation vertreten, die auf sozialistischem Boden steht, aber doch in der grundsätzlichen Auffassung wesentlich von dem Sozialismus der übrigen englischen und der kontinentalen Sozialisten abweicht, die Fabian Society, eine Organisation, wie sie nur unter den ganz eigenartigen englischen Verhältnissen möglich ist. Diese Gesellschaft . . . . rekrutiert sich ausschließlich aus Angehörigen der höheren Klassen. Sie leitet ihren Namen her von dem römischen Heerführer Fabius Cunctator und vertritt die Ansicht, daß man langsam vorgehen müsse und den richtigen Moment abwarten, dann aber mit aller Macht vorzugehen habe. Den Klassenkampfstandpunkt hält sie für falsch und glaubt, daß nur durch das Zusammenwirken der verschiedenen Klassen der Gesellschaft die Ziele des Sozialismus sich verwirklichen lassen. Die Entwicklung der Verhältnisse in England wird lehren, daß das eine falsche Hoffnung ist. . . ."

ENGLISCHE UND DEUTSCHE BOURGEOISIE

„... Es ist nicht zu leugnen, daß sich die Haltung der englischen Bourgeoisie gegenüber den Arbeitern vorteilhaft von der Haltung der deutschen Bourgeoisie oder der irgendeines anderen Landes auszeichnet. Während wir jahrzehntelang die ausgedehntesten Kämpfe zu bestehen hatten, um nur die kleinsten gesetzlichen Reformen durchzusetzen, ist die englische Bourgeoisie in weit höherem Maße geneigt, den Wünschen der Arbeiter entgegenzukommen, sobald sie einsieht, daß sie auf die Dauer diesen Wünschen keinen Widerstand leisten kann. Daher kommt es, daß die englischen Arbeiter auf Grund der Erfahrung in ihren gewerkschaftlichen und politischen Kämpfen mehr als die Arbeiter eines anderen Landes zu der Anschauung neigen, es sei überflüssig, eine spezielle politische Partei zu bilden, es genüge, bei den Wahlen ihr Gewicht dafür in die Wagschale zu werfen, daß bürgerliche Vertreter ins Parlament kommen, die das durchsetzen, was sie für notwendig halten. Dies Verhältnis der verschiedenen Klassen in England zueinander ist allerdings das Produkt einer jahrhundertelangen Entwicklung, die grundverschieden ist von der auf dem Kontinent. ... Das hat wesentlich dazu beigetragen, der Gewerkschaftsbewegung in England diesen eigentümlichen Geist zu geben, der es mit sich brachte, ihre Kämpfe anders zu führen, als es auf dem europäischen Kontinent der Fall ist. Im letzten Jahrzehnt haben sich aber die Verhältnisse sehr geändert. England sind mächtige Konkurrenten auf allen Gebieten des Weltmarktes erwachsen, und namentlich hat die Entwicklung der nordamerikanischen und der deutschen Industrie dazu beigetragen, daß die Vorrechtsstellung Englands auf verschiedenen Gebieten des Weltmarktes zurückgedrängt worden ist. Die bedeutendsten Staatsmänner und die einflußreichsten Industriellen Englands bemühen sich gegenwärtig, nach geeigneten Vorschlägen zu suchen, um die Vorherrschaft Englands aufrechtzuerhalten und die unbequeme Konkurrenz Amerikas und Deutschlands wieder zurückzudrängen. Das ist allerdings unmöglich, denn auch der Weltmarkt hat seine Begrenzung. ... Die englische Industrie und der englische Handel haben also keine Aussicht, künftig ihre Position auf dem Weltmarkte wesentlich zu verbessern; im Gegenteil, sie wird immer mehr bedroht, neuerdings auch durch die Konkurrenz Indiens. Der internationale Konkurrenzkampf wird trotz aller Erweiterungen des Weltmarktes immer schwieriger. Die Zeit läßt sich also absehen, wo die englische Industrie und mit ihr **auch der englische Arbeiter aus der bevorrechtigten sozialen Position gedrängt** werden, die sie jetzt dem Festlande gegenüber einnehmen. Dieser Einsicht verschließen sich die englischen Arbeiter nicht.

Wenn sich also bis jetzt noch kein Anschluß der englischen Trades-Unionisten an den Sozialismus vollzogen hat, so ist dagegen bereits die Erkenntnis von der Notwendigkeit vorhanden, mit den Arbeitern der ganzen Kulturwelt gemeinsame Sache gegen den Kapitalismus zu machen. . . . Kurz, die Exklusivität und souveräne Geringschätzung der Trades-Unions gegen die kontinentalen Arbeiter ist mehr und mehr geschwunden. Damit ist der erste Schritt getan, um der kapitalistischen Gesellschaft in der ganzen Welt die Axt an die Wurzel zu legen. Der Gang der Entwicklung wird sein, daß **auch die englische Arbeiterklasse in absehbarer Zeit zum Sozialismus übergeht**, wenn auch niemand imstande ist, zu sagen, bis wann sich das in England vollziehen wird. Diese Ideenentwicklung nach Möglichkeit zu fördern, war eine unserer Hauptaufgaben auf dem Kongresse zu London. . . . Die Logik der Tatsachen wird im Laufe der nächsten Jahre die Trades-Unions mit sozialistischem Geiste durchdringen. Dagegen glaube ich nicht, daß die Trades-Unions eines Tages zu einer rein sozialistischen Organisation werden, was sie, soweit die politische Bewegungsfreiheit in Frage kommt, in keinem Lande so leicht können, wie gerade in England. . . ."

DIE LABOUR PARTY

Das war 1896. Als ein Jahrzehnt später, 1907, der internationale Sozialistenkongreß zum ersten Male auf **deutschem** Boden, und zwar in Stuttgart tagte, konnte Bebel in seiner Eröffnungsrede mit großer innerer Genugtuung feststellen, daß er die **Entwicklung in England** durchaus **richtig** gesehen hatte. In dieser Zwischenzeit war die englische **Arbeiterpartei** neu gegründet, von den Trades-Unions gestützt und getragen, und hatte bereits ihren ersten und überraschend großen Wahlsieg zu verzeichnen. „Sehen wir doch," sagte Bebel, „in welch mächtiger Weise der Gedanke der Internationale in der ganzen Kulturwelt Boden gefaßt hat":

„... Wo immer die kapitalistische Wirtschaftsordnung Boden fand, da hat auch alsbald die Idee des Sozialismus Wurzel gefaßt. Wir sehen heute eine internationale Bewegung für den menschlichen Fortschritt von einer Großartigkeit vor uns, wie die Geschichte der Menschheit noch niemals ähnliches aufzuweisen hatte. Wir hatten seit Amsterdam (1904) auf den verschiedenen Gebieten sehr erhebliche Fortschritte gemacht. Für alle diejenigen, die das Glück hatten, in Amsterdam anwesend zu sein, war es wohl der wirkungsvollste Augenblick, daß, als bei Eröffnung jenes Kongresses der Vorsitzende auf das furchtbare Schlachten zwischen Japan und Rußland hinwies, in diesem Moment der Vertreter von Japan, Katayama, und der Vertreter von Rußland, Plechanow, sich brüderlich die Hände reichten als ein Beweis für die Solidarität der Arbeiterklasse der beiden Länder. Wir hatten dann in Amsterdam die Debatten über die Frage der Anteilnahme von Sozialdemokraten an der Regierung. Wir befanden uns in starken Meinungsverschiedenheiten und gingen mit dem Gedanken auseinander, daß es schwerlich gelungen sei, unter unseren französischen Brüdern die Einheitlichkeit herzustellen. Aber siehe, zu unserer aller freudigen Ueberraschung ist das große Werk dennoch gelungen. Der Same von Amsterdam hat Früchte getragen, unsere französischen Brüder haben gemeinsam einen Wahlkampf geführt, aus dem sie siegreich hervorgegangen sind, sie haben die Zahl ihrer Mandate von 37 auf 54 erhöht und gleichzeitig eine bedeutende Vermehrung ihrer Stimmen aufzuweisen. Unmittelbar an dies schöne Ereignis knüpfte sich ein anderes. Zum erstenmal in der englischen Arbeiterbewegung trat die englische Arbeiterklasse gegenüber den bürgerlichen Parteien als selbständige Arbeiterpartei in den Wahlkampf. Und was niemand in dem Maße erwartet hatte, auch dieser Kampf wurde glorreich zu Ende geführt, und zum erstenmal konnten 32 Delegierte des englischen Proletariats als selbständige Arbeiterpartei in das englische Parlament einziehen. Es hat etwas lange gedauert, bis das ökonomisch fortgeschrittenste Land Europas in dieser Weise sein Proletariat als selbständige Partei aufmarschieren sah. Aber, ihr englischen Freunde, euer Anfang war ein guter, und was folgte, hat uns noch mehr gefreut. Auch traf ein, was ich in Amsterdam voraussagte, daß bei einem Siege der englischen Arbeiter die englische Regierung sicher einen Sozialisten ins Ministerium nehmen werde — ich nannte damals bereits John Burns —, doch hat diese Konzession nicht vermocht, unsere englischen Freunde auch nur um Haaresbreite von ihrer Kampfestaktik abzubringen. . . ."

JAURÈS GEGEN BEBEL

In Amsterdam wie in Stuttgart wurden die Debatten von Auseinandersetzungen zwischen den französischen und deutschen Sozialisten beherrscht. In Amsterdam traten, wie aus dem Vorhergehenden ersichtlich, die Franzosen noch in getrennten Fraktionen auf, die sich in ihrem Lande ihrer verschiedenen Taktik willen gegenseitig bekämpften. Von der radikalen Gruppe — geführt von dem alten Kommunekämpfer Vaillant und von Jules Guesde — wurde verlangt, der Internationale Kongreß solle die deutsche Resolution von Dresden, die den „Revisionismus" verurteilt, für die gesamte Internationale als bindend erklären. Gegen diesen Vorschlag wandte sich besonders der Führer der anderen französischen Gruppe, Jean Jaurès, einer der glänzendsten Redner nicht nur innerhalb der sozialistischen Internationale. Jaurès hielt den deutschen Sozialdemokraten vor, daß ihr politischer Einfluß infolge mangelnder revolutionärer Tradition bei weitem nicht der Größe ihrer Organisation und der Zahl ihrer Wählerstimmen entspräche:

„Was im gegenwärtigen Moment auf Europa und der Welt, auf der Verbürgung des Friedens, der Sicherstellung der politischen Freiheiten, dem Fortschritt des Sozialismus und der Arbeiterklasse lastet, was auf den politischen und sozialen

Fortschritt Europas und der Welt drückt, das sind nicht die angeblichen Kompromisse, die waghalsigen Versuche der französischen Sozialisten . . ., sondern das ist die **politische Ohnmacht der deutschen Sozialdemokratie.** (Große Bewegung.) Gewiß, ihr seid eine große, bewunderungswürdige Partei, die dem internationalen Sozialismus zwar nicht **alle** Denker, wie man es zuweilen zu sagen scheint, aber einige der **gewaltigsten** und **scharfsinnigsten Denker** gegeben hat, die dem internationalen Sozialismus das Vorbild einer konsequenten, systematischen Aktion, einer wohlgegliederten und machtvollen Organisation gegeben hat, die vor keinem Opfer zurückschreckt, und sich durch keinen Ansturm erschüttern läßt. Ihr seid eine große Partei, ihr seid die Zukunft Deutschlands, eine der edelsten und glorreichsten Parteien der zivilisatorischen und denkenden Menschheit, aber zwischen eurer anscheinenden politischen Macht, wie sie sich von Jahr zu Jahr in der wachsenden Zahl eurer Stimmen und Mandate ausdrückt, zwischen dieser **anscheinenden** Macht und der **wirklichen** Macht zu Einfluß und Tat besteht ein Gegensatz, der um so größer zu werden scheint, je mehr eure Wahlmacht zunimmt. O ja, am Tage nach jenen Juniwahlen, die euch die drei Millionen Stimmen gebracht haben, ist es allen deutlich geworden, daß ihr eine bewundernswerte Kraft der Propaganda, der Werbung, der Einreihung habt, aber daß weder die Traditionen eures Proletariats noch der Mechanismus eurer Verfassung euch erlauben, diese anscheinend kolossale Macht von drei Millionen Stimmen in die Aktion der Nutzbarmachung und Verwirklichung, in die politische Aktion umzusetzen. . . . Man erwartete von euch, die sozialistische Welt erwartete von euch, von jenem Dresdener Kongreß, der nach dem Sieg der drei Millionen Stimmen stattfand, die **Festlegung einer Politik.** . . . Man erwartete von euch, am Morgen nach jenem großen Sieg, eine **Kampfparole**, ein **Aktionsprogramm**, eine **Taktik**. Ihr habt die Tatsachen geprüft, befühlt, belauert — aber die Geister waren noch nicht reif. Und da habt ihr vor eurem eigenen Proletariat, vor dem internationalen Proletariat, eure Ohnmacht, zu handeln, hinter die Intransigenz theoretischer Formeln verhüllt. . . ."

DAS POLIZISTISCHE DEUTSCHLAND

In seiner Erwiderung hob B e b e l hervor, daß nicht die Deutschen die Uebertragung ihrer Resolution auf internationale Verhältnisse beantragt hätten, sondern die guesdistische Fraktion der Franzosen. Dann fuhr er fort:

„Gewiß, Deutschland ist nicht nur eine Monarchie, es setzt sich aus nahezu zwei Dutzend Monarchien zusammen, es sind also selbst für eine Monarchie nahezu zwei Dutzend davon zuviel vorhanden. Es bestehen also in Deutschland wirklich außergewöhnliche Verhältnisse. Auch ist Deutschland ein überwiegend feudalistisch, polizistisch regiertes Land, mit Ausnahme von Rußland und der Türkei vielleicht das reaktionärst regierte Land Europas. Das wissen wir, die wir Tag für Tag mit diesen elenden Verhältnissen uns herumzuschlagen haben und die Wirkungen dieser Zustände am eigenen Leibe zu spüren bekommen, am besten. Wie s c h l i m m immer ein Ausländer unsere Zustände schildern mag, w i r k e n n e n s i e n o c h b e s s e r a l s e r. Und dennoch paßt die Resolution nicht nur für unsere Taktik im Reichstag und in den Landtagen in Deutschland, sondern auch für die Taktik in den anderen bürgerlich regierten Ländern. . . .

Ich wiederhole also: Wir sind selbstverständlich R e p u b l i k a n e r, sozialistische Republikaner. Es war allezeit eine der schwersten Anklagen, die sowohl Fürst Bismarck wie jetzt Graf Bülow und fast die gesamte deutsche Presse gegen uns richten, daß wir Antimonarchisten, Republikaner seien. Aber wir schwärmen deshalb nicht für die bürgerliche Republik. So sehr wir euch Franzosen um eure Republik beneiden und uns eine wünschen: Uns ihretwegen die K ö p f e e i n s c h l a g e n z u l a s s e n, das fällt uns nicht ein! . . .

. . . Aber ob Monarchie, ob bürgerliche Republik, b e i d e sind K l a s s e n s t a a t e n, beide sind eine Staatsform zur Aufrechterhaltung der Klassenherrschaft der Bourgeoisie, beide sind bestimmt, die kapitalistische Gesellschaftsordnung zu schützen. Daher wird auch unter beiden Staatsformen die Gesetzgebung in erster Linie im Interesse der besitzenden Klassen gestaltet und werden die Arbeiterinteressen nur insoweit berücksichtigt, als dieses ohne ernsthafte Gefährdung der Interessen der herrschenden Klassen geschehen kann. Denn in dem Augenblick, wo die herrschenden Klassen ihre politische Macht zu verlieren Gefahr laufen, ist auch ihre wirtschaftliche und soziale Stellung in Gefahr. Immerhin hat die Republik für uns vor der Monarchie vieles voraus. Aber so schlecht, wie ihr die Monarchie macht, ist sie nicht, und so gut, wie ihr die Republik darstellt, ist sie auch nicht. . . .

Ich habe schon erklärt: Wir beneiden euch in Frankreich um eure Republik, noch mehr um das allgemeine Wahlrecht zu allen Vertretungskörpern; aber das sage ich euch: **Hätten wir das Stimmrecht mit der Freiheit und der Ausdehnung wie ihr, wir hätten etwas ganz anderes daraus gemacht**, als ihr bisher daraus gemacht habt! Und doch, wenn bei euch Arbeiter und Unternehmer in Konflikt kommen, so wenden auch die radikalen Ministerien bei euch die Staatsgewalt an, um in himmelschreiender Weise die Arbeiter niederzuhalten. . . . Jaurès erklärt, die Dresdener Resolution erwecke in unseren eigenen Reihen den Geist der Unsicherheit und des Zweifels, sie lähme die Partei. Ich verstehe nicht, wie ein so intelligenter und geschichtskundiger Mann wie er eine solche Ansicht aussprechen kann. Alle unsere Meinungsverschiedenheiten haben unsere Kampffähigkeit keinen Augenblick gestört, das zeigen die Erfolge bei den Reichstags- und bei den Landtagswahlen, trotz der meist elenden Wahlgesetze zu den letzteren. Und an Erfolgen anderer Art fehlt es uns auch nicht. **Haben wir mit unserer Taktik je eine wirkliche Reformmaßregel zurückgewiesen?** Oder einen namhaften Fortschritt nicht unterstützt? Darin besteht gerade unsere Taktik, daß wir dies tun. Haben wir in Deutschland ein bißchen sozialen Fortschritt, wem ist er anders zu danken als uns? . . . **Nur von uns** werden unsere Gegner zu Reformen gedrängt und angepeitscht, **wir allein** sind die beständigen Dränger und Treiber. Und wir sind so weitherzig, daß wir die Konzessionen annehmen, einerlei, von wem sie kommen. . . . Aber wir vergessen keinen Augenblick die abgrundtiefe Kluft, die uns von unseren Gegnern trennt. . . .

„Eure Machtlosigkeit kommt daher, daß euch das allgemeine Wahlrecht geschenkt worden ist. Ihr habt keine revolutionäre Vergangenheit", sagt Jaurès. Aber wie kamt ihr in Frankreich denn dazu? 1848 kämpften Arbeiter und Bürger gemeinsam in der Revolution für die Republik und erkämpften mit ihr das allgemeine Wahlrecht. Das Proletariat verlangte aber auch entscheidende **soziale Reformen**, das heißt Brot und stellte der Republik drei Monate Hunger zur Verfügung. Dann aber kam die Junischlacht, das Proletariat wurde niedergeworfen und es war die honette Republik, die das allgemeine Stimmrecht wieder abschaffte. Wenn ihr es wieder bekamt, so nicht, weil ihr es erobertet, sondern weil der **Mann des Staatsstreichs**, des bas empire, Napoleon III., es wiederherstellte, um mit Hilfe der Bauern seine Macht zu stützen. Und die **neue Republik**, die habt ihr wieder **nicht erobert**, die bekamt ihr durch euren **Feind Bismarck**, als er nach Sedan Napoleon III. nach Wilhelmshöhe führte. Das war für euch keine Schande und kein Schaden! Bekäme Deutschland je einmal unter ähnlichen Verhältnissen und ähnlichen innerlichen Gegensätzen die Republik, es wäre nicht das gröfzte Unglück, das uns treffen könnte. Auch in Deutschland mufzte Bismarck, als er das allgemeine Wahlrecht gab, an die **einzige revolutionäre Tradition** anknüpfen, die Deutschland besafz, an die Errungenschaft der **Revolution von 1848/49**. Ohne das allgemeine Stimmrecht war sein Nordbund und später das Deutsche Reich unmöglich. Allerdings hoffte Bismarck wie Napoleon, mit Hilfe des allgemeinen Wahlrechts die Massen dauernd auf seine Seite zu bekommen und eine eventuell oppositionelle Bourgeoisie damit in Schach zu halten. Dafz ihm dieses nicht gelang, ist das Verdienst der deutschen Sozialdemokratie . . ."

Tatsächlich wurde die Dresdener Resolution vom Kongrefz zu Amsterdam angenommen. Die Folge der eingehenden Aussprache über die Fragen der Taktik war zunächst, dafz die verschiedenen Gruppen der französischen Sozialdemokratie sich miteinander verständigten und zu einer einheitlichen Partei verschmolzen. Von der Wirkung dieser Vereinigung konnte Bebel voller Freude in Stuttgart berichten.

DIE INTERNATIONALE IM KRIEG

Auf dem **Stuttgarter** Kongrefz stand die Frage der **internationalen Konflikte** und ·die **Haltung der Sozialdemokraten im Kriegsfall** im Mittelpunkt des Interesses. Von französischer Seite unternahm Gustave Hervé — der damals in Frankreich eine besondere antimilitaristische Propaganda betrieb, inzwischen aber zu den übelsten nationalistischen Hetzern hinübergewechselt ist —, den Versuch, durch den internationalen Kongreß die Pflicht zum **Massenstreik** und **offenen Widerstand** im Kriegsfalle für alle Länder vorschreiben zu lassen. Die agressive Art, in der Hervé gegen die deutschen Sozialdemokraten vorging —, er bezeichnete sie unter anderem als „gute, zufriedene und satte Spießbürger" — rief besonders scharfe Auseinandersetzungen hervor, an der neben Vollmar als deutscher Vertreter vor allem Bebel teilnahm. Dieser führte gegen Hervé gewandt unter anderem aus:

„Hervé sagt: Das **Vaterland** sei das Vaterland der herrschenden Klassen, das ginge das Proletariat nichts an. Ein ähnlicher Gedanke ist im „Kommunistischen Manifest" ausgesprochen, wo es heißt: „**Der Proletarier hat kein Vaterland.**" Aber einmal haben Marx' und Engels' Schüler erklärt, daß sie **nicht** mehr die Anschauungen des Manifestes teilten und zweitens haben sie im Laufe der Jahrzehnte zu den europäischen und auch deutschnationalen Fragen sehr klar und keineswegs negativ Stellung genommen. Was wir bekämpfen, ist **nicht das Vaterland an sich**, das gehört dem Proletariat weit mehr als den herrschenden Klassen, sondern die **Zustände**, die in diesem Vaterlande im Interesse der herrschenden Klassen vorhanden sind. . . . Das Kulturleben und die Kulturentwicklung eines Volkes kann sich nur auf dem Boden voller Freiheit und Unabhängigkeit durch das Hilfsmittel der Muttersprache entwickeln. Daher überall das Streben unter Fremdherrschaft stehender Völker nach **nationaler Freiheit und Unabhängigkeit**. Das sehen wir zum Beispiel in Oesterreich, das sehen wir an dem Kampf der Polen um ihre nationale Wiederherstellung. Auch in Rußland wird, sobald es moderner Staat geworden ist, die Nationalitätenfrage erwachen. . . . Jedes Volk, das unter der Fremdherrschaft steht, kämpft zuerst für seine Unabhängigkeit. Wenn Elsaß-Lothringen sich gegen die Losreißung von Frankreich sträubte, so weil es dessen Kulturentwicklung jahrhundertelang mit durchgemacht, die Errungenschaften der großen Revolution als gleichberechtigt genoß und so kulturell ohne Schaden für das Volkstum mit Frankreich aufs innigste verwachsen war. Hervés Gedanke, daß es g l e i c h sei für das Proletariat, ob F r a n k r e i c h z u D e u t s c h l a n d o d e r D e u t s c h l a n d z u F r a n k r e i c h gehöre, ist a b s u r d. (Zuruf: Das ist g a r k e i n Gedanke! Heiterkeit.) Wollte Hervé im Ernstfall diesen Gedanken seinen Landsleuten plausibel machen, ich fürchte, er würde v o n s e i n e n e i g e n e n V o l k s g e n o s s e n unter die F ü ß e getreten werden. . . .

Aber prüfen wir die Frage des Antimilitarismus im Hervéschen Sinne auch p r a k t i s c h. Ich weiß nicht, ob die Hervésche Taktik in Frankreich möglich ist. Ich fürchte, man wird in Frankreich böse Erfahrungen machen, wenn im Kriegsfall die Hervéschen Mittel: Massenstreik, Fahnenflucht der Reservisten und Landwehrmänner und offene Insurrektion in Anwendung kommen sollten. Ich muß rund heraus erklären, daß diese Mittel b e i u n s u n m ö g l i c h und u n d i s k u t a b e l sind. . . . Wenn auch wir als Sozialdemokraten militärische Rüstungen nicht gänzlich entbehren können, solange die Verhältnisse der einzelnen Staaten zueinander sich nicht von Grund aus geändert haben, so nur i m S i n n e d e r r e i n e n V e r t e i d i g u n g und auf breitester d e m o k r a t i s c h e r G r u n d l a g e , die einen M i ß b r a u c h der militärischen Kräfte v e r h i n d e r t. Wir bekämpfen also in Deutschland den bestehenden Militarismus zu Lande und zu Wasser in jeder möglichen Form und mit allen unseren Kräften. Darüber hinaus können wir uns aber zu Kampfmethoden nicht drängen lassen, die dem Parteileben und unter Umständen auch der Existenz der Partei verhängnisvoll werden könnten. . . ."

Am Schlusse dieser mehrere Sitzungen füllenden Debatte kam Bebel noch einmal auf die Angriffe Hervés zurück:

„In der Debatte hier hat es eine Zeitlang geschienen, als ob starke Differenzen zwischen uns beständen, als wolle sich Deutschland weigern den Kampf gegen den Militarismus zu führen und sich seiner internationalen Verpflichtungen zu entledigen. Parteigenossen, das ist k e i n e m von uns eingefallen, daran hat n i e e i n d e u t s c h e r P a r t e i g e n o s s e gedacht. Wir haben bei der Frage des Militarismus auf früheren internationalen Kongressen uns stets mit der großen Mehrheit der Internationale zusammengefunden, und wir haben unseren Standpunkt nicht geändert. Dagegen haben unsere französischen Parteigenossen ihre Haltung geändert, indem sie Hervé entgegenkamen und dadurch einen Zwiespalt hervorriefen. ... Um eines Nichts willen, von dem wir nicht einmal wissen, ob wir es im Ernstfalle durchführen können, sind wir **nicht** gewillt, uns Verlegenheiten zu bereiten und die Kräfte unserer Bewegung in erheblichem Maße lahmzulegen. ...

Wenn nicht alle Anzeichen täuschen, ist der **Militarismus** in seiner Entwicklung auf einem Standpunkt angelangt, daß wir sagen können, die **erste Gelegenheit seiner Anwendung** wird dazu führen, daß **der Militarismus sich den Hals bricht!** Unsere Beschlüsse würden dem Militarismus kein Haar krümmen, wenn nicht die Entwicklung, die er in den letzten 40 Jahren genommen hat, mit Notwendigkeit die Wurzeln seiner eigenen Existenz untergraben hätte. Wir sind hier nicht dazu da, um immer zu wiederholen, was wir alltäglich in der Agitation sagen, die Scheußlichkeit und Verwerflichkeit des Militarismus und die Greuel der Kriege. ..."

DER LETZTE KRIEG?

Bebel schilderte weiter die finanzielle, ökonomische und militärische Lage Deutschlands, wie sie sich beim Eintritt eines europäischen Krieges darstellen würde, und fuhr dann fort:

„Und in solcher Situation sollen wir uns mit **Massenstreikspielerei** abgeben? Bei unserem ersten Aufruf dazu würden wir ausgelacht werden. Was kommen wird, weiß ich nicht, aber ich weiß, daß **dieser Krieg wahrscheinlich der letzte** sein wird und daß er die ganze bürgerliche Gesellschaft aufs Spiel setzt. ... Von einem gewissen Standpunkt aus könnte man als Sozialdemokrat sagen, daß ein großer europäischer Krieg **unsere Sache mehr fördert**, als eine jahrzehntelange Agitation, und deshalb könnten wir ihn nur wünschen. Aber ein so **furchtbares Mittel** zur Erreichung unseres Zieles **wollen wir nicht herbeiwünschen.** Wenn aber die am meisten an der Erhaltung der bürgerlichen Gesellschaft Interessierten nicht einsehen, daß

sie mit einem solchen Kriege die Wurzeln ihrer
Existenz ausreißen, können wir nichts dagegen haben.
Dann sage ich: Wirtschaftet nur darauflos, wir sind eure
Erben! . . . Tritt aber einmal eine solche Situation ein, dann
wird es sich nicht mehr um Kleinigkeiten wie Insurrektion und
Massenstreik handeln, dann wird die Kulturwelt ihr
Antlitz von Grund aus ändern! Von dieser Er-
kenntnis ausgehend, brauchen wir uns über die Mittel, die man
in solchem Augenblick anwenden könnte, nicht zu streiten...."

Nur der Vollständigkeit halber sei hier verzeichnet,
daß die von Hervé vorgeschlagene Taktik auf dem Kongreß keinen Widerhall fand. Vielmehr wurde eine im
wesentlichen von Bebel herrührende Entschließung einstimmig vom Kongreß zum Beschluß erhoben.

TIEF IM INTERNATIONALISMUS?

Bebel hatte, indem er gegen Hervé das Recht der
Nation verteidigte, in bestem Sinne auch den internationalen Gedanken vertreten. So tief er von der Notwendigkeit der kulturellen Gemeinschaft innerhalb der
nationalen Grenzen überzeugt war, so wenig war er ein
„Nationalist" im landläufigen Sinne. Die Notwendigkeit
des Zusammenwirkens der Nationen untereinander hatte
er vielmehr schon in seinen frühesten Schriften betont
und ganz besonders deutlich in seinem Buch über „Die
Frau in der Vergangenheit, Gegenwart und Zukunft" zum
Ausdruck gebracht:

„Das menschenwürdige Dasein ist nicht bloß die Daseins-
weise eines einzigen bevorzugten Volkes, das, so trefflich
es sein möchte, isoliert diesen Zustand weder zu begründen
noch aufrechtzuerhalten vermag, weil dieser erst das Produkt
eines Zusammenwirkens internationaler Kräfte
und Beziehungen ist. Obgleich noch überall die nationale
Idee die Köpfe beherrscht und als Mittel zur Aufrechterhaltung
bestehender politischer und sozialer Herrschaft benutzt wird,
weil diese nur innerhalb nationaler Schranken möglich ist,
stecken wir bereits tief im Internationalismus. Han-

dels- und Schiffahrtsverträge, Weltpostverträge, internationale Ausstellungen, Kongresse für Völkerrecht und internationale Gradmessung, andere internationale wissenschaftliche Kongresse und Verbindungen, nicht zuletzt die der Arbeiter, internationale Erforschungsexpeditionen, unser Handel und Verkehr, alles dies und vieles andere beweist den **internationalen Charakter**, den die Beziehungen der verschiedenen Kulturnationen, trotz ihrer nationalen Abgeschlossenheit, sie durchbrechend genommen haben. Bereits sprechen wir im Gegensatz zur Nationalwirtschaft von einer **Weltwirtschaft** und legen letzterer die größere Bedeutung bei, weil von ihrem Zustande ganz wesentlich das Wohl und Gedeihen der einzelnen Nationen abhängt. Ein sehr großer Teil der eigenen Produkte wird gegen die Produkte fremder Länder ausgetauscht, ohne die wir nicht mehr existieren könnten. Und wie ein Industriezweig durch den anderen geschädigt wird, wenn einer erlahmt, so erlahmt die Nationalproduktion eines Landes sehr erheblich, wenn die des anderen ins Stocken gerät. Die Beziehungen der einzelnen Länder werden trotz aller **vorübergehenden Störungen**, wie **Kriege** und **nationale Hetzereien**, immer intimer, weil die materiellen Interessen, die stärksten von allen, alles beherrschen. Jeder neue Verkehrsweg, jede Verbesserung eines Verkehrsmittels, jede Erfindung oder Verbesserung im Produktionsprozeß, wodurch die Waren verbilligt werden, verstärkt diese intimen Beziehungen. ..."

„**Ein Volk lernt vom andern**," sagt Bebel weiter, „eins sucht dem anderen im Wettstreit zuvorzukommen. Neben dem **Austausch materieller Produkte** der verschiedensten Art, vollzieht sich auch der **Austausch der Geiteserzeugnisse**. Das Erlernen fremder lebender Sprachen wird für Millionen eine Notwendigkeit. Nichts aber trägt neben materiellen Vorteilen mehr dazu bei, Antipathien zu beseitigen, als das Eindringen in die Sprache und die Geisteserzeugnisse eines fremden Volkes."

DIE SOZIALISTISCHE GESELLSCHAFT

Gewiß ist die bürgerliche Gesellschaft die beste aller bisherigen Gesellschaften — das gebe ich zu, aber sie ist nicht die letzte der Gesellschaften, hinter ihr wächst eine neue empor. Die bürgerliche Gesellschaft hat nicht ewig bestanden, wie Sie und Ihre Anhänger gern den unwissenden Leuten vorzureden pflegen. Sie sagen gern: es ist ewig so gewesen, und weil es ewig so war, wird es ewig so bleiben. Nein, es ist nicht ewig so gewesen. Die bürgerliche Gesellschaft ist ein verhältnismäßig neues Produkt; die Gestalt, die sie angenommen hat, ist in Deutschland erst in diesem Jahrhundert entstanden, in Frankreich am Ende des vorigen, in England seit dem 17. Jahrhundert nach der Revolution unter Oliver Cromwell. Da sind die neuen Bedingungen, da ist der neue Zustand gesetzlich und staatlich organisiert worden, der die bürgerliche Gesellschaft auf die Höhe gebracht hat, auf der wir sie heute sehen. Weit entfernt, daß wir die bürgerliche Gesellschaft deshalb als unvernünftig bekämpfen, weil sie ist, was sie ist — wir bekämpfen sie vielmehr in ihren Auswüchsen, um zu zeigen, daß an ihre Stelle eine neue, bessere Gesellschaft treten muß. Wir erkennen an, daß die bürgerliche Gesellschaft im Gegensatz zu allen vorhergehenden Gesellschaften die großartigste Gesellschaft ist, die je bestanden hat. Die bürgerliche Gesellschaft hat eine revolutionäre Umgestaltung in allen Lebensbeziehungen der Menschen herbeigeführt, wie vor ihr keine andere Gesellschaft."

Diese für seine bürgerlichen Hörer überraschende Anerkennung der bürgerlichen Gesellschaft sprach Bebel in den großen Debatten über den „sozialdemokratischen Zukunftsstaat", die im Reichstage von den Gegnern als Vorbereitung zum Wahlkampf 1893 provoziert wurden. Während die bürgerlichen Redner — insbesondere der Zentrumsabgeordnete B a c h e m, der Freisinnige E u g e n R i c h t e r, der christlich-soziale frühere Hofprediger S t ö c k e r und der Großindustrielle v. S t u m m - H a l b e r g — sich bemühten, den „Zukunftsstaat" der Sozialdemokratie zu verspotten, wiesen die sozialdemokratischen Redner Liebknecht, Frohme und vor allem Bebel immer wieder darauf hin, daß die künftige s o z i a l i s t i s c h e Gesellschaft die notwendige F o l g e der k a p i t a l i s t i s c h e n Entwicklung sein werde.

Damals so wenig wie später war dieser sozialistische Gedankengang für die in i h r e r Weltanschauung befangenen Vertreter der bürgerlichen Parteien verständlich. Und doch war es nicht das erstemal, daß ihnen solche Gedankengänge in aller Objektivität vorgetragen wurden. Hatte doch Bebel schon bei der Beratung des ersten sozialdemokratischen Arbeiterschutzgesetzentwurfes am 18. April 1877 ihnen im Reichstage auseinandergesetzt:

„Nun ist aber die Sozialdemokratie k e i n k ü n s t l i c h e s, sondern ein n a t ü r l i c h e s Produkt unserer Verhältnisse, sie wurzelt in unseren ökonomischen, gesellschaftlichen und politischen Zuständen. Wenn ich hier von politischen Zuständen spreche, so will ich zur Erläuterung gleich hinzufügen, daß wir den s t a a t l i c h e n Bau gewissermaßen nur als den O b e r b a u, als das in der Form Ausdrückbare der sozialen Zustände betrachten. Die politische Gesetzgebung des Staates kann, wenn sie irgendwelchen Bestand und überhaupt praktische Wirksamkeit haben soll, n i c h t e t w a s k ü n s t l i c h G e m a c h t e s, von einzelnen Leuten nach einer bestimmten

Schablone, die sie sich in ihrem Kopfe zurechtgemacht haben, beliebig Geschaffenes sein, sondern sie muß in den sozialen Verhältnissen, in den natürlichen Existenzbedingungen der Gesellschaft, respektive derjenigen Klasse der Gesellschaft wurzeln, die in ihr das dominierende, das ausschlag- und tonangebende Element ist, und das ist in diesem Augenblick die Bourgeoisie resp. ihr politischer Ausdruck, der Liberalismus... Die ganze moderne gesellschaftliche Entwicklung beruht auf der kapitalistischen Entwicklung der Produktion. Diese ... beruht in der immer ausgedehnteren Anwendung der Maschinerie und der Arbeitsteilung, in der Verbesserung und Vervollkommnung der Technik und in der Anwendung der Naturwissenschaften in Gewerbe und Industrie. Diese Entwicklung des sozialen Lebens repräsentiert einen großen Fortschritt und **ich glaube nicht, daß es hier jemand geben wird, der diese moderne Entwicklung als einen Rückschritt zu betrachten geneigt wäre.**"

Den Gedanken, als ob die Sozialdemokratie einen besonderen „Zukunftsstaat" erstrebe, lehnte Bebel ab. Abgesehen davon, daß das sozialistische **Wirtschaftsideal** nicht ohne weiteres mit dem **Staats**gedanken zusammenhängt, daß vielmehr die **kapitalistische** Wirtschaft, die die Mutter der sozialistischen sein wird, schon in der Gegenwart in Form der Weltwirtschaft weit **über die einzelnen Staatsgrenzen hinausgreift**, ist der Begriff „Zukunftsstaat" ganz der bürgerlichen Vorstellungswelt entsprungen. In einer Polemik gegen den Zentrumsabgeordneten Bachem wies Bebel darauf hin, daß Friedrich **Engels** in seiner Schrift „Die Entwicklung des Sozialismus von der Utopie zur Wissenschaft" die beim ersten Erscheinen der Schrift noch vorhandene Auffassung von dem „sozialdemokratischen Volksstaat" **bekämpft** und ausführt, in letzter Entwicklung handle es sich für den Sozialismus nicht mehr um den **Staat**, sondern um die **Aufhebung des Staates**, um die Schaffung einer Organisation der Verwaltung, der nichts obliegt, als die Leitung von Produktions-

und Austauschprozessen, also einer Organisation, die mit dem heutigen Staat nichts mehr zu tun hat.

In diesem Zusammenhange wies Bebel auf die **dauernde geistige Erneuerung** hin, die in der Sozialdemokratie vorherrsche:

„Ich sagte Ihnen schon: Herr Bachem hat im Widerspruch mit dem, was er behauptete, **keine Studien** in der sozialdemokratischen Literatur gemacht, so konnte er gar nicht die Frage nach dem sozialdemokratischen „Zukunftsstaat" stellen, und zwar aus dem sehr einfachen Grunde, weil wir **überhaupt einen sozialdemokratischen „Zukunftsstaat"** nicht haben wollen. (Lebhafte Bewegung und Zurufe: Oho!) Meine Herren, ich wußte ja, daß Sie da allerlei zurufen würden. Ich sage noch einmal: Sie hätten diese Frage nicht stellen können. Ich gebe zu, daß Sie vor 10, 12, 15 Jahren eine solche Frage stellen konnten, und zwar aus dem Grunde, weil die Sozialdemokratie damals in ihrer theoretischen Entwicklung noch erheblich hinter ihrem heutigen Standpunkt zurückstand. Wir sind nicht nur eine, wie Sie sagen, **revolutionäre** Partei, wir sind auch eine **vorwärtsstrebende** Partei, eine Partei, die **beständig lernt**, und die in **beständiger geistiger Mauserung** begriffen ist (Große Heiterkeit), eine Partei, die **nicht** die Meinung hat, daß ein **heute** ausgesprochener Satz und eine **heute** ausgesprochene Anschauung **unzweifelhaft** und **unfehlbar für alle Ewigkeit** besteht. Sehen Sie, meine Herren; wir haben, seitdem in Deutschland die Sozialdemokratie besteht — es sind jetzt 30 Jahre seit dem Auftreten Lassalles verflossen —, eine ganze Reihe geistiger Mauserungen durchgemacht...."

An den großen grundsätzlichen Erörterungen, die im Verlaufe dieser Reichstagsdebatten über das sozialdemokratische Ideal stattfanden, haben ob ihrer Fernwirkung die bürgerlichen Parteien allerdings weniger Freude erlebt als die Sozialdemokratie, die den ganzen Bericht über sie in Massenauflagen verbreiten ließen. Ihre historische Bedeutung rechtfertigt, daß einige besonders wichtige Stellen aus Bebels Reden während der Zukunftsstaatsdebatte hier ohne weitere Bemerkungen Platz finden:

WIRTSCHAFTSKRISEN EINST UND JETZT

„Die Krisen sind entstanden, weil wir schlechte Ernten gehabt haben — sagt der Herr Abgeordnete Richter. Ja, warum sind denn solche W e l t k r i s e n — denn eine solche haben wir jetzt — nicht auch in früheren Jahrhunderten vorhanden gewesen, wo es auch schlechte Ernten gab? Einfach deshalb, weil nicht entfernt die Produktionsbedingungen und die Produktionsinstrumente, die wir gegenwärtig zur Warenerzeugung besitzen, zu jener Zeit vorhanden waren. Gewiß hat auch die mittelalterliche Zeit Not und Elend in reichlichem Maße gekannt, vielleicht in reichlicherem als die unsere, und zwar gerade deshalb, weil die moderne bürgerliche Gesellschaft in ihrer gegenwärtigen Höhe der Entwicklung damals nicht existierte. Wenn zu jener Zeit in einem Kreise, einer Provinz oder einem Lande eine Hungersnot ausbrach, so war es nicht möglich wegen der mangelnden Verkehrsmittel, das Getreide von anderen Orten, wo es vielleicht im Ueberfluß vorhanden war, herbeizuführen, um die Hungersnot zu dämpfen. Man kannte zu jener Zeit Hungerjahre, Pestjahre, Kriegsjahre, die Not und Elend weithin verbreiteten; aber ö k o n o m i s c h e K r i s e n j a h r e, wie sie die g e g e n w ä r t i g e Gesellschaft kennt und periodisch immer wieder durchzumachen hat, kannte die mittelalterliche Gesellschaft n i c h t, sie waren damals unmöglich und undenkbar. Diese sind erst eine Erscheinung der modernen Zeit, der Großkapitalentwicklung, die sich in den letzten 200 Jahren in den vorgeschrittenen Ländern, zunächst in England, dann in Frankreich und schließlich bei uns in diesem Jahrhundert entwickelt hat. Eine Ueberproduktion, wie ich sie anführte, ist eine U e b e r p r o d u k t i o n a n W a r e n; sie entsteht nicht aus der Konsumtionsfähigkeit, sondern aus der f e h l e n d e n K a u f k r a f t d e r M a s s e. Je geringer die Löhne sind, die die Masse bekommt, und je größer der Profit ist, der in die Tasche der Unternehmer fließt, und je rascher die Produktion vor sich geht, um so gewaltiger werden die Krisen, die aus diesen Widersprüchen entstehen; ihre Dauer wird immer länger, die Prosperität wird immer kürzer. Diese Entwicklung liegt im Wesen der modernen Gesellschaft, und es ist eine durchaus einseitige Auffassung, wenn man die Ernten für die Krisen maßgebend machen will. Gewiß hat die Ernte einen gewissen Einfluß auf den Zustand des Marktes, weil die Leute, die eine schlechte Ernte gehabt haben, also ein großer Teil des Bauernstandes, nicht so kaufkräftig sind wie bei guter Ernte. Aber worauf es hauptsächlich ankommt, ist, daß die **große Masse**, die **arbeitende Klasse**, in Zeiten der Krise durch die **Arbeitslosigkeit** und das Sinken der Löhne immer kaufunkräftiger und damit auch wieder die Krise intensiver wird. Es werden immer neue Waren erzeugt, aber die genügenden Käufer für die Waren fehlen. Das ist das Fehlerhafte in der heutigen Entwicklung, daß der Reichtum sich in immer weniger Händen konzentriert, daß wir eine verhältnismäßig kleine Anzahl von Leuten haben, die 20, 50, 100 000, ja eine Million und mehr Goldmark jährlich einnehmen, und damit immer neue Kapitalbildungen vornehmen, die in immer neuen Unternehmungen Unterkommen suchen. Dieser Neubildung von Kapitalien und ihrer industriellen Ausnutzung steht aber kein entsprechender Verbrauch gegenüber. Die **große Masse darbt und leidet Hunger**, die kleine Minorität lebt in **Ueberfluß** und verbraucht nicht, was sie besitzt. Wäre es möglich, die rasche Kapitalbildung zu verhüten dadurch, daß, was dem einzelnen Kapitalisten zugute kommt, der Masse der Arbeiter zugute käme, wäre es möglich, diesen ihren Lohn um 33 Proz., um 50 oder mehr Prozent, z. B. im gegenwärtigen Augenblick zu erhöhen. Sie sollten sich wundern, wie rasch die Krise verschwinden würde, denn mit diesen 33 bis 50 Proz. mehr Lohn wäre es der Arbeiterklasse möglich, entsprechend mehr Waren zu konsumieren, und dadurch würden die aufgestapelten Warenmassen verschwinden und machten neuer Produktion Platz."

PRODUKTION NACH BEDARF

„Die Sozialdemokratie will allerdings die **Arbeit regulieren**, sie will sie nach der Konsumtion, **nach dem Bedarf** richten. Es soll also durch **umfassende, statistische Erhebungen** möglichst genau festgestellt werden, wie wir das heute auch schon in den Anfängen in unseren Kommunen, im Staat und im Reich haben, was für Bedürfnisse gedeckt werden müssen. Nach dem wahrscheinlichen Bedarf an Konsumartikeln aller Art richtet sich die Produktion derselben. Diese ist also zu übersehen und kann reguliert werden, und zwar so, daß längere Pausen der Arbeitslosigkeit gar nicht eintreten können. Aber ganz abgesehen einmal von der **künftigen** Verbrauchsstatistik, versucht nicht auch schon die heutige bürgerliche Gesellschaft, die, weil sie sieht, wie sie fortgesetzt infolge ihrer anarchistischen Produktion von einer Krise in die andere kommt, eine gewisse Regulierung der Produktion herbeizuführen. Ich frage die Herren von Stumm, Dr. Hammacher, Oechelhäuser und eine ganze Reihe Großindustrieller hier im Hause, ob nicht alle die Trusts, Ringe, Syndikate, wie sie seit Jahren in den verschiedensten Zweigen der Großindustrie gegründet wurden, einen anderen Zweck haben als den, eine Regulierung der Produktion herbeizuführen und keinen anderen? Diese Organisationen suchen den genauen Bedarf des Marktes an den betreffenden Produkten innerhalb ihrer Branche festzustellen und denselben so zu verteilen, daß er nach Maßgabe der Größe der einzelnen Betriebe verteilt wird. Daß diese Regulierung der Produktion, die heute auf kapitalistischem Gebiete im Interesse der Kapitalisten versucht wird, in der Regel ihnen mißlingt und mißlingen muß, liegt daran, weil sie nie in der Lage sind, alle Interessenten in einem Staate unter einen Hut zu bringen, und selbst wenn dies in einem Staate gelang, die Regulierung auch über den Weltmarkt ihnen nicht gelingt; auch treten noch andere Umstände auf, welche den Erfolg dieser Bestrebungen stören. Und doch liegt in dieser ganzen Trust-, Ring- und Syndikatenbildung ein **Keim für das Zukunftsgebilde**, wie denn in der ganzen Entwicklung der bürgerlichen Gesellschaft bereits embryonenhaft alle **Keime zur Entwicklung sozialistischer Gesellschaft** vorhanden sind. Ueberall, wohin Sie sehen, sind in unserer bürgerlichen Gesellschaft embryonisch die ersten Anfänge zu Organisationen vorhanden, die wir im gegebenen Falle nur zu erweitern und ins Große auszubilden haben, um sie vollkommen zu machen, die aber auch **nur** die sozialistische Gesellschaft zu ihrer vollen Entwicklung bringen kann, weil sie allein die nötigen Machtmittel und Kräfte zur Verfügung hat. . . ."

DIE INTELLIGENZ DER ARBEITER

„Ich habe schon einmal gesagt: wenn die Sozialdemokratie, die heute das allgemeine Stimmrecht für alle Staatsbürger ohne Unterschied des Geschlechts vom 20. Lebensjahr ab verlangt, ferner die volle Preß-, Vereins- und Versammlungsfreiheit, kurz die weiteste Ausdehnung aller politischen Rechte für Männer wie für Frauen — ich sage: wenn die Sozialdemokratie also die radikalste demokratische Partei ist, die je existierte, wie kann sie denn da, nachdem sie zur Macht gekommen, dazu übergehen, Zwangseinrichtungen zu schaffen, wie sie Herr Richter, Herr Bachem und Freiherr v. Stumm voraussetzen. Glauben Sie denn, das ließen sich unsere eigenen Anhänger gefallen? (Verschiedene Zurufe.) Meine Herren, Sie rufen so widersprechende Aeußerungen mir zu, daß ich mir nicht recht klar bin, was Sie sagen. Sie glauben doch sicher selbst nicht, was Sie uns da vorhalten! — das will ich noch hinzufügen: in den Ausführungen des Herrn Dr. Bachem lag namentlich eine souveräne Verachtung gegen die Arbeiter, eine solche Geringschätzung ihrer Intelligenz, daß ich wirklich erstaunt war; nach seiner Meinung sind die Arbeiter nicht einmal imstande, wenn die heutigen Betriebsunternehmer nicht mehr existierten, sich Leute zu wählen, die als Sachverständige z. B. den Betrieb eines Bergwerks oder einer Fabrik weiterführen könnten. Er sagte: „Ja, was würden Sie denn machen, Herr Bebel, wenn Sie zum Direktor einer Maschinenfabrik gewählt würden, oder Herr Singer, wenn er Direktor eines Bergwerkes sein sollte?" Glauben Sie, Herr Bachem, gesetzt den Fall, es käme zu einer solchen Wahl, die Arbeiter, und sogar Ihre ultramontanen Arbeiter in einem westfälischen Bergwerk würden jemand zum Direktor wählen, von dem sie wüßten, daß er nichts vom Bergwerksbetrieb versteht? Das ist doch unmöglich, daß Sie das glauben, denn da stellten Sie ja Ihren eigenen katholischen Arbeitern ein solches Armutszeugnis aus, wie es größer nicht gedacht werden kann. Dann haben Sie noch eins vergessen, Herr Bachem, was wollen denn Ihre Ingenieure, Ihre Techniker, Ihre Meister, was wollen Sie mit Ihrer Intelligenz machen, wenn das gesamte heutige Privat- und Staatseigentum sozialistisches Gesellschaftseigentum geworden wäre? Was können Sie denn anders machen, als ebenfalls im Dienste dieser Gesellschaft ihre Fähigkeiten und ihre Intelligenz weiter zu verwenden? Es bleibt ihnen schon aus dem Grunde, weil sie in dieser Gesellschaft leben müssen, gar nichts anderes übrig. (Zuruf.) Sie können auswandern, meinetwegen! Wir bringen rasch neue Leute auf, die das ebenso und vielleicht noch besser verstehen. (Oho! — Heiterkeit.) Meine Herren, Sie haben keine Ahnung, welches Maß von Intelligenz selbst schon heute in der Arbeiterklasse steckt, und es ist gerade der ungeheure Vorzug unserer Bewegung, daß die Kräfte, die Sie im Staate, in den Kommunen, im öffentlichen Leben und in allen Ihren privaten Beziehungen als Arbeiter brauchen, ohne die Sie nicht auskommen können, — daß diese Arbeiter, die alles wissen, alles kennen, und denen Sie alles anvertrauen müssen, unsere Anhänger sind, und daß, wenn einmal diese Arbeiter, zu denen Sie heute das unbedingte Vertrauen haben und haben müssen, diese sozialdemokratischen Arbeiter, eines Tages die Karre stehen lassen, Sie machtlos sind! Sie werden sich die weiteren Folgen selbst ausmalen können, mir genügt, was ich angeführt habe. . . ."

KEIN „LOHN" IN DER SOZIALISTISCHEN GESELLSCHAFT

„Der Herr Abgeordnete Richter hat . . ., als ich ihm zurief, als er vom Lohn in der sozialistischen Gesellschaft sprach, es gäbe keinen Lohn in derselben, gesagt, das sei Wortklauberei. Weiß Herr Richter wirklich nicht, daß in der menschlichen Gesellschaft lange Entwicklungsperioden vorkamen, wo es keinen Lohn und kein Lohnverhältnis gab, wo von einem Lohn keine Rede sein konnte? Und so werden auch künftig wieder einmal Entwicklungsstufen kommen, wo ebenfalls von Lohn keine Rede sein kann, weil das Herrschaftsverhältnis der Menschen über den Menschen aufhört.... Hat es denn in der antiken Gesellschaft, wo die Sklaverei, die Sklavenarbeit die Produktionsform beherrschte, ein Lohnsystem gegeben? Wo gab es in der feudalen Gesellschaft ein Lohnsystem, unter der Hörigkeit, unter der Leibeigenschaft? (Zuruf rechts.) Ein sehr großer Irrtum! Wenn jemand Lohn bekam, so war es nicht der Leibeigene, der Hörige, sondern der Grundherr, der Adlige, der Geistliche, die in Form von Zinsen und Abgaben, von Fronarbeiten und Robot in Hülle und Fülle den „Lohn" von dem Arbeiter erhielten, also einmal in der Form von Naturalien, das andere Mal in der Form von Diensten. Das Lohnsystem ist eine verhältnismäßig neue Erscheinung, die erst in der bürgerlichen Gesellschaft Geltung erlangte. Das Lohnsystem setzt einen freien Arbeiter voraus; das Lohnsystem konnte erst entstehen, als der freie Arbeiter vorhanden war, — frei im vollsten Sinne des Wortes: nicht nur frei in dem Sinne, daß er sich frei bewegen konnte, sondern auch frei in dem Sinne, daß er **kein Eigentum mehr besaß**, keinen Grund und Boden, kein Arbeitsmittel. Es war also ein von seinem früheren Eigentume expropriierter Arbeiter, der seine Arbeitskraft in der Stadt des Mittelalters dem Handwerksmeister, dem Handelsherrn verkaufte. Von diesem Augenblick tritt das Lohnsystem auf und hat in steigendem Maße die bürgerliche Gesellschaft beherrscht. **Lohnsystem** setzt **Unternehmer**, setzt entwickelten Handel, setzt **Geldwirtschaft** voraus; und daß die Geldwirtschaft in Deutschland eine verhältnismäßig junge soziale Einrichtung ist, wird auch Herr Richter wissen. . . ."

DIE ERBEN DES KAPITALISMUS

„Wir sind bereit, wenn Sie ihre liberalen Anträge stellen, sie zu unterstützen, und werden es auch ferner tun, weil wir die Ansicht haben, daß, solange die heutige bürgerliche Gesellschaft besteht, wir alles gutheißen und unterstützen müssen, das geeignet ist, **diese** Gesellschaft zu verbessern und ihrer **höchsten Vollendung** auch in politischer Beziehung zuzuführen. Da sehen Sie wieder die Objektivität unseres Standpunktes. Wir haben die Ueberzeugung, daß das von uns geschehen muß, weil **die sozialistische Gesellschaftsordnung nicht eher kommen kann, bis die bürgerliche Gesellschaft den Höhepunkt ihrer Entwicklung erreicht, sich ausgelebt hat.** Deshalb unterstützen wir alles, was, von liberaler Seite ausgehend, dem Fortschritt und der Freiheit der Gesellschaft dient, heißen es gut und treten dafür ein. Aber alles das kann uns nicht abhalten, dafür zu sorgen, daß wir die Anhänger unserer eigenen Partei vermehren und zu vermehren suchen und damit wieder den **Zeitpunkt beschleunigen,** wo **wir selbst zur Macht kommen und unsere Ziele verwirklichen** können. Gereicht diese Entwicklung dem liberalen Bürgertum zum Schaden, — wir können das nicht ändern. . . ."

Auf solcher Ansicht von der Naturnotwendigkeit der Entwicklung fußend, hat die Sozialdemokratie als Partei es von jeher abgelehnt, utopische Bilder von den Einzelheiten der neuen Gesellschaft zu entwerfen. Alle Versuche, sie zur Ausmalung solcher Zukunftsbilder zu veranlassen, sind gescheitert. Wohl aber ergeben sich aus der Erkenntnis des Bestehenden und seiner Entwicklungslinien Schlußfolgerungen, die dem einzelnen die Möglichkeit gewähren, wenigstens die Konturen eines solchen Zukunftsgemäldes zu entwerfen. Unter dieser Einschränkung sind auch die Schilderungen zu verstehen, die Bebel in verschiedenen Reden und Schriften von der zukünftigen Gesellschaftsform zu geben suchte. Sieht man von den ersten Versuchen ab, die er in seiner Streitschrift „Unsere Ziele" in dieser Richtung unternahm — damals noch ganz von inzwischen überholten Lassalleschen Gedankengängen erfüllt —, so kommen vor allem die teilweise von hohem poetischen Schwung getragenen Schilderungen in seinem Buche „Die Frau und der Sozialismus" in Betracht. Er hat auch hier nicht versäumt, in der Vorrede hervorzuheben, daß alle diese Gedanken seine persönlichen seien, die Partei also nicht ohne weiteres mit ihnen identifiziert werden könne. Dafür hat er aber wiederholt betont, daß diejenigen Anschauungen, die er über die künftige Gesellschaftsform hege, in diesem Buche niedergelegt seien. Deshalb führen wir einige der für seine Gesamtauffassung charakteristischen Abschnitte aus dieser Schrift hier an, und zwar aus der Ausgabe von 1885, die unter dem Titel „Die Frau in Vergangenheit, Gegenwart und Zukunft" in Zürich erschien:

OHNE ARBEIT KEIN GENUSS

„Indem die **Gesellschaft** sich nunmehr im **alleinigen Besitz aller Arbeitsmittel** befindet, aber die Befriedigung von Bedürfnissen ohne entsprechende Arbeitsleistung nicht möglich ist, auch kein Gesunder und Arbeitsfähiger das Recht hat zu verlangen, daß ein anderer für ihn arbeite, so ist die **gleiche Arbeitspflicht aller** ohne Unterschied des Geschlechts das erste **Grundgesetz der sozialisierten Gesellschaft.** Die Behauptung böswilliger Gegner, die **Sozialisten wollten nicht ar-**

beiten, wollten womöglich die Arbeit abschaffen — ein Unsinn in sich — fällt auf sie selbst zurück. Faullenzer sind nur möglich, wo andere für sie arbeiten. Dieser famose Zustand besteht heute, und zwar vorzugsweise zugunsten der schlimmsten Gegner der Sozialisten. Letztere stellen den Grundsatz auf: „Wer nicht arbeitet, soll auch nicht essen." Allein die Arbeit soll nicht nur Arbeit, d. h. Tätigkeit an sich sein, sondern auch nützliche, produktive Arbeit. Die neue Gesellschaft verlangt also, daß jeder eine bestimmte industrielle, gewerbliche, ackerbauliche Tätigkeit ergreife, worin er ein bestimmtes Produktenquantum zur Befriedigung vorhandener Bedürfnisse schaffen hilft. Ohne Arbeit kein Genuß, keine Arbeit ohne Genuß!

Aber indem alle verpflichtet sind zu arbeiten, haben alle auch das gleiche Interesse, drei Bedingungen bei der Arbeit zu erreichen. Erstens: daß die Arbeit mäßig sei, keinen überanstrenge und sich in der Zeit nicht zu sehr ausdehne; zweitens: daß die Arbeit möglichst angenehm sei und möglichst Abwechslung biete; drittens: daß sie möglichst ergiebig sei, weil davon hauptsächlich das Maß des Genusses abhängt.

Alle drei Bedingungen hängen von der Art und der Menge der zur Verfügung stehenden Produktivkräfte ab und von den Ansprüchen, welche die Gesellschaft an ihre Lebenshaltung macht. Da die sozialistische Gesellschaft sich nicht bildet, um proletarisch zu leben, sondern um die proletarische Lebensweise der Mehrzahl der Menschen abzuschaffen und jedem ein möglichst hohes Maß von Lebensannehmlichkeiten zu ermöglichen, so entsteht die Frage, wie hoch stellt die Gesellschaft durchschnittlich ihre Ansprüche?"

DEMOKRATISCHE ORGANISATION DER ARBEIT

„Der einzelne entscheidet selbst, in welcher Tätigkeit er sich beschäftigen will, die große Zahl der verschiedenen Arbeitsgebiete trägt den verschiedensten Wünschen Rechnung. Stellt sich auf dem einen Gebiet ein Ueberschuß, auf dem andern ein Mangel an Kräften heraus, so hat die Verwaltung die Arrangements zu treffen und einen Ausgleich herbeizuführen. In dem Maße, wo alle Kräfte gegenseitig sich einarbeiten, geht das Räderwerk immer glatter. Die einzelnen

Arbeitszweige und Abteilungen wählen ihre Ordner, welche die Leitung zu übernehmen haben. Das sind keine Zuchtmeister, wie die meisten heutigen Arbeitsinspektoren, Werkführer, sondern einfache Genossen, welche die ihnen übertragene verwaltende Funktion an Stelle einer produzierenden ausüben. Es ist also nicht ausgeschlossen, daß bei vorgeschrittener Organisation und bei höherer Durchbildung aller Glieder diese Funktion einfach alternierende werden, die in gewissen Zwischenräumen nach einem bestimmten Turnus alle Beteiligten ohne Unterschied des Geschlechtes übernehmen.

Daß eine solche auf voller Freiheit und demokratischer Gleichheit organisierte Arbeit, wo einer für alle, alle für einen stehen, das höchste Gefühl der Solidarität erweckt, einen Geist freudiger Schaffenslust und einen Wetteifer erzeugt, wie er in dem heutigen Wirtschaftssystem nie und nirgends zu finden ist, leuchtet ein. Und dieser Geist wirkt auch wieder auf die Produktivität der Arbeit und die Vervollkommnung des Produkts.

Ferner hat jeder einzelne und haben alle miteinander das Interesse, da sie gegenseitig für einander arbeiten, daß alles nicht nur möglichst gut und vollkommen, sondern auch möglichst rasch geliefert wird, um entweder Arbeitszeit zu sparen, oder Zeit für Erzeugung neuer Produkte zur Befriedigung höherer Ansprüche zu erlangen. Dies veranlaßt alle, auf Verbesserung, Vereinfachung, Beschleunigung des Arbeitsprozesses zu sinnen. Der Ehrgeiz, zu erfinden, zu entdecken wird im höchsten Grade angeregt, einer wird an Vorschlägen und Ideen den andern zu überbieten suchen."

DIE PROFITFRAGE IST AUSGESCHALTET

„Die Profitfrage hat in der sozialistischen Gesellschaft ihre Rolle ausgespielt, für sie gibt es keine andere Rücksicht als das Wohl ihrer Glieder. Was diesen nützt, sie schützt, muß eingeführt werden, was sie schädigt, hat zu unterbleiben. Sicher wird niemand gezwungen, bei einem gefährlichen Spiele mitzutun. Wo Unternehmungen ins Werk gesetzt werden, bei denen Gefahren in Aussicht stehen, wird es Freiwillige in Mengen geben, um so mehr, da es sich nie um kulturzerstörende, sondern stets nur um kulturfördernde Unternehmungen handeln kann."

KEINE UNIFORME GLEICHHEIT

„In der neuen Gesellschaft sind die Existenzbedingungen für alle gleich. Bedürfnisse, Neigungen sind verschieden, aber jeder kann diesen entsprechend leben und sich entwickeln. Die uniforme Gleichheit, die man dem Sozialismus andichtet, ist, wie so vieles, eine Lüge und ein Unsinn. Wollte er sie, so wäre er unvernünftig, er käme mit der Natur des menschlichen Wesens selbst in Widerspruch und müßte darauf verzichten, die Gesellschaft nach seinen Prinzipien sich entwickeln zu sehen. Ja, gelänge es ihm, die Gesellschaft zu überrumpeln und in widernatürliche Verhältnisse zu pressen, nur ganz kurze Zeit und sie würden gesprengt und er wäre für immer gerichtet. Die Gesellschaft muß sich aus sich selbst entwickeln, nach ihren immanenten Gesetzen und sie wird, sobald sie ihre Gesetze und die Gesetze der Entwicklung des Menschenwesens erkannt hat, danach handeln und vor allen Dingen als Grundlage für jede Entwicklung danach auch die Erziehung der jungen Nachkommenschaft einrichten."

DER SOZIALISMUS — ANGEWANDTE WISSENSCHAFT

„Die Menschheit wird in der sozialistischen Gesellschaft, wo sie erst wirklich frei und auf ihre natürliche Basis gestellt ist, ihre ganze Entwicklung nach Naturgesetzen mit Bewußtsein lenken.

In allen bisherigen Epochen handelte die Menschheit in bezug auf Produktion und Verteilung wie auf Bevölkerungsvermehrung ohne Kenntnis ihrer Gesetze, also unbewußt; in der neuen Gesellschaft wird sie mit Kenntnis aller Gesetze bewußt und planmäßig handeln.

Der Sozialismus ist die mit klarem Bewußtsein und voller Erkenntnis auf alle Gebiete menschlicher Tätigkeit angewandte Wissenschaft!"

Dieses Ziel alles sozialistischen Strebens, die sozialistische Gesellschaft, wie sie nach Vollendung der kapitalistischen erwächst, zeigt Bebel auch in seiner Bamberger Rede 1892:

„Wir wissen, daß man eine Wirtschaftsordnung nicht willkürlich ändern kann, sie muß aus der inneren Natur der Dinge heraus die Bedingungen zu ihrer Umgestaltung schaffen. Die Sozialdemokratie erkennt an: die **kapitalistische Wirtschaftsweise** hat **ungeheuer viel für die Kultur getan**, aber das Endresultat ist, daß ihre kolossalen Vorteile nur einer Minorität zugute kommen. Solcher Zustand ist ungerecht. Die Kulturerrungenschaften sollen allen zugänglich sein: **alle** sollen nach Maßgabe ihrer Kräfte und Fähigkeiten **arbeiten**, aber auch alle sollen an den Resultaten der gemeinsamen Arbeit **vollen Anteil** haben. Das ist nur möglich, wenn die gesamten Arbeitsmittel in **Gemeineigentum** überführt werden und an die Stelle der Einzelwirtschaft die Gesamtwirtschaft, der genossenschaftliche Betrieb im großen tritt, ausgestattet mit allen technischen und wissenschaftlichen Hilfsmitteln, über die man verfügen kann. Damit wird die **Arbeit** auf den **höchsten Grad der Leistungsfähigkeit**, der Ertragsfähigkeit, gebracht und werden die Mittel geschaffen, die allen ermöglichen, menschenwürdig zu leben.

Das ist, mit wenigen Worten gesagt, das **Ziel der Sozialdemokratie** und deswegen Räuber und Mörder! Es handelt sich also darum, einen Zustand herbeizuführen ähnlich dem, wie er in den ersten Zeiten unserer Kultur in der alten Markgenossenschaft bestanden, als der Grund und Boden Gemeineigentum war. Einen ähnlichen Zustand herbeizuführen, aber **auf höchster Kulturstufe** unter Anwendung all der Hilfsmittel, die eine jahrtausende lange Entwicklung uns verschaffte, das ist unser Streben. **Jeder soll arbeiten, aber auch essen, und keiner soll essen, der nicht arbeitet, obgleich er arbeiten kann!**

Wir wollen die Freiheit und Gleichheit, d. h. die gleichen Existenzbedingungen aller Menschen. Ist das nicht **ein edles Ziel**? Wir wollen verwirklichen, was das Christentum bisher vergeblich erstrebte. Alle Menschen seien Brüder und Schwestern. Und weil wir dieses schöne **Ziel** uns stecken, sind wir Verbrecher und Zerstörer aller Kultur! **Nicht zerstören** wollen wir, sondern **umgestalten**, damit die Kulturmittel auch den Aermsten zugänglich werden durch eine **vernünftige Organisation der Arbeit** und der menschlichen Gesellschaft. . . ."

EIN STEINIGER WEG

Der Weg zu fernem Ziele, so leuchtend es auch lockt, verläuft nicht glatt auf ebenem Plan. Hindernisse aller Art stellen sich dem entgegen, der es in schnellem Laufe erreichen möchte. Und mancher, der an dem Marsche teilnahm, muß vorher aus den Reihen treten. Auch Bebel, dessen Herz so heiß dem Neuen entgegenschlug, der Pfadfinder und Bahnbrecher zugleich gewesen, hat den Gipfel nicht erklimmen dürfen. Er selbst hat in dem Vorwort zur zehnten Auflage von „Unsere Ziele" auf die Hemmnisse hingewiesen, die sich dem sozialistischen Streben in den Weg stellen:

„Es geht den Menschen, die eine neue Gesellschaftsordnung erstreben, wie dem Wanderer, der in einem kupierten Terrain einem hohen, alles überragenden Berggipfel zustrebt, den er in fernster Ferne sieht. Er legt sich den Weg in Gedanken zurecht, auf dem er denselben zu erreichen gedenkt, aber je näher er kommt, desto mehr erkennt er, wie er bald hier, bald dort ein Hindernis zu umgehen und ganz andere Wege einzuschlagen hat, als er voraussetzte. Aber welche Wege er immer zu machen gezwungen ist, das Ziel ist das alte. Genau so geht es mit den großen Bewegungen innerhalb der Völker. Eine Bewegung, die auf Umgestaltung aller Verhältnisse von Grund aus hinausgeht, findet eine Menge H e m m n i s s e und H i n d e r n i s s e, die sie zu beseitigen hat. Hat sie ein Hemmnis überwunden, so türmt die alte Gesellschaft ein neues vor ihr auf; sie kann sich ihren Weg nicht frei wählen, sie hat sich zu richten nach der Art der Hindernisse, die ihren Lauf zu hemmen suchen. Daher ist es ganz unmöglich, vorauszusagen, wie man im einzelnen handeln wird. Das kann erst geschehen, wenn eine Bewegung alle Hindernisse überwunden und freie Bahn vor sich hat. Vorher sind alle Darlegungen Kombinationen, die sehr geistreich erfunden sein können, aber der Wirklichkeit kaum entsprechen."

Die große Katastrophe, die Bebel so oft vorher gesagt, trat nach seinem Tode ein. Der Weltkrieg führte die Kulturvölker aller Erdteile mit den Mitteln höchst entwickelter Technik gegeneinander in den mordenden

Kampf. Die kapitalistische Konkurrenz, die den Interessengegensatz unter den Völkern wachgehalten und dauernd geschürt, hatte auch diese letzte Explosion hervorgerufen. Sie hinterließ ein Trümmerfeld, auf dem staatspolitische Umwälzungen weittragender Art sich abspielten. Machtverschiebungen von ungeheurer Bedeutung zeigen sich nicht nur zwischen den Staaten, sondern auch innerhalb jedes einzelnen Volkes. Der Koloß des zarischen Rußland ist zertrümmert und auf seinem Boden erwuchs der Versuch einer „Sozialistischen Sowjetrepublik". Kaiser- und Königskronen rollten in den Staub und neben einer großen Zahl von neugegründeten Freistaaten hat auch Deutschland die republikanische Staatsform erhalten und die sozialistische Arbeiterbewegung hat sich redlich bemüht, diese republikanische Form mit sozialistischem Inhalt zu erfüllen.

Aber so zahlreich auch die A n s ä t z e zu sozialistischen Maßnahmen sein mögen, zur V o l l e n d u n g des Sozialismus innerhalb der deutschen Grenzen oder irgendeines Einzellandes war die Zeit noch nicht gekommen. Weit entfernt, die kapitalistische Entwicklung auf ihrem Höhepunkt zu sehen, erleben wir zunächst einen Rückschlag von ungeahnter Größe. Innerhalb der Weltwirtschaft verschob sich der kapitalistische Einflußbereich, und ähnliches vollzog sich auch innerhalb der einzelnen Länder. Gleichzeitig aber wuchs fast überall das Selbstgefühl und das Kraftbewußtsein der Arbeiterklasse, die mit neuen Energien an der Durchsetzung ihrer sozialistischen Ideale arbeitet. Der große Zusammenbruch brachte zwar noch nicht die sozialistische Gesellschaft, aber er räumte manchen Felsblock hinweg, der ihr hindernd im Wege lag. Er öffnete zumindest in Deutschland den Pfad, der über die Demokratie zum Sozialismus führt.

www.ingramcontent.com/pod-product-compliance
Lightning Source LLC
Chambersburg PA
CBHW050856300426
44111CB00010B/1266